COMPREENDER O BEHAVIORISMO

B347c Baum, William M.

Compreender o behaviorismo : comportamento, cultura e evolução / William M. Baum ; tradução: Daniel Bueno ; revisão técnica: Fernando Albregard Cassas. – 3. ed.– Porto Alegre : Artmed, 2019.

xiv, 306 p. ; 25 cm.

ISBN 978-85-8271-523-9

1. Behaviorismo (Psicologia). 2. Modificação do comportamento. I. Título.

CDU 159.9.019.4

Catalogação na publicação Karin Lorien Menoncin – CRB 10/2147

WILLIAM M. **BAUM**

COMPREENDER O BEHAVIORISMO

Comportamento, Cultura e Evolução

3ª EDIÇÃO

Tradução
Daniel Bueno

Revisão técnica
Fernando Albregard Cassas
Doutor em Psicologia Experimental: Análise do Comportamento pela Pontifícia Universidade Católica de São Paulo. Professor do Programa de Mestrado Profissional em Análise do Comportamento Aplicada da Associação Paradigma: Centro de Ciências e Tecnologia do Comportamento.

2019

Obra originalmente publicada sob o título original
Understanding behaviorism, 3rd Edition.
ISBN 9781119143642 / 1119143640

Gerente editorial
Letícia Bispo de Lima

Colaboraram nesta edição:

Editora
Paola Araújo de Oliveira

Capa
Márcio Monticelli

Preparação de originais
Franciane de Freitas

Leitura final
Camila Wisnieski Heck

Editoração
Ledur Serviços Editoriais Ltda.

ARTMED EDITORA LTDA., uma empresa do GRUPO A EDUCAÇÃO S.A.
Av. Jerônimo de Ornelas, 670 – Santana
90040-340 Porto Alegre RS
Fone: (51) 3027-7000 Fax: (51) 3027-7070

Unidade São Paulo
Rua Doutor Cesário Mota Jr., 63 – Vila Buarque
01221-020 São Paulo SP
Fone: (11) 3221-9033

SAC 0800 703-3444 – www.grupoa.com.br

IMPRESSO NO BRASIL
PRINTED IN BRAZIL

Dedico este livro a meu mentor,
Richard J. Herrnstein, cuja influência foi
imprescindível para tê-lo escrito.

Agradecimentos

Em primeiro lugar, agradeço a Matt Bell por todos os comentários úteis fornecidos a partir de suas próprias leituras e de seus alunos. A Tabela 3.1 foi ideia deles. Pete Richerson fez muitos comentários edificantes sobre os rascunhos dos Capítulos 12 e 13. Minha aluna Carsta Simon também contribuiu com comentários produtivos. Alguns colegas me ajudaram indiretamente ao esclarecer minha compreensão da seleção como um processo geral incorporado à equação de Price: Karthik Panchanathan e Richard McElreath. Agradeço à minha esposa, Ellen, por seu apoio constante; e, por seu apoio e inspiração, agradeço aos meus filhos, Shona, Aaron, Zack, Naomi e Gideon, e às suas caras-metades, Paver, Laura, Alice e Erin, respectivamente.

Prefácio

Nesta nova edição, meu objetivo foi principalmente atualizar todo o livro, uma vez que ocorreram avanços na análise do comportamento e na biologia evolutiva. Assim, os Capítulos 4, 12 e 13 foram substancialmente reescritos. O Capítulo 1 agora tem uma seção sobre o *discurso-padrão* – "Eu pensei (ou senti) X, e então eu fiz Y" – e uma seção sobre psicologia popular. O Capítulo 2 apresenta uma refutação à crítica de que o pragmatismo não pode explicar o "sucesso irracional" da ciência. Adicionei ao Capítulo 3 uma tabela de resumo que compara as visões do behaviorismo metodológico de Skinner e Ryle e do behaviorismo molar de Rachlin. O Capítulo 4 agora se inclina mais em direção à minha própria visão de reforço, punição, condicionamento clássico e indução, reunindo tudo em um único enquadramento com o conceito de eventos filogeneticamente importantes. Adicionei um exemplo de evolução comportamental mais relacionado ao equilíbrio entre trabalho e vida profissional. O Capítulo 12 agora inclui a abordagem de valores de Max Hocutt e relaciona mais os valores à evolução humana. O Capítulo 13 foi atualizado para incluir epigenética, seleção de grupo e seleção cultural de grupo como forças na evolução cultural. Todos os capítulos incluem pequenas correções, acréscimos e aperfeiçoamentos na terminologia. Além das palavras-chave ao final de cada capítulo, acrescentei um glossário com todos os termos novos inclusos no livro.

Sumário

PARTE I

O que é behaviorismo?

O behaviorismo tem sido um tema controverso. Algumas objeções originam-se de um correto entendimento, mas os equívocos em relação ao behaviorismo são muitos. Os três capítulos da Parte I visam esclarecer o que pode ser chamado de "posição filosófica" do behaviorismo.

Tudo o que é verdadeiramente controverso sobre o behaviorismo decorre de sua principal ideia: a de que uma ciência do comportamento é possível. Em algum momento de sua história, toda ciência teve de exorcizar causas imaginadas (agentes ocultos) que supostamente estão atrás ou sob a superfície dos eventos naturais. O Capítulo 1 explica como a negação de agentes ocultos por parte dos behavioristas leva a uma controvérsia genuína: a questão de o comportamento ser livre ou determinado.

O Capítulo 2 visa prevenir os equívocos que podem surgir devido às mudanças pelas quais o behaviorismo passou ao longo do tempo. Uma versão anterior, chamada de behaviorismo *metodológico*, baseava-se no *realismo*, a visão de que toda experiência é causada por um mundo real objetivo, externo e separado do mundo interno subjetivo de uma pessoa. O realismo pode ser contrastado com o *pragmatismo*, que se cala sobre a origem da experiência, mas aponta, em vez disso, a utilidade de tentar entender e dar sentido a nossas experiências. Uma versão posterior do behaviorismo, chamada behaviorismo *radical*, baseia-se no pragmatismo, e não no realismo. Qualquer pessoa que não entenda essa diferença é propensa a interpretar erroneamente o aspecto crítico do behaviorismo radical, sua rejeição do mentalismo.

A análise crítica do mentalismo feita pelos behavioristas, explicada no Capítulo 3, subjaz o restante do livro, pois ela exige que os behavioristas sugiram explicações não mentalistas do comportamento (Parte II) e soluções não mentalistas para problemas sociais (Parte III).

1

Behaviorismo: definição e história

A ideia central no behaviorismo pode ser formulada de maneira simples: *uma ciência do comportamento é possível*. Os behavioristas têm opiniões diversas sobre o que essa proposição significa e particularmente sobre o que é ciência e o que é comportamento, mas todos concordam que pode haver uma ciência do comportamento.

Muitos behavioristas acrescentam que a ciência do comportamento deve ser a psicologia. Isso é motivo de controvérsia, pois muitos psicólogos rejeitam a ideia de que a psicologia seja uma ciência, e outros, que a tomam como ciência, consideram que seu objeto é algo diferente do comportamento. A maioria dos behavioristas passou a chamar a ciência do comportamento de *análise do comportamento*. O debate continua sobre se a análise do comportamento faz parte da psicologia, é o mesmo que psicologia ou é independente da psicologia, mas organizações profissionais, como a Association for Behavior Analysis, e revistas, como *The Behavior Analyst*, *Journal of the Experimental Analysis of Behavior* e *Journal of Applied Behavior Analysis*, dão ao campo uma identidade.

Uma vez que o behaviorismo é um conjunto de ideias sobre essa ciência chamada análise do comportamento, não a ciência em si, o behaviorismo propriamente dito não é ciência, mas filosofia da ciência. Como filosofia sobre o comportamento, contudo, ele toca em assuntos próximos e que nos são caros: por que fazemos o que fazemos e o que devemos e não devemos fazer. O behaviorismo oferece uma visão alternativa que muitas vezes se coloca contra o pensamento tradicional sobre a ação, porque as opiniões tradicionais não têm sido pautadas pela ciência. Veremos, em capítulos posteriores, que, às vezes, o behaviorismo nos leva em direções radicalmente diferentes do pensamento convencional. Este capítulo aborda a história do behaviorismo e uma de suas implicações mais imediatas: o determinismo.

CONTEXTO HISTÓRICO

Da filosofia à ciência

Todas as ciências – a astronomia, a física, a química e a biologia – tiveram suas origens na filosofia e posteriormente se separaram dela. Antes que a astronomia e a física existissem como ciências, por exemplo, os filósofos especulavam sobre a organização do universo natural, partindo de suposições sobre Deus ou algum outro padrão e, raciocinando, concluíam sobre a forma como o universo seria. Por exemplo, se todos os eventos importantes pareciam ocorrer na Terra, então ela deveria ser o centro do universo. Uma vez que o círculo é a forma mais perfeita, o Sol deve viajar pela Terra em uma órbita circular. A lua deve viajar em outra órbita circular mais próxima, e as estrelas devem estar em uma esfera, a forma tridimensional mais perfeita, ao redor do todo. (Até hoje, o Sol, a lua e as estrelas são chamados de corpos celestes, porque se supunha que eram perfeitos.)

As ciências da astronomia e da física nasceram quando os indivíduos começaram a tentar compreender os objetos e fenômenos naturais por meio da observação. Quando Galileu Galilei (1564-1642) apontou um telescópio para a lua, observou que sua paisagem marcada por crateras estava longe de ser a esfera perfeita imaginada pelos filósofos. Contribuindo também para a física, Galileu registrou o movimento de queda de objetos rolando uma bola por uma calha. Ao descrever suas descobertas, Galileu ajudou a inventar as noções modernas de velocidade e aceleração. Isaac Newton (1642-1727) acrescentou conceitos como força e inércia para criar um poderoso esquema descritivo para entender os movimentos dos corpos na Terra, bem como dos corpos celestes, como a lua.

Ao criarem a ciência da física, Galileu, Newton e outros pensadores do Iluminismo romperam com a filosofia. A filosofia raciocina a partir de pressupostos para chegar a conclusões. Seus argumentos assumem a forma: "Se isto fosse assim, então aquilo seria assim". A ciência segue na direção oposta: "Isto é observado; o que poderia ser verdade que levaria a tal observação, e a quais outras observações isso levaria?". A verdade filosófica é absoluta; contanto que os pressupostos sejam enunciados e o raciocínio esteja correto, as conclusões devem seguir-se. A verdade científica é sempre relativa e provisória; ela é relativa à observação e passível de ser desmentida por novas observações. Durante muito tempo, os astrônomos pensaram que havia apenas sete planetas, mas um oitavo e um nono foram descobertos. Os pressupostos filosóficos se referem a abstrações além do universo natural: Deus, harmonia, formas ideais, e assim por diante. Os pressupostos científicos utilizados na elaboração de teorias referem-se apenas ao universo natural e a sua possível forma de organização. Embora Newton fosse teólogo e físico, ele separava as duas atividades. Sobre a física, ele disse: "*Hypotheses non fingo*" ("Eu não invento hipóteses"), isto é, ao estudar física, ele não se preocupava com quaisquer entidades ou princípios sobrenaturais – ou seja, com qualquer coisa fora do próprio universo natural. A razão pela qual o oceano tem marés não é a vontade de Deus, mas a atração gravitacional da lua enquanto gira em torno da Terra.

Assim como a física, os gregos antigos também especularam sobre química. Filósofos como Heráclito, Empédocles e Aristóteles especularam que a matéria variava em suas propriedades porque era dotada de certas qualidades, essências ou princípios. Aristóteles sugeriu quatro qualidades: *quente, fria, úmida* e *seca*. Se uma substância era um líquido, ela tinha mais da qualidade úmida; se era sólida, mais da seca. À medida que os séculos passaram, a lista de qualidades ou essências aumentou. Dizia-se que as coisas que esquentavam tinham a essência interior *calórica*. Materiais que queimavam tinham *flogisto*. Essas essências foram consideradas substâncias reais escondidas em algum lugar dentro dos materiais. Quando os pensadores se afastaram da especulação sobre essências ocultas e começaram a inter-relacionar observações cuidadosas de mudanças da matéria, nasceu a química. Antoine Lavoisier (1743-1794), entre outros, desenvolveu o conceito de oxigênio a partir da observação cuidadosa de pesos. Lavoisier descobriu que quando o chumbo, um metal, é queimado em um recipiente fechado e transformado em pó amarelo (óxido de chumbo), esse pó pesa mais do que o metal original, e, no entanto, todo o recipiente conserva o mesmo peso. Lavoisier argumentou que isso só poderia ocorrer se o metal se combinasse com algum material no ar. Essa explicação aludia exclusivamente a termos naturais; ela deixava de lado as essências ocultas sugeridas pela filosofia e estabelecia a química como ciência.

A biologia rompeu com a filosofia e a teologia da mesma forma. Os filósofos raciocinavam que se as coisas vivas e não vivas diferiam era porque Deus havia dado aos seres vivos algo que Ele não havia dado aos não vivos. Alguns pensadores consideravam que essa coisa interior era uma alma; outros a chamaram de *vis viva* (força vital). No século XVII, os primeiros fisiologistas começaram a abrir os animais para ver como funcionavam. William Harvey (1578-1657) descobriu o que parecia mais o funcionamento de uma máquina do que uma misteriosa força vital. Parecia que o coração funcionava como uma bomba, circulando o sangue através das artérias e tecidos e voltando pelas veias. Como na física e na química, esse raciocínio deixou de lado os hipotéticos pressupostos dos filósofos e usava como referencial apenas as observações de fenômenos naturais.

Quando Charles Darwin (1809-1882) publicou sua teoria da evolução por seleção natural em 1859, ela despertou um furor. Algumas pessoas se ofenderam, pois a teoria ia contra o relato bíblico de que Deus criara todas as plantas e animais em alguns dias. Até alguns geólogos e biólogos se chocaram com Darwin. Familiarizados com as avassaladoras evidências provenientes do estudo dos fósseis acerca do surgimento e da extinção de muitas espécies, esses cientistas já estavam convencidos de que a evolução ocorria. Contudo, embora não aceitassem mais o relato bíblico sobre a criação de maneira literal, alguns deles ainda consideravam a criação da vida (e, consequentemente, a evolução) uma obra de Deus. Eles se sentiram tão ofendidos pela teoria da seleção natural de Darwin quanto aqueles que interpretavam a Bíblia de forma literal.

A teoria de Darwin impressionou seus contemporâneos por oferecer uma explicação sobre a origem da vida que deixava de fora Deus ou qualquer outra força não natural. A seleção natural é um processo puramente mecânico. Se os seres variam, e a variação é herdada, qualquer vantagem reprodutiva de um tipo fará com que esse tipo substitua todos os concorrentes. A teoria moderna da evolução surgiu na primeira metade do século XX, quando a ideia de seleção natural foi combinada com a teoria da herança genética. Essa teoria continua a suscitar objeções por causa de seu caráter naturalista e sem Deus.

Assim como a astronomia, a física, a química, a fisiologia e a biologia evolutiva, a psicologia também rompeu com a filosofia. E essa ruptura foi relativamente recente. Até a década de 1940, poucas universidades tinham um departamento separado de psicologia, e os professores de psicologia costumavam ser encontrados no departamento de filosofia. Se a biologia evolutiva, com suas raízes em meados do século XIX, ainda está completando sua ruptura com a doutrina teológica e filosófica, não é surpresa que hoje os psicólogos ainda discutam as implicações de considerar a psicologia uma verdadeira ciência, e que os leigos estão apenas começando a aprender o que uma psicologia verdadeiramente científica pode significar na prática.

Na segunda metade do século XIX, os psicólogos começaram a chamar a psicologia de "ciência da mente". A palavra grega *psique* significa algo semelhante a "espírito", porém *mente* parecia menos especulativo e mais passível de estudo científico. Como estudar a mente? Os psicólogos propuseram a adoção do método dos filósofos: a introspecção. Se a mente era uma espécie de palco ou arena, então deveria ser possível olhar dentro dela e ver o que estava ocorrendo; esse era o sentido da palavra *introspecção*. Trata-se de uma tarefa difícil, principalmente se o que se deseja é colher fatos científicos fidedignos. Parecia aos psicólogos do século XIX que essa dificuldade poderia ser superada com bastante treino e muita prática. Duas correntes de pensamento, contudo, se somaram para corroer essa visão: a psicologia objetiva e a psicologia comparativa.

Psicologia objetiva

Alguns psicólogos do século XIX estavam pouco à vontade com a introspecção como método científico. Ela parecia muito pouco confiável, muito suscetível a distorções pessoais, muito subjetiva. Outras ciências utilizavam métodos objetivos que produziam medidas verificáveis e replicáveis em laboratórios do mundo inteiro. Se duas pessoas treinadas em introspecção discordassem sobre suas conclusões, seria difícil de resolver o conflito; entretanto, se utilizassem métodos objetivos, os pesquisadores poderiam notar diferenças de procedimento que talvez explicassem os resultados diferentes.

Um dos primeiros pioneiros da psicologia objetiva foi o psicólogo holandês F. C. Donders (1818-1889), que se inspirou em um intrigante problema colocado pela astronomia: como calcular o momento exato em que uma estrela estará em determinada posição no céu? Quando se vê uma estrela através de um telescópio poderoso, ela parece se deslocar a uma velocidade considerável. Os astrônomos que tentavam fazer medidas precisas do tempo estavam tendo dificuldade em estimar a velocidade com a precisão de uma fração de segundo. Um astrônomo ficava ouvindo o tique-taque de um cronômetro, que marcava os segundos, enquanto observava a estrela e contava os tiques. Quando a estrela cruzava uma linha marcada no telescópio (o "momento de trânsito"), o astrônomo anotava mentalmente sua posição no momento do tique-taque imediatamente anterior e imediatamente posterior ao trânsito e depois estimava a fração da distância entre as duas posições que ficava entre a posição imediatamente anterior ao trânsito e a linha. O problema era que diferentes astrônomos, observando o mesmo momento de trânsito, chegavam a diferentes estimativas de tempo. Os astrônomos tentaram resolver o problema gerado por essa variação calculando uma equação para cada astrônomo, chamada de "equação pessoal", que calcularia o tempo correto a partir das estimativas de tempo feitas por eles.

Donders raciocinou que as estimativas de tempo variavam porque nenhum dos astrônomos utilizou o mesmo tempo para avaliar o momento exato de trânsito; ele acreditava que eles estavam realmente fazendo suas avaliações por meio de diferentes processos mentais. Donders pensou que esse "momento de avaliação" poderia ser uma medida objetiva útil. Ele começou a fazer experimentos em que media os *tempos de reação* das pessoas – os tempos necessários para detectar uma luz ou som e então apertar um botão. Ele constatou que levava mais tempo para apertar o botão correto entre dois botões quando uma das duas luzes dos botões se acendia do que para apertar um único botão quando uma única luz se acendia. Subtraindo-se o tempo de reação simples, mais curto, do tempo de reação de escolha, mais longo, Donders afirmou que seria possível medir objetivamente o processo mental de escolha. Isso pareceu um grande avanço comparado à introspecção, pois significava que os psicólogos poderiam fazer experimentos laboratoriais com os mesmos métodos objetivos que as outras ciências.

Outros psicólogos desenvolveram outros métodos que pareciam medir os processos mentais objetivamente. Gustav Fechner (1801-1887) tentou medir a intensidade subjetiva da sensação ao desenvolver uma escala com base na *diferença perceptível* – a menor diferença física entre duas luzes ou sons que uma pessoa é capaz de detectar. Hermann Ebbinghaus (1850-1909) mediu o tempo que ele levava para aprender e posteriormente reaprender listas de sílabas sem sentido – combinações de consoante-vogal-consoante sem significado – para produzir medidas objetivas de aprendizado e memória. Outros usaram o método desenvolvido por I. P. Pavlov (1849-1936) para estudar aprendizagem e associação, medindo um simples reflexo de transferência para novos sinais organizados no laboratório. Essas tentativas mantiveram a promessa comum de que, seguindo métodos objetivos, a psicologia poderia se tornar uma verdadeira ciência.

Psicologia comparativa

Ao mesmo tempo que os psicólogos tentavam fazer da psicologia uma ciência objetiva, a psicologia também estava sendo influenciada pela teoria da evolução. Os seres humanos não eram mais vistos como separados de outros seres vivos. Crescia o reconhecimento de que não compartilhamos apenas traços anatômicos com símios, macacos, cachorros e até peixes, mas também muitos traços comportamentais.

Assim surgiu a noção de *continuidade das espécies* – a ideia de que, mesmo que as espécies sejam claramente diferentes umas das outras, elas também se assemelham na medida em que compartilham uma mesma história evolutiva. A teoria de Darwin ensinou que novas espécies surgiram apenas como modificações de espécies existentes. Se a nossa espécie evoluiu como qualquer outra espécie, então ela também deve ter surgido como uma modificação de outras espécies. Foi fácil identificar que nós e os símios temos ancestrais comuns, que símios e macacos têm ancestrais comuns, que macacos e musaranhos têm ancestrais comuns, musaranhos e répteis têm ancestrais comuns, e assim por diante.

Pensadores da psicologia comparativa raciocinaram que, assim como era possível reconhecer as origens dos nossos próprios traços anatômicos em outras espécies, também era possível observar as origens dos nossos traços mentais. Assim, a ideia de fazer comparações entre as espécies para saber mais sobre a nossa, aliada à suposição de que nossos traços mentais apareceriam em outras espécies de maneira mais simples ou rudimentar, deu origem à psicologia comparativa.

As comparações entre nossa espécie e outras se tornaram comuns. O próprio Darwin escreveu um livro intitulado *The expression of the emotions in men and animals*. Inicialmente, as evidências de uma mentalidade aparentemente humana em outros animais consistiam em observações ocasionais de seres selvagens e domésticos, muitas vezes apenas anedotas sobre animais de estimação ou animais de criação. Com um pouco de imaginação, era possível ver um cão que aprendeu a abrir o portão do jardim levantando o trinco depois de ter observado e raciocinado a partir do exemplo de seu dono. É possível imaginar ainda que as sensações, os pensamentos, os sentimentos, etc., do cão devem se parecer com os nossos. George Romanes (1848-1894) levou essa linha de raciocínio para sua conclusão lógica, chegando a afirmar que nossa própria consciência deve constituir a base de nossas suposições em eventual tênue consciência que ocorre em formigas.

Essa "humanização da fera", ou *antropomorfismo*, parecia muito especulativa para alguns psicólogos. Na segunda metade do século XIX e início do século XX, os psicólogos comparativos começaram a substituir as vagas evidências anedóticas por uma observação rigorosa realizando experimentos com animais. Grande parte dessa pesquisa inicial baseou-se em labirintos, porque qualquer animal que se mova, seja ele humano, rato, peixe ou formiga, pode ser treinado para resolver um labirinto. Era possível medir o tempo que o animal levava para percorrer o labirinto e o número de erros cometidos, além de observar o número de erros e a quantidade de tempo diminuir conforme o aprendizado. Levando adiante a tentativa de humanizar a fera, esses primeiros pesquisadores frequentemente incluíram especulações sobre os estados mentais, os pensamentos e as emoções dos animais. Dizia-se que os ratos demonstravam aborrecimento ao cometerem um erro, confusão, hesitação, confiança, e assim por diante.

O problema com essas afirmações sobre a consciência animal era que elas dependiam demais do viés individual. Se, por introspecção, duas pessoas podiam discordar quanto a estarem sentindo raiva ou tristeza, elas podiam discordar ainda mais quanto a se um rato estava sentindo raiva ou tristeza. Como as observações eram muito subjetivas, fazer mais observações não ajudaria a resolver qualquer discordância. John B. Watson (1879-1958), o fundador do behaviorismo, considerou que as inferências sobre a consciência em animais eram ainda menos confiáveis que a introspecção e concluiu que nenhuma das duas poderia servir de método para uma verdadeira ciência.

A primeira versão do behaviorismo

Em 1913, Watson publicou o artigo "Psychology as the behaviorist views it", que rapidamente foi considerado o manifesto da primeira versão do behaviorismo. Guiado pela psicologia objetiva, Watson articulou a crescente insatisfação dos psicólogos com a introspecção e a analogia como métodos. Queixava-se de que a introspecção, diferentemente dos métodos da física ou da química, dependia excessivamente do indivíduo:

> Se você não conseguir reproduzir minhas descobertas... é porque sua introspecção não foi bem treinada. Ataca-se o observador, e não a situação experimental. Na física e na química, atacam-se as condições experimentais. O equipamento não era sensível o suficiente, foram utilizados produtos químicos impuros, etc. Nessas ciências, uma técnica melhor irá gerar resultados passíveis de reprodução. Na psicologia é diferente. Se você não é capaz de observar de 3 a 9 estados de clareza na atenção, sua introspecção é deficiente. Se, por outro lado, um sentimento parece razoavelmente claro para você, sua introspecção é novamente a culpada. Você está vendo demais. Os sentimentos nunca são claros. (p. 163)

Se a introspecção não era confiável, as analogias entre animais e seres humanos eram menos ainda. Watson queixava-se de que a ênfase na consciência o obrigava

> à absurda situação de tentar *construir* o conteúdo consciente do animal cujo comportamento estudamos. Nessa visão, depois de ter determinado a capacidade de aprender do animal, a simplicidade ou a complexidade de seu método de aprendizagem, o efeito de hábitos passados na resposta atual, a faixa de estímulos a que ele normalmente responde, a faixa mais ampla à qual é capaz de responder em condições experimentais – em termos mais gerais, seus vários problemas e suas várias maneiras de resolvê-los –, ainda devemos sentir que a tarefa está inacabada e que os resultados são inúteis, até que possamos interpretá-los, por analogia, à luz da consciência... sentimo-nos obrigados a dizer algo sobre os possíveis processos mentais do animal. Dizemos que, não tendo olhos, seu fluxo de consciência não pode conter sensações de brilho e cor como tal qual conhecemos; sem papilas gustativas, esse fluxo não pode conter sensações de doce, azedo, salgado e amargo. Mas, por outro lado, uma vez que ele responde a estímulos térmicos, táteis e orgânicos, seu conteúdo consciente deve, em grande parte, ser constituído por essas sensações... Certamente, é possível demonstrar que uma doutrina que exige uma interpretação analógica de todos os dados comportamentais é falsa. (p. 159-160)

Os psicólogos prendiam-se em esforços tão infrutíferos, argumentou Watson, por causa de sua definição de psicologia como a ciência da consciência. Essa definição era a culpada pelos métodos pouco confiáveis e pelas especulações sem fundamento. Ela era responsável pelo fracasso da psicologia em se tornar uma verdadeira ciência.

Em vez disso, escreveu Watson, a psicologia deveria ser definida como a ciência do comportamento. Ele descreveu sua decepção quando, ao ver a *psicologia* definida por Pillsbury no início de um livro como a *ciência do comportamento*, constatou que, depois de algumas páginas, o livro deixou de se referir ao comportamento e voltou ao "tratamento convencional" da consciência. Em reação, Watson escreveu: "Creio que podemos escrever uma psicologia, defini-la como Pillsbury e nunca renunciar a nossa definição: jamais use os termos consciência, estados mentais, mente, conteúdo, introspectivamente verificável, imagens e coisas parecidas" (p. 166).

Evitar os termos relacionados à consciência e à mente deixaria os psicólogos livres para estudarem o comportamento humano e animal. Se a continuidade das espécies podia levar à "humanização da fera", ela poderia igualmente levar ao oposto (bestializar o humano?); se as ideias sobre os humanos podiam ser aplicadas aos animais, os princípios desenvolvidos pelo estudo de animais poderiam ser aplicados aos seres humanos. Watson argumentou contra o antropocentrismo. Ele apontou para o biólogo que estuda a evolução, que "reúne seus dados a partir do estudo de muitas espécies de plantas e animais e tenta elaborar as leis da hereditariedade no tipo particular sobre o qual ele está realizando experimentos... Não é justo dizer que todo o seu trabalho é direcionado à evolução humana ou que deve ser interpretado em termos de evolução humana" (Watson, 1913, p. 162). Para Watson, era claro o caminho para transformar a psicologia em uma ciência geral do comportamento que abarcasse todas as espécies, com seres humanos como apenas uma delas.

Essa ciência do comportamento que Watson idealizou não usaria nenhum dos termos tradicionais que se referem à mente e à consciência, evitaria a subjetividade da introspecção e das analogias entre animais e humanos e estudaria apenas o comportamento objetivamente observável. Contudo, mesmo na época de Watson, os behavioristas já debatiam sobre a correção dessa receita. Não estava claro o que significava *objetivo* ou o que exatamente constituía o *comportamento*. Uma vez que esses termos foram deixados abertos à interpretação, as ideias dos behavioristas sobre o que constitui ciência e como definir comportamento variaram.

Dos behavioristas pós-Watsonianos, o mais conhecido é B. F. Skinner (1904-1990). Suas ideias sobre como alcançar uma ciência do comportamento contrastaram fortemente com as da maioria dos outros behavioristas. Enquanto os outros se concentraram em métodos das ciências naturais, tais como medição e controle experimental, Skinner focou nas explicações científicas. Ele argumentou que o caminho para uma ciência do comportamento era por meio do desenvolvimento de termos e conceitos que permitiriam explicações verdadeiramente científicas. Rotulou a visão oposta de *behaviorismo metodológico* e denominou sua própria visão *behaviorismo radical*. Discutiremos mais sobre isso nos Capítulos 2 e 3.

Sejam quais forem suas discordâncias, todos os behavioristas concordam com as premissas básicas de Watson de que pode haver uma ciência natural do comportamento e de que a psicologia poderia ser essa ciência. A ideia de que o comportamento pode ser abordado cientificamente implica que, assim como as outras ciências expulsam essências, forças e causas ocultas, também a análise do comportamento (ou a psicologia, se forem a mesma coisa) omite esses fatores misteriosos. Essa omissão suscita controvérsias análogas à reação à explicação naturalista de Darwin sobre a evolução. Enquanto Darwin ofendeu deixando de fora a mão oculta de Deus, os behavioristas ofenderam deixando de fora outra força oculta: o poder dos indivíduos de governarem seu próprio comportamento. Assim como a teoria de Darwin desafiou a venerada ideia de Deus, o criador, também o behaviorismo desafia a venerada ideia do livre-arbítrio. Discutiremos mais profundamente as causas ocultas no Capítulo 3, mas, uma vez que o questionamento do livre-arbítrio muitas vezes suscita antagonismo, trataremos disso agora.

LIVRE-ARBÍTRIO *VERSUS* DETERMINISMO

Definições

A ideia de que uma ciência do comportamento é possível implica que o comportamento, como qualquer outro objeto de estudo da ciência, é ordenado, pode ser explicado, pode ser previsto desde que se tenha dados necessários e pode ser controlado desde que se tenham os meios corretos. Isso é o *determinismo*, a noção de que o comportamento é determinado unicamente pela hereditariedade e pelo ambiente.

Muitas pessoas acham o determinismo censurável. Ele parece contrariar antigas tradições culturais que atribuem a responsabilidade pela ação ao indivíduo, e não à hereditariedade e ao ambiente. Essas tradições mudaram um pouco: a responsabilidade pela delinquência é atribuída a um mau ambiente; artistas famosos expressam reconhecimento a pais e professores; e reconhece-se que alguns traços comportamentais, como alcoolismo, esquizofrenia, lateralidade e QI, têm um componente genético. Contudo, permanece a tendência a atribuir mérito e culpa aos indivíduos, a afirmar que o comportamento depende não apenas da hereditariedade e do ambiente, mas de algo mais, que as pessoas têm liberdade para escolher suas ações.

A capacidade de escolher é denominada *livre-arbítrio*. Esse livre-arbítrio implica um terceiro elemento além da hereditariedade e do ambiente, algo dentro do indivíduo. Afirma que, apesar da herança e de todos os impactos ambientais, uma pessoa que se comporta de uma forma poderia ter escolhido se comportar de outra. Afirma algo além do simples fato de que alguém tem escolha – poderia me parecer que eu posso comer sorvete ou não, e, ainda assim, isso poderia ser totalmente determinado por eventos passados. O livre-arbítrio afirma que a escolha não é uma ilusão, que os próprios indivíduos causam o comportamento.

Os filósofos tentaram conciliar determinismo e livre-arbítrio. Surgiram posições chamadas "determinismo brando" e teorias "compatibilizadoras" do livre-arbítrio. O determinismo brando, atribuído a Donald Hebb (um behaviorista; ver Sappington, 1990), por exemplo, sustenta que o livre-arbítrio consiste no fato de o comportamento depender da hereditariedade e da história ambiental passada, fatores menos visíveis do que o ambiente presente. Mas, como essa visão ainda considera que o comportamento resulta unicamente da hereditariedade e do ambiente, passado e presente, ela implica que o livre-arbítrio é apenas uma experiência, uma ilusão, e não uma relação causal entre pessoa e ação. A teoria compatibilizadora do livre-arbítrio proposta pelo filósofo Daniel Dennett define o livre-arbítrio como uma deliberação antes da ação (Dennett, 1984). Enquanto eu delibero sobre comer o sorvete (Será que isso vai me fazer engordar? Eu poderia compensar seus efeitos fazendo exercício depois? Eu posso ser feliz se estou sempre fazendo dieta?), meu ato de comer sorvete é escolhido livremente. Isso é compatível com o determinismo porque a própria deliberação é um comportamento que pode ser determinado pela hereditariedade e pelo ambiente passado. Se a deliberação desempenha qualquer papel no comportamento que se segue, ela só atuaria como um elo em uma cadeia de causalidade que se estende a eventos anteriores. Essa definição, entretanto, se afasta do que as pessoas convencionalmente querem dizer com livre-arbítrio.

Os filósofos denominam a ideia convencional de livre-arbítrio – a ideia de que a escolha pode realmente ser livre de eventos passados – de *livre-arbítrio libertário*. Qualquer outra definição, como as de Hebb e Dennett, que seja compatível com o determinismo não apresenta problema para o behaviorismo ou para uma ciência do comportamento. Somente o livre-arbítrio libertário conflita com o behaviorismo. A história desse conceito na teologia judaica e na cristã sugere que ele existe precisamente para negar o tipo de determinismo que o behaviorismo representa. Separando-nos dos filósofos, portanto, faremos referência ao livre-arbítrio libertário como "livre-arbítrio".

Argumentos a favor e contra o livre-arbítrio

Para comprovar o livre-arbítrio (em outras palavras, refutar o determinismo), seria necessário que um ato contrariasse a previsão, mesmo que todos os possíveis fatores contribuintes fossem conhecidos. Como um conhecimento tão perfeito é impossível na prática, o conflito entre determinismo e livre-arbítrio jamais poderá ser resolvido por demonstração. Se parece que jovens de classe média de bons lares que se tornam dependentes de drogas escolheram isso livremente, pois nada em suas histórias explica esse comportamento, o determinista insistirá que uma investigação adicional revelará os fatores genéticos e ambientais que levaram a essa dependência. Se parece que a carreira musical de Mozart era inteiramente previsível com base na sua história familiar e no modo como a sociedade vienense funcionava em sua época, o defensor do livre-arbítrio insistirá que o pequeno Wolfgang escolheu livremente agradar seus pais com esforços musicais em vez de brincar com brinquedos como as outras crianças. Se a evidência não é capaz de persuadir, então aceitar o determinismo ou o livre-arbítrio pode depender das consequências de acreditar em um ou outro, e estas podem ser sociais ou estéticas.

Argumentos sociais

Em termos práticos, parece que a negação do livre-arbítrio pode solapar toda a estrutura moral de nossa sociedade. O que acontecerá com nosso sistema judicial se as pessoas não puderem ser responsabilizadas por suas ações? Já estamos tendo problemas quando os criminosos alegam insanidade e incapacidade mental. O que acontecerá com nossas instituições democráticas se as pessoas não tiverem livre escolha? Por que se preocupar em realizar eleições se a escolha entre os candidatos não é livre? Acreditar que o comportamento das pessoas pode ser determinado poderia encorajar uma ditadura. Por essas razões, talvez seja bom e útil acreditar no livre-arbítrio, mesmo que ele não possa ser comprovado.

Abordaremos esses argumentos na Parte III, quando discutiremos liberdade, política social e valores. Um breve apanhado agora dará uma ideia da direção geral tomada posteriormente.

A percebida ameaça à democracia deriva de um falso pressuposto. Embora seja verdade que a democracia depende da escolha, é falso que a escolha perde o sentido ou torna-se impossível sem o livre-arbítrio. O medo de que a escolha desapareça decorre de uma noção simplificada da alternativa ao livre-arbítrio. Se uma eleição oferece a uma pessoa duas maneiras diferentes de votar, qual voto realmente ocorre depende não só do histórico de longo prazo da pessoa (histórico, educação ou valores), mas também dos eventos que antecedem imediatamente a eleição. As campanhas são realizadas exatamente por esse motivo. Eu posso ser influenciado por um bom discurso e sem ele eu poderia ter votado no outro candidato. As pessoas não precisam ter livre-arbítrio para que as eleições tenham sentido; seu comportamento só precisa estar aberto à influência e à persuasão (determinantes ambientais de mais curto prazo).

Somos favoráveis à democracia não porque temos livre-arbítrio, mas porque achamos que, como um conjunto de práticas, ela funciona. Em uma sociedade democrática, as pessoas são mais felizes e mais produtivas do que em qualquer monarquia ou ditadura conhecida. Embora outros fatores – principalmente a riqueza – contribuam para a felicidade relatada pelos cidadãos, a liberdade para fazer escolhas de vida e a distância da corrupção contam como dois dos fatores mais importantes no *World Happiness Report* das Nações Unidas, que pesquisa cidadãos em 158 países. Segundo o relatório de 2015, os cinco países classificados como mais felizes são Suíça, Islândia, Dinamarca, Noruega e Canadá, todos eles democracias. (Os Estados Unidos ocupam a 15ª posição, e os 14 países colocados acima são todos democracias.)

Em vez de nos preocuparmos com a perda do livre-arbítrio, podemos perguntar de maneira mais proveitosa o que há na democracia que a torna melhor. Se pudermos analisar nossas instituições democráticas para descobrir o que as faz funcionar, talvez possamos encontrar maneiras de torná-las ainda mais efetivas. A liberdade política consiste em algo mais prático do que o livre-arbítrio: ela significa dispor de opções e ser capaz de influenciar o comportamento dos governantes. A compreensão científica do comportamento poderia ser usada para aumentar a liberdade política. Dessa forma, poder-se-ia fazer bom uso do conhecimento adquirido a partir de uma ciência do comportamento; nada exige que dele seja feito um mau uso. Afinal, se realmente temos livre-arbítrio, presumivelmente ninguém precisa se preocupar com o uso de tal conhecimento.

E quanto aos padrões morais? A teologia judaica e a cristã incorporaram o livre-arbítrio como meio de salvação. Sem tal ensinamento, as pessoas continuarão sendo boas? Uma maneira de responder a essa pergunta é apontar para aquela parte da humanidade, sem dúvida a maioria, que não tem esse compromisso com a noção de livre-arbítrio. Os budistas e hinduístas na China, no Japão e na Índia se comportam de maneira menos moral? Nos Estados Unidos, o crescimento da educação pública tem cada vez mais transferido a formação moral da igreja e de casa para as escolas. À medida que a sociedade norte-americana se apoia mais nas escolas para produzir bons cidadãos, a análise de comportamento já está ajudando. Longe de destruir a moral, a ciência do comportamento pode ser usada para educar as crianças para que se tornem cidadãos bons, felizes e eficientes.

Quanto ao sistema judiciário, ele existe para lidar com as falhas da sociedade, e não precisamos considerar a justiça como uma questão puramente moral. Nós sempre precisaremos "responsabilizar as pessoas por seu comportamento", no sentido prático de que as ações são atribuídas a indivíduos. Uma vez estabelecido pelos tribunais que alguém transgrediu as normas, surgem questões práticas a respeito de como proteger a sociedade contra essa pessoa e como tornar improvável que ela venha a se comportar da mesma forma no futuro. Encarcerar criminosos tem feito pouco para evitar reincidências. A ciência do comportamento poderia ajudar tanto para prevenir o crime como para tratá-lo de forma mais eficaz.

Argumentos estéticos

Críticos da noção de livre-arbítrio muitas vezes apontam para a sua falta de lógica. Mesmo os teólogos que promoveram essa ideia trataram de decifrar seu conflito paradoxal com um Deus onipotente. Santo Agostinho coloca o assunto claramente: se Deus faz tudo e sabe tudo antes que aconteça, como é possível que uma pessoa faça qualquer coisa livremente? Assim como com o determinismo natural, se Deus determina todos os eventos (inclusive nossas ações), então é só a nossa ignorância – no caso, da vontade de Deus – que permite a ilusão do livre-arbítrio. A solução teológica comum é chamar o livre-arbítrio de mistério; de alguma forma, Deus nos dá o livre-arbítrio a despeito de Sua onipotência. Do ponto de vista científico, essa conclusão é insatisfatória porque desafia a lógica e não resolve o paradoxo.

Em seu conflito com o determinismo, divino ou natural, o livre-arbítrio parece depender da ignorância. De fato, pode-se argumentar que o livre-arbítrio é simplesmente um nome para a ignorância dos determinantes do comportamento. Quanto mais se sabe das razões por trás das ações de uma pessoa, menor a probabilidade de as atribuirmos ao livre-arbítrio. Se um menino que rouba carros vem de um ambiente pobre, somos inclinados a atribuir o comportamento ao ambiente, e quanto mais sabemos sobre como ele foi maltratado e negligenciado por sua família e pela sociedade, menor a probabilidade de dizermos que ele escolheu livremente. Quando sabemos que um político aceitou suborno, não consideramos mais que as posições daquele político são assumidas livremente. Quando ficamos sabendo que um artista tinha pais compreensivos e um grande professor, sentimos menos curiosidade sobre seu talento.

O outro lado desse argumento é que, por mais que saibamos, não podemos prever exatamente o que uma pessoa vai fazer em determinada situação. Essa imprevisibilidade é, às vezes, considerada uma prova do livre-arbítrio. O clima, entretanto, também é imprevisível, mas nós nunca o consideramos como um produto do livre-arbítrio. Existem muitos sistemas naturais cujo comportamento momentâneo não podemos prever com antecedência, mas que jamais consideramos livres. Por que iríamos definir um padrão mais elevado para uma ciência do comportamento do que para as outras ciências naturais? Parece ilógico, e realmente é, pois o argumento da imprevisibilidade contém um erro lógico. O livre-arbítrio realmente implica imprevisibilidade, mas isso de forma alguma exige o inverso, que a imprevisibilidade implique livre-arbítrio.

De certa forma, deve mesmo ser falso que o livre-arbítrio implica imprevisibilidade. Minhas ações podem ser imprevisíveis por outra pessoa, talvez, mas se o meu livre-arbítrio causa meu comportamento, eu deveria saber muito bem o que vou fazer. Isso exige que eu conheça minha vontade, porque é difícil de entender como uma vontade que é desconhecida poderia ser livre. Se eu decido fazer uma dieta e eu sei que essa é minha vontade, então eu deveria prever que vou fazer uma dieta. Se eu conheço minha vontade e minha vontade causa meu comportamento, eu deveria ser capaz de prever meu comportamento perfeitamente.

A noção de que o livre-arbítrio causa o comportamento também levanta um problema espinhoso. Como pode um evento não natural como o livre-arbítrio causar um evento natural como comer sorvete? Eventos naturais podem levar a outros eventos naturais, porque eles podem estar relacionados um com o outro no tempo e no espaço. Uma relação sexual leva a um bebê cerca de nove meses depois. A expressão *leva a* implica que a causa pode ser situada no tempo e no espaço. Por definição, entretanto, elementos e eventos não naturais não podem ser situados no tempo e no espaço. (Se eles pudessem ser situados no tempo e no espaço, então eles seriam naturais.) Como, então, um evento não natural pode *levar a* um evento natural? Quando e onde se dá a vontade que pode me levar a comer sorvete? (Outra versão do mesmo problema, o problema mente-corpo, irá nos ocupar no Cap. 3.) A nebulosidade de tais conexões hipotéticas levou ao *Hypotheses non fingo* de Newton. A ciência admite enigmas sem solução, porque enigmas podem posteriormente originar maior reflexão e experimentação, mas a conexão entre livre-arbítrio e ação não pode ser tão elucidada. É um mistério. O objetivo da ciência de explicar o mundo exclui mistérios que não podem ser explicados.

A natureza misteriosa do livre-arbítrio, por exemplo, vai contra a teoria da evolução. Primeiro, levanta o problema da descontinuidade. Se falta livre-arbítrio aos animais, como ele repentinamente surgiu em nossa espécie? Ele teria que ter sido prenunciado em nossos ancestrais não humanos. Segundo, mesmo que os animais pudessem ter livre-arbítrio, como uma coisa tão pouco natural poderia evoluir? Traços naturais evoluem por modificação de outros traços naturais. Pode-se inclusive imaginar a evolução de um sistema mecânico natural que poderia se comportar de forma imprevisível a cada momento. Mas não existe maneira concebível de a seleção natural produzir um livre-arbítrio não natural. Essa pode ser uma poderosa razão pela qual alguns grupos religiosos se opõem à teoria da evolução; inversamente, ela é uma razão igualmente poderosa para excluir o livre-arbítrio das descrições científicas do comportamento.

Na verdade, a razão de discutirmos esses argumentos contra o livre-arbítrio é realmente mostrar que explicações científicas do comportamento que excluem o livre-arbítrio são possíveis. Os argumentos visam defender a ciência do comportamento contra a alegação de que o comportamento humano não pode ser compreendido porque as pessoas têm livre-arbítrio. A análise do comportamento adverte contra o uso do conceito em arenas onde ele tem consequências infelizes, como no sistema judiciário (Cap. 10) e no governo (Cap. 11). A análise do comportamento omite o livre-arbítrio, mas ela não proíbe o uso do conceito no discurso cotidiano ou nas esferas da religião, da poesia e da literatura; clérigos, poetas e escritores muitas vezes falam de livre-arbítrio e livre escolha. Uma ciência do comportamento poderia tentar explicar essa fala, mas de modo algum a proíbe. Neste livro, contudo, exploramos como compreender o comportamento sem conceitos misteriosos como o livre-arbítrio.

PSICOLOGIA POPULAR*

O livre-arbítrio é um de um conjunto de conceitos inter-relacionados que, juntos, muitas vezes recebem o rótulo de *psicologia popular*, em comparação com física popular ou biologia popular. Outros conceitos que andam junto com o livre-arbítrio são, por exemplo, o eu interior, em contraste com o corpo externo, e a importância dos pensamentos e sentimentos internos. De acordo com a psicologia popular, o corpo exterior é habitado por um eu e todo um mundo dentro da pele. Expressões como "Eu pensei comigo mesmo" ou "No fundo eu sabia" derivam desse ponto de vista, em que o eu está aparentemente situado a uma curta distância atrás dos olhos e olha para o mundo externo a partir de seu mundo interior. Supostamente esse eu interior tem uma vida interior de pensamentos e sentimentos.

Muitas culturas, particularmente no Ocidente, incorporam um jeito cotidiano de falar sobre o comportamento, o que pode ser chamado de *discurso-padrão*. Sua forma geral é: "Eu pensei (ou achei) tal e tal e aí eu agi (de acordo com aquele pensamento ou sentimento)". Declarações como essa significam que pensamentos e sentimentos interiores causam o comportamento exterior, como se o corpo fosse uma máquina que é acionada por uma vida interior.

Os críticos do behaviorismo às vezes se queixam de que o behaviorismo não dá conta de nossa vida interior, especialmente de nossos pensamentos e sentimentos. A omissão parece tornar o behaviorismo incompleto ou mesmo trivial, porque supostamente nossa vida interior é a parte mais importante da vida. A crítica reflete um apego à noção de que nós (presumivelmente nosso eu interior) causamos nosso comportamento, impulsionado por nossos pensamentos e sentimentos internos.

O discurso-padrão e sua implícita dependência do comportamento da vida interior funcionam bem para o discurso cotidiano, para a literatura e a poesia, mas eles são incompatíveis com uma ciência do comportamento, pois, como o livre-arbítrio, o eu interior e os seus pensamentos e sentimentos são coisas e eventos não naturais que têm um relacionamento misterioso com o comportamento. Se os eventos comportamentais são considerados eventos naturais, logo suas causas são outros eventos naturais: hereditariedade e ambiente, passado e presente. A análise do comportamento omite pensamentos e sentimentos internos, é verdade, mas não porque ela não tem uma maneira de abordar pensamentos e sentimentos. Como veremos no Capítulo 3, pensamentos e sentimentos e conversas sobre pensamentos e sentimentos podem ser compreendidos como mais um comportamento a ser explicado, além de suas ações supostamente resultantes.

RESUMO

Todos os behavioristas concordam com uma ideia central, a de que uma ciência do comportamento é possível. Essa ciência veio a ser chamada de análise do comportamento. O behaviorismo é corretamente visto como a filosofia sobre essa ciência.

Todas as ciências se originaram e se separaram da filosofia. A astronomia e a física surgiram quando os cientistas passaram da especulação filosófica para a observação. Ao fazerem isso, eles abandonaram qualquer preocupação com o sobrenatural,

* N. de R.T. Também pode ser chamada de *psicologia do senso comum*.

observando o universo natural e explicando os eventos naturais por referência a outros eventos naturais. Da mesma forma, a química rompeu com a filosofia quando abandonou as essências internas ocultas como explicações de eventos químicos. Quando se tornou uma ciência, a fisiologia abandonou a *vis viva* interior em favor de explicações mecanicistas do funcionamento do corpo. A teoria da evolução de Darwin foi percebida como um ataque à religião porque ela se propôs a explicar a criação das formas de vida apenas com eventos naturais, sem a mão sobrenatural de Deus. A psicologia científica também nasceu da filosofia e pode ainda estar rompendo com ela. Dois movimentos, a psicologia objetiva e a psicologia comparativa, promoveram essa ruptura. A psicologia objetiva enfatizou a observação e a experimentação, métodos que distinguiam outras ciências. A psicologia comparativa enfatizou a origem comum de todas as espécies, incluindo os seres humanos, na seleção natural e ajudou a promover explicações puramente naturais acerca do comportamento humano.

John B. Watson, fundador do behaviorismo, assumiu a liderança da psicologia comparativa. Ele atacou a ideia de que a psicologia era a ciência da mente, assinalando que nem introspecção nem analogias com a consciência animal produziam os resultados confiáveis produzidos pelos métodos de outras ciências. Ele argumentou que somente se estudasse o comportamento a psicologia poderia atingir a confiabilidade e a generalidade que precisava para se tornar uma ciência natural.

A ideia de que o comportamento pode ser abordado cientificamente continua sendo controversa porque questiona a noção de que o comportamento é oriundo da livre escolha de um indivíduo. Promove o determinismo, a ideia de que todo comportamento se origina da herança genética e de efeitos ambientais. O termo *livre-arbítrio* denomina a suposta capacidade que uma pessoa tem de escolher o comportamento livremente, sem considerar a herança ou o ambiente. O determinismo afirma que o livre-arbítrio é uma ilusão baseada na ignorância dos fatores que determinam o comportamento. Uma vez que o determinismo brando e as teorias compatibilizadoras do livre-arbítrio afirmam a ideia de que o livre-arbítrio é apenas uma ilusão, eles não apresentam qualquer objeção a uma ciência do comportamento. Somente o *livre-arbítrio libertário*, a ideia de que as pessoas realmente têm a capacidade de se comportar como escolhem (defendida pelo judaísmo e cristianismo), entra em conflito com o determinismo. Uma vez que a discussão entre determinismo e livre-arbítrio não pode ser resolvida por evidências, o debate sobre qual ponto de vista é certo repousa em argumentos sobre as consequências – sociais e estéticas – de adotar um ponto de vista ou outro.

Os críticos do determinismo argumentam que a crença no livre-arbítrio é necessária para preservar a democracia e a moralidade na sociedade. Os behavioristas argumentam que provavelmente o oposto é verdade – que uma abordagem comportamental para os problemas sociais pode melhorar a democracia e promover um comportamento moral. Quanto à estética, críticos apontam que o livre-arbítrio é ilógico quando emparelhado com a noção de um Deus onipotente (como geralmente acontece). Se as ações são determinadas por eventos naturais ou pela vontade de Deus, elas não podem, logicamente, ser atribuídas ao livre-arbítrio do indivíduo. Defensores do livre-arbítrio retrucarão que, uma vez que os cientistas nunca podem prever ações de um indivíduo em detalhes, o livre-arbítrio continua sendo possível, mesmo que seja um mistério. Os behavioristas respondem que sua natureza misteriosa é precisamente o que o torna inaceitável, porque levanta o mesmo problema que outras ciências tiveram que superar: como pode uma causa não natural acarretar eventos naturais? Os behavioristas dão a mesma resposta que foi dada nas outras ciências: eventos naturais surgem somente de outros eventos naturais. Esse ponto de vista científico do comportamento argumenta contra a aplicação da ideia de livre-arbítrio à lei e ao governo, contextos em que ele produz consequências ruins para a sociedade, mas permanece neutro sobre (e pode explicar) o uso da ideia no discurso cotidiano, na religião, na poesia e na literatura.

A psicologia popular, que incorpora, juntamente com o livre-arbítrio, um eu interior com pensamentos e sentimentos que supostamente causam o comportamento e levam a um discurso-padrão que parece explicar o comportamento como oriundo de pensamentos e sentimentos é incompatível com uma ciência do comportamento. Embora a análise do comportamento omita causas internas não naturais, ela oferece um tipo diferente de explicação de pensamentos e sentimentos, o qual é compatível com uma abordagem científica.

LEITURAS ADICIONAIS

Boakes, R. A. (1984). *From Darwin to behaviorism: Psychology and the minds of animals.* Cambridge: Cambridge University Press. Uma excelente avaliação histórica dos primórdios do behaviorismo.

Dennett, D. C. (1984). *Elbow room: The varieties of free will worth wanting.* Cambridge, MA: MIT Press. Inclui uma discussão completa do tópico do livre-arbítrio e um exemplo de uma teoria compatibilizadora.

Sappington, A. A. (1990). Recent psychological approaches to the free will versus determinism issue. *Psychological Bulletin, 108*, 19–29. Esse artigo contém um útil resumo das várias posições sobre determinismo e livre-arbítrio.

Watson, J. B. (1913). Psychology as the behaviorist views it. *Psychological Review, 20*, 158–177. Watson expõe suas ideias originais nesse artigo clássico.

Zuriff, G. E. (1985). *Behaviorism: A conceptual reconstruction.* New York: Columbia University Press. Esse livro é um compêndio e um debate do pensamento de vários behavioristas, do começo do século XX até cerca de 1970.

PALAVRAS-CHAVE

Análise do comportamento
Antropomorfismo
Behaviorismo metodológico
Behaviorismo radical
Calórica
Continuidade das espécies
Determinismo
Diferença apenas perceptível
Discurso-padrão
Flogisto
Introspecção
Livre-arbítrio libertário
Psicologia comparativa
Psicologia objetiva
Psicologia popular
Psique
Tempo de reação
Vis viva

2

O behaviorismo como filosofia da ciência

A ideia de que pode haver uma ciência do comportamento é enganosamente simples. Ela leva a duas perguntas espinhosas. A primeira é: "O que é *ciência*?". Isso pode induzir a uma resposta como: "A ciência é o estudo do universo natural". Mas isso levanta ainda mais perguntas: o que torna algo "natural"? O que o "estudo" implica? Se reformularmos a pergunta: "O que torna a ciência diferente de outros empreendimentos humanos, como a poesia e a religião?", uma possível resposta é que a ciência é objetiva. Mas o que é ser "objetivo"?

A segunda pergunta é: "O que é necessário para tornar o estudo do comportamento científico?". A resposta para essa pergunta depende de como respondemos à primeira. Talvez o comportamento seja parte do universo natural. Talvez o modo como falamos sobre comportamento do ponto de vista científico contenha algo singular.

Este capítulo se concentrará na primeira pergunta. O Capítulo 3 se concentrará principalmente na segunda pergunta, e uma resposta completa à pergunta sobre o que significa estudar o comportamento cientificamente será elaborada no decorrer do livro.

As ideias dos behavioristas contemporâneos sobre ciência diferem daquelas que foram expressadas pelos primeiros behavioristas e por muitos pensadores anteriores ao século XX. O behaviorismo radical está de acordo com a tradição filosófica conhecida como *pragmatismo*, ao passo que os pontos de vista anteriores derivaram do *realismo*.

REALISMO *VERSUS* PRAGMATISMO

Realismo

Como visão de mundo, o realismo é tão onipresente na civilização ocidental que muitas pessoas o aceitam sem questioná-lo. Trata-se da ideia de que as árvores, as rochas, as construções, as estrelas e as pessoas que eu vejo realmente estão lá – que existe um mundo real lá fora que dá origem às nossas experiências. Em certo sentido, é uma teoria, que explica por que, se eu virar de costas para uma árvore, espero que ao dar meia-volta eu a veja novamente. Parece ser senso comum que a árvore faz parte de um mundo real fora de mim, ao passo que minha experiência da árvore, minhas percepções, meus pensamentos e sentimentos estão dentro de mim. Essa noção aparentemente simples implica duas pressuposições que não são tão simples. Primeiro, este mundo real parece de alguma forma ser *externo*, em contraste com nossa experiência, que parece ser de alguma forma *interna*. Em segundo lugar, nossas experiências são *deste* mundo real; elas são separadas do mundo em si. Como veremos, essas duas suposições podem ser questionadas, com resultados importantes.

Como no caso do livre-arbítrio e do determinismo, os filósofos escreveram muito sobre realismo. Distinguiram várias versões dele. A descrição do parágrafo anterior não corresponde a nenhuma versão filosófica. Ela seria mais semelhante à visão que os filósofos chamam de *realismo ingênuo*, que afirma que o objeto existe separadamente da nossa percepção dele. Como ela faz parte da visão de comportamento que herdamos ao crescer na cultura ocidental, a psicologia popular, poderíamos chamá-la de *realismo popular*. À noção cotidiana de que a estabilidade da nossa experiência do mundo (que a árvore ainda está lá quando eu me volto) deriva da sua realidade, vamos nos referir simplesmente como "realismo".

O universo objetivo

Vários filósofos gregos antigos que viveram no século VI a.C. são reconhecidos por originarem pensamento científico. Um deles, Tales, propôs uma visão do universo que diferia fundamentalmente da visão babilônica amplamente aceita, segundo a qual o deus Marduk criou o mundo e continuou controlando tudo que acontecia nele. Tales propôs que o Sol, a lua e as estrelas se deslocavam mecanicamente no céu a cada dia e que à noite se moviam ao redor da Terra plana de volta às suas posições no leste para subirem na manhã seguinte (Farrington, 1980). Por mais distante que isso possa parecer de nossas ideias atuais, a versão de Tales do universo foi útil. Farrington (1980, p. 37) comenta: "É um começo admirável, cujo mérito é reunir em uma imagem coerente diversos fatos observados *sem introduzir o deus Marduk*". Em outras palavras, Tales propôs que o universo é um mecanismo compreensível.

No contexto do realismo, um mecanismo compreensível significa um mecanismo real que está "lá fora" e existe independentemente de nós. Sua compreensibilidade significa que, à medida que aprendemos mais sobre ele, esse universo mecânico parece menos enigmático. Sua existência independente o torna *objetivo* – isto é, independentemente de como nossas concepções sobre ele possam mudar, o universo permanece exatamente o que é.

Descoberta e verdade

O realismo implica uma certa visão da descoberta científica e da verdade. Se estamos aprendendo sobre um universo objetivo que realmente está lá (realmente existe), então é apropriado dizer que, quando estudamos cientificamente o universo, descobrimos coisas sobre ele. E, se podemos descobrir algo sobre o funcionamento do universo, é adequado dizermos que descobrimos a verdade sobre ele. Em tal visão, pouco a pouco, a cada descoberta, nos aproximamos de toda a verdade sobre o funcionamento do universo.

Dados sensoriais e subjetividade

Para o realista, nossa aproximação da verdade é lenta e incerta porque não podemos estudar diretamente o mundo objetivo.

Temos contato direto apenas com o que nossos sentidos nos dizem. O filósofo George Berkeley (1685-1753) considerou esse caráter indireto para lançar dúvida sobre a presunção de que o mundo está realmente lá. Em um ensaio chamado "Principles of human knowledge", ele escreveu:

> É realmente uma opinião estranhamente predominante entre os homens que casas, montanhas, rios e, em uma palavra, todos os objetos sensíveis têm uma existência, natural ou real, distinta de sua percepção pelo entendimento ... ainda assim, qualquer um que decida questioná-la perceberá, se eu não estiver enganado, que ela envolve uma contradição manifesta. Pois o que são os objetos acima mencionados senão as coisas que percebemos pelos sentidos? E o que percebemos *além de nossas próprias ideias ou sensações*?

Em outras palavras, uma vez que não temos contato direto com o mundo real, mas apenas com nossas percepções dele, não temos razão lógica para acreditar que o mundo está realmente ali.

Pode-se estar tão acostumado a pensar que o mundo lá fora existe, que o argumento de Berkeley pode ser difícil de aceitar. Quando o famoso escritor Samuel Johnson (1709-1784) ouviu falar do argumento de Berkeley, de acordo com seu biógrafo James Boswell, Johnson chutou uma pedra e disse: "Eu o refuto *dessa forma*" (p. 310). Embora Boswell possa ter entendido mal, possivelmente até uma pessoa brilhante como Johnson não conseguiu entender a ideia de Berkeley, porque seu pé, a pedra e o chute seriam, de acordo com Berkeley, percepções, e não mais reais do que casas, montanhas ou rios.

Quando eu discuto o argumento de Berkeley com alunos, aponto para uma mesa e digo: "Eu estou vendo esta mesa. Ela é retangular, tem quatro pernas, e assim por diante. Eu sinto a dureza de suas superfícies. Se eu bato nela, eu ouço o som. Tudo isso são minhas percepções da mesa. No entanto, elas provam que uma mesa real está realmente ali, além das minhas percepções dela?".

Embora alguns filósofos posteriores a Berkeley tenham aderido ao seu ceticismo sobre a existência de objetos percebidos pelos sentidos, aceitando que os objetos do mundo são apenas inferências ou uma maneira de falar, os filósofos da ciência tenderam a aderir ao realismo e a lidar com a ideia de Berkeley de forma diferente. Bertrand Russell (1872-1970), por exemplo, escrevendo no início do século XX, substituiu as "ideias" e "sensações" de Berkeley pelo termo *dados sensoriais*. Ele propôs que o cientista estude os dados sensoriais para tentar aprender sobre o mundo real. Os dados sensoriais, sendo internos, são subjetivos, mas são o meio de entender o mundo real objetivo "lá fora".

O físico Erwin Schrödinger (1887-1961), um dos fundadores da teoria quântica, criticou visões como a de Russell argumentando que o mundo objetivo é supérfluo:

> ... se, sem nos envolver em absurdos óbvios, formos capazes de pensar de forma natural sobre o que se passa em um ser que vive, sente e pensa (ou seja, vê-lo da mesma forma como vemos o que acontece em corpos inanimados) – sem sermos conduzidos por nenhum demônio, ... *vis viva* ou qualquer outro lixo desse tipo –, então a condição para nosso fazer é pensarmos que *tudo* que acontece se dá em nossa *experiência* de mundo, sem atribuir a isso qualquer substrato material como o objeto *do qual* isso é uma experiência; um substrato que...

> na verdade, seria total e completamente supérfluo. (p. 66-67, itálico no original)

Schrödinger repete o ponto de Berkeley e acrescenta que o estudo de nossa experiência, de nossas percepções sensoriais, é suficiente para a ciência, e não precisamos de um mundo objetivo imaginado ("substrato material"). Por exemplo, nossa experiência de que o Sol nasce e se põe a cada dia pode ser compreendida teorizando-se que a Terra pode ser uma esfera que gira sobre um eixo – sem supor que nossa experiência é *de* algum mundo objetivo. Esse *insight* é particularmente relevante para uma ciência do comportamento, pois, como diz Schrödinger, pensar de uma "maneira natural" sobre os seres vivos exige fazê-lo sem "demônio" – *vis viva*, livre-arbítrio, o eu interior, e assim por diante –, ponto que abordaremos em detalhes no Capítulo 3.

Explicação

Na abordagem realista, a explicação consiste na descoberta de como as coisas realmente são. Uma vez que conhecemos a órbita que a Terra percorre ao redor do Sol, então explicamos por que temos estações e por que a posição do Sol no céu muda da forma como o faz. Explicar o funcionamento do universo é como explicar o funcionamento de um motor de automóveis: o virabrequim gira porque os pistões o empurram quando sobem e descem.

Para o realista, as explicações diferem de meras descrições, as quais apenas detalham como os nossos dados sensoriais andam juntos. As descrições das mudanças da posição do Sol no céu existiam muito antes de ser geralmente aceito que a Terra se move ao redor do Sol em uma órbita elíptica. No realismo, a descrição apenas diz como as coisas aparecem na superfície; uma vez descoberta a verdade subjacente sobre como as coisas funcionam, os eventos que percebemos são explicados.

Pragmatismo

O realismo pode ser contrastado com o pragmatismo, uma visão que foi desenvolvida por filósofos nos Estados Unidos, particularmente Charles Peirce (1839-1914) e William James (1842-1910), durante a segunda metade do século XIX e início do século XX. A noção fundamental no pragmatismo é a de que o poder da investigação científica não reside tanto em descobrirmos a verdade sobre como o universo objetivo funciona, mas no que a investigação científica nos permite *fazer* (daí o nome *pragmatismo*, da mesma raiz que "prática"). Particularmente, a grande coisa que a ciência nos permite fazer é dar sentido a nossas experiências. Ela faz com que nossa experiência pareça compreensível; a chuva não cai por causa de algum Deus misterioso, mas devido ao vapor d'água e às condições meteorológicas da atmosfera. Às vezes, a ciência até nos permite prever o que acontecerá e, se tivermos os meios, controlar o que acontece. Ouvimos as previsões do tempo porque elas são úteis. Tomamos antibióticos porque eles combatem infecções.

James (1907) apresentou o pragmatismo como tendo um duplo aspecto: como método para resolver controvérsias e como uma teoria da verdade. Algumas questões parecem levar apenas a discussões intermináveis, sem resolução satisfatória:

> O mundo é único ou múltiplo? Predestinado ou livre? Material ou espiritual?

> Essas são noções que podem ou não manter o bem do mundo; e as controvérsias sobre tais noções são infindáveis. O método pragmático nesses casos é tentar interpretar cada noção identificando suas respectivas consequências práticas. Que diferença faria em termos práticos a qualquer pessoa se essa, e não aquela, noção fosse verdadeira? Se nenhuma diferença prática puder ser identificada, as alternativas significam praticamente a mesma coisa, toda controvérsia é inútil. Sempre que uma controvérsia é séria, devemos ser capazes de mostrar alguma diferença prática que deve decorrer de um lado ou de outro estar certo. (p. 42-43)

Em outras palavras, se a resposta a uma pergunta não alteraria em nada a maneira como a ciência prosseguiria, a culpa é da própria pergunta e não merece atenção.

Talvez você já tenha percebido que a questão de saber se existe realmente um mundo real, independente e objetivo lá fora além da nossa experiência é uma das questões sobre as quais o debate é inútil. Foi exatamente assim que James e Peirce consideraram. James escreveu que nossa concepção de um objeto consiste em nada além de seus efeitos práticos: "quais sensações devemos esperar e quais reações devemos preparar" (p. 43). O que importa em relação a uma bicicleta é que eu a vejo, a chamo por seu nome, posso emprestá-la a um amigo, posso eu mesmo andar nela. O pragmatismo se mantém agnóstico com relação à existência de uma bicicleta *real* por trás desses efeitos.

Com esse tipo de postura em relação às questões, o pragmatismo deve implicar uma atitude especial em relação à verdade das respostas. Como uma teoria da verdade, o pragmatismo equipara aproximadamente verdade com *poder explicativo*. Se a questão de saber se existe um universo real lá fora é inútil, então também o é a questão de saber se existe alguma verdade final absoluta. Em vez de as ideias serem simplesmente verdadeiras ou falsas, James propôs que elas pudessem ser mais e menos verdadeiras. Uma ideia é mais verdadeira do que outra se ela nos permite explicar e entender mais de nossa experiência. James colocou da seguinte forma: "Qualquer ideia que nos permita navegar, por assim dizer; qualquer ideia que nos transporte de forma vantajosa de qualquer parte de nossa experiência a qualquer outra, ligando as coisas satisfatoriamente, operando com segurança, simplificando, economizando trabalho, é verdadeira só por isso, é verdadeira nessa medida, é *instrumentalmente* verdadeira" (p. 49). A ideia de que o Sol e as estrelas se movem em torno da Terra explicava apenas por que elas se movem no céu, mas a ideia de que a Terra orbita em torno do Sol enquanto gira em seu próprio eixo é mais verdadeira, pois explica também a existência de estações climáticas. Rigorosamente falando, contudo, nunca saberemos se a Terra *realmente* gira em torno do Sol; outra teoria, ainda mais verdadeira, poderia surgir.

Em apoio a sua visão, James apontou que, na prática, todas as teorias científicas são aproximações. Raramente, se é que nunca, uma teoria explica todos os fatos da experiência. Em vez disso, geralmente uma teoria dá conta de um conjunto de fenômenos, ao passo que outra lida melhor com outro conjunto. James escreveu:

> ...e tantas formulações rivais são propostas em todos os ramos da ciência que os pesquisadores se acostumaram com a noção de que nenhuma teoria é absolutamente uma transcrição da realidade, mas que qualquer uma delas pode, de algum ponto de vista, ser útil. Sua maior

> utilidade é resumir fatos antigos e levar a novos. Elas são apenas uma linguagem construída pelo homem, uma taquigrafia conceitual, ...em que escrevemos nossos relatos de natureza... (p. 48-49)

Uma contrapartida moderna de James é Thomas Kuhn (1970), que escreveu *The structure of scientific revolutions*. Nesse livro, ele argumentou que a ciência não pode ser caracterizada como progresso infinito em direção a alguma verdade suprema. Na maior parte do tempo, durante os períodos de "ciência normal", alguns enigmas são resolvidos por pesquisa e investigação, enquanto novos enigmas vão surgindo. Quando muitos enigmas permanecem sem solução, uma visão totalmente diferente do campo da ciência pode começar a ganhar aceitação e posteriormente sobrepor-se à visão anterior – ocorre uma revolução –, e a nova perspectiva (ou o novo paradigma) geralmente explica mais fenômenos que a visão anterior, porém, apresenta também seus próprios enigmas. Essa concepção da ciência pode ser considerada menos como uma marcha rumo à verdade final, mas como uma dança em uma pista de dança, em que cada dançarino experimenta diferentes passos e poses e para os quais de vez em quando a banda começa a tocar uma melodia completamente diferente. Sem exagerar, Kuhn assinalou que a ciência realmente progride, no sentido de que um paradigma substitui outro em parte porque explica mais fenômenos. A dança e as melodias tornam-se mais sofisticadas.

Com uma visão como a de Kuhn, como se pode explicar esse progresso – o que poderia ser chamado de "sucesso irracional" da ciência? Por que a ciência não passa de uma moda para outra incessantemente sem nunca progredir? O progresso da ciência não implica um mundo real que a orienta para o sucesso? Para um pragmatista como James, por exemplo, a resposta a essas perguntas deriva da teoria da verdade do pragmatismo. Uma teoria científica com mais explicações é mais verdadeira do que uma que explica menos, e a teoria mais verdadeira é preferível. Kuhn pode acrescentar que mesmo um paradigma que não explica mais fenômenos do que um rival, mas os explica melhor, é preferível – como no caso em que o modelo heliocêntrico do sistema solar, de Copérnico, foi preferido ao modelo geocêntrico de Ptolomeu, porque o modelo de Copérnico era mais simples e elegante que os incômodos epiciclos do modelo de Ptolomeu, ainda que, na época, os dois modelos enquadrassem dados astronômicos igualmente bem. Se os cientistas preferem teorias que explicam mais fenômenos e paradigmas que melhor decifram nossa experiência e de forma mais plausível, então o progresso da ciência não parece mais tão irracional. É o resultado da seleção, o exercício da preferência dos cientistas por teorias e paradigmas que melhor decifram nossa experiência.

Ciência e experiência

O pragmatismo influenciou o behaviorismo moderno indiretamente, como resultado de uma amizade entre William James e o físico Ernst Mach (1838-1916). O efeito de James em Mach aparece no livro de Mach, *The science of mechanics*, uma história que aplicou o pragmatismo a esse ramo da física. Uma vez que esse livro exerceu grande influência sobre Skinner, e Skinner influenciou muito o behaviorismo moderno, de forma indireta o behaviorismo moderno tem uma grande dívida com James.

Seguindo James, Mach argumentou que a ciência tem a ver com experiência e, particularmente, com dar sentindo à nossa experiência. Ele considerou que a ciência se originava da necessidade que as pessoas têm de se comunicar de maneira eficiente, *economicamente*, umas com as outras. A comunicação econômica é essencial à cultura humana porque ela permite que a compreensão sobre o mundo seja passada facilmente de uma geração para outra. A economia requer a invenção de conceitos que organizem nossas experiências em tipos ou categorias, permitindo que se use um termo em vez de muitas palavras. Mach comparou a ciência com o conjunto de conhecimentos dos artesãos, que ele caracterizou como uma classe social que pratica um certo ofício:

> Uma classe dessa ordem ocupa-se com determinados tipos de processos naturais. Os indivíduos da classe mudam; membros antigos saem e novos ingressam. Assim surge a necessidade de transmitir aos recém-chegados o conjunto de experiências e conhecimento já possuídos; a necessidade de familiarizá-los com as condições de obtenção de um objetivo definido para que o resultado possa ser determinado de antemão. (Mach, 1960/1942, p. 5)

Um aprendiz de oleiro, por exemplo, aprende sobre diferentes tipos de argila, aprende a trabalhar a argila, os esmaltes, a queima, os fornos, e assim por diante. Sem essa instrução, o aprendiz não teria como ter certeza de quais procedimentos seguir para obter um produto bem-acabado. Sem os conceitos que permitem tal instrução, cada nova geração de oleiros teria que experimentar e descobrir as técnicas novamente. Além de ser ineficiente, isso impediria o acúmulo de conhecimento durante muitas gerações. Imagine a situação da construção de casas hoje se os carpinteiros não pudessem se beneficiar das experiências dos carpinteiros de cem anos atrás!

Economia conceitual

Como para qualquer desempenho qualificado, também é assim para a ciência. Se eu estiver lhe ensinando a dirigir um carro, seria tolo de minha parte colocá-lo ao volante e dizer: "Certo, vá em frente e experimente". Em vez disso, eu vou explicar-lhe conceitos, como dar a partida, direção, frenagem, embreagem, acelerador, marchas, e assim por diante. Então você saberá o que fazer se eu disser: "Quando estiver entrando em uma curva, libere o acelerador e, depois, se a direção estiver fácil, você pode acelerar novamente". É possível descobrir essas regras sozinho, por experimentação, mas é muito mais fácil se alguém ensinar. Assim como os conceitos de embreagem e acelerador permitem repassar a compreensão da condução de veículos, também conceitos científicos permitem repassar a compreensão de experiências com outros aspectos do mundo natural. Mach escreveu:

> Encontrar, então, o que permanece inalterado nos fenômenos da natureza, descobrir seus elementos e o modo de sua interconexão e interdependência – essa é a tarefa da ciência física. Ela se esforça, por meio de uma descrição abrangente e completa, para que a espera por novas experiências seja desnecessária; ela procura nos poupar dos problemas da experimentação, fazendo uso, por exemplo, da conhecida interdependência dos fenômenos, segundo a qual, se um tipo de evento ocorrer, podemos ter a certeza de que algum outro evento ocorrerá. (p. 7-8)

Em outras palavras, a ciência cria conceitos que permitem que uma pessoa conte a outra o que se passa no mundo e o que esperar se tal e tal situação acontecer – prever com base na experiência passada com esses tipos de eventos. Quando os cientistas criam termos como "oxigênio", "satélite" ou "gene", aquela palavra conta toda uma história de expectativas e previsões. Esses conceitos nos permitem conversar sobre tais expectativas e previsões de maneira econômica, sem ter que vasculhar longas explicações repetidas vezes.

Como exemplo da forma como a ciência inventa termos econômicos e sintéticos, Mach recordou a história do conceito de *ar*. Ele começou pela época de Galileu (1564-1642):

> No tempo de Galileu, os filósofos explicavam o fenômeno da sucção, a ação de seringas e de bombas pelo chamado *horror vacui* – a aversão da natureza ao vácuo. Pensava-se que a natureza tinha o poder de impedir a formação de um vácuo agarrando a primeira coisa próxima, qualquer que fosse ela, e imediatamente preenchendo com ele qualquer espaço vazio que surgisse. Além do elemento especulativo sem fundamento que essa visão contém, deve-se admitir que, até certo ponto, ela realmente representa o fenômeno. (p. 136)

Se você já colocou um copo sobre a boca e sugou o ar de dentro dele para que ele aderisse a seu rosto, você sentiu o vácuo no copo "puxando" suas bochechas para dentro. Hoje em dia, descreveríamos isso como a ação da pressão do ar. Um passo crucial nessa mudança de perspectiva foi a observação de que o ar tinha peso:

> Galileu se empenhou... em determinar o peso do ar, primeiro pesando uma garrafa de vidro que não continha nada além de ar e depois pesando novamente a garrafa depois de o ar ter sido parcialmente expelido pelo calor. Sabia-se, portanto, que o ar era pesado. Mas, para a maioria dos homens, o *horror vacui* e o peso do ar eram noções muito distantes. (p. 137)

Foi Torricelli (1608-1647) quem primeiro identificou a ligação entre sucção e peso do ar. Ele viu que um tubo fechado em uma extremidade, preenchido de mercúrio, e invertido com a extremidade aberta em uma tigela cheia de mercúrio, continha um vácuo no alto e uma coluna de mercúrio de uma certa altura abaixo dele. Mach comentou:

> É possível que, no caso de Torricelli, as duas ideias tenham chegado a uma proximidade suficiente para levá-lo à convicção de que todos os fenômenos atribuídos ao *horror vacui* eram explicáveis de maneira simples e lógica pela pressão exercida pelo peso de uma coluna fluida – uma coluna de ar. Torricelli descobriu, então, a pressão atmosférica; por meio de sua coluna de mercúrio, ele também observou pela primeira vez as variações da pressão atmosférica. (p. 137)

A invenção da bomba de vácuo possibilitou muitas outras observações sobre o que acontece quando o ar é expelido de um recipiente. Muitas dessas observações foram feitas por Guericke (1602-1686), que construiu uma das primeiras bombas de vácuo eficientes:

> Os fenômenos que Guericke observou com este aparelho são múltiplos e variados. O ruído que a água faz no vácuo ao golpear os lados do recipiente de vidro, a violenta arremetida de ar e água em vasos vazios que são abertos repentinamente, a fuga na exaustão de gases

> absorvidos em líquidos... foram imediatamente observados. Uma vela acesa se apaga na exaustão, pois como conjetura Guericke, ela deriva seu alimento do ar ... Um sino não soa no vácuo. Pássaros morrem nele. Muitos peixes incham e por fim explodem. No vácuo, uma uva se mantém fresca por mais de meio ano. (p. 145)

Na perspectiva de Mach, o conceito de ar permitiu que todas essas observações (ou seja, experiências) fossem vistas como ligadas umas às outras. Sem essa perspectiva, as observações permaneceriam desorganizadas. A palavra *ar* permite que se fale delas como inter-relacionadas, com facilidade e com relativamente poucas palavras. O conceito fornece economia à nossa discussão.

Explicação e descrição

Em algumas das citações indicadas anteriormente, Mach sugere que o objetivo da ciência é a descrição. Para o realismo, observamos que o objetivo da ciência não era uma "mera" descrição, mas uma explicação baseada na descoberta da realidade além da nossa experiência. Para o realismo, a descrição apenas resume as aparências, enquanto a explicação fala do que é realmente verdade. Um pragmatista como James ou Mach não faz essa distinção, porque, em termos práticos, a ciência tem que seguir somente as aparências – isto é, observações ou experiências. Para o pragmatismo, as explicações são descrições em termos econômicos.

O que interessa ao pragmatista é que, ao descrever nossas observações, usamos termos que relacionam um fenômeno a outro. Quando podemos identificar relações, ver como uma observação está conectada a outras, então nossas experiências parecem ordenadas e compreensíveis, em vez de caóticas e misteriosas. Mach argumentou que o trabalho da ciência começa quando alguns eventos parecem fora do comum, enigmáticos. A ciência, então, busca aspectos comuns em fenômenos naturais, elementos que são iguais apesar de toda a aparente variação. Você fica intrigado com uma estátua do Mickey Mouse na mesa do seu empregador até lhe dizerem que é um telefone. Quando criança, eu estava acostumado com a ideia de que as coisas caem quando você as solta porque elas têm peso, e por isso fiquei surpreso que um balão de hélio voaria para longe se você o soltasse. Mais tarde na vida, aprendi sobre os conceitos de densidade e flutuação (elementos comuns) e entendi que um balão de hélio flutua no ar como um barco flutua na água.

Mach argumentou que esse processo de descrever um fenômeno em termos comuns, familiares, é exatamente o que queremos dizer com explicação:

> Quando chegamos ao ponto em que somos capazes de detectar em todo lugar os *mesmos* poucos e simples elementos, combinados de maneira ordinária, então eles nos parecem como coisas familiares; não ficamos mais surpreendidos, não há nada novo ou estranho para nós nos fenômenos, sentimo-nos a vontade com eles, eles não nos deixam perplexos, eles estão *explicados*. (p. 7)

A explicação científica consiste apenas em descrever eventos em termos econômicos e familiares – os "mesmos poucos e simples elementos". Não tem nada a ver com a revelação de uma realidade oculta além da nossa experiência.

Talvez você se surpreenda com o tom subjetivo de Mach: os eventos são explicados quando "nos sentimos à vontade" com eles. O ponto de Mach, no entanto, é que um evento parece familiar (é explicado) quando ele é descrito em termos simples e familiares. Embora um pragmatista visse um termo familiar como um termo bem aprendido, outra pessoa poderia supor que a familiaridade depende dos sentimentos. No realismo, o que torna um evento "familiar" não é nada sobre o evento em si – nada objetivo –, mas algo sobre a nossa experiência com este ou outros eventos semelhantes – algo subjetivo. Quando um balão de hélio sobe, esse evento parecer misterioso ou familiar em nada depende, para o realista, do evento objetivo, mas da nossa apreciação subjetiva do evento.

No pragmatismo, entretanto, se fizéssemos uma distinção entre subjetividade e objetividade, ela diferiria completamente da distinção feita no realismo. Você poderia dizer que, para o pragmatista, o conflito entre subjetividade e objetividade é resolvido em favor da subjetividade. Como a existência de um mundo real, objetivo, não é necessária, a "objetividade", se é que tem algum significado, poderia ser, no máximo, uma qualidade da investigação científica. O mais coerente com o pragmatismo seria simplesmente abandonar totalmente os dois termos, subjetivo e objetivo.

Pode parecer peculiar que, em algumas das citações mencionadas, Mach usa a palavra "descobrir" ao falar sobre as atividades dos cientistas. Descoberta parece implicar ir além das aparências para saber como as coisas realmente são, uma ideia consistente com o realismo. Para Mach, "descobrir" os "elementos" comuns nos fenômenos é o mesmo que inventar conceitos. Cada elemento comum corresponde a uma categoria ou a um tipo, e seu rótulo é o conceito ou termo. Esse é o tipo de evento que chamamos de "flutuar" – os barcos flutuam na água, e os balões de hélio flutuam no ar. O comportamento do balão de hélio torna-se compreensível quando inventamos (ou descobrimos) o conceito de flutuar. Assim como a distinção entre subjetividade e objetividade desaparece para o pragmatismo, a distinção entre descoberta e invenção também. Comentando o conceito de "ar", Mach escreveu: "O que realmente poderia ser mais maravilhoso do que a súbita descoberta de que uma coisa que não vemos, dificilmente sentimos e quase nem percebemos nos envolve constantemente por todos os lados, penetra em todas as coisas; que é a condição mais importante da vida, da combustão e de fenômenos mecânicos gigantescos" (p. 135). No entanto, ele também poderia ter dito que o ar, o conceito, era uma *invenção* maravilhosa.

O leitor interessado deve consultar *The structure of scientific revolutions*, de Thomas Kuhn, para uma discussão da identidade da descoberta e da invenção. Lavoisier, que "descobriu" o oxigênio, encontrou uma nova maneira de falar sobre a combustão. Pode-se igualmente dizer que ele inventou uma nova palavra, "oxigênio".

Em capítulos posteriores, particularmente nos Capítulos 6 e 7, discutiremos termos científicos novamente, porque, na visão comportamental, nenhuma das palavras – invenção ou descoberta – descreve tão bem a ciência quanto a ideia de que discurso científico é, afinal de contas, comportamento. Veremos que um cientista é alguém que se engaja em certos tipos de comportamento, incluindo certos tipos de comportamento verbal. Agora, contudo, continuamos em um nível mais geral, deixando a discussão mais específica para mais tarde.

BEHAVIORISMO RADICAL E PRAGMATISMO

O behaviorismo contemporâneo, radical, baseia-se no pragmatismo. Para a pergunta "O que é ciência?", ele dá a resposta de James e Mach: a ciência é a busca de descrições econômicas e abrangentes da experiência natural humana (ou seja, nossa experiência do "mundo natural"). O objetivo de uma ciência do comportamento é descrever o comportamento em termos econômicos e que o torne familiar e, assim, "explicado". Seus métodos visam ampliar nossa experiência natural do comportamento pela observação precisa.

Os behavioristas radicais preferem o pragmatismo ao realismo por duas razões. A primeira é que o realismo leva a uma visão dualista das pessoas que é incompatível com uma ciência do comportamento. Se você diz que o mundo externo é real, isso levanta a questão: "Se eu estou separado do mundo real, então, onde estou?". A resposta, de acordo com a psicologia popular, é que você habita um mundo interior, privado a você, no qual você experimenta sensações, pensamentos e sentimentos. Apenas seu corpo externo pertence ao mundo exterior. Como vimos no Capítulo 1, tal dualismo é inaceitável porque introduz mistérios, como: "Como é que o eu interior ou a mente influencia o comportamento do corpo?". Uma resposta a essa pergunta nunca será encontrada porque o eu interior é separado do mundo natural, e não temos nenhuma maneira de entender como coisas não naturais podem afetar eventos naturais. Discutiremos melhor esse ponto no Capítulo 3. Por enquanto, note que se aceitássemos o dualismo interior-exterior ou objetivo-subjetivo, uma ciência que só lidasse com o comportamento externo pareceria incompleta; na verdade, a acusação de que os behavioristas ignoram o mundo interior dos pensamentos e sentimentos deriva apenas desse presumido dualismo. Entretanto, o behaviorismo radical rejeita o dualismo entre o mundo interior e o mundo exterior. Em vez disso, ele considera que a análise do comportamento lida com um mundo e com comportamento a ser encontrado naquele mundo.

Uma visão mais antiga, o behaviorismo metodológico, baseava-se no realismo. Sendo realistas, os behavioristas metodológicos distinguiam o mundo objetivo do mundo subjetivo. Uma vez que a ciência lhes parecia ter acesso apenas ao mundo objetivo, eles enfatizavam os métodos da ciência para estudar o mundo "fora". Uma vez que o realismo presume que o mesmo mundo objetivo está lá fora para todos, enquanto o mundo subjetivo de cada pessoa é diferente e inacessível a qualquer outra pessoa, os behavioristas metodológicos pensavam que o único caminho para uma psicologia científica seria por meio de métodos que situassem o comportamento no mundo objetivo, o mundo que todos compartilham e sobre o qual poderiam concordar. A denominação behaviorismo metodológico provém dessa ênfase aos métodos.

Embora possam se surpreender ao ouvir isso, os psicólogos experimentais parecem, em sua maioria, ser behavioristas metodológicos. Eles afirmam estudar algo no interior – mente, memória, atitudes, personalidade, e assim por diante –, mas eles não têm métodos para estudar o mundo interior em si. Em vez disso, os psicólogos experimentais estudam o mundo interior indiretamente, fazendo inferências sobre o mundo interno a partir do comportamento externo, tais como o desempenho em tarefas de estimativa, quebra-cabeças, testes com lápis e papel ou questionários. Eles estudam o comportamento exterior com métodos objetivos a fim de fazer inferências sobre os processos interiores que "subjazem" ao comportamento exterior. Tal abordagem perpetua o dualismo de coisas e processos subjetivos e objetivos.

O behaviorismo radical, em contraste ao behaviorismo metodológico, não faz distinção entre os mundos subjetivo e objetivo. Em vez de focar nos métodos, concentra-se em conceitos e termos. Assim como a física avançou com a invenção da palavra "ar", também uma ciência do comportamento avança com a invenção de seus termos. Historicamente, os analistas do comportamento usaram conceitos, como *resposta*, *estímulo* e *reforço*. O uso desses conceitos mudou à medida que a ciência progrediu. No futuro, seu emprego pode continuar mudando ou eles podem ser substituídos por outros termos, mais úteis. Nos capítulos que se seguem, tomaremos muitos termos, antigos e novos, e avaliaremos sua utilidade. Perguntaremos repetidas vezes quais termos contribuem para descrições econômicas compreensíveis.

A segunda razão pela qual o behaviorismo radical rejeita o realismo é porque o realismo leva a confundir as definições de comportamento. No contexto do estudo do comportamento, o realismo sustentaria que há algum comportamento real que se passa no mundo real e que os nossos sentidos, quer sejam usados com instrumentos ou na observação direta, só nos fornecem dados sensoriais sobre esse comportamento real, o qual jamais conhecemos diretamente. Se, por exemplo, fizermos a observação objetiva de que um homem está movendo seus pés um na frente do outro rapidamente na rua, alguém poderia argumentar que isso não consegue captar o sentido da descrição de que o homem está *correndo pela rua*. Outra pessoa poderia argumentar que isso também não é suficiente; o homem pode estar se exercitando, fugindo da polícia ou disputando uma corrida. Mesmo que determinemos que ele esteja disputando uma corrida, pode-se ainda dizer que ele está treinando para os Jogos Olímpicos ou para impressionar sua família e amigos.

Para o realista (behaviorista metodológico), a melhor maneira de lidar com essa diversidade de possíveis descrições é manter-se próximo da primeira, descrever a corrida na rua em termos mecânicos (objetivos) tanto quanto for possível, talvez até descrevendo os músculos envolvidos, pois esses movimentos mecânicos supostamente nos aproximariam o máximo possível do comportamento real. As razões que levaram o homem a esse comportamento seriam tratadas separadamente.

No entanto, considerar o comportamento como composto de movimentos de membros e músculos cria uma ambiguidade perturbadora. Os mesmos movimentos de membros e músculos podem estar presentes em muitas atividades diferentes. Em nosso exemplo, os movimentos do corredor podem fazer parte de um exercício ou de uma fuga da polícia. Uma vez que os movimentos são iguais, o realista tem que dizer que é o mesmo comportamento, mas, por qualquer definição razoável, não podem ser definidos como o mesmo comportamento.

O pragmatista (behaviorista radical), não tendo nenhum compromisso com qualquer ideia de comportamento real, apenas pergunta qual é a maneira mais *útil*, ou, nos termos de Mach, mais *econômica* de descrever o comportamento do homem, isto é, que nos oferece a melhor compreensão ou a descrição mais coerente. É por isso que os behavioristas radicais favorecem definições de atividades que incluam as razões do homem para correr, como *exercitar-se* e *fugir da polícia*. Uma descrição útil poderia ser: "O homem está disputando uma corrida nesta rua como parte de uma tentativa de participar dos Jogos Olímpicos". De fato, podemos refinar isso ainda mais incorporando as razões por trás da tentativa de participar dos Jogos Olímpicos e outros fatores, igualmente. Como veremos nos Capítulos 4 e 5, definições de atividades coerentes devem incluir a função que elas cumprem; as razões para um comportamento fazem parte do próprio comportamento.

Como o behaviorismo radical responde à pergunta: "O que é *comportamento*?". A resposta é pragmática. Os termos que usamos para falar sobre comportamento nos permitem não só dar-lhe sentido, mas também uma definição. O comportamento inclui *quaisquer eventos sobre os quais podemos falar com os nossos termos inventados*. O behaviorismo radical indaga sobre as melhores maneiras, as mais úteis, de falar sobre isso, e se, por exemplo, é útil dizer que uma pessoa está em uma corrida para se qualificar para os Jogos Olímpicos, então, disputar uma corrida para se qualificar para os Jogos Olímpicos constitui um evento comportamental. No Capítulo 4, quando abordarmos alguns dos conceitos usados pelos analistas do comportamento da atualidade, também seremos capazes de definir comportamento mais especificamente.

Essa ênfase pragmática à fala, aos termos e às descrições – em oposição aos métodos de observação – leva a um dos notáveis contrastes entre o behaviorismo metodológico e o behaviorismo radical. Os fenômenos conscientes, estando entre as coisas sobre as quais podemos falar, estão incluídos no estudo do comportamento para o behaviorista radical. Como isso é feito, veremos no Capítulo 3.

RESUMO

A ideia de que uma ciência do comportamento é possível levanta duas questões: (1) o que é ciência? e, mais especificamente, (2) que concepção de ciência se aplica ao comportamento? Os behavioristas radicais consideram a ciência dentro da tradição filosófica do pragmatismo. O pragmatismo contrasta com o realismo: a perspectiva adotada por muitos cientistas de antes do século XX e por behavioristas no início daquele século. O realismo sustenta que um mundo real existe fora de nós e que esse mundo real exterior dá origem às experiências internas em cada um de nós. O mundo exterior é considerado objetivo, enquanto o mundo da experiência interior é considerado subjetivo. No realismo, a ciência consiste em descobrir a verdade sobre o mundo objetivo. Contudo, como não temos conhecimento direto do mundo exterior, mas apenas da nossa experiência interior, que chega até nós por meio dos nossos sentidos, filósofos como Bertrand Russell argumentaram que a ciência deve proceder deduzindo, a partir de dados sensoriais, como deve ser o universo objetivo. Nossas experiências do mundo real são explicadas quando nosso raciocínio nos conduz à verdade mais profunda sobre ele. O pragmatismo, ao contrário, não faz qualquer suposição de um mundo real indiretamente conhecido para além da nossa experiência. Centra-se, em vez disso, na tarefa de dar sentido às nossas experiências. Perguntas e respostas que nos ajudam a compreender os acontecimentos à nossa volta são úteis. Perguntas que não fazem diferença para a compreensão de nossas experiências, como se existe um mundo real fora de nós, não merecem atenção. Não há nenhuma verdade última absoluta; a verdade de um conceito reside no quanto de nossa experiência ele nos permite vincular, organizar ou compreender. Para pragmatistas, como William James e Ernst Mach, esse processo de vincular várias partes de nossa experiência é o que constitui uma explicação. Na concepção de Mach, falar de forma eficaz sobre nossas experiências – isto é, comunicação – era o mesmo que explicação. Ele argumentou que, na medida em que podemos falar sobre um evento em termos familiares, econômicos, o evento é explicado. Na medida em que falar de eventos em termos familiares é chamado de descrição, as explicações são descrições. A ciência descobre apenas conceitos que tornam a nossa experiência mais compreensível.

Enquanto o behaviorismo metodológico se baseia no realismo, o behaviorismo radical se baseia no pragmatismo. O behaviorismo radical rejeita o dualismo dos mundos interior e exterior como hostis a uma ciência do comportamento e propõe, em seu lugar, uma ciência baseada no comportamento em um mundo único. Para o realista, o comportamento real ocorre no mundo real, e esse comportamento real é acessível apenas indiretamente, por meio dos nossos sentidos. Assim, o behaviorista metodológico tenta descrever eventos comportamentais nos termos mais mecânicos possíveis, o mais próximo possível da fisiologia. Já o behaviorista radical procura termos descritivos – que sejam úteis para compreender o comportamento – e econômicos – para discutir o comportamento. Descrições pragmáticas do comportamento incluem seus fins e o contexto em que ele ocorre. Para o behaviorista radical, termos descritivos tanto explicam o comportamento como definem o que ele é.

LEITURAS ADICIONAIS

Boswell, J. (2008/1799). *The life of Samuel Johnson.* London: Random House Penguin Classic. Essa biografia retrata Samuel Johnson segundo a experiência de James Boswell.

Day, W. (1980). The historical antecedents of contemporary behaviorism. In R. W. Rieber & K. Salzinger (Eds.), *Psychology: Theoretical-historical perspectives* (pp. 203–262). New York: Academic Press. Nesse artigo, Day Willard discute a relação entre pragmatismo e behaviorismo radical.

Farrington, B. (1980). *Greek science.* Nottingham: Russell Press. Um excelente livro sobre os primórdios da ciência grega.

James, W. (1974/1907/1909). *Pragmatism and four essays from The meaning of truth.* New York: New American Library. As ideias de William James sobre pragmatismo podem ser encontradas nesse livro.

Kuhn, T. S. (1970). *The structure of scientific revolutions* (2ª ed.). Chicago: University of Chicago Press. A extensão do pensamento pragmatista de Thomas Kuhn é resumida nesse livro.

Mach, E. (1960/1942). *The science of mechanics: A critical and historical account of its development.* La Salle, IL: Open Court Publishing. (Originalmente publicado em 1942.) Aplicação do pragmatismo à ciência física por Ernst Mach.

Russell, B. (1965). *On the philosophy of science.* New York: Bobbs-Merrill. A visão de Russell sobre ciência pode ser encontrada nessa coleção de ensaios.

Schrödinger, E. (1983/1961). *My view of the world.* Woodbridge, CT: Ox Bow Press. Esse livro contém dois ensaios de Schrödinger sobre ciência e realidade.

PALAVRAS-CHAVE

Dados sensoriais
Dualismo
Economia conceitual
Horror vacui
Pragmatismo
Realismo
Realismo ingênuo
Realismo popular
Teoria dos dados sensoriais

3

Público, privado, natural e fictício

Vimos no Capítulo 2 que o behaviorismo radical não faz distinção entre fenômenos subjetivos e objetivos no sentido tradicional. Ele evita todas as formas de dualismo que introduzam mistérios insolúveis. Veremos neste capítulo que, embora atribua pouca importância à distinção entre eventos públicos e privados, que grosseiramente correspondem aos mundos objetivo e subjetivo, o behaviorismo radical efetivamente estabelece algumas outras distinções. A mais importante é entre eventos naturais e eventos fictícios.

MENTALISMO

O termo *mentalismo* foi adotado por B. F. Skinner para se referir a um tipo de dualismo: a separação entre eventos mentais de eventos comportamentais. O mentalismo leva a um tipo de "explicação" que realmente não explica nada. Suponha que você pergunte a um amigo por que ele comprou certo par de sapatos, e o amigo responde: "Eu só os queria" ou "fiz isso por impulso". Mesmo que essas afirmações pareçam explicações, você continua no mesmo lugar que estava antes de perguntar. Essas "não explicações" são exemplos de mentalismo.

Ao discutirem o que define uma ciência do comportamento, os behavioristas radicais geralmente se concentram em distinguir explicações válidas de explicações falsas. Para os pragmatistas James e Mach (Cap. 2), uma explicação válida era uma descrição em termos compreensíveis. Na mesma linha, o behaviorismo radical busca um conjunto de termos que tornem compreensível um evento, como comprar um par de sapatos. Ao desenvolver tal conjunto de termos, será útil também ver por que termos como *queria* e *impulso* são insuficientes.

Eventos públicos e privados

Eventos públicos são aqueles que podem ser relatados por mais de uma pessoa. Uma tempestade é um evento público, porque eu e você falamos sobre ele juntos. Evidentemente, muitos eventos públicos não são relatados. Podemos ouvir um pássaro cantando, mas não falamos necessariamente sobre isso. Se eu ouço o pássaro quando estou sozinho, o evento é privado apenas por acidente, porque eu e você poderíamos falar sobre isso se você estivesse perto.

Na linguagem coloquial, pensamentos, sentimentos e sensações são considerados eventos privados, porque somente uma pessoa pode falar sobre eles, mesmo que outras pessoas estejam presentes. Aaron não pode dizer o que Shona está pensando neste momento, porque os pensamentos de Shona são *eventos privados*. Somente Shona pode falar sobre seus pensamentos privados.

Existem dois pontos importantes sobre essa distinção público-privado. Primeiro, para o behaviorista radical, a distinção é de pouca importância. A única diferença entre eventos públicos e privados é o número de pessoas que podem falar sobre eles. Afora isso, eles são o mesmo tipo de evento, tendo todas as mesmas propriedades. Skinner (1969) expressou isso escrevendo: "A pele não é tão importante como uma fronteira". Na verdade, se registros do cérebro pudessem revelar o que uma pessoa estava pensando, o pensamento passaria de evento privado para evento público, a única mudança sendo que agora ele poderia ser observado por mais de uma pessoa. Assim, o tipo de privacidade envolvido é a privacidade de que você desfruta quando está sozinho. Se eu espirro quando estou sozinho, o evento é privado apenas porque ninguém mais o observa.

Para que eventos privados sejam incluídos em uma ciência do comportamento, falar sobre eles não deve reintroduzir o dualismo. Um evento privado, em oposição a um evento mental, é um evento que, com uma observação cuidadosa, talvez com instrumentos, possa tornar-se público. O estímulo que produz suas ações que definimos como "estar com dor de dente" pode ser obscuro mesmo para você, mas um dentista pode ver a cárie, e agora o estímulo que gerou a dor tornou-se público. Mesmo que não tenhamos a tecnologia para ler os pensamentos de uma pessoa na atualidade, a possibilidade deve existir em algum dia, e, com os instrumentos certos, os pensamentos poderão ser observados por mais de uma pessoa. Basear a distinção em algum tipo de acesso privilegiado insuperável para sempre restabeleceria a antiga distinção subjetivo-objetivo de uma forma diferente, porque "privado" significaria apenas "subjetivo", e "público", apenas "objetivo".

Em segundo lugar, eventos públicos e privados são ambos eventos *naturais*. Se eu disser a mim mesmo "Está fazendo um lindo dia", esse é um evento natural. Se eu disser em voz alta "É um lindo dia", esse é um evento natural. Se eu for à praia, esse também é um evento natural. Eles são todos do mesmo tipo.

Eventos naturais

Toda ciência lida com *eventos naturais*, sejam objetos em movimento, reações químicas, crescimento de tecido, estrelas que explodem, seleção natural ou ação corporal. A análise do comportamento não é diferente.

Os eventos naturais específicos que compõem o objeto de estudo da análise do comportamento são aqueles que ocorrem em organismos vivos inteiros. O comportamento de pedras e estrelas não é parte do objeto de estudo porque esses objetos não são vivos. O comportamento de uma célula, do fígado ou de uma perna não faz parte desse objeto porque esses não são organismos como um todo. No entanto, quando meu cachorro late, esse evento (o latido do meu cachorro) pertence ao organismo inteiro (meu cachorro). Se eu digo "O céu é azul", esse enunciado (evento) pertence a mim; é, digamos, o meu relato de que *o céu é azul*. O mesmo vale para eventos privados. Se eu digo a mim mesmo "O carro está fazendo um novo ruído", esse evento pertence a mim como um organismo como um todo; é o meu pensamento. Esses são os tipos de eventos aos quais, neste livro, designamos simplesmente como *comportamento*, ficando subentendida a frase adicional "de todo o organismo".

Skinner (1945) argumentou que os eventos privados podem ser incluídos na análise do comportamento porque a ciência exige apenas que os eventos sejam naturais; eles devem ser observáveis por princípio – isto é, devem ser localizados no tempo e no espaço –, mas eles não precisam ser observáveis na prática. No Capítulo 2, vimos que um dos pontos de Mach sobre o ar era que, embora observemos muitos fenômenos que atribuímos ao ar, não podemos observar o próprio ar. Se pudéssemos inventar uma maneira de tornar o ar colorido, adicionando a ele fumaça, por exemplo, então poderíamos observá-lo.

Skinner incluía estímulos privados e comportamento privado (ou encoberto). Uma dor no peito ou uma dor de dente pode tornar-se pública examinando-se o coração ou localizando-se uma cárie, respectivamente. Contudo, é preciso ter cautela ao especular sobre eventos privados não observados. Como vimos no Capítulo 1, a queixa de Watson ainda é válida: as inferências sobre eventos privados de alguém – humanos ou ratos – permanecem pouco confiáveis. Explicações confiáveis evitam tais especulações e relacionam o comportamento público a outros eventos naturais públicos. O roubo de um carro por um jovem pode ser relacionado às suas interações com pais e colegas, ao passo que pouco se ganharia especulando sobre o que ele pensava ou sentia privadamente. Um dos problemas com o discurso-padrão "Eu agi assim porque pensei (ou senti) tal e tal" é que ela atribui a ação a pensamentos ou sentimentos que não podem ser observados, e não a causas no ambiente, que podem ser observadas. "Eu não fui à aula porque me sentia deprimido" suscita a pergunta: de onde veio a depressão? Em vez de atribuir o comportamento de uma pessoa (ou de um rato) a causas internas não observáveis, os analistas de comportamento procuram origens em eventos ambientais observáveis.

Natural, mental e fictício

Na linguagem coloquial, todos os tipos de coisas são considerados *mentais* – pensamentos, sentimentos, sensações, emoções, alucinações, e assim por diante. *Mental* é a forma adjetiva de *mente*. O que todas as coisas chamadas de *mental* têm a ver com a mente?

A maioria dos falantes da língua inglesa afirmaria que tem uma *mind* (mente); muitos se sentiriam insultados se fossem informados de que não a têm. Não ter uma mente é ruim. Parece que a língua inglesa tem essa teoria embutida em si: ter uma mente significa ter pensamentos, sentimentos, emoções, etc., e, como temos isso, estamos inclinados a concluir que cada um de nós tem uma mente. O raciocínio, entretanto, é circular. A única razão pela qual pensamos que cada um de nós tem uma mente é que todos sabemos que temos pensamentos – isto é, todos sabemos que pensamos.

Se examinarmos as expressões em inglês que incluem a palavra *mind* (mente), ela parece ser usada de duas maneiras principais. Às vezes, ela é um lugar ou espaço, uma espécie de arena ou teatro, como ao dizermos: *I have something in mind* (Tenho algo em mente) ou *I must be out of my mind* (Devo estar fora de mim). Às vezes, ela parece ser um ator ou agente, agindo por sua própria conta, como ao dizermos: *My mind is made up* (Eu já decidi), ou *I had a mind to tell him just what I thought* (Eu quis dizer-lhe exatamente o que pensava) ou *I can see it in my mind's eye* (Posso ver em minha imaginação).* Mas onde está esse espaço ou objeto? Do que ele é feito?

A noção de mente é problemática para uma ciência do comportamento, porque a mente não faz parte da natureza. Se um cirurgião abrir seu crânio, espera-se que dentro dele haverá um cérebro. É possível retirar o cérebro, segurá-lo nas mãos, pesá-lo, medir seu volume; poderíamos brincar com ele. Nada semelhante poderia ser dito de sua mente. Para ser estudado cientificamente, um objeto deve ser, no mínimo, localizável no tempo e no espaço. Seu cérebro sempre tem certa localização em determinado momento. A mente, por sua vez, não tem nenhuma das propriedades de um objeto natural.

As expressões inglesas mais reveladoras que incluem a palavra *mind* são aquelas em que ela aparece como um verbo ou como um advérbio, como ao dizermos: *Mind how you go* (Cuide-se), ou *I was minding my own business* (Eu estava tratando da minha própria vida) ou *I was mindful of the danger* (Fiquei atento ao perigo). Todas essas expressões sugerem que a mente ou a atenção é uma qualidade de certos tipos de comportamento – comportamento deliberado, atento e consciente. Às vezes o comportamento é chamado de cuidadoso, às vezes de inteligente, às vezes de intencional e às vezes de privado. Sempre que o comportamento parece intencional, inteligente ou privado, podemos nos inclinar a dar o passo adicional de supor que ele envolve a mente. Mas isso não é necessário, e o behaviorista radical sustenta que, em uma ciência do comportamento, não devemos fazê-lo. Contudo, como veremos em capítulos posteriores, continua sendo interessante perguntar por que determinado comportamento é chamado de consciente, intencional ou inteligente.

Eu não posso saber que tenho uma mente como sei que penso, sinto e sonho. Os pensamentos, as sensações e os sonhos podem ser tomados como eventos naturais (mesmo que privados) quando observados por aquele a quem eles pertencem. Em contraste, a mente e todas as suas partes e seus processos são *fictícios*.

Dizer que a mente é fictícia significa dizer que ela é inventada, simulada. Eu tenho uma mente tanto quanto tenho uma fada madrinha. Posso falar com você sobre minha mente ou sobre minha fada madrinha; isso não torna nenhuma delas menos fictícia. Ninguém nunca viu nenhuma das duas. Certa vez, quando eu estava proferindo uma palestra, um filósofo na plateia alegou que ele estava vendo as ações da minha mente enquanto eu estava falando. Tive vontade de responder: "O que você está vendo é a ação da minha fada madrinha; ela está aqui em meu ombro, sussurrando no meu ouvido". Faz tanto sentido considerar a fala ou a resolução de problemas como obras da mente quanto o amor e o casamento como obras

* N. de E. As expressões em inglês foram mantidas para garantir total compreensão da descrição do autor sobre a palavra *mind*.

de uma fada madrinha. Pode-se fazê-lo, é claro, por diversão ou poesia, mas, para a ciência, esse argumento é inútil.

A linguagem cotidiana sobre elementos e eventos mentais inclui tanto eventos privados quanto elementos e eventos fictícios. Pensar e ver podem ser eventos privados e potencialmente naturais, ao passo que a mente, a vontade, a psique, a personalidade e o ego são todos fictícios. Quando os behavioristas metodológicos permitiram elementos e eventos públicos e excluíram elementos e eventos mentais (no sentido coloquial), eles descartaram eventos privados, juntamente com elementos e eventos fictícios. Por sua vez, os behavioristas radicais falam sobre todos os eventos naturais, inclusive os públicos e os privados, e excluem apenas os fictícios. A distinção entre natural e fictício, além disso, não tem nada a ver com a forma como esses eventos são estudados (ou seja, com a metodologia).

Elementos e eventos fictícios não são observáveis, mesmo em princípio. Ninguém observou uma mente, ânsia, impulso ou personalidade; todos eles são inferidos a partir do comportamento. Por exemplo, diz-se que uma pessoa que se comporta de forma agressiva tem uma personalidade agressiva. Ninguém, no entanto, jamais verá a personalidade; só se vê o comportamento.

Porém, não ser observável não é, necessariamente, uma desvantagem. Vimos o exemplo do ar, e é fácil pensar em outros conceitos indiretamente observáveis e aceitáveis: átomos, moléculas, radiação, eletricidade, genes. Todos eles podem ser chamados tanto de invenções quanto de descobertas, porém todos são considerados valiosos. Então, o que há de errado com as ficções mentais?

Objeções ao mentalismo

A ideia de um mundo mental separado do comportamento leva à prática de invocar ficções mentais para tentar explicar o comportamento. Mente, vontade, ego e assemelhados são, muitas vezes, chamados de *ficções explicativas*, não porque explicam alguma coisa, mas porque *deveriam* explicar. A principal objeção a eles é que eles não conseguem explicar. Eles falham por dois tipos de razão: *autonomia* e *redundância*.

Autonomia: causas mentais obstruem a investigação

Autonomia é a capacidade de se comportar. Uma coisa é autônoma se atribuímos a ela seu comportamento. Uma pessoa, um rato ou um peixe é autônomo nesse sentido, porque dizemos que cada um se comporta à sua maneira. Não há problema na atribuição de comportamento a organismos como um todo; o problema aparece quando o comportamento é atribuído a partes de organismos, especialmente partes escondidas.

A concepção de comportamento do realista, que faz distinção entre "aqui dentro" e "lá fora", parece dizer que deve haver um eu real – meu *eu* – em algum lugar interno que controla meu corpo externo. É como se eu tivesse uma pessoinha dentro – um homúnculo – que recebe os dados sensoriais dos órgãos dos sentidos e então controla os movimentos corporais. Essa pessoinha é frequentemente retratada em desenhos e filmes animados ocupando uma sala de controle interna com telas de vídeo, alto-falantes, alavancas e botões. Verificamos facilmente que isso não é uma explicação do comportamento; porém, a visão do realista, embora menos literal, é vítima dos mesmos problemas da noção de homúnculo.

Surgem problemas porque a pessoinha ou o eu interior é autônomo. Se fosse verdade que meu comportamento exterior é apenas um resultado do comportamento desse eu interior, então uma ciência do comportamento teria que estudar o comportamento desse eu interior. Estudar o eu interior é impossível pelo mesmo motivo que estudar o homúnculo interno é impossível: ambos são ficções feitas para tentar entender o comportamento à luz da divisão anterior entre "aqui dentro" e "lá fora". Uma ciência do comportamento baseada em tais distinções nunca poderia ter sucesso, não mais do que poderia uma ciência da mecânica baseada nas emoções internas da matéria ou uma ciência da fisiologia baseada em uma *vis viva* interna. Em vez disso, os eventos de interesse são atribuídos aos objetos de estudo – a pedra ou a bola na mecânica, a célula ou o tecido na fisiologia, e todo o organismo na análise do comportamento.

Quando os eventos observados são atribuídos a alguma entidade interna oculta, além de a investigação científica ser desviada para a tarefa impossível de entender aquela entidade oculta, a curiosidade tende a se acomodar. Impede-se uma investigação adicional não apenas pela aparente dificuldade da tarefa, mas também pela aparência de uma explicação que é aceita como real. Esses efeitos ocorrem o tempo todo em interações sociais normais, quando uma pessoa a quem se pergunta "Por que você fez isso?" responde "Eu senti vontade", ou "Senti um impulso" ou "Foi o diabo que me fez fazer isso". Somos dissuadidos por tais evasivas; fazer outra pergunta seria descortês, e a oferta de algum tipo de explicação nos impede de indagar mais. No entanto, como cientistas, mais cedo ou mais tarde teríamos de ver a inadequação de tais não explicações e investigar melhor. Essa inadequação nos leva ao segundo grande defeito do mentalismo.

Redundância: ficções explicativas são antieconômicas

Mesmo ignorando a forma como entidades internas autônomas impedem a investigação, elas são inaceitáveis porque, por padrões científicos normais, não são explicações reais. Todas as ficções explicativas, autônomas ou não, são insuficientes. Além de impedirem a investigação, tanto a explicação "Foi o diabo que me fez fazer isso" quanto "Meu eu interno me fez fazê-lo" falham como explicações. Mesmo que um impulso interno não fosse considerado autônomo, "Eu fiz por impulso" falha como explicação pelo mesmo motivo: o diabo, o eu interior e o impulso são todos *redundantes*.

As explicações mentalistas inferem uma entidade fictícia do comportamento e depois afirmam que a entidade inferida é a causa do comportamento. Quando se diz que uma pessoa come vegetais pelo desejo de se manter saudável ou por uma crença no vegetarianismo, essa fala surge em primeiro lugar por causa da atividade de comer vegetais; assim, o motivo para inferir que uma pessoa tem um desejo ou crença é a atividade. Essa "explicação" é perfeitamente circular: a pessoa tem o desejo por causa do comportamento e exibe o comportamento por causa do desejo. A explicação não nos leva além da observação original, porque dizer que Naomi acredita no vegetarianismo significa dizer que ela come vegetais. Pode-se dizer algo mais –

que ela lê revistas sobre vegetarianismo, vai a reuniões de uma sociedade vegetariana, e assim por diante –, mas sua crença ainda é inferida por seu comportamento.

A ciência da mecânica enfrentou o mesmo tipo de problema quando se pensava que o *horror vacui* explicava os fatos da sucção; o mesmo ocorreu com a fisiologia quando se pensava que a *vis viva* explicava o metabolismo celular. O *horror vacui* era inferido dos fatos da sucção; a *vis viva* era inferida do metabolismo celular. Não se pode realmente dizer que essas causas inferidas explicam alguma coisa, pois elas não oferecem uma visão mais simples da sucção ou do metabolismo celular. Em vez disso, elas se colocam, por assim dizer, por detrás dos eventos observados, produzindo-os misteriosamente.

Horror vacui, *vis viva* e ficções mentais são todas igualmente inúteis porque são antieconômicas, para usar o termo de Mach. As ficções mentais são antieconômicas porque, em vez de simplificarem nossa percepção dos eventos descrevendo-os com alguns conceitos já conhecidos, elas tornam as coisas mais complicadas, de dois modos. Primeiro, como já vimos, elas simplesmente reafirmam a observação original com algum conceito adicional supérfluo. Se aceitássemos a ideia de que Naomi come vegetais por causa de sua crença no vegetarianismo, teríamos, agora, que explicar seus hábitos alimentares e sua crença, enquanto antes nós precisávamos explicar apenas seus hábitos alimentares. Se o que eu digo depende do que minha fada madrinha me diz, então precisamos explicar tanto o que ela diz como a minha escuta.

Em segundo lugar, esse conceito adicionado não tem uma relação clara com os eventos observados. Se dissermos que um adolescente rouba carros devido à baixa autoestima, temos que nos perguntar como essa baixa autoestima pode levar ao roubo de carros. No Capítulo 1, vimos que um problema com a noção de livre-arbítrio é que a conexão entre livre-arbítrio, um evento não natural, e comer um sorvete, um evento natural, permanece eternamente um mistério. O mesmo problema surge com qualquer suposto evento atribuído à mente. Nesse contexto, o problema é chamado de problema *mente-corpo* e expresso da seguinte maneira: como algo não natural pode afetar algo natural? Causas mentais sempre envolvem esse problema da conexão misteriosa. Como a mente, todas as causas mentais fictícias, se existissem, não seriam naturais. Elas não podem ser encontradas no corpo – ninguém jamais encontrou uma crença, uma atitude, uma personalidade ou um ego no coração, no fígado ou no cérebro de qualquer pessoa. Elas nunca são medidas, exceto pelo comportamento, como respostas a um questionário. Como elas podem causar comportamento?

O problema mente-corpo nunca foi e nunca será resolvido, porque ele é uma *pseudoquestão*, uma questão que não faz sentido. Quantos anjos podem dançar na cabeça de um alfinete? O que acontece quando uma força incontrolável encontra um objeto imóvel? Cada uma dessas questões implica uma premissa sem sentido – a de que um anjo poderia dançar na cabeça de um alfinete ou a de que uma força incontrolável poderia coexistir com um objeto imóvel. A premissa sem sentido subjacente à questão mente-corpo é a ideia de que ficções, como uma mente, uma atitude ou uma crença, podem causar um comportamento.

Uma resposta comum a esse argumento é sugerir que atitudes, crenças, desejos e similares existem como elementos ou algo no cérebro. O atual nível de compreensão do cérebro, entretanto, não permite tal asserção. Talvez um dia o funcionamento do cérebro seja suficientemente compreendido para elucidar os mecanismos que subjazem estudar para uma prova ou roubar uma loja, mas esse dia parece estar em um futuro longínquo, se é que vai chegar. A análise do comportamento não precisa aguardar descobertas sobre o sistema nervoso mais do que a fisiologia precisou aguardar descobertas sobre bioquímica. Atualmente, a função celular é frequentemente explicada com o auxílio da bioquímica, mas os fisiologistas entenderam a função celular com conceitos, como membrana, osmose, metabolismo e mitose, antes que os químicos pudessem ajudar. Da mesma forma, a análise do comportamento pode compreender o comportamento no nível de sua interação com o ambiente e buscar as suas origens nas interações passadas, sem qualquer ajuda de neurofisiólogos. Na verdade, quando a ajuda dos neurofisiologistas estiver disponível, os analistas do comportamento terão descrito os fenômenos que poderiam ser mais bem explicados por referência aos mecanismos corporais.

A objeção do behaviorista radical ao mentalismo é, na realidade, uma objeção ao *dualismo*, a ideia de que dois tipos de existência, material e não material, ou dois tipos de termos, referentes ao material e ao não material, são necessários para entender plenamente o comportamento. Todas as ciências, não apenas a análise do comportamento, rejeitam o dualismo porque ele é confuso e não econômico. Quando Newton disse "*Hypotheses non fingo*" – "Não invento hipóteses" –, ele se referia a causas sobrenaturais não materiais, de alguma forma subjacentes a eventos naturais.

Os escritos de René Descartes (1596-1650) influenciaram o estabelecimento do dualismo na psicologia. Embora Descartes tenha feito muitas contribuições maravilhosas à matemática e à filosofia, sua concepção de comportamento impediu qualquer abordagem científica. Ele propôs que os corpos de animais e humanos eram máquinas complicadas, funcionando de acordo com mecanismos naturais simples. Ele pensava que o cérebro e os nervos eram preenchidos por um fluido fino – *espíritos animais* – que fluíam para os músculos para causar ação. Em concordância com a teologia cristã, ele sustentava que, enquanto os animais eram apenas máquinas, os humanos tinham, além disso, uma alma. Ele pensava que a alma influenciava o comportamento movendo uma glândula no meio do cérebro, a glândula pineal, que afetava o fluxo dos espíritos animais. Embora essa ideia particular nunca tenha-se popularizado, a noção de que o comportamento humano depende da alma permaneceu. Mais tarde, à medida que a psicologia se tornou mais científica, os psicólogos distanciaram-se da teologia cristã, substituindo a alma pela mente. Nem a glândula pineal, nem a mente resolveram o problema levantado pelo dualismo de Descartes: o mistério do *fantasma na máquina*. Mesmo que os movimentos da glândula pineal afetem o comportamento, permanece o mistério: como a alma move a glândula pineal? Mesmo que a mente não seja transcendental, ela ainda é imaterial (não natural) e, em relação ao comportamento, tão fantasmagórica quanto a alma. Não há espaço para esses mistérios na ciência.

ERROS DE CATEGORIA

O filósofo Gilbert Ryle (1900-1976) também atacou o mentalismo, mas usou uma abordagem diferente da utilizada por Skinner. Skinner propôs excluir termos, como *mente*, *inteligência*, *razão* e *crença*, da análise do comportamento. Da mesma forma, o filósofo pragmatista Richard Rorty, escrevendo sobre a "rentabilidade relativa" de tópicos, sugeriu que chamar um tópico de "não lucrativo" (ou seja, inútil) é "apenas a recomendação de realmente *falarmos* pouco sobre esses tópicos e ver como progredimos" (Rorty, 1989, p. 8, itálico no original). Em contraste, Ryle pensava que os termos que Skinner considerava inúteis poderiam ser úteis se pudéssemos evitar usá-los de forma ilógica. O problema com um termo como *inteligência* é apenas que as pessoas dirão que Zack exibe comportamento inteligente *e* inteligência. Enquanto Skinner consideraria a inteligência como uma ficção mental inferida do comportamento inteligente, Ryle argumentou que inteligência *é* comportamento inteligente, e considerar que um é a causa do outro ou mesmo considerar os dois como unidos de alguma maneira envolve um erro lógico, *um erro de categoria*.

Se estamos dando exemplos de frutas (uma categoria), e eu sugiro cenoura como instância, cometi um erro, um erro de categoria, porque cenoura não é fruta. Os erros de categoria são de vários tipos, as diversas formas pelas quais uma suposta instância pode deixar de pertencer a uma categoria à qual é erroneamente atribuída. Ryle estava preocupado com um tipo particular de erro de categoria.

Vamos supor que estamos citando nomes de frutas novamente, e alguém sugere *vegetais*. Esse é um tipo de erro diferente de *cenoura*. *Vegetais* não pertence apenas a outra categoria semelhante; trata-se do rótulo de outra categoria, como frutas. Pareceria ainda mais estranho em nossa brincadeira de nomear frutas se alguém sugerisse *frutas*. Além de *frutas* ser um rótulo de categoria em vez de um possível exemplo, ele também é o rótulo da própria categoria da qual estamos nomeando exemplos. Esse erro de tratar *frutas* como se fosse um exemplo de frutas, contudo, é exatamente o tipo de erro que Ryle considera ocorrer no mentalismo.

Vamos supor que nosso jogo mude para a nomeação de exemplos de comportamento inteligente. Os jogadores sugerem fazer longos cálculos matemáticos, jogar xadrez, projetar uma casa, criar uma coreografia, e assim por diante. Então, alguém sugere *inteligência*. Isso pareceria equivocado, de acordo com a concepção de Ryle, pelo mesmo motivo de responder *frutas* em nosso jogo de nomear frutas. *Inteligência* é o rótulo da categoria que inclui atividades, como fazer longos cálculos matemáticos, jogo de xadrez, projeto de casa e coreografia. Essas atividades são exemplos de inteligência. O erro é tratar o rótulo da categoria como se fosse um exemplo da categoria.

A objeção provável a esse argumento diria: "Não, o que quero dizer com inteligência não são todas essas atividades, mas algo subjacente a essas atividades, que as torna possíveis, o que as causa". Mas onde está essa inteligência? Do que ela é feita? Como ela poderia causar comportamento? Sua natureza fantasmagórica provém de ela ser o rótulo, e não um exemplo da categoria. A razão pela qual o erro lógico ocorre tão facilmente é que a objeção exemplifica uma teoria comum sobre o comportamento, que Ryle chamou de *hipótese paramecânica*.

Ryle e a hipótese paramecânica

A hipótese paramecânica é a ideia de que termos que logicamente são rótulos de categorias se referem a coisas fantasmagóricas em algum espaço fantasmagórico (a mente) e que essas coisas fantasmagóricas de alguma forma causam comportamento mecânico. Essa é exatamente a mesma ideia que Skinner chamou de mentalismo. Enquanto Skinner enfatizava os problemas práticos com o mentalismo – que ele é distrativo e inútil –, Ryle enfatizou os seus problemas lógicos.

Para ilustrar, Ryle apontou para o conceito de espírito de equipe. Quando assistimos a um jogo de futebol e percebemos que os jogadores encorajam-se mutuamente, dão-se tapinhas nas costas quando cometem erros e se abraçam quando têm êxito, dizemos que eles estão mostrando espírito de equipe. Não queremos dizer que algum espírito fantasmagórico os acompanha de um lado para o outro no campo, pairando sobre suas cabeças. Se um estrangeiro perguntasse "Eu os vejo gritando, dando tapinhas e se abraçando, mas onde está esse famoso espírito de equipe?", consideraríamos a pergunta estranha e que quem a fez não conseguiu entender o conceito. Poderíamos explicar que gritar, dar tapinhas e abraçar *faz parte* do espírito de equipe. Queremos dizer que essas atividades são exemplos da categoria de atividades que rotulamos de *espírito de equipe*. Elas não são os únicos exemplos; poderíamos expandir muito a lista.

O erro do estrangeiro deve-se à maneira de falarmos sobre o espírito de equipe: dizemos que a equipe *demonstra* isso. É por isso que o estrangeiro achou correto juntar gritos, tapinhas, abraços *e* demonstrar espírito de equipe. É o mesmo erro de juntar longos cálculos matemáticos, jogo de xadrez, coreografia *e* demonstrar inteligência. Assim como *demonstrar espírito de equipe* é um rótulo para uma categoria de comportamento, *demonstrar inteligência* é um rótulo para uma categoria de comportamento. Fazer longos cálculos matemáticos e jogar xadrez são exemplos de demonstrar inteligência. Não há inteligência fantasmagórica, nenhuma *coisa*, inteligência, a ser mostrada.

Ryle aplicou seu argumento a todos os tipos de capacidades e estados mentais que se dizem ser demonstrados no comportamento ou causarem comportamento: conhecimento, intenção, emoção e outros. Por exemplo, por que dizemos "Aaron ama Laura"? Ele a presenteia com flores, escreve poemas para ela, gagueja e se ruboriza em sua presença, declara seu amor para ela, e assim por diante. Aaron não faz essas coisas *e* ama Laura ou *porque* ama Laura. O fato de ele fazer essas coisas *é* estar apaixonado por Laura.

Veremos como o argumento de Ryle se aplica a outros termos em alguns dos próximos capítulos. Embora ele tenha atacado o mentalismo primariamente por motivos lógicos, seus argumentos e os de Skinner diferem principalmente na ênfase: as sementes das objeções pragmáticas de Skinner podem ser encontradas nos escritos de Ryle, e os fundamentos das objeções lógicas de Ryle podem ser encontrados nos escritos de Skinner. O principal desacordo entre eles parece ser que, enquanto Skinner gostaria de excluir os termos mentalistas das discussões técnicas de comportamento, Ryle indicava que eles poderiam ser usados se lembrássemos que amor, crença, expectativa, atitude e termos semelhantes são realmente apenas rótulos de categorias de comportamento.

Outros filósofos criticaram os argumentos de Ryle. Eles os consideraram infundados em dois principais aspectos. Primeiro, o uso de "categoria" por Ryle parecia implicar uma abertura inaceitável – isto é, "demonstrar inteligência" ou "estar apaixonado" pode abranger um número infinito de atividades –, o que impediria de especificar exatamente quais ações deveriam ser consideradas exemplos da categoria. Em segundo lugar, a insistência de Ryle de que a verdade de um relato de uma "sensação pura", particularmente de dor, depende inteiramente ("necessita") da presença de atividades públicas não exige que "eu tenho uma dor" signifique apenas "eu estou me apertando e me contorcendo". Rorty (1979), por exemplo, expressou suas críticas da seguinte forma:

> [O argumento de Ryle] foi atacado com o argumento de que não há maneira de preencher uma descrição da disposição necessária para se comportar sem fornecer listas infinitamente extensas de movimentos e ruídos possíveis. Ele também foi atacado com base no fato de que qualquer "necessidade" na área é... simplesmente uma expressão do fato de que costumamos explicar certos comportamentos por referência a certos estados internos – de modo que a necessidade não é mais "linguística" ou "conceitual" do que aquela que conecta a vermelhidão do fogão ao fogo interno. (p. 98)

O último ponto parece incorreto porque haver um fogo "interior" de um fogão é uma relação física clara, ao passo que uma crença no "interior" de uma pessoa não contém tal clareza, e os outros elementos dependem de uma visão mentalista de categorias, linguagem e significado. Independentemente de os filósofos serem persuadidos por essas objeções, os behavioristas baseiam-se nos pontos de Ryle, levando os passos adiante com conceitos adicionais. No Capítulo 6, quando considerarmos o conceito de controle de estímulos, iremos além da objeção sobre o caráter aberto das categorias, e, no Capítulo 7, quando abordarmos o comportamento verbal, iremos além da objeção sobre "significado". Agora, entretanto, veremos como a ideia de categorias de Ryle pode ser substituída pela ideia mais concreta de uma *atividade*.

O behaviorismo molar de Rachlin

Howard Rachlin, um behaviorista contemporâneo, levou o argumento de Ryle um passo adiante. Desde a década de 1930 pelo menos, alguns behavioristas têm sugerido que o comportamento não pode ser compreendido focando apenas nos eventos do momento. No século XIX e na primeira metade do século XX, concepções atomísticas da mente e do comportamento eram abundantes. Uma vez que a única unidade bem compreendida do comportamento era o reflexo, a fala sobre comportamento tendia a ser expressa em termos de *estímulo* e *resposta*, eventos que ocorrem em um momento, e a relação mais importante entre os eventos era considerada sua proximidade momentânea no tempo, ou *contiguidade*.

Os críticos dessa ênfase a eventos momentâneos e contiguidade chamaram tais concepções de *moleculares* e, em seu lugar, propuseram concepções que chamaram de *molares*. Os pensadores molares argumentam que concepções moleculares do comportamento são insuficientes, por duas razões. Em primeiro lugar, o comportamento presente não depende apenas de eventos presentes, mas de muitos eventos passados. Esses eventos passados afetam o comportamento como um agregado, não como acontecimentos momentâneos. A razão de eu evitar comer alimentos calóricos hoje é que eu comi alimentos calóricos muitas vezes no passado e ganhei peso; nada disso aconteceu em qualquer momento particular no tempo. Em segundo lugar, o comportamento não pode ocorrer em um momento; por mais breve que seja, ele sempre leva algum tempo. Escovar os dentes pode ser um único evento, mas ele leva um tempo. Se eu juntar todas as atividades do meu dia, elas devem totalizar 24 horas.

Rachlin viu nas ideias de Ryle uma justificativa e uma extensão desse segundo princípio da teoria molar, de que as unidades de comportamento (ou seja, atividades) estendem-se ao longo do tempo. O amor de Aaron por Laura, nosso exemplo supracitado, não ocorre em nenhum momento particular, porque ele é todo um agregado de atividades que ocorrem em momentos diferentes. Parece absurdo dizer que Aaron não ama Laura neste momento porque ele está trabalhando em vez de dar-lhe flores, fazer elogios ou qualquer uma das outras atividades que compreendem amar Laura. Parece perfeitamente sensato dizer que Aaron ama Laura agora e tem feito isso há anos, mesmo que ele tenha passado a maior parte do tempo trabalhando e dormindo. A "solução" comum para esse problema de Aaron amar Laura o tempo todo e, mesmo assim, não demonstrar amor por Laura o tempo todo é a hipótese de paramecânica – inventar uma coisa-amor fantasmagórica, uma ficção mental, que está dentro todo o tempo para causar o comportamento amoroso de Aaron quando ele ocorre e preencher as lacunas de tempo entrementes. Por mais atraente que essa ideia possa parecer, vimos que ela não é nenhuma solução real, porque ela é confusa e antieconômica (Skinner) e é logicamente falha (Ryle).

De acordo com o ponto de vista molar, o que importa no amor de Aaron é a frequência com que ocorrem suas atividades amorosas. Aaron amar Laura e Aaron demonstrar amor por Laura são realmente apenas dois rótulos para o mesmo agregado de atividades. Faz sentido dizer que Aaron ama Laura há anos, porque ao longo desses anos atividades amorosas têm ocorrido com frequência relativamente alta. Aaron tem demonstrado não algum amor mental interior fantasmagórico, mas uma alta taxa de atividades amorosas. Essas atividades não precisam ser as únicas coisas que ele faz; elas só precisam ocorrer com frequência suficiente. Na verdade, sua frequência é crucial. Se Aaron só telefonou para Laura uma vez por mês e só lhe trouxe flores uma vez por ano, ela poderia muito bem duvidar de sua sinceridade, especialmente se ele está ligando para a Dolores todos os dias e dando-lhe flores duas vezes por semana. Até ele mesmo deveria duvidar de sua sinceridade. Se as atividades amorosas de Aaron estão acontecendo com alta frequência, e ele declara que ama Laura agora e para sempre, ele está prevendo que suas atividades amorosas continuarão em uma alta frequência.

Atividades são episódicas. Aaron pode trabalhar por um tempo, depois falar ao telefone com Laura por um tempo, depois trabalhar um pouco, depois devanear sobre Laura, depois almoçar e depois trabalhar um pouco mais. O falar com Laura e o devanear sobre Laura são episódios de amar Laura. Eles são componentes da atividade estendida de amar Laura. Durante o período em que estamos discutindo, Aaron passa algum tempo trabalhando, algum tempo mantendo sua saúde (comer) e algum tempo amando Laura. Como abreviatura de um episódio de uma atividade, usaremos a palavra *ação*. Aaron alterna ações amorosas com outras ações (p. ex., episódios de trabalho) durante todo o dia. A alta frequência de ações amorosas é o que nos faz dizer que Aaron ama Laura.

O argumento de Rachlin se aplica a todos os termos que parecem referir-se a causas internas do comportamento, sejam elas estados de espírito, como amor e raiva, sejam elas disposições comportamentais, como intenções e crenças. Ele ilustrou com uma discussão sobre o que significa estar com dor (Rachlin, 1985). Tal como acontece com estar apaixonado, estar com dor é o mesmo que demonstrar dor e envolver-se em atividades que compõem a atividade de estar com dor – fazer caretas, gemer, apertar-se, gritar, rolar, mancar, e assim por diante. Tal como acontece com o amor, dizer que alguém está ou não com dor depende apenas da frequência em que ocorrem tais atividades e em que contextos elas ocorrem. Se uma pessoa geme apenas uma vez por semana ou só geme quando sua mãe está na sala, então nos inclinamos a concluir que ela está fingindo. Um ator pode convencer-nos completamente de que está sentindo dor no palco, mas, quando o vemos após a peça, rindo e conversando, dizemos que ele estava apenas representando. Afirmamos com confiança que alguém está com dor somente se o comportamento de dor ocorre em uma frequência alta e consistente. Se estar com dor é apenas demonstrar comportamento de dor frequentemente e em todas as circunstâncias, assim como acontece com estar apaixonado, então não há nenhuma dor mental interior fantasmagórica, assim como não havia amor mental interior fantasmagórico. Em outras palavras, não há uma *coisa*, dor, que é sentida. Em vez disso, sentir dor ou estar com dor é, em si, toda uma atividade ou agregado de atividades.

Surge uma objeção. Talvez não haja amor mental interior fantasmagórico, mas a dor não parece de forma alguma fantasmagórica. Pelo contrário, ela parece ser uma sensação, um verdadeiro evento privado – que os filósofos chamam de uma "sensação pura". A resposta de Rachlin para isso é mais bem compreendida a partir de sua resposta à objeção formulada: "Mas eu posso sentir dor e não demonstrá-la".

Rachlin argumenta que é impossível sentir dor e não demonstrar, porque sentir dor *é* demonstrá-la. Um filósofo tentou refutar todo o argumento de Rachlin, relatando que durante anos ele teve fortes dores de cabeça, sem nunca deixar transparecer isso para ninguém. A resposta de Rachlin foi: "Se assim for... seus pais, seu médico, seus amigos mais próximos e seu cônjuge e filhos (se houver) devem, até hoje, ainda não saber sobre essas dores de cabeça. Alguém quer apostar?". Embora isso possa parecer jocoso, o ponto sério é que não se pode estar com dor sem demonstrá-la, seja para os outros, seja para si mesmo. O argumento de Rachlin só parece contrário à experiência enquanto se insiste que é possível estar com dor e não demonstrá-la a ninguém. Sozinho no meu quarto, eu posso estar com dor e superá-la antes que alguém me veja. Eu não estava com dor? Eu estava, se eu a mostrei, mas todo o episódio foi privado somente no sentido de que nenhuma outra pessoa estava presente; se outra pessoa estivesse lá, ela também teria dito que eu estava com dor. Minha maneira de saber que estou com dor de cabeça é igual à sua maneira de saber que estou com dor de cabeça: eu franzo a testa, gemo, fecho os olhos, reclamo e tomo aspirina. Se eu não fizesse nenhuma dessas coisas, eu não estaria mais inclinado do que você a dizer que estava com dor de cabeça.

Embora possa parecer paradoxal, a ideia de Rachlin de que a dor consiste de comportamento público, e não de uma experiência privada, tem muitas evidências que a corroboram. Em especial, relatar verbalmente dor e outro comportamento de dor depende muito das circunstâncias. Muitos de nós já sofremos ferimentos que deveriam ter sido dolorosos, mas não foram porque estávamos distraídos. Com um tornozelo torcido, um atleta pode continuar correndo e dizer que o tornozelo começou a doer após a corrida. A mesma lesão em outras circunstâncias teria resultado em imediatamente "sentir dor". Uma pesquisa sobre dor produziu muitos exemplos como esse. Embora o parto seja considerado doloroso em nossa cultura, antropólogos descreveram culturas em que as mulheres não apresentam sinais de dor, dão à luz enquanto estão trabalhando nos campos e continuam trabalhando assim que o bebê nasce, enquanto o pai está de cama em casa, gemendo e demonstrando todos os sinais de estar com dor intensa. Um exemplo particularmente marcante foi relatado por Henry K. Beecher, um anestesista que comparou o comportamento dos soldados feridos em um hospital de combate na Segunda Guerra Mundial com o comportamento de civis submetidos a cirurgia envolvendo ferimentos semelhantes às feridas dos soldados. Ele descobriu que, enquanto apenas cerca de um terço dos soldados se queixou de dor o bastante para receber morfina, quatro em cada cinco dos pacientes civis operados o fizeram. Embora os soldados relatassem sentir pouca ou nenhuma dor, enquanto os civis relatavam dor intensa, Beecher observou que a diferença não era porque os soldados eram insensíveis a estímulos dolorosos, pois eles reclamavam tanto quanto qualquer um quando uma punção venal era malfeita. Beecher concluiu:

> Não há relação direta simples entre o ferimento *per se* e a dor experimentada. A dor é em grande parte determinada por outros fatores, e de grande importância aqui é o significado do ferimento... No soldado ferido [a resposta à lesão] era de alívio, gratidão por sair vivo do campo de batalha, até euforia; para o civil, sua cirurgia complicada era um evento depressivo, calamitoso. (Citado por Melzack, 1961, p. 42-43)

Essas observações apoiam a perspectiva de Rachlin, porque, em vez de o mesmo trauma produzir a mesma dor, como a hipótese paramecânica exigiria, toda a atividade de estar com dor, inclusive o relato de sentir dor, depende das circunstâncias. Mesmo que a nossa aparente experiência interna de dor pareça convincente, evidências clínicas e experimentais apoiam a ideia de que estar com dor, como estar apaixonado, ou qualquer outro estado mental, consiste de comportamento público.

Com esse ponto de vista, Rachlin coloca muito menos ênfase nos eventos privados do que Skinner. Torna-se uma questão de pouca importância para Rachlin se eventos privados realmente ocorrem ou não, porque sua visão retira a ênfase de eventos momentâneos e ações isoladas em geral, públicas ou privadas. Aaron estar apaixonado por Laura pode incluir seu pensamento sobre ela, mas, se nenhuma das atividades públicas na categoria ocorre, tanto Laura como Aaron devem duvidar da sinceridade de Aaron. Para Rachlin, nem amor, nem dor precisam existir como uma coisa privada, porque, na prática, o que as pessoas dizem sobre si mesmas ou sobre os outros sempre depende mais do comportamento público. Ao avaliar o sucesso de uma intervenção, um terapeuta não se baseia em um suposto comportamento privado, mas no comportamento público do cliente – ele demonstra menos ansiedade, menos agressão e enfrentamento mais efetivo dos desafios da vida? Nessa perspectiva molar, pode-se legitimamente dizer que a forma como me conheço é a mesma pela qual os outros me conhecem. Vamos explorar isso ainda mais no Capítulo 6.

A negação de eventos privados por Rachlin pode parecer um retorno ao behaviorismo metodológico, mas não é. Tanto os behavioristas metodológicos quanto Rachlin defendem o estudo de eventos públicos, mas por razões diferentes. Os behavioristas metodológicos consideram eventos públicos objetivos e descartam elementos e eventos mentais fora dos limites porque eles são subjetivos. Abordando o comportamento com uma perspectiva molecular, eles esperavam prever atos momentâneos. Rachlin nunca levanta a distinção objetivo-subjetivo e nunca exclui elementos e eventos mentais. Em vez disso, ele afirma que é possível estudar elementos e eventos mentais, porque os termos (*dor, amor, autoestima*, e assim por diante) que supostamente se referem a eles são realmente rótulos para atividades públicas prolongadas. Portanto, estudamos elementos e eventos mentais estudando os eventos públicos que compõem as atividades assim rotuladas. Rachlin rompe com o behaviorismo metodológico e alinha-se com o behaviorismo radical por duas razões: antidualismo e pragmatismo. Como qualquer behaviorista radical, ele nega causas mentais do comportamento. Uma vez que ele nunca levanta a distinção subjetivo-objetivo, preferindo medir a verdade por seu poder explicativo (utilidade), suas ideias pertencem mais à tradição do pragmatismo do que do realismo. Ele não precisa negar nem afirmar a existência de eventos privados, porque as atividades (molares) prolongadas sobre as quais as pessoas falam sempre incluem muitas ações públicas. Na verdade, as pessoas não falariam sobre elas se não fosse assim, mas esse é um assunto para uma discussão sobre o comportamento verbal (veja o Cap. 7).

EVENTOS PRIVADOS

Para Skinner, eventos privados são naturais e iguais a eventos públicos em todos os aspectos importantes. Mesmo que pensamentos sejam eventos naturais, e pode-se dizer que às vezes afetam o comportamento, eles jamais provocam um comportamento no sentido de originá-lo. Embora as origens do comportamento estejam no ambiente presente e passado, eventos privados figuram importantes na análise de Skinner de certos tipos de comportamento, particularmente autorrelatos, que consideraremos agora e no Capítulo 6, e na resolução de problemas, que abordaremos no Capítulo 8.

Comportamento privado

Uma vez que eventos privados pertencem à pessoa, e não ao ambiente, eles são mais bem compreendidos como eventos comportamentais. Em termos gerais, existem dois tipos: eventos de pensar e eventos de sentir.

Pensar, para a presente discussão, significa falar privadamente, o que Watson chamou de "discurso subvocal". Isso pode parecer muito restrito, pois *pensar* é usado de muitas outras maneiras na fala cotidiana. "Estou pensando em ir ao cinema" significa que eu estou inclinado, ou propenso, a ir ao cinema. "Estou pensando em uma pintura que vi uma vez" significa que estou imaginando a pintura, sendo mais bem compreendida como um evento de sentir. "Eu acho que a pena de morte deve ser abolida" coloca o pensar na mesma posição que acreditar, ou seja, provavelmente eu argumentarei contra a pena de morte e me envolverei em outras atividades como essa.

O pensar como discurso subvocal é utilmente distinguido dos eventos do sentir, porque os pensamentos têm uma relação com a fala pública que o sentir não tem. Um pensamento pode ser declarado de forma pública ou privada (Skinner usou as palavras *aberta* e *encoberta*). Posso dizer a mim mesmo em voz alta "O que será que vai acontecer se eu apertar este botão" ou posso sussurrar isso para mim mesmo ou posso dizê-lo de maneira subvocal. Esses eventos são todos muito parecidos; os dois primeiros podem ser ouvidos, ao passo que o terceiro não. Eventos de sentir, no entanto, não têm essas contrapartidas públicas. As partes públicas do odor de um gambá (prender o nariz e falar sobre o odor) diferem na forma de qualquer sentir privado que possa estar envolvido.

Eventos de sentir são mais bem compreendidos em contraste com a visão habitual de sensação e percepção, a qual Skinner chama de "teoria da cópia". Alguns filósofos gregos antigos, intrigados sobre como é possível ver objetos a distância, teorizaram que os objetos devem enviar cópias de si mesmos aos nossos olhos. Se eu vejo uma árvore do outro lado da estrada, deve ser porque a árvore envia pequenas cópias de si mesma para meus olhos. A perspectiva moderna é semelhante, só que agora dizemos que a árvore reflete a luz que atravessa as pupilas dos meus olhos para formar imagens sobre as membranas na parte traseira dos meus globos oculares. Essas imagens substituem as cópias gregas.

Essa noção pode ser útil para compreender algumas coisas sobre os olhos, mas de modo algum explica o ver. O problema de como a árvore é vista foi substituído pelo problema de como a cópia da árvore é vista. A teoria da cópia tem todos os defeitos do mentalismo. A aparência de uma explicação – você vê a árvore porque você tem uma cópia dela em seus olhos ou em seu cérebro – distrai a nossa tentativa de compreender o que é ver. A cópia é supérflua, porque a questão continua a mesma, quer perguntemos sobre ver a árvore ou ver a cópia: o que significa ver alguma coisa? Em particular, a teoria da cópia não consegue explicar por que o ver é seletivo. Nem todos os objetos que refletem luz para nossos olhos são vistos. Por que eu vejo a árvore, e não a estrada? Como é possível que uma pessoa aponte algo para outra, para "conseguir" que você veja alguma coisa? Como é possível que alguém olhe diretamente para um sinal, mas não o veja?

Para o behaviorista radical, sentir e perceber são eventos comportamentais, atividades. A única coisa que é vista, ouvida, cheirada, tocada ou provada é uma qualidade do evento – isto é, faz parte da definição do evento. Ver um lobo é qualitativamente diferente de ver um urso. Os dois eventos têm muito em comum – ambos são episódios de ver, e não de ouvir ou de caminhar –, mas eles também são diferentes. São atividades diferentes, como caminhar até a loja difere de caminhar até o banco. A meta ou o objetivo de caminhar (loja ou banco) fazem parte da definição da atividade. Se eu disser "O dia está bom" em uma ocasião e "Tem um tigre atrás de você" em outra, ambos são episódios de falar, mas as duas ações diferem da mesma forma como diferem as duas ações de caminhar; o dia bom e o tigre fazem parte da definição da ação. Assim como não se pode caminhar sem ir a algum lugar, não se pode falar sem dizer alguma coisa, não se pode ver sem ver alguma coisa. Os lugares e as coisas servem como elementos para diferenciar os atos de andar, falar ou ver, mas não são parte integrante das ações. São ações diferentes, não a mesma ação aplicada a coisas diferentes.

Podemos ver mais claramente que a meta ou o objetivo de um evento de sentir é uma qualidade do evento quando falamos de outros sentidos que não a visão. Nesse caso, raramente somos vítimas da teoria da cópia. Se eu ouço um violino, dificilmente alguém afirmaria que a minha atividade de ouvir se liga de alguma forma ao som do violino. O som faz parte da atividade, sendo, talvez, o resultado da atividade. Ouvir um violino e ouvir um oboé são atividades diferentes, não a mesma atividade aplicada a sons diferentes. Um antigo enigma zen-budista diz: "Se uma árvore cai na floresta e ninguém está lá para ouvir, ela produz um som?". A resposta do behaviorista é "não", porque existe um som apenas como parte de uma ação de ouvir. Da mesma forma que ouvir um violino difere de ouvir um oboé, também ver um urso difere de ver um lobo.

A relação entre ver e a coisa vista torna-se ainda mais clara quando examinamos exemplos do que Skinner chamou de "ver na ausência da coisa vista". Se eu sonho com um lobo, há um lobo presente? Se eu imagino a minha casa de infância, a minha casa está ali? Provavelmente, uma razão da existência da teoria da cópia seja tentar explicar tais casos. Supostamente, se eu estou vendo, algo deve haver ali para ver; uma vez que nem um lobo, nem uma casa estão presentes, uma cópia deve ser mantida de alguma forma em minha visão (não em meus olhos!). A teoria da cópia usada dessa maneira é uma forma de mentalismo; a aparente explicação não explica nada. Onde está a cópia mental fantasmagórica, do que ela é feita e como ela pode ser vista? Enquanto antes tínhamos uma ação de ver para explicar, agora temos a mesma ação mais uma cópia misteriosa com uma relação misteriosa com a ação. A alternativa é considerar que ver um lobo com os olhos fechados assemelha-se a ver um lobo com os olhos abertos. As duas atividades diferem – geralmente podemos distingui-las –, mas elas têm muito em comum. Isso deixa sem resposta perguntas como: "Como posso sonhar e imaginar coisas que eu nunca realmente vi?" e "Será possível praticar imaginação?". Contudo, ver, sonhar e imaginar, na qualidade de atividades, permite que essas perguntas sejam enquadradas para estudo científico de forma mais eficaz do que poderiam pela teoria da cópia.

A teoria da cópia tenta explicar o sonhar e o imaginar pela ideia de que cópias são armazenadas e recuperadas da memória. Perguntas sobre recordação tornam-se perguntas sobre processos mentais fantasmagóricos de codificação, armazenamento e recuperação. Se quando eu imagino minha casa de infância vejo meu pai lá, supostamente é porque as duas cópias estão de alguma forma ligadas entre si na memória. Se quando alguém diz "Pense em pássaros", e eu penso em pardais, tentilhões e avestruzes, supostamente é porque cópias dessas coisas estão ligadas de alguma forma na memória.

Em contraste, a análise do comportamento aponta para os fatos da vida. Quando eu era criança, ao ver minha casa de infância, eu também via meu pai. Quando eu ouvia sobre pássaros, muitas vezes ouvi sobre pardais, tentilhões e avestruzes. Se essas coisas estão ligadas, não é na memória, mas no tempo e no lugar. Recordação é repetição. Quando me lembro de uma visita ao oceano, eu volto a ver o céu, a água e a areia, volto a ouvir as ondas e sinto novamente o cheiro do ar marítimo. Essas ações de imaginar diferem das ações originais de ver, ouvir e sentir o cheiro, mas elas também são semelhantes. Grande parte do nosso comportamento é repetida todos os dias. Eu me penteio todas as manhãs. Para entender como ou por que eu faço isso, adianta dizer que em algum lugar dentro de mim deve haver uma memória de pentear os cabelos?

Muitos psicólogos se agarram à ideia de que, se uma atividade se repete, ela deve, de alguma forma, estar representada dentro da pessoa, presumivelmente no cérebro. Quando confrontados com os defeitos de representações como cópias, eles com frequência insistem que a representação é apenas o funcionamento do cérebro. Tendo como base esse raciocínio, quando ligo meu carro todas as manhãs, o motor em movimento deve estar representado no motor em repouso. Talvez um dia os neurofisiólogos tenham algo a dizer sobre os mecanismos cerebrais pelos quais atividades se repetem. Enquanto isso, podemos continuar expandindo nossa compreensão de ver e rever como atividades.

As atividades sensoriais são modificadas pela experiência; elas estão sujeitas à aprendizagem. Alunos do primeiro ano de medicina não veem um cérebro da mesma forma que seus professores. Antigamente, os professores viam tão pouco quanto os alunos; um dia, os alunos verão tanto quanto seus professores. Nós aprendemos a distinguir coisas de uma paisagem ou de uma sinfonia. Se eu digo a você "Veja o celeiro do outro lado do campo" ou "Ouça o oboé," você verá ou ouvirá algo que não fez um momento atrás. A Figura 3.1 mostra dois *droodles.** Se você nunca os viu antes, eles parecem coleções de linhas. (Se você já os viu, então se lembre da primeira vez que os viu.) Agora eu lhe digo que o primeiro mostra um urso subindo em uma árvore (ele está do outro lado), e o segundo mostra um soldado e seu cão indo para trás de um muro. Você os enxerga de outra maneira. Seu comportamento mudou como resultado de ler essas palavras. Depois que estudarmos discriminação e controle de estímulos nos Capítulos 6 e 7, você entenderá melhor por que essa mudança comportamental poderia ser chamada de *ver discriminado*.

Autoconhecimento e consciência

A palavra *consciente* é usada de diversas maneiras. "Ter consciência" parece ser o mesmo que "estar consciente", porque a consciência não é uma coisa, mas uma propriedade. Pode-se dizer que uma pessoa tem consciência ou que perdeu a cons-

---

* N. de T. *Droodles* são pequenos desenhos enigmáticos, geralmente com poucos elementos e apresentados em quadrinhos. A palavra *droodle* sugere uma mistura de *doodle* (garatuja), *drawing* (desenho) e *riddle* (charada).

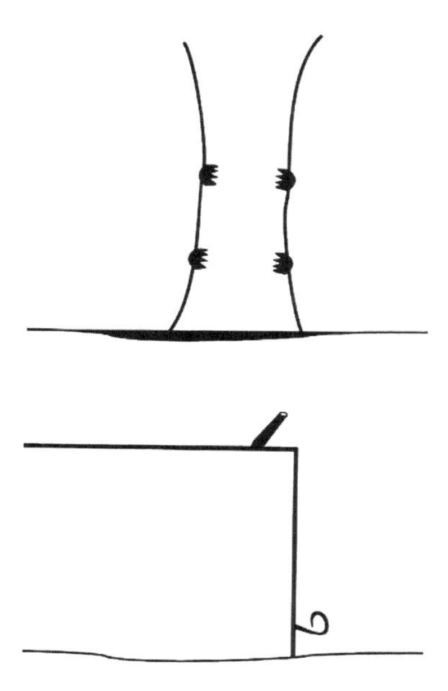

FIGURA 3.1 Dois *droodles*.

ciência, que está consciente ou inconsciente; ambos os contrastes se referem às mesmas possibilidades. Dizermos que uma pessoa está consciente ou inconsciente depende do que a pessoa faz, especialmente em resposta a eventos ambientais, como perguntas e alfinetadas. De tempos em tempos alguém pergunta se os animais não humanos são conscientes ou não. A resposta à pergunta depende do que o animal faz e do que vamos aceitar como prova de consciência. Diz-se que alguns atos são conscientes, outros não. Jurados muitas vezes têm de julgar se uma pessoa decidiu cometer um crime de maneira consciente ou não.

Muitos critérios diferentes para fazer julgamentos sobre a consciência foram propostos, mas não há consenso sobre o que significa uma pessoa ou uma ação ser consciente. Continua o debate sobre se os cães e morcegos são conscientes. Quando o debate é interminável, o cientista, como pragmatista, começa a suspeitar que a falha reside menos nas respostas do que na própria pergunta.

O behaviorista pode estar interessado em compreender quando as pessoas estão inclinadas a usar a palavra *consciência*, mas a noção não tem serventia para a compreensão científica do comportamento. A imprecisão e a inutilidade da ideia de consciência derivam de seus laços com o homúnculo de Skinner e a hipótese paramecânica de Ryle. A consciência pertence à pessoinha ou ao eu autônomo interno, que olha para o mundo externo através dos sentidos ou olha para dentro do mundo interior da mente e, portanto, é consciente dos dois mundos. Questionar essa visão de mundo interior, mundo exterior, eu interior e mente significa questionar a noção de consciência, porque a noção de consciência quase não tem significado para além desse ponto de vista.

Indagando o que faz as pessoas usarem frases como "perder a consciência" e "estar consciente" de algo, o behaviorista pergunta como as pessoas adquirem esse tipo de fala ou quais eventos o induzem. Embora os grupos sociais variem consideravelmente entre si, todos parecem concordar sobre um tipo de evidência: se as pessoas são capazes de falar sobre seu comportamento, então elas são consideradas conscientes e conscientes de seu comportamento. Eu normalmente não sou capaz de falar sobre todas as ações que envolvem dirigir até o trabalho – elas são inconscientes –, mas, se você me pedisse especificamente para observar, eu poderia falar-lhe sobre algum detalhe. Eu posso fazê-lo até certo ponto, mesmo sem ser estimulado a isso. Na medida em que sou capaz de falar sobre elas, as pessoas dirão que minhas ações são conscientes. Minhas ações de dirigir ou caminhar podem ser conscientes ou inconscientes, dependendo de eu poder ou não falar sobre elas. Mesmo as ações de falar podem ser designadas como conscientes ou inconscientes, dependendo da capacidade do falante de repetir o que disse. Quantas vezes as pessoas dizem coisas e um minuto depois negam tê-las dito! Dizemos: "Foi dito de maneira inconsciente".

Como outras atividades, o ver e outros sentidos podem ser conscientes ou inconscientes, dependendo de a pessoa falar sobre eles. Se um policial para meu carro e me pergunta "Você não viu a placa de parar?", eu poderia responder honestamente que não, pois, mesmo que eu tivesse olhado naquela direção, eu poderia não ter visto a placa, assim como você não conseguiu ver o urso e o soldado quando olhou os *droodles* pela primeira vez na Figura 3.1. Se o policial me pergunta "Você está vendo a placa agora?", eu vou olhar e dizer "sim". Ambas as respostas são relatos sobre o comportamento: a primeira é um relato sobre a ausência de um evento, e a segunda é um relato sobre a ocorrência de um evento. Embora, na concepção de Skinner, o evento relatado seja privado, tanto Rachlin como Skinner concordam que relatar sobre nossas atividades privadas não difere de relatar sobre nossas atividades públicas. Aprendemos a falar sobre o que vemos, ouvimos, cheiramos e pensamos da mesma forma como aprendemos a falar sobre o que comemos, aonde vamos e o que dizemos. O autoconhecimento é constituído por esse tipo de fala. No Capítulo 7, veremos que essa fala é o comportamento verbal, um produto social, sob o controle de estímulos que são públicos e privados.

Rachlin compartilha com Skinner a visão geral de que o autoconhecimento pode ser entendido como um tipo de comportamento; entretanto, o fato de ele considerar as ações como partes de mais atividades prolongadas o faz atribuir às ações privadas um papel muito menor no autoconhecimento. Para Rachlin, *ver um passarinho* é uma atividade, assim como *caminhar até uma loja* poderia ser. Assim como caminhar até uma loja inclui comportamentos como caminhar em determinada direção, falar sobre ir até a loja e depois trazer para casa uma compra, então ver um passarinho inclui comportamentos, como olhar em sua direção, apontar para ele, falar sobre isso e observar quando ele vai embora. Alguns dos comportamentos incluídos em ver um passarinho poderiam estar relacionados a dizer "Olha, ali está um passarinho" ou "Eu vi um passarinho" ou responder "sim" quando alguém pergunta se eu vejo o passarinho. Na visão molar, esses não são relatos sobre eventos privados; eles são simplesmente partes da atividade (pública) de *ver um passarinho*.

A discussão de Rachlin de sentir dor toca em um fenômeno que a maioria das pessoas consideraria um evento de sentir privado. A visão molar de sentir dor se assemelha à visão molar de ver um passarinho. Sentir dor na perna inclui comportamentos, como apontar para ela, agarrá-la, mancar e falar sobre isso. Dizer "Minha perna dói" não é relatar um evento privado; é simplesmente parte da atividade de sentir dor na perna. No que diz respeito a Rachlin, qualquer evento privado de dor permanece fora da discussão. Além de irrelevante, ele pode até não existir. Se uma pessoa se queixa de dor na perna e faz isso de forma convincente, nós nos comportamos da mesma maneira quer a dor exista ou não. Talvez apenas mais tarde fiquemos sabendo que a pessoa estava fingindo; talvez a dor desapareça de repente ou a pessoa manque sobre a perna errada. O mesmo se aplica a ver ou ouvir. No livro *The heart is a lonely hunter*, um homem surdo finge estar curtindo uma música fazendo movimentos corporais como se estivesse regendo uma orquestra. Seu desempenho é convincente, mas, quando a música para e ele continua, sua companheira percebe que ele estava fingindo. Se ele tivesse parado quando a música parou, ela presumivelmente teria continuado a achar que ele tinha ouvido a música. Mais cedo ou mais tarde, ele foi obrigado a escorregar, mas, se uma pessoa surda pudesse fingir com perfeição, para todos os efeitos, essa pessoa estaria ouvindo, pois fingir perfeitamente significaria que ninguém sabe a diferença.

Alguém poderia fazer a objeção de que, mesmo que uma pessoa surda engane a todos a seu redor, ela própria saberia que estava fingindo. Contudo, se ela foi bem-sucedida em todas as vezes, como ela poderia saber? Pelo que ela sabe, esse comportamento *é* ouvir. Somente se seu próprio comportamento diferisse do comportamento de outras pessoas ela poderia saber que estava fingindo. Suponha que uma pessoa com audição normal esteja ouvindo música e simule prazer. Se ela fizer todas as coisas certas, por que ela não acreditaria que realmente gosta da música? A única pista para ela ou para os outros seria a diferença entre seu comportamento e o comportamento daqueles que se dizem realmente gostar de música. Eles sorriem, relaxam, não querem ser interrompidos e depois falam sobre a música. Eu aprecio menos a música por não falar sobre ela depois? Talvez. Assim como nenhum prazer privado precisa entrar na discussão, também, na visão molar, nenhuma audição privada precisa entrar na discussão.

RESUMO

A Tabela 3.1 resume as semelhanças e diferenças entre as perspectivas dos vários behavioristas. Apenas o behaviorismo metodológico aceita o dualismo (interno-externo ou subjetivo-objetivo); todos os outros rejeitam o dualismo como inimigo da ciência. As abordagens de termos mentais – mente, crença, desejo, impulso, etc. – variam. O behaviorismo metodológico aceita termos mentais como referentes a coisas e eventos internos, às vezes chamados de "processamento de informações". Skinner rejeitou termos mentais como ficções explicativas e encorajou omiti-los do discurso científico. Ryle explicou sua natureza fantasmagórica por vê-los como rótulos de categoria e afirmou que termos mentais poderiam ser úteis se fossem usados de maneira lógica. Sua visão poderia ser chamada de "behaviorismo lógico", exceto pelo fato de o próprio Ryle insis-

TABELA 3.1 Variantes do behaviorismo

	Behaviorismo metodológico	**Skinner; behaviorismo radical**	**Ryle; behaviorismo lógico**	**Rachlin; behaviorismo molar**
Dualismo	Aceita	Rejeita	Rejeita	Rejeita
Termos mentais	Refere-se a elementos e eventos subjetivos	Ficções explicativas; omite	Rótulos de categoria; usa de maneira lógica	Atividades prolongadas; usa de maneira lógica
Inteligência	Medida indiretamente de ações públicas	Ficção explicativa	Categoria de ações chamadas "inteligentes"	Atividade prolongada com partes de ação
Eventos privados	Omite ou infere a partir de ações públicas	Permitido na "interpretação", mas não como causas	Rótulos de categoria	Omite; eventos privados na verdade públicos
Dor	Estado subjetivo (privado)	Evento privado (estímulo privado)	Rótulo de categoria	Atividade pública prolongada; comportamento-dor
Consciência	Subjetiva; conhecida apenas indiretamente	Relatos sobre estímulos privados	Rótulo de categoria	Atividade pública prolongada

tir em não ser um behaviorista. Rachlin trata termos mentais como referentes a atividades temporalmente prolongadas e, como Ryle, sustenta que tais termos são úteis se forem usados para se referir ao comportamento público. Como exemplo, a inteligência é um termo mental usado na fala cotidiana como subjacente a comportamento inteligente, como jogar xadrez ou fazer um longo cálculo matemático. O behaviorismo metodológico trata a inteligência como algo que pode ser medido indiretamente a partir de ações públicas, como desempenho em testes de QI. Para Skinner, a inteligência seria uma ficção, parecendo explicar o comportamento chamado de "inteligente", mas sem sucesso. Ryle trata a inteligência como o rótulo da categoria "ações inteligentes". Rachlin diria que "demonstrar inteligência" é uma atividade prolongada com partes que consistem em ações inteligentes. O behaviorismo metodológico exclui eventos privados do discurso científico porque eles não podem ser observados diretamente ou os trata como termos mentais referentes a elementos e eventos subjetivos que podem ser inferidos a partir do comportamento público. Skinner incluiu eventos privados a fim de falar sobre pensamentos e sentimentos, mas sustentou que eles não eram causas, porque as origens do comportamento residem em eventos ambientais do passado. Ryle trata eventos que seriam considerados privados na fala cotidiana de forma muito semelhante a termos mentais, como rótulos de categoria. Rachlin também trata eventos privados muito como termos mentais, argumentando que os termos se referem a atividades que realmente são públicas. Como exemplo, a dor, que é amplamente considerada um estado ou evento particular, é tratada de várias maneiras. Para o behaviorismo metodológico, a dor é um estado privado interior. Para Skinner, a dor é um evento privado ou estímulo que resulta em comportamento público de dor. Para Ryle, a dor é o rótulo da categoria "comportamento de dor". Para Rachlin, a dor é o comportamento de dor em si. Por fim, o conceito de consciência é tratado como mental ou privado pelo behaviorismo metodológico, é tratado como estímulos privados que são relatados publicamente por Skinner, é tratado como um rótulo de categoria por Ryle e é tratado como atividade pública prolongada por Rachlin.

Embora os behavioristas contemporâneos mantenham uma variedade de perspectivas sobre muitos temas, eles geralmente concordam com os seguintes pontos básicos.

Em primeiro lugar, as explicações mentalistas do comportamento que ocorrem na fala cotidiana não têm lugar em uma ciência do comportamento. Causas mentais de comportamento são fictícias. As origens de comportamento estão na hereditariedade e no ambiente, presente e passado. Uma vez que ficções mentais têm a aparência de explicações, elas tendem a impedir a investigação sobre as origens ambientais, o que levaria a uma explicação científica satisfatória. O mentalismo é insatisfatório porque não é econômico (Skinner) e logicamente falacioso (Ryle).

Em segundo lugar, em uma ciência do comportamento, termos mentalistas cotidianos, como *acreditar*, *esperar* e *pretender*, devem ser evitados ou cuidadosamente redefinidos. Em que medida os analistas do comportamento devem fazer um ou outro ainda é uma incógnita. Veremos nos próximos capítulos que alguns termos podem ser redefinidos relativamente bem, enquanto outros parecem demasiado estranhos para merecerem uma redefinição. Alguns novos termos, inventados para análise do comportamento, parecem especialmente úteis.

Em terceiro lugar, eventos privados, se for realmente necessário falar sobre eles, são naturais e compartilham todas as propriedades do comportamento público. Mesmo que se tenha que falar sobre eles, suas origens se encontram no ambiente, assim como outros comportamentos; o comportamento não se origina em eventos privados. Embora Skinner lhes atribua um papel em situações que envolvem falar sobre comportamento privado (autoconhecimento; Caps. 6 e 7), os behavioristas molares, como Rachlin, contornam a necessidade de dar aos eventos privados qualquer papel explicativo, concebendo o comportamento como organizado em atividades que ocorram durante períodos de tempo prolongados. Tais atividades prolongadas às vezes incluem, entre outros componentes, falar sobre eventos privados.

LEITURAS ADICIONAIS

Baum, W. M. (2002). From molecular to molar: A paradigm shift in behavior analysis. *Journal of the Experimental Analysis of Behavior*, *78*, 95–116. Esse artigo explica a visão molar e como ela pode ser aplicada à pesquisa de laboratório e na vida cotidiana.

Baum, W. M. (2013). What counts as behavior: The molar multiscale view. *The Behavior Analyst*, *36*, 283–293. Esse artigo discute como se poderia definir comportamento de um ponto de vista científico.

Melzack, R. (1961). The perception of pain. *Scientific American*, *204* (2), 41–49. Um excelente artigo mais antigo, que resume os aspectos fisiológicos e circunstanciais da dor.

Rachlin, H. (1985). Pain and behavior. *The Behavioral and Brain Sciences*, *8*, 43–83. Esse artigo descreve a visão de Rachlin sobre a dor, bem como argumentos e provas a seu favor. A publicação inclui comentários de vários críticos, bem como as respostas de Rachlin a eles.

Rachlin, H. (1994). *Behavior and mind*. Oxford: Oxford University Press. Nesse livro relativamente avançado, Rachlin explica a perspectiva molar e como termos mentalistas podem ser interpretados comportamentalmente.

Rorty, R. (1979). *Philosophy and the mirror of nature*. Princeton, NJ: Princeton University Press. Esse livro contém uma crítica extensa do dualismo mente-corpo, de um filósofo que é considerado um pragmatista contemporâneo.

Rorty, R. (1989). *Contingency, irony, and solidarity*. Cambridge: Cambridge University Press. Esse livro amplia a discussão do pragmatismo aplicando-a a uma gama de tópicos, incluindo a linguagem.

Ryle, G. (1984). *The concept of mind*. Chicago: University of Chicago Press. (Reimpressão da edição de 1949.) O Capítulo 1 explica a hipótese paramecânica, o "fantasma na máquina" e os erros de categoria. Os capítulos subsequentes abordam tópicos mais específicos, como conhecimento, vontade e emoção.

Skinner, B. F. (1945). The operational analysis of psychological terms. *Psychological Review*, *52*, 270–277. Esse artigo introduz a abordagem de Skinner de pensamentos e sentimentos como eventos privados e sua primeira definição do behaviorismo metodológico.

Skinner, B. F. (1969). Behaviorism at fifty. In *Contingencies of reinforcement* (pp. 221–268). New York: Appleton-Century-Crofts. A mais famosa discussão de Skinner sobre eventos privados em contraste com eventos mentais.

Skinner, B. F. (1974). *About behaviorism*. New York: Knopf. O Capítulo 1 contém uma comparação do behaviorismo metodológico com o behaviorismo radical. O Capítulo 2 discute causas mentais em contraste com eventos privados. O Capítulo 5 ("Perceber") discute a teoria da cópia e o ver na ausência da coisa vista.

PALAVRAS-CHAVE

Aberta – encoberta
Ação
Atividade
Autonomia
Consciência
Contiguidade
Erro de categoria
Espíritos animais
Evento natural
Evento privado
Evento público
Ficção explicativa
Fictício
Hipótese paramecânica
Homúnculo
Mentalismo
Perspectiva molar
Perspectiva molecular
Problema mente-corpo
Pseudoquestão
Redundância
Teoria da cópia

PARTE II

Um modelo científico do comportamento

Para ser claro e convincente ao criticar o ponto de vista de outra pessoa, é necessário oferecer uma visão alternativa aceitável. Para ajudar a ver o que há de errado com as concepções mentalistas convencionais do comportamento, é preciso considerar explicações que possam ser cientificamente aceitáveis. Nos Capítulos 4 a 8, abordaremos alguns conceitos básicos da análise do comportamento e os utilizaremos para sugerir alternativas às noções mentalistas não científicas.

Entretanto, é preciso fazer uma advertência. Como todas as explicações científicas, as que iremos abordar são consideradas pelos cientistas como possibilidades, abertas a questionamentos e à mudança. Qualquer uma delas pode vir a ser considerada incorreta no futuro ou talvez nem seja aceita por alguns analistas do comportamento da atualidade.

Para nossos propósitos, a possibilidade de que uma determinada explicação científica venha a ser descartada não tem importância. Precisamos apenas entender que explicações científicas do comportamento são possíveis. À medida que a análise do comportamento avança, as explicações aceitas mudarão conforme novas forem criadas. Precisamos apenas entender que tipo de explicação é cientificamente aceitável como uma alternativa ao mentalismo.

4

Teoria da evolução e reforço

A teoria evolucionista moderna fornece um poderoso arcabouço para se falar sobre comportamento. Na verdade, não parece mais possível discutir o comportamento fora desse contexto porque, desde Darwin, os biólogos reivindicam cada vez mais o comportamento como parte do seu objeto de estudo. Em conformidade com a suposição de continuidade das espécies (Cap. 1), a atenção deles também tem sido cada vez mais dirigida ao comportamento humano. Ainda mais do que na época de Watson, os psicólogos e analistas do comportamento que hoje ignoram a teoria evolucionista correm o risco de ficar à margem da tendência atual do desenvolvimento científico.

Neste capítulo, nosso interesse pela teoria evolucionista tem dois aspectos. Em primeiro lugar, a história evolutiva, ou *filogênese*, de qualquer espécie – inclusive a nossa – pode ajudar a compreender seu comportamento. A maioria dos genes que um indivíduo herda foi selecionada ao longo de muitas gerações porque promove comportamentos que contribuem para o sucesso na interação com o ambiente e na reprodução. Em segundo lugar, a teoria evolucionista representa um tipo de explicação incomum entre as ciências. As explicações científicas geralmente apelam para o mecanismo ou para a maneira como as coisas são organizadas em um determinado momento. O tipo exemplificado pela teoria evolucionista, que chamaremos de explicação *histórica*, é fundamental para a análise do comportamento porque é a alternativa cientificamente aceitável ao mentalismo.

HISTÓRIA EVOLUTIVA

Quando falamos em filogênese de uma espécie, não estamos falando de nenhum evento em particular, mas de uma série ou história de eventos no decorrer de um longo período. A resposta que a física oferece à pergunta "Por que o Sol nasce de manhã?" é diferente do que a biologia dá à questão "Por que as girafas têm pescoços compridos?". A explicação sobre o Sol exige referência apenas a eventos que ocorrem em um determinado instante – a rotação da Terra no momento em que o Sol nasce. A explicação sobre os pescoços das girafas exige referência ao nascimento, à vida e à morte de inúmeras girafas e antepassados de girafas ao longo de vários milhões de anos.

A grande contribuição de Darwin foi identificar que um mecanismo relativamente simples poderia ajudar a explicar por que a filogenia seguiu o curso que seguiu. Darwin enxergou que a história dos pescoços das girafas é mais do que uma sequência de mudanças; é uma história de seleção. Quem faz a seleção? Não é um Criador onipotente, não é a Mãe Natureza, não são as girafas, mas um processo natural mecânico: a seleção natural.

Seleção natural

Em qualquer população de organismos, os indivíduos variam. Eles variam, em parte, devido a fatores ambientais (p. ex., nutrição) e a herança genética. Entre os antepassados das girafas que viviam no que hoje é a Planície de Serengeti, por exemplo, a variação nos genes significou que algumas tinham pescoços mais curtos e outras tinham pescoços mais longos. Contudo, à medida que o clima gradualmente mudou, novos tipos mais altos de vegetação tornaram-se mais frequentes. Os ancestrais de girafas que tinham pescoços mais longos, podendo chegar mais alto, conseguiram, em média, comer um pouco mais. Consequentemente, eles eram mais saudáveis, tinham resistência maior a doenças e escapavam dos predadores com mais facilidade – em média. Qualquer indivíduo com um pescoço mais longo poderia ter morrido sem descendentes, mas, em média, os indivíduos com pescoço mais longo produziram mais descendentes, que tendiam, em média, a sobreviver um pouco mais e a produzir mais prole. À medida que os pescoços mais longos se tornaram frequentes, surgiram novas combinações genéticas, com o resultado de que algumas dessas crias tinham pescoços ainda mais longos do que as anteriores, saindo-se ainda melhor. À medida que as girafas de pescoço mais comprido continuaram a se reproduzir mais do que as de pescoço mais curto, a população consistia cada vez mais em indivíduos com pescoço mais longo, e o comprimento médio do pescoço de toda a população cresceu.

A Figura 4.1 esquematiza o processo. O eixo horizontal representa os comprimentos do pescoço, aumentando da esquerda para a direita. O eixo vertical ascendente representa a frequência relativa de vários comprimentos de pescoço na população de girafas ou antepassados de girafa. A curva 1 mostra a variação nos antepassados de girafa de pescoço curto. À medida que a seleção prossegue, a distribuição muda para a direita (curva 2), indicando que o comprimento do pescoço, enquanto continua variando, ficou, em média, maior. A curva 3 mostra a variação nas girafas atuais, uma distribuição de frequência estável que não muda mais em direção a pescoços mais longos.

Para tal processo de seleção, três condições devem ser atendidas. Em primeiro lugar, qualquer fator ambiental que faz um pescoço mais comprido ser vantajoso (no nosso exemplo, a vegetação alta) deve permanecer presente. Em segundo lugar, a variação no comprimento do pescoço deve refletir, pelo menos em parte, a variação genética. Os indivíduos com pescoço mais longo tendem a ter mais descendentes de pescoço mais comprido do que de pescoço mais curto. Se, por exemplo, toda a variação no comprimento do pescoço fosse devida à variação na dieta, sem variação subjacente nos genes – os indivíduos que comiam melhor tinham pescoços mais longos, em vez do contrário –, a seleção seria impossível porque a mesma variação na dieta e no comprimento do pescoço se repetiria nas sucessivas gerações. Em terceiro lugar, os diferentes tipos devem competir. Uma vez que os recursos de uma área podem suportar apenas uma população de girafas de determinado tamanho, e a reprodução resulta em mais girafas que podem sobreviver, alguns descendentes devem morrer. Os descendentes bem-sucedidos sobreviverão na próxima geração para produzir sua própria prole.

Esses três fatores são incorporados ao conceito de *aptidão*. A aptidão de uma variante genética (um *genótipo*) é sua tendência de aumentar de uma geração para outra em relação aos outros genótipos da população. Qualquer genótipo, mesmo um de pescoço curto, poderia sair-se bem por si só, mas, em concorrência com outros, sua aptidão física pode ser baixa. Quanto maior a aptidão de um genótipo, mais ele tende a predominar geração após geração. O eixo vertical descendente na Figura 4.1 representa a aptidão dos genótipos subjacentes aos vários comprimentos do pescoço. A curva sombreada mostra como a aptidão varia com o comprimento do pescoço. Ela permanece igual ao longo do processo de seleção porque representa os fatores constantes no ambiente (a vegetação) que vinculam o comprimento do pescoço ao sucesso reprodutivo. Seu valor máximo está na linha vertical tracejada, a mesma linha que indica o comprimento médio do pescoço das girafas de hoje. Quando o genótipo médio em uma população atinge a aptidão máxima, a distribuição de genótipos na população se estabiliza.

Quando a população se estabiliza, somente a mudança direcional cessa; a seleção continua, seleção essa que mantém a população estável. A curva de aptidão na Figura 4.1 passa por um máximo porque um pescoço comprido demais é uma desvantagem. Por exemplo, as complicações do nascimento e o esforço do coração para bombear sangue para uma grande altura podem estabelecer um limite máximo da aptidão física. Quando a curva de aptidão atinge um máximo, a seleção atuará contra desvios do máximo (a média da população) em ambos os sentidos.

O próprio Darwin, e muitos biólogos, reconheceram que o comportamento desempenha um papel central na evolução.

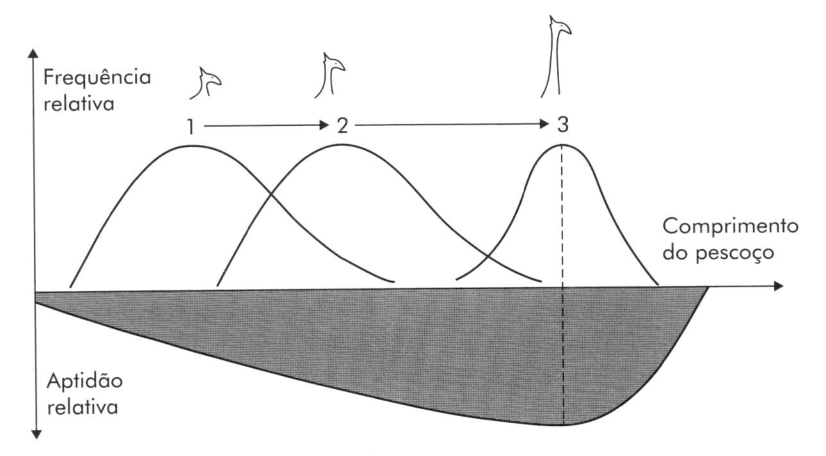

FIGURA 4.1 Evolução por seleção natural.

A seleção ocorre porque os indivíduos interagem com seu ambiente. Grande parte dessa interação é comportamento. No nosso exemplo, girafas têm pescoços longos porque comem. As tartarugas têm cascos porque recolher-se neles produz proteção. A reprodução, a chave para todo o processo, não pode ocorrer sem comportamentos, como cortejar, acasalar e cuidar da prole.

Os indivíduos que se comportam de forma mais eficaz desfrutam de maior sucesso reprodutivo. A aptidão de um genótipo depende de produzir indivíduos que se comportam melhor do que outros – comer mais, correr mais rápido, alimentar mais a prole, construir um ninho melhor, e assim por diante. As melhores respostas aos desafios apresentados pelo ambiente são cruciais para a seleção natural. Ações que melhor evitam virar comida de um predador, ou melhor proporcionam alimento quando uma presa aparece, ou melhor cuidam dos descendentes quando eles nascem, ou melhor atraem um potencial parceiro quando ele aparece – tudo isso aumenta o sucesso reprodutivo. Na medida em que esse comportamento é afetado pelo genótipo, a seleção natural atua para mudá-lo e estabilizá-lo.

Reflexos e padrões fixos de ação

Reflexos

Alguns traços comportamentais são tão característicos de uma espécie quanto traços anatômicos. Os mais simples são chamados de *reflexos*, porque a primeira teoria sobre eles foi que o efeito corporal produzido por um *estímulo* – um evento ambiental estimulando órgãos sensoriais – era refletido pelo sistema nervoso em uma *resposta* – uma ação. Se roçarem no seu nariz, você espirra. Se tocarem no seu olho, você pisca. Se você está com frio, você treme. O roçar, o toque e o frio são estímulos; o espirro, o piscar e o tremor são respostas. São ações em resposta a um desafio ambiental – uma substância estranha no nariz, uma ameaça à visão e uma ameaça à temperatura corporal.

Os reflexos são um produto da seleção natural. Eles invariavelmente parecem envolver a manutenção da saúde, a promoção da sobrevivência ou o favorecimento da reprodução. Espirrar, piscar, tremer, liberar adrenalina em situações de perigo e excitação sexual são exemplos. Os indivíduos nos quais esses reflexos eram fortes tendiam a sobreviver e a se reproduzir melhor do que aqueles nos quais eles eram fracos ou inexistentes. Na Figura 4.1, se substituirmos o comprimento do pescoço pela força do reflexo de espirrar ou prontidão de ereção do pênis, podemos imaginar um histórico de seleção semelhante. A curva de aptidão passaria por um valor máximo, porque um espirro muito fraco oferece proteção muito pequena e uma ereção muito lenta significa menos descendentes, mas um espirro muito forte seria prejudicial e uma ereção muito rápida seria uma obstrução (sem falar no problema social). Ao longo de muitas gerações, os genótipos que promovem um reflexo mais forte tenderiam a se reproduzir com mais frequência na média (distribuições de frequência 1 e 2) até chegar à aptidão máxima (distribuição de frequência 3).

Padrões fixos de ação

Padrões de comportamento mais complexos também podem fazer parte de relações fixas com eventos ambientais e ser característicos de uma espécie. Quando uma gaivota-prateada chega ao ninho, seus filhotes batem em um ponto de seu bico, e um dos pais responde depositando a comida no chão. Em outras espécies de aves, os filhotes escancaram a boca, e o genitor coloca ali a comida. Quando uma fêmea de esgana-gata (um pequeno peixe) com ovas entra no território de um macho, este inicia uma série de movimentos a seu redor, e ela responde aproximando-se do ninho desse macho. Tais reações comportamentais complexas são conhecidas como *padrões fixos de ação* – o bicar e escancarar a boca dos filhotes, o pássaro genitor regurgitar comida e a "dança" de acasalamento do esgana-gata macho são exemplos. Os eventos ambientais que induzem padrões fixos de ação são conhecidos como *estímulos-sinal* ou *liberadores* – o pássaro genitor, as batidas no bico, a boca escancarada, o ventre carregado de ovos da fêmea de esgana-gata. Tal como os reflexos, essas reações comportamentais podem ser vistas como importantes para a aptidão e, portanto, como produtos de uma história de seleção natural. Tal como os reflexos, os indivíduos cujos padrões fixos de ação são muito fracos ou muito fortes têm genótipos menos aptos.

Embora os estímulos liberadores e os padrões de ação fixa possam parecer mais complexos do que os estímulos e as respostas nos reflexos, nenhuma linha divisória clara separa os dois tipos de reação. Ambos podem ser considerados relações em que um evento ambiental (estímulo) induz uma ação (resposta). Ambos são considerados característicos de uma espécie porque são traços altamente constantes, tão constantes quanto o pescoço da girafa ou as manchas do leopardo. Por serem tão constantes, eles são considerados incorporados, resultantes do genótipo, e não inicialmente modificados pela experiência.

Reflexos e padrões fixos de ação são reações que aumentam a aptidão por serem imediatamente induzidos quando necessário. Quando passa a sombra de um falcão em voo, o filhote de codorna se encolhe e fica totalmente imóvel. Se essa reação dependesse da experiência com falcões, poucos filhotes de codorna sobreviveriam para se reproduzir. Esse padrão pode ser refinado – filhotes de gaivota tocam com mais precisão o bico dos pais, e um chamado de alarme único de um macaco-vervet com o tempo se diferencia em chamados de alarme distintos conforme o tipo de predador, se uma águia, um leopardo ou uma cobra –, mas sua excelente confiabilidade inicial deriva de uma história de seleção dessa mesma confiabilidade. Genótipos que exigissem que esses padrões fossem aprendidos a partir do zero seriam menos aptos do que os genótipos que já trouxessem a forma básica incorporada.

Tal como no comprimento ou na coloração do pescoço, os reflexos e os padrões de ação fixa foram selecionados durante longos períodos de tempo em que o ambiente permaneceu estável o suficiente para manter a vantagem dos indivíduos que tivessem o comportamento adequado. Os reflexos e os padrões fixos de ação que vemos hoje foram selecionados pelo ambiente do passado. Embora tenham aumentado a aptidão física no passado, nada garante que eles continuem a melhorar a aptidão no presente; se o ambiente mudou recentemente, a seleção não terá chance de alterar os padrões de comportamento incorporados.

Os seres humanos têm padrões tão confiáveis? Entre todas as espécies, a nossa parece ser a mais dependente da experiência. Seria um erro, no entanto, imaginar que o comportamento humano é inteiramente aprendido. Temos muitos reflexos: tosse e espirro, sobressalto, o piscar, a dilatação pupilar, a salivação, a secreção glandular, e assim por diante. E quanto aos padrões fixos de ação? Esses são difíceis de ser reconhecidos em seres humanos porque são bastante modificados por aprendizagem posterior (como nos filhotes de gaivota e nos jovens macacos-vervet). Alguns podem ser reconhecidos porque ocorrem universalmente. Respostas a situações perigosas, como um carro vindo rápido em nossa direção, um puma na floresta ou um grande incêndio, sempre nos fazem paralisar, fugir ou lutar. Deve-se fugir de um grande objeto que está se aproximando ou de um incêndio, mas, às vezes, as pessoas ficam paralisadas. Deve-se permanecer imóvel diante de um puma, mas, às vezes, as pessoas fogem (o que induz a perseguição e a captura no felino).

O rosto humano é ricamente dotado de pequenos músculos que permitem uma grande variedade de expressões faciais. Muitas delas influenciam o comportamento de quem as vê. Por exemplo, a repugnância – contorcer os lábios e expandir as narinas – parece ser uma reação universal a um alimento detestável.

Outro padrão fixo de ação é o sorriso – até pessoas cegas de nascença sorriem. Outro padrão é o rápido movimento das sobrancelhas, que ocorre quando cumprimentamos uma pessoa: quando a saudação é sincera, as sobrancelhas erguem-se por uma fração de segundo. Normalmente, nenhuma das duas pessoas que se saúdam tem consciência dessa resposta, mas ela produz na pessoa cumprimentada a sensação de ser acolhida (Eibl-Eibesfeldt, 1975). Não deveria soar como surpresa que seres humanos tenham padrões fixos de ação, embora sejam modificados ou eliminados por meio de treino cultural. Na verdade, dificilmente poderíamos aprender todos os padrões complexos que aprendemos sem uma elaborada base de tendências previamente incorporadas.

Condicionamento respondente

Um tipo simples de aprendizagem que ocorre com reflexos e padrões fixos de ação é o *condicionamento clássico* ou *respondente*. É chamado de condicionamento porque seu descobridor, Ivan Petrovich Pavlov, usou o termo *reflexo condicional* para descrever o resultado da aprendizagem; ele considerou que um novo reflexo, condicional à experiência, tinha sido aprendido. Pavlov estudou uma série de reflexos, mas sua pesquisa mais conhecida centrou-se em respostas ao alimento. Ele descobriu que, quando um estímulo, tal como um som ou uma luz, precede com regularidade o ato de dar comida, o comportamento na presença desse estímulo se altera. Depois de uma série de pareamentos tom-alimento, um cão começa a salivar e a secretar sucos digestivos no estômago apenas na presença do tom. Se Zack começa a salivar quando vê o peru assado trazido no dia de Ação de Graças, é evidente que ele não nasceu com essa reação; ele saliva porque, no passado, tais eventos precederam o comer. Se Zack tivesse sido criado em uma família hinduísta ortodoxa na Índia, vegetariano desde o nascimento, é improvável que a visão do peru assado o fizesse salivar. Se, tendo sido criado nos Estados Unidos, ele fosse visitar a casa de um indiano, possivelmente não salivasse diante de alguns dos pratos lá servidos no jantar.

O mesmo condicionamento que rege reações reflexas simples também rege padrões fixos de ação. Pesquisadores posteriores a Pavlov descobriram que, em qualquer situação na qual comer tenha ocorrido frequentemente no passado, todos os comportamentos relacionados à comida, não apenas a salivação, tornam-se mais prováveis. Cães latem e abanam a cauda, comportamentos que acompanham a alimentação grupal em cães selvagens. À medida que o momento de serem alimentados se aproxima, pombos tendem a bicar qualquer coisa: uma luz, o chão, o ar, outro pombo – até que haja comida para bicar.

Os analistas do comportamento debatem a melhor forma de falar sobre tais fenômenos. A forma mais antiga, derivada da ideia de Pavlov de reflexos condicionais, fala em respostas *eliciadas* por estímulos, sugerindo uma relação causal de um para um. Essa forma pode funcionar para reações reflexas, como a salivação, mas muitos pesquisadores consideram-na inadequada quando aplicada aos diversos comportamentos que se tornam prováveis em torno da alimentação. Para falar sobre todo o conjunto de comportamentos relacionados à comida, o analista de comportamento Evalyn Segal (1972) introduziu o termo *induzir*. Alimentar na presença de um tom induz comportamento relacionado à comida na presença do tom. Repetidas apresentações de um tom seguido por alimentos induzem os comportamentos relacionados à alimentação. Para um cão, isso significa que salivar, latir e abanar a cauda tornam-se ações prováveis quando o tom está presente.

O que é verdadeiro em relação à comida também o é em relação a outros *eventos filogeneticamente importantes*. Situações que acompanham o acasalamento induzem excitação sexual, ou seja, todo um conjunto de reflexos e padrões fixos de ação que variam muito de uma espécie para outra. Para os seres humanos, isso implica alterações na frequência cardíaca, no fluxo sanguíneo e na secreção glandular.

Situações que acompanham perigo induzem uma série de comportamentos agressivos e de defesa. Um rato ataca outro rato quando recebe choque elétrico na presença deste. De forma semelhante, pessoas que estão sofrendo dor tornam-se frequentemente agressivas, e qualquer situação no passado em que tenham sentido dor induz comportamento agressivo. Quantos médicos, dentistas e enfermeiros têm de lutar com a resistência de pacientes antes mesmo que qualquer dor lhes tenha sido infligida! Tais situações induzem muitas reações reflexas e padrões fixos de ação que variam de uma espécie para outra. Alguns desses comportamentos têm mais a ver com fuga do que com agressão. Em situações que sinalizam perigo, é bem provável que as criaturas saiam correndo. Às vezes, quando uma situação envolve dor que, no passado, tenha sido inevitável, os sinais de perigo induzem passividade extrema. É o fenômeno conhecido como *desamparo aprendido*, às vezes comparado especulativamente à depressão clínica em seres humanos.

O debate sobre o que tudo isso significa e sobre a melhor forma de falar sobre esse assunto continua, mas não precisamos nos deter aqui. Para nossos propósitos, é suficiente notar que a história de seleção natural pode ter pelo menos dois tipos de resultado. Primeiro, pode assegurar que eventos importantes para a aptidão (eventos filogeneticamente importantes), tais como alimento, um parceiro sexual, ou um predador, produzam invariavelmente reações comportamentais, tanto reflexos simples quanto padrões fixos de ação. Segundo, pode assegurar a suscetibilidade da espécie ao condicionamento respondente. Zack pode não ter vindo ao mundo salivando diante de um peru assado, mas ele vem, sim, construído de tal forma que pode aprender essa reação se for criado nos Estados Unidos. Se os indivíduos que conseguiram aprender a reagir a vários sinais possíveis produziram mais descendentes, então os indivíduos dos dias de hoje possuirão um genótipo – típico da espécie como resultado de uma história de seleção natural – que permite esse tipo de flexibilidade. Em certo sentido, o genótipo contribui para a individualidade, porque os precisos sinais que induzirão o comportamento dependem da história particular do próprio indivíduo quanto aos sinais específicos que acompanham determinado evento filogeneticamente importante.

Esses eventos que estamos chamando de *filogeneticamente importantes* costumam ser importantes (no sentido de induzir reações comportamentais) para todos os membros da espécie. Essa uniformidade sugere uma história evolutiva em que os indivíduos na população para os quais esses eventos foram importantes (no sentido presente) deixaram mais descendentes. Os genótipos que constituíram indivíduos para os quais comida e sexo não induziram comportamentos apropriados (não foram importantes) não estão mais conosco.

É preciso fazer uma distinção entre o que era importante há muito tempo, durante a filogênese, e o que consideramos importante em nossa sociedade atual. A história evolutiva que tornou filogeneticamente importantes o alimento, o sexo e outros eventos estendeu-se por milhões de anos. As circunstâncias ambientais que ligaram esses eventos à aptidão há um milhão de anos poderiam estar ausentes hoje, porque a cultura humana pode mudar imensamente em apenas alguns séculos, um período de tempo em que jamais seria possível ocorrer uma mudança evolutiva significativa em nossa espécie. Por exemplo, se uma nova geração se inicia a cada 20 anos, 300 anos representam apenas 15 gerações, o que é inquestionavelmente muito pouco para uma mudança substancial nos genótipos. É possível que todas as mudanças que ocorreram como resultado da Revolução Industrial – o crescimento de cidades e fábricas, carros e aviões, armas atômicas, a família nuclear – tenham tido pouco efeito sobre as tendências comportamentais mantidas por nossos genótipos. Portanto, nossa história evolutiva pode ter-nos dado uma preparação inadequada para os desafios de hoje. Quando o médico se aproxima para lhe aplicar uma injeção, sua tendência pode ser ficar tenso, preparar-se para o perigo, estar pronto para fuga ou agressão, quando a resposta adequada seria relaxar. Agora que temos armas nucleares nas mãos, quão mais importante se torna refrear tendências agressivas que evoluíram em uma época na qual um bastão era uma arma poderosa!

Reforçadores e punidores

Por que nos submetemos pacientemente a injeções? Os analistas do comportamento explicam nossa tendência a nos submeter, em vez de resistir, às consequências dessas ações. A resistência poderia evitar alguma dor em curto prazo, mas a sujeição à picada da agulha está ligada a consequências mais importantes a longo prazo, como saúde e reprodução. As consequências tendem a modelar o comportamento, e isso serve de base para um segundo tipo de aprendizagem, o *condicionamento operante*, que resulta em *comportamento operante*.

Eventos filogeneticamente importantes, quando são consequências de comportamento, são chamados de *reforçadores* e *punidores*. Os eventos que, durante a filogênese, aumentaram a aptidão por estarem presentes são chamados de reforçadores, porque tendem a fortalecer o comportamento que os produz. Eles são eventos "bons", como alimento, abrigo e sexo. Se alimento e abrigo puderem ser obtidos com trabalho, então eu trabalho. Se chego ao sexo por meio de rituais específicos de minha cultura – namorar –, então eu namoro. Os eventos que diminuíram a aptidão durante a filogênese por sua presença são chamados de punidores, porque tendem a suprimir (punir) o comportamento que os produz. Eles são eventos ruins, como dor, frio e doença. Se eu faço um agrado em um cão, e ele me morde, será menos provável que eu o acaricie novamente. Se comer nozes me faz passar mal, será menos provável que eu coma nozes. Essas ações adquiridas por causa de suas consequências são exemplos de comportamento operante.

Comportamento operante

Enquanto o condicionamento respondente ocorre como resultado da relação entre dois estímulos – um sinal e um evento filogeneticamente importante –, o comportamento operante ocorre como resultado de uma relação entre um estímulo e uma atividade – um evento filogeneticamente importante e um comportamento que afeta sua ocorrência. Tecnicamente, essa relação é chamada de *contingência*. Diz-se que uma consequência – reforçadora ou punidora – é dependente de uma atividade operante se a atividade operante afeta a probabilidade da consequência. Estudar para uma prova aumenta a probabilidade de passar. Comer alimentos saudáveis diminui a probabilidade de doença.

Em sentido amplo, o comportamento e as consequências têm dois tipos de contingência: *positiva* e *negativa*. Se você caça ou trabalha para comer, esse comportamento tende a produzir alimento ou a torná-lo mais provável. Trata-se, aqui, de uma relação positiva entre consequência (alimento) e atividade (caçar ou trabalhar). Se Gideon é alérgico a nozes, ele verifica os ingredientes de alimentos industrializados antes de comprá-los para se certificar de que não há nozes ou óleo de nozes em sua composição, evitando, assim, passar mal. Trata-se, agora, de uma relação negativa; a atividade (verificar os ingredientes) evita a consequência (passar mal) ou a torna menos provável.

Com dois tipos de contingência atividade-consequência (positiva e negativa) e dois tipos de consequência (reforçadores e punidores), o mundo contém quatro tipos de contingência que podem dar origem a comportamento operante (Fig. 4.2). A dependência entre trabalho e alimento é um exemplo de reforço positivo: *reforço*, porque a relação tende a fortalecer ou a manter a atividade (trabalhar), e *positivo* porque a atividade torna mais provável o reforçador (alimento). A contingência entre escovar os dentes e desenvolver cáries é um exemplo de reforço negativo: *reforço*, porque a relação tende a manter a escovação dos dentes (a atividade), e *negativo* porque escovar torna a cárie (o punidor) menos provável. A contingência entre ca-

Relação ação-consequência:	Consequência: Reforçadora	Consequência: Punitiva
Positivo	Reforço positivo	Punição positiva
Negativo	Punição negativa	Reforço negativo

FIGURA 4.2 Quatro tipos de relação que dão origem ao comportamento operante.

minhar sobre placas de gelo e cair é um exemplo de punição positiva: *punição*, porque a relação torna o caminhar sobre o gelo (a atividade) menos provável, e *positiva* porque a atividade torna o punidor (queda) mais provável. A contingência entre fazer barulho durante uma caçada e pegar a presa é um exemplo de punição negativa: *punição*, porque a relação tende a suprimir comportamentos ruidosos, e *negativa* porque fazer barulho (a atividade) torna o pegar a presa menos provável.

Os eventos filogeneticamente importantes não são os únicos reforçadores e punidores. Os estímulos que sinalizam eventos filogeneticamente importantes, que integram o condicionamento respondente, também funcionam como reforçadores e punidores. Um cão treinado a pressionar uma barra para produzir alimento também pressionará essa barra para produzir um som que seja seguido por comida. Enquanto continuar a sinalizar comida – a relação do condicionamento respondente –, o som servirá para reforçar o comportamento de pressionar a barra do cão. Isso explica por que as pessoas trabalham por dinheiro como trabalhariam pelo próprio alimento; como no condicionamento respondente, o dinheiro é pareado com alimento e outros bens. Quando um reforçador ou um punidor é o resultado de um condicionamento respondente desse tipo, ele é chamado de *adquirido* ou *condicional*. Os eventos filogeneticamente importantes que se relacionam diretamente com a aptidão são chamados de reforçadores e punidores *incondicionais*. O dinheiro e um som que sinaliza comida são reforçadores condicionais. Eventos dolorosos no consultório do médico podem transformar o próprio consultório em um punidor condicional.

Na sociedade humana, os eventos que se tornam reforçadores e punidores condicionais são numerosos e variados. Eles diferem de cultura para cultura, de pessoa para pessoa e de tempos em tempos ao longo da vida de um indivíduo. Eu, quando estava no 1º ano, lutava por medalhas de ouro; quando meus filhos estavam no 1º ano, eu os incentivava a batalhar por adesivos que mostram uma carinha sorridente. Nos Estados Unidos, quando estamos doentes, marcamos consultas com médicos; em outras culturas, as pessoas marcam consultas com mágicos e curandeiros. Gideon, que é alérgico a nozes, acha o cheiro e o aspecto do creme de amendoim detestáveis e se esquiva dele; eu, que como creme de amendoim no almoço, vou sempre à mercearia para comprá-lo. Meu problema é com pimentão verde; coloco-o de lado quando vem na salada do restaurante.

O fato de um estímulo se tornar ou se manter reforçador ou punidor condicional vai depender de sinalizar um reforçador ou um punidor incondicional. O dinheiro se mantém como reforçador enquanto sinaliza a obtenção de alimento e de outros reforçadores incondicionais. Nos primórdios da existência dos Estados Unidos, o governo lançou uma moeda chamada de "Continental", que acabou perdendo o valor porque não tinha muito lastro em ouro – isto é, não havia muita possibilidade de resgatar o papel por valores reais. As pessoas se recusavam a receber o título como pagamento – ou seja, ele parou de funcionar como reforçador. Meu amigo Mark, que é paraquedista, ficou aterrorizado na primeira vez em que saltou de avião. Entretanto, após muitos saltos sem nenhum acidente, ele agora salta sem hesitação; saltar deixou de ser um punidor. Para mim, que nunca saltei de um avião, só resta admirar a força dos reforçadores condicionais que mantêm esse comportamento.

Esse último exemplo ilustra um ponto importante a ser lembrado quando discutimos reforço e punição: o comportamento frequentemente tem consequências mistas. Frases do tipo "No pain, no gain" e "Thank God it's friday"* revelam essa característica de nossas vidas. A vida é repleta de opções entre alternativas que oferecem diferentes combinações de reforço e punição. Comparecer ao trabalho propicia tanto receber a remuneração (reforço positivo) quanto sofrer chateações (punição positiva), enquanto faltar com o pretexto de estar doente pode acarretar alguma perda monetária (punição negativa), evitar as chateações (reforço negativo), propiciar uma folga (reforço positivo) e levar a algum tipo de reprovação no local de trabalho (punição positiva). Qual desses conjuntos de contingências prevalecerá vai depender de quais relações são fortes o suficiente para dominar, o que, por sua vez, depende tanto das circunstâncias presentes quanto da história pessoal de reforço e punição.

Fatores fisiológicos

Reforço e punição precisam ser compreendidos à luz das circunstâncias em que nossa espécie evoluiu. Como a sensibilidade ao reforço e à punição aumenta a aptidão apenas em algumas circunstâncias, e como algumas dessas sensibilidades aumentam mais a aptidão do que outras, a filogênese nos dotou de uma fisiologia que, de várias formas, tanto ajuda como obstrui a ação do reforço e da punição. Os analistas do comportamento consideram três tipos de influência fisiológica.

Primeiro, nenhum reforçador funciona como reforçador o tempo todo. Se você acaba de comer três fatias de torta de maçã e seu cortês anfitrião ainda lhe oferece mais uma, você, agora, provavelmente vai recusar. Por mais poderoso que seja o reforçador, ainda é possível a saturação. Se você passou certo tempo sem o reforçador, é provável que ele se mostre poderoso; isso é *privação*. Se recentemente você recebeu muito desse reforçador, é provável que ele se mostre fraco; isso é *saciação*. É até possível que um reforçador se transforme em punidor, como bem sabem todos que um dia comeram demais. Se você já está sa-

* N. de T. "Tem que ser com sofrimento" e "Graças a Deus hoje é sexta-feira".

tisfeito com a torta de maçã, ter de comer outra fatia seria demais, seria uma punição. A tortura medieval com água fazia uso dos efeitos punitivos de forçar o indivíduo a beber água além de sua capacidade. Essas tendências de os reforçadores se fortalecerem e se enfraquecerem, e mesmo se tornarem punidores, evoluíram porque os indivíduos que a tinham sobreviveram e se reproduziram melhor do que os que não a tinham.

Segundo, é possível que venhamos ao mundo fisiologicamente preparados para determinados tipos de condicionamento respondente. Alguns reforçadores e punidores condicionais parecem ser mais facilmente adquiridos do que outros. Alguns exigem muita experiência, outros exigem muito pouca. Mesmo alguns reforçadores e punidores aparentemente incondicionais parecem depender um pouco da experiência. Quando era criança, eu detestava cogumelos, mas hoje os coloco crus em minha salada. Da mesma forma, o poder reforçador do sexo parece crescer com a experiência. Por sua vez, alguns reforçadores e punidores, aparentemente condicionais, são tão facilmente adquiridos que mal parecem condicionais. Para crianças e alguns adultos, o doce é um reforçador poderoso. Nossos ancestrais, que comiam muita fruta, beneficiavam-se da predileção por comida de sabor adocicado, porque a fruta madura (doce) é mais nutritiva do que a fruta verde. Consequentemente, a maioria dos seres humanos vem ao mundo preparada para desenvolver o gosto pelo sabor doce – infelizmente, para alguns de nós, agora que a rápida mudança cultural tornou muito fácil o acesso a doces.

Outro exemplo dessa aprendizagem preparada é o medo de serpentes. Muitas crianças manusearão cobras com facilidade e sem demonstrar medo, mas mostram uma sensibilidade especial para qualquer sugestão de que cobras devem ser temidas. A mesma criança que uma semana atrás manuseou uma cobra pode hoje gritar e se esconder ao ver a mesma cobra. Para nossos ancestrais, as serpentes provavelmente eram um perigo real, e a seleção teria favorecido os indivíduos predispostos a se amedrontar. De fato, experimentos com macacos demonstram que eles têm o mesmo padrão de neutralidade inicial, seguido de uma aquisição extremamente fácil de medo de cobra (Mineka, Davidson, Cook, & Keir, 1984).

Os seres humanos parecem ser também especialmente sensíveis a sinais de aprovação e desaprovação de outros. Alguns desses sinais, como o sorriso e o franzir de sobrancelhas, são universais; outros variam de uma cultura para outra. A aprovação e a desaprovação podem ser expressas por sons, gestos e mesmo posturas corporais excessivamente sutis para que um forasteiro as perceba, mas evidentes para todos que cresceram naquela cultura. Em uma espécie social como a nossa, a aptidão de cada indivíduo depende das boas relações com os outros membros da comunidade. Nossa história de seleção favoreceu tanto a sensibilidade a "dicas" incondicionais como sorrisos e carrancas quanto a capacidade de aprender quaisquer "dicas" condicionais com especial facilidade.

Em vez de tentar separar reforçadores e punidores em duas categorias, condicionais e incondicionais, talvez seja mais sensato falar em um *continuum* de condicionalidade, de altamente condicional a minimamente condicional. Doces e cobras talvez sejam minimamente condicionais, enquanto dinheiro e fracasso em provas seriam mais condicionais. Sorrisos e carrancas talvez sejam minimamente condicionais, enquanto o menosprezo e o encorajamento sutis seriam altamente condicionais. Qualquer que seja o ponto de vista adotado, dois pontos parecem claros: (1) a faixa de eventos que podem ser reforçadores e punidores é extremamente ampla; (2) em última análise, todos os reforçadores e punidores, direta ou indiretamente, derivam seu poder de seus efeitos sobre a aptidão – ou seja, de uma história de evolução por seleção natural.

A terceira influência fisiológica é a preparação do caminho para certos tipos de comportamento operante. A estrutura de meu corpo faz certas aprendizagens serem improváveis. Por mais que eu abra meus braços, parece que nunca aprendo a voar. Contudo, é extremamente provável que uma águia abra as asas e aprenda a voar. É evidente que ela aprende, em parte, porque tem asas, mas também porque está predisposta a usá-las. Nossa espécie também é predisposta a se comportar de determinadas maneiras e a aprender certas habilidades. As crianças vêm ao mundo com uma especial suscetibilidade para os sons da fala e começam a balbuciar com pouca idade. Praticamente todas as crianças, sem instrução especial, acabam falando a língua que ouvem ao seu redor por volta dos 2 anos. A fala se desenvolve por causa de suas consequências, pelos efeitos que tem sobre outras pessoas, que fornecem reforço e punição. As crianças aprendem a pedir coisas, como bolachas, porque é assim que conseguem que alguém lhes dê bolachas. Mas essa aprendizagem é altamente preparada. Para um ser humano, falar é tão crucial para a aptidão que os genes que favorecem o aprendizado da fala haveriam de sofrer substancial seleção. Consequentemente, a fisiologia de nossos corpos torna esse aprendizado uma certeza potencial.

Como resultado de nossa fisiologia, algumas habilidades serão aprendidas com grande facilidade, enquanto outras, mesmo que sejam muito importantes para nossa vida atual, serão mais difíceis de aprender. Compare a aprendizagem da fala com a aprendizagem da leitura e escrita. A primeira não requer instrução; as outras exigem escolas e professores. Aprender cálculo pode ser útil, mas ainda é um desafio para a maioria das pessoas, enquanto dirigir um carro, ao que parece, qualquer um pode aprender. O tipo de coordenação envolvendo olhos, mãos e pés necessário para dirigir, também importante para caçar a presa e para espantar predadores, é facilmente adquirido por nós, enquanto o pensar abstrato exige mais esforço. Por milhões de anos o homem caçou e foi caçado, enquanto o cálculo foi inventado no século XVII. Isso significa que há diferenças na forma com que se adquirem diferentes habilidades e que algumas atividades operantes podem se desenvolver com mais facilidade (falar e dirigir) e outras com menos facilidade (leitura e cálculo).

Revisão das influências genéticas

A história da seleção natural afeta o comportamento de cinco maneiras.

1. Fornece padrões confiáveis de comportamento – reflexos e padrões fixos de ação – que são induzidos por eventos filogeneticamente importantes e consequentemente auxiliam a sobrevivência e a reprodução.
2. Favorece genótipos responsáveis pela capacidade de condicionamen-

to respondente, em que inúmeros estímulos neutros podem se tornar promessas ou ameaças de situações prestes a ocorrer (liberadores) que induzem padrões fixos de ação. Se essa capacidade de aprender aumentou a aptidão, o equipamento fisiológico necessário foi selecionado.

3. Favorece genótipos responsáveis pela capacidade de modelar o comportamento operante, por suas consequências (reforçadores e punidores). Se a aprendizagem operante aumentou a aptidão durante a filogênese, a seleção natural providenciou o equipamento fisiológico necessário para esse tipo de flexibilidade. Os padrões fixos de ação, que servem de base para o condicionamento respondente (estímulos e respostas incondicionais, de acordo com Pavlov), servem também de base para modelar o comportamento operante, como reforçadores e punidores incondicionais. Os sinais ou estímulos condicionais do condicionamento respondente funcionam como reforçadores e punidores condicionais para o comportamento operante.
4. Fornece mecanismos fisiológicos de privação e saciação, pelos quais aumenta ou diminui o poder de afetar o comportamento que os reforçadores e punidores têm.
5. Seleciona tendências que favorecem o condicionamento de certos sinais no condicionamento respondente e reforça certas atividades operantes. Uma vez que tais sinais e atividades são especialmente importantes para a aptidão, mas alguma flexibilidade também o é, são selecionados mecanismos fisiológicos que tornam essa aprendizagem particularmente fácil.

HISTÓRIA DE REFORÇAMENTO

O termo "história de reforçamento" em análise do comportamento é, na verdade, uma forma abreviada de "história de reforço e punição", a história de aprendizagem operante de um indivíduo desde o nascimento. Nesta seção, veremos que se trata de uma história de seleção por consequências análogas à filogênese. O reforço e a punição modelam o comportamento à medida que ele evolui durante a vida de um indivíduo (durante a *ontogênese* do comportamento) da mesma maneira que o sucesso reprodutivo modela as características de uma espécie durante a filogênese.

Seleção pelas consequências

Na Figura 4.1, certos ancestrais de girafa que tinham pescoços mais curtos tinham tendência a deixar, em média, menos sobreviventes do que aqueles que tinham pescoços mais compridos. A menor e maior aptidão (sucessos reprodutivos) eram consequências dos pescoços mais curtos e mais longos. Enquanto essas consequências diferenciais existiram (curvas 1 e 2 da Fig. 4.1), o comprimento médio do pescoço na população continuava a crescer. Quando o processo atingiu seu limite (curva 3), ainda havia consequências diferenciais do comprimento do pescoço, exceto que agora tanto um pescoço muito curto quanto um pescoço muito longo resultariam em um sucesso reprodutivo abaixo da média, porque a variação no comprimento do pescoço atinge o ponto de aptidão máxima (linha tracejada na Fig. 4.1). Nessa altura, as consequências diferenciais do comprimento do pescoço atuam para estabilizar a população.

O princípio geral da filogênese é que, entre uma população de indivíduos que variam em genótipo, os tipos que têm maior sucesso tendem a se tornar ou permanecer os mais frequentes. Um princípio análogo é válido para a ontogênese por meio de reforço e punição; ele é conhecido como a *lei do efeito*.

A lei do efeito

Os comportamentos bem e malsucedidos se definem por seus efeitos. Em termos cotidianos, comportamentos bem-sucedidos produzem bons efeitos, e comportamentos malsucedidos produzem efeitos não tão bons ou efeitos ruins. Na aprendizagem operante, sucesso e fracasso correspondem a reforço e punição. Uma atividade bem-sucedida é aquela que é reforçada; uma atividade malsucedida é aquela que é menos reforçada ou punida.

A lei do efeito é o princípio subjacente à aprendizagem operante. Ela estabelece que quanto mais uma atividade é reforçada, mais ela tende a ocorrer, e quanto mais uma atividade é punida, menos ela tende a ocorrer. Os resultados da lei do efeito são frequentemente referidos como *modelagem*, porque os comportamentos mais bem-sucedidos aumentam e os malsucedidos diminuem, à semelhança do escultor que molda a massa de argila, puxando aqui, pressionando ali, até que o barro adquira a forma desejada. Quando você estava aprendendo a escrever, até mesmo as aproximações mais remotas de letras como *o* e *c* eram muito elogiadas. Algumas dessas tentativas eram melhores do que outras, e as melhores eram em geral mais elogiadas. Um desempenho realmente fraco pode ter gerado até mesmo desaprovação. Gradualmente, suas letras adquiriram uma forma melhor. (Os critérios também mudaram; formas que eram elogiadas em um estágio inicial passaram a merecer desaprovação em um estágio posterior.)

Modelagem e seleção natural

Os analistas do comportamento pensam que a modelagem do comportamento funciona exatamente da mesma forma que a evolução das espécies. Assim como as diferenças no sucesso reprodutivo (aptidão) modelam a composição de uma população de genótipos, reforço e punição modelam a composição do comportamento de um indivíduo. Para esclarecer a analogia, pense no conjunto de todos os comportamentos de um determinado tipo – digamos, dirigir o carro para o trabalho – em que uma pessoa se empenhe por um tempo – digamos, um mês –, semelhante à população de girafas. Dirigir o carro para o trabalho é uma espécie de comportamento, da mesma forma que girafas são uma espécie de animal; e todo o meu comportamento de dirigir o carro durante um mês é uma população de atividades de dirigir, exatamente como todas as girafas na Planície de Serengeti são uma população de girafas. Assim como algumas girafas são mais bem-sucedidas quanto a gerar descendentes, alguns de meus episódios de direção (ações; Cap. 3) são mais bem-sucedidos quanto a me conduzir ao trabalho. Algumas manobras economizam tempo; elas são reforçadas. Outras fazem perder tempo ou mostram-se perigosas; essas são punidas. As manobras bem-sucedidas tendem a se tornar mais frequentes ou, pelo menos, se mantêm constantes ao longo dos meses, e as manobras malsucedidas tendem a se tornar menos frequentes ou, pelo menos, permanecem raras ao longo dos meses, do mesmo modo que os tipos mais bem-sucedidos de girafas tendem a permanecer mais comuns e os tipos menos bem adaptados tendem a permanecer raros. Assim como os tipos mais bem adaptados de girafas são selecionados por seu sucesso, as maneiras mais bem adaptadas de dirigir um carro são selecionadas pelo seu êxito. Ao longo do tempo, a seleção resulta em evolução ou em estabilização da forma de dirigir.

Todas as atividades da vida que se repetem – trabalhar, jogar, socializar-se, cuidar dos filhos, e assim por diante – podem ser concebidas dessa forma – como populações de ações. Por exemplo, Shona trabalha como assistente social, e suas atividades profissionais incluem atender clientes, ir e voltar do escritório, fazer anotações, manter-se em dia com os créditos de educação continuada, prestar consultas, e assim por diante, ou seja, todas as atividades ocupam tempo. O trabalho é importante para ela tanto como meio de sustento como por ser gratificante em outros aspectos, como ver seus clientes melhorarem e receber a apreciação deles. Por si só, essas consequências podem estimular Shona a trabalhar muitas horas, mas existem outras demandas de tempo que definem limites: ela precisa passar tempo com a família e com os amigos, fazer exercícios, relaxar, e assim por diante. Shona precisa alcançar o que é comumente chamado de "equilíbrio entre trabalho e vida pessoal".

Alcançar o equilíbrio entre trabalho e vida pessoal significa atingir uma mistura de atividades que sejam maximamente bem-sucedidas, no sentido de que resulte na melhor combinação de consequências possíveis. Se trabalhar muito pouco, Shona não conseguirá ganhar dinheiro suficiente nem as recompensas sociais de seu trabalho. Se trabalhar demais, receberá queixas de sua família e de seus amigos, sua saúde pode sofrer, e a mistura de consequências estará aquém da ideal. Diferentes misturas possíveis de atividades variam em termos de sucesso.

Vamos supor que, na Figura 4.1, comprimento de pescoço seja substituído por horas semanais de trabalho de Shona e aptidão seja substituída por equilíbrio (êxito da mistura de trabalho e vida pessoal). As horas semanais de trabalho de Shona durante, digamos, um ano ou dois constituem uma população, como a população dos comprimentos de pescoço das girafas na Figura 4.1. O resultado é a Figura 4.3. As três curvas de frequência podem se referir a diferentes estágios na carreira de Shona. Quando começou a trabalhar, ela trabalhava apenas 20 horas por semana – às vezes mais, às vezes menos –, mas muito pouco para um bom equilíbrio, pois ela não estava ganhando dinheiro nem reforçadores sociais suficientes (curva 1). Se descontarmos as necessidades básicas, como dormir, comer, tomar banho, vestir-se, cuidar do corpo, etc., o número de horas que ela poderia trabalhar seria em torno de 80; ainda que ela realmente trabalhasse 80 horas por semana, sobraria pouco tempo para a família e os amigos. O pequeno gráfico setorial acima da curva 1 mostra Shona com uma média de um quarto das horas que poderia trabalhar. À medida que Shona construiu sua prática, atendendo mais clientes, suas horas de trabalho passaram a variar em torno de 40 por semana – às vezes mais, às vezes

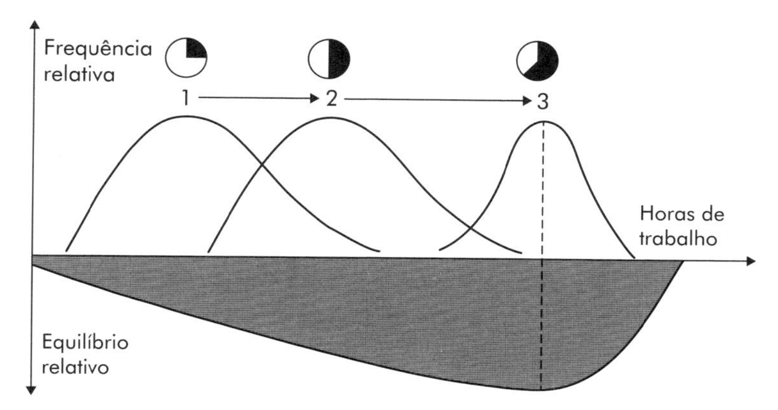

FIGURA 4.3 Modelagem por reforço e punição.

menos (curva 2). Depois, Shona assumiu o cargo de diretora de um programa comunitário de saúde e também manteve parte de sua prática privada, mudando suas horas de trabalho para em torno de 50 por semana (curva 3), que era o máximo que ela poderia fazer sem perder o equilíbrio entre trabalho e vida profissional. Como sugere a curva 3, em algumas semanas, ela trabalhou menos do que 50 horas e, em outras, mais do que isso.

Assim como ocorre com a seleção natural, o reforço e a punição atuam sobre a população e sobre a média. Quando o trabalho estava sendo modelado (digamos, curva 2 na Fig. 4.3), mais horas significava maior sucesso somente em termos de média. Às vezes, mais trabalho significou menos sucesso; talvez alguns clientes deixaram de melhorar ou uma criança não recebeu auxílio no dever de casa. Às vezes mais trabalho não significou mais sucesso, porque os clientes melhoraram, mas Shona não teve chance de se exercitar. Nem toda ação de um certo tipo precisa ser reforçada ou punida para que o tipo seja fortalecido ou eliminado; ao longo do tempo, é apenas *em média* que o tipo precisa ser mais reforçado ou punido. Em média, quanto mais Shona trabalhava enquanto estava construindo sua clientela (passando da curva 1 para a curva 2), mais a mistura da vida profissional era bem-sucedida. Contudo, se ela trabalhasse mais que 50 horas em uma semana, talvez os resultados ainda pudessem continuar bons, mas com mais frequência os efeitos na família, nos amigos e na saúde seriam desastrosos; em média, trabalhar mais do que 50 horas por semana era punido. A curva inferior sombreada na Figura 4.3 representa o análogo à aptidão, o equilíbrio entre trabalho e vida pessoal. Quando a média de horas de trabalho de Shona alcançou 50, a seleção direcional cessou, e a seleção tendia a estabilizá-la aí, porque acima de 50 horas resultou em menos equilíbrio (menos reforçadores e mais punidores) e abaixo de 50 horas também resultou em menos equilíbrio.

Para a evolução ou estabilização de uma população por meio da seleção natural, são necessários três ingredientes: variação, reprodução e sucesso diferencial. (1) Para haver seleção entre possibilidades, deve haver mais de uma possibilidade – ou seja, os indivíduos na população devem variar na característica (comprimento de pescoço na Fig. 4.1, mas poderia ser velocidade, coloração ou incontáveis outras características). (2) As diferentes variantes tendem a se reproduzir – isto é, os descendentes devem se assemelhar a seus pais no decorrer de gerações, resultando na recorrência de variações de uma geração para outra. Para a seleção natural, essa recorrência resulta da herança genética. Girafas de pescoço longo e de pescoço curto herdam seus pescoços longos ou curtos de seus pais. (3) Entre as variantes, algumas devem ser mais bem-sucedidas do que outras (isto é, deve haver competição). Se todas as variantes fossem igualmente aptas – se, em vez da curva mostrada na Figura 4.1, a aptidão fosse representada por uma linha reta –, então a característica (comprimento do pescoço) não se deslocaria em uma direção específica nem permaneceria estável, porém oscilaria de modo imprevisível de uma hora para outra. Como o pescoço muito curto reduz a aptidão, a população move-se uniformemente na direção de pescoços compridos; quando um pescoço longo demais também diminui a aptidão, a população fica estável.

A modelagem por reforço e punição requer os mesmos três ingredientes: variação, recorrência e sucesso diferencial. (1) Na modelagem, a variação ocorre na população de ações que servem a um propósito semelhante (trabalhar, em nosso exemplo, que serve para ganhar dinheiro e reforçadores sociais). Você raramente faz a mesma coisa duas vezes exatamente do mesmo jeito. Em certas semanas, Shona trabalhou mais; em outras, menos. Às vezes, você escova os dentes com força; às vezes, com delicadeza. Às vezes, você fala alto; às vezes, fala baixo. Às vezes, dirijo acima do limite de velocidade; às vezes, abaixo. A população de escovações fortes ou delicadas, de vocalizações altas ou baixas ou de conduções mais ou menos velozes varia exatamente da mesma forma que a população de girafas de pescoços mais compridos e mais curtos. (2) Para que a modelagem ocorra, as atividades devem tender a se repetir (reproduzir) de tempos em tempos. Se eu escalar montanhas apenas uma vez na vida, não há oportunidade para que meu comportamento de escalar montanhas seja modelado. Uma vez que eu escovo os dentes todos os dias, há muitas oportunidades para que meu comportamento de escovar os dentes seja modelado. Como Shona trabalha todas as semanas, seu equilíbrio entre trabalho e vida pessoal pode ser modelado. (3) Na modelagem, sucesso diferencial significa reforço e punição diferenciais. Eu falo alto com minha avó; caso contrário, ela não consegue me ouvir e reforçar meu comportamento de lhe falar. Se falo alto demais, ela me repreende, dizendo "Não grite comigo, rapaz". Quase sempre consigo achar uma intensidade de voz agradável para que possamos manter uma boa conversa; ou seja, algumas intensidades sonoras são mais bem-sucedidas do que outras, do mesmo modo que, na Figura 4.3, alguns tempos de trabalho são mais bem-sucedidos do que outros. Assim como ocorre na seleção natural, há um limite para o tamanho da população – você escova os dentes apenas duas ou três vezes ao dia e trabalha apenas cerca de 50 semanas em um ano. Como as variantes mais bem-sucedidas tendem a se repetir mais frequentemente, dia a dia ou ano a ano, as variantes menos bem-sucedidas tendem a se tornar menos frequentes. Enquanto algumas variantes forem reforçadas ou punidas mais que outras, a população de ações irá se deslocar ou permanecer estável, como na Figura 4.3.

Quando uma pessoa administra reforço e punição intencionalmente, com o propósito de alterar o comportamento de outra pessoa, temos o que se chama de treino, ensino ou terapia. Os mesmos princípios de reforço e punição se aplicam quer estejamos falando de um técnico esportivo treinando um time, quer estejamos falando de um adestrador de animais treinando um urso a dançar, de um professor ensinando uma criança a ler ou de um terapeuta ajudando um cliente a ser mais assertivo com seus superiores. A única diferença é que esses exemplos de modelagem constituem *relacionamentos* – isto é, duas pessoas estão envolvidas, e o comportamento de ambas está sendo modelado. (Os Caps. 7, 9 e 11 apresentam mais detalhes a esse respeito.)

Treino, ensino e terapia se assemelham ao cruzamento seletivo, processo em que o sucesso reprodutivo (quais indivíduos conseguem procriar) é determinado por uma pessoa, e não pelo ambiente natural. Quando fazendeiros cruzam apenas as vacas que produzem mais leite, eles estão tirando vantagem da herança genética da produção de leite, da mesma forma que a seleção natural se aproveita da herança de traços vantajosos no ambiente natural. Darwin teve a ideia de seleção natural, em parte, por observar o cruzamento seletivo. Ele percebeu que os mesmos princípios se aplicavam à fazenda e à natureza. De forma semelhante, os mesmos princípios de reforço e punição se aplicam ao nosso ambiente "natural", não estruturado, e a situações especialmente estruturadas para a mudança de comportamento.

Explicações históricas

O paralelo entre seleção natural e modelagem não é mero acidente, pois ambas as ideias existem para resolver problemas semelhantes. No Capítulo 1, vimos como a teoria da seleção natural de Darwin ofereceu a primeira explicação científica da evolução. Antes dela, até mesmo entre aqueles que rejeitavam a explicação exata da Bíblia era comum considerar a evolução como resultado do desígnio, da inteligência ou da intenção de Deus. Do ponto de vista científico, tal "explicação" é inaceitável, porque ela obstrui o avanço do conhecimento e impede o esforço em direção ao verdadeiro progresso. Assim como a seleção natural substituiu o desígnio, a inteligência ou a intenção divina, a seleção por reforço e punição substituiu as "explicações" mentalistas do comportamento que se referem a desígnio, inteligência ou intenção no interior da pessoa ou do animal que se comporta.

A Figura 4.4 resume o paralelo entre seleção natural e modelagem. Ambas as ideias baseiam-se na noção de mudança gradual ao

	História	População (variação)	Recorrência	Seleção	"Explicação" substituída
Seleção natural	Filogênese	Genótipos	Herança genética	Aptidão diferencial	Deus, o Criador
Modelagem	História de reforço e punição (ontogênese)	Tipos de ação (comportamento)	Repetição ou "hábito"	Reforço e punição diferencial	Intenção, vontade, inteligência (mentalismo)

FIGURA 4.4 Paralelo entre seleção natural e modelagem.

longo do tempo – uma história. No processo de evolução por seleção natural, a história é a filogênese, mudança gradual de traços de base genética. Na modelagem do comportamento, a história é a mudança gradual do comportamento de um indivíduo devido à sua interação com as relações de reforço e punição em seu ambiente (Fig. 4.2). Sua história pessoal de reforço e punição inclui todas as vezes em que seu comportamento produziu comida, dinheiro, aprovação, dor ou desaprovação – todas as consequências que modelaram seu comportamento, transformando-o no que ele é hoje. Faz parte da ontogênese de seu comportamento.

Ambas as ideias se referem a uma população em que ocorre variação. Na evolução, a variação ocorre em uma população de indivíduos, sendo que a variação crucial se dá nos genótipos dos indivíduos. Na modelagem, a variação ocorre em uma população de tipos de ação, o que engloba todas as diferentes formas que um indivíduo pode exibir no desempenho de uma dada tarefa ou atividade, como escovar os dentes, ir a uma loja ou trabalhar tantas horas por semana.

Ambas as ideias exigem a recorrência de tipos. Na seleção natural, os genótipos são passados de geração a geração por herança genética. Na modelagem, as atividades se repetem porque as ocasiões propícias se repetem. Eu escovo meus dentes todas as manhãs e todas as noites porque me levanto todas as manhãs e me deito todas as noites. Exceto nas férias, Shona trabalhava todas as semanas. As pessoas normalmente chamam tal repetição de "hábito". O mecanismo preciso subjacente ao hábito deve residir no sistema nervoso, mas sabe-se muito menos sobre esse mecanismo do que sobre a transferência genética de características de pais para filhos.

Ambas as ideias atribuem a mudança à seleção por sucesso diferencial. Na seleção natural, a alteração nos genótipos que compõem uma população ocorre devido à aptidão diferencial ou ao sucesso reprodutivo. Na modelagem, a alteração nas formas de desempenhar uma atividade (os tipos de ação) se deve a reforço e punição diferenciais, às diferenças na eficácia de diferentes tipos de ação (a curva sombreada na Fig. 4.3).

Por fim, cada uma dessas ideias substitui uma explicação não científica anterior. A seleção natural substitui Deus, o Criador, a força oculta que guia a evolução, por uma explicação em termos puramente naturais. A aparente inteligência e intencionalidade das formas de vida são vistas como o resultado da seleção atuando sobre a variação. As girafas beneficiam-se de pescoços compridos, mas nem elas, nem o Criador merecem crédito por isso, porque foi o ambiente que transformou os pescoços compridos em uma coisa boa e também os selecionou. A modelagem por reforço e punição também substitui forças ocultas, as causas mentalistas do comportamento, por explicações em termos puramente naturais. A inteligência e a intencionalidade das ações são vistas como resultado da seleção (reforço e punição) atuando sobre a variação. Eu me beneficio dirigindo meu carro de forma hábil, mas nem eu, nem qualquer intenção ou inteligência interna merecemos crédito por isso, porque foi o ambiente que transformou o dirigir competente em uma coisa boa e também o selecionou.

As explicações históricas, tal como a seleção natural e o reforço, diferem das explicações científicas que se baseiam em causas imediatas. O nascer do Sol é explicado por uma causa imediata, a rotação da

Terra. Na explicação histórica, a "causa" do evento não está presente em lugar nenhum, mas é toda uma história de eventos passados. O pescoço comprido da girafa não pode ser explicado por nenhum evento no momento de seu nascimento ou mesmo de sua concepção, mas é explicado pela longa história de seleção que o produziu ao longo de milhões de anos. Da mesma forma, os hábitos de trabalho de Shona não podem ser explicados por nenhum evento que ocorre enquanto ela trabalha, ou mesmo pelos eventos de algum dia ou de alguma semana, mas são explicados pela longa história de modelagem que os produziu no decorrer de muitos meses ou anos.

Biólogos evolucionistas fazem uma distinção entre explicações *próximas* e explicações *últimas* (Alcock, 1998). A explicação próxima de um traço comportamental refere-se aos mecanismos fisiológicos que determinam o desenvolvimento do traço a partir da concepção. A dotação genética de um indivíduo explica, de maneira próxima, porque o indivíduo espirra, sorri e é capaz de aprender. Mas a questão mais ampla de por que o indivíduo tem aquela carga genética não pode ser explicada pelo momento da concepção ou por qualquer outro momento. A explicação última refere-se à afiliação do indivíduo a uma população ou espécie e, a rigor, aplica-se à população, e jamais ao indivíduo. Seres humanos espirram e aprendem porque esse reflexo e essa capacidade aumentaram a aptidão dos seres humanos e de seus ancestrais ao longo de milhões de anos; essa é a explicação última.

Explicações últimas são explicações históricas; já explicações próximas são explicações em termos de causas imediatas. Se soubéssemos o suficiente sobre a fisiologia do sistema nervoso, talvez fosse possível explicar por que dirigi a 90 km/h, às 8h55, do dia 10 de junho. Seria, então, uma explicação próxima desse momento particular de meu comportamento, assim como a genética molecular e a embriologia poderiam vir a fornecer uma explicação imediata da razão por que tenho duas mãos e dois pés. Mas a explicação para a população de minhas velocidades ao dirigir ser tal qual é, mês após mês, não pode ser dada pela fisiologia de meu sistema nervoso, pelo mesmo motivo por que as duas mãos e os dois pés dos seres humanos não podem ser explicados pela genética ou pelo desenvolvimento embriológico de uma pessoa em particular. A população requer uma explicação última ou histórica. Posso, em dada ocasião, entregar minha carteira a um homem armado; a explicação histórica indica que esse evento pertence a uma população (atividade) chamada, digamos, de "submissão a uma ameaça" e remete à longa história de reforço pela submissão a ameaças, do pátio de recreio à sala de aula e às ruas da cidade de Nova York.

As pessoas parecem preferir explicações imediatas, provavelmente porque é mais simples pensar sobre os eventos como bolas de bilhar batendo umas nas outras do que em termos de história. Quando uma ação parece não ter uma causa imediata visível, somos tentados a inventá-la, em vez de olhar para a história de reforço que produziu a atividade à qual ela pertence. Se a história de reforço, responsável pela ida de Zack ao cinema quando deveria ter ficado estudando, é obscura, podemos cair na tentação de dizer que sua força de vontade falhou. Isso, evidentemente, é mentalismo.

O Capítulo 3 criticou extensamente o mentalismo, mas nunca ofereceu uma alternativa; agora, estamos em posição de poder sugerir uma explicação cientificamente aceitável para propósito e intenção. Como assinalamos no início desta parte do livro, os detalhes da explicação mudarão com o tempo. Tudo que precisamos é demonstrar que uma explicação verdadeiramente científica é possível. Esse é o assunto do Capítulo 5.

RESUMO

A teoria da evolução é importante para a análise do comportamento sob dois aspectos.

Primeiro, grande parte do comportamento se origina da herança genética derivada da história de evolução da espécie (filogênese). A seleção natural fornece os reflexos e padrões fixos de ação, a capacidade de condicionamento respondente, a capacidade de comportamento operante, os reforçadores e punidores cuja eficácia muda com o tempo e o contexto e as tendências que favorecem determinados tipos de condicionamento respondente e operante.

Segundo, a teoria da evolução fornece um modelo de explicação histórica, que é o tipo de explicação que se aplica ao comportamento operante. A história de reforço e punição é análoga à história de seleção natural, exceto que a primeira opera sobre um tipo de comportamento (população de ações) durante a vida de um indivíduo, enquanto a segunda opera sobre uma espécie (população de organismos) ao longo de muitas gerações. Ambos os conceitos substituem explicações não científicas que remetem a um agente inteligente e oculto, que guiaria a mudança evolutiva ou comportamental.

Enquanto na física e na química as explicações se baseiam em causas imediatas, as explicações históricas se referem a efeitos cumulativos de muitos eventos durante um longo período de tempo. As mudanças produzidas em uma população como resultado de seleção pelas consequências não podem ser localizadas em um momento específico. Tal como a filogênese, a história de reforço se refere a muitos eventos do passado, e foram eles que, todos juntos, produziram o comportamento presente.

LEITURAS ADICIONAIS

Há muitos livros, em diversos níveis, que tratam dos tópicos deste capítulo em maior profundidade.

Alcock, J. (1998). *Approach animal behavior: An evolutionary approach* (6ª ed.) Sunderland, MA: Sinauer Associates. Excelente texto introdutório que cobre a teoria da evolução e a sociobiologia.

Barash, D. (1982). *Sociobiology and behavior* (2ª ed.) New York: Elsevier. Excelente tratamento, mais avançado que o de Alcock.

Eibl-Eibesfeldt, I. (1975). *Ethology: The biology of behavior* (2ª ed.) Nova York: Holt, Rinehart e Winston. Esse livro apresenta um tratamento excelente dos padrões fixos de ação, especialmente em seres humanos.

Gould, J. L. (1982). *Ethology: The mechanisms and evolution of behavior*. Nova York: Norton. Um livro mais atualizado do que o de Eibl-Eibesfeldt, embora não necessariamente melhor.

Mazur, J. E. (2002). *Learning and behavior* (5ª ed.) Englewood Cliffs, NJ: Prentice-Hall. Texto avançado sobre análise do comportamento que fornece uma boa visão geral da área.

Mineka, S., Davidson, M., Cook, M., & Keir, R. (1984). Observational learning of snake fear in rhesus monkeys. *Journal of Abnormal Psychology*, 93, 355-372. Esse artigo relata um estudo sobre a fácil aquisição de medo de cobras por macacos.

Segal, E. F. (1972). Induction and the provenance of operants. In R. M. Gilbert & J. R. Millenson (Eds.), *Reinforcement: Behavioral analyses* (pp 1-34.). Nova York: Academic Press. Uma excelente revisão técnica sobre a indução, sua interação com o reforço e seus efeitos sobre o comportamento operante.

Skinner, B. F. (1953). *Science and human behavior*. New York: Macmillan. Esse foi o primeiro texto sobre análise do comportamento, agora de maior interesse histórico, mas contendo muitos argumentos e exemplos elucidativos.

PALAVRAS-CHAVE

Aprendizagem operante
Aptidão
Condicionamento clássico
Condicionamento operante
Condicionamento respondente
Contingência
Desamparo aprendido
Eliciar
Estímulo condicional
Estímulo incondicional
Estímulos-sinal
Evento filogeneticamente importante
Explicação histórica
Explicação próxima
Explicação última
Filogênese
Genótipo
Induzir
Liberador
Modelagem
Ontogenia
Padrão fixo de ação
Punição negativa
Punição positiva
Punidor condicional
Punidor incondicional
Reflexo condicional
Reflexo incondicional
Reforçador condicional
Reforçador incondicional
Reforço negativo
Reforço positivo
Resposta condicional
Resposta incondicional
Sucesso reprodutivo

5

Intenção e reforço

Suponha que alguém lhe diga para ler o livro *Moby Dick* e você saia à procura dele nas livrarias. A primeira livraria não tem nenhum exemplar, então você vai a outra. Essa atividade é frequentemente chamada de *intencional*, porque é supostamente impulsionada por uma intenção interna (obter e ler *Moby Dick*). Os analistas do comportamento rejeitam a ideia de que uma intenção interna guia a atividade. Qual alternativa cientificamente aceitável, então, eles oferecem?

O Capítulo 4 examinou os estreitos paralelos entre a teoria da evolução na biologia e a teoria do reforço na análise do comportamento. Vimos que ambas se fundamentam em explicações históricas ao substituírem noções não científicas relativas a um agente oculto (Criador, inteligência ou vontade) atuando nos bastidores. Neste capítulo, veremos exatamente como o conceito de história de reforçamento e punição substitui as noções tradicionais acerca de intenção.

HISTÓRIA E FUNÇÃO

Vimos no Capítulo 4 que explicações históricas são explicações últimas e que explicações últimas elucidam a razão da existência de populações de organismos ou ações e têm pouco a dizer sobre as peculiaridades de organismos ou ações individuais. Aponte para uma zebra e pergunte a um biólogo evolucionista sobre suas listras; você obterá uma explicação de por que as zebras, como uma espécie, têm listras. Se você, na verdade, quiser saber por que aquela determinada zebra tem um padrão de listras que a torna diferente de outras zebras, você terá de procurar um embriologista ou um especialista em desenvolvimento. Aponte para uma criança e pergunte a um analista do comportamento por que ela está batendo em seu colega com um caminhão de brinquedo; você obterá uma explicação sobre por que o comportamento da criança inclui uma categoria de ações que chamamos de comportamento agressivo. Se você quiser saber por que a agressão envolve aquele determinado brinquedo e aqueles músculos do braço, terá de consultar um fisiologista. Quando biólogos evolucionistas ou analistas do comportamento falam mais especificamente de uma população, eles o fazem definindo subpopulações ou subcategorias. Os pardais de coroa branca podem cantar ligeiramente diferente de uma região para outra, e eu posso dirigir mais rápido quando estou atrasado do que em outras circunstâncias, mas os pardais de uma determinada região e os episódios de dirigir quando estou atrasado continuam sendo populações e continuam sendo explicados historicamente.

A explicação histórica e o raciocínio em termos de população andam lado a lado e ambos demoram um pouco para ser assimilados. Isso vale para a explicação histórica usada na análise do comportamento, pois as pessoas estão muito predispostas a procurar explicações em causas que estão presentes no momento da ação. Quanto ao raciocínio em termos de população, as pessoas não estão acostumadas a agrupar ações em termos de função – isto é, em termos do que elas realizam, e não conforme sua aparência. Vejamos, agora, mais detalhadamente como explicações históricas e definições funcionais podem ser empregadas.

O uso de explicações históricas

Pelo menos desde que Freud inventou a psicanálise, psicólogos e leigos acostumaram-se com a ideia de que eventos da infância afetam nosso comportamento na vida adulta. Se fui vítima de violência quando criança, posso tender a ser violento com meus próprios filhos quando for adulto. Se minha família sempre se reunia para jantar, isso poderá parecer essencial para mim, quando me tornar pai de família. Observações desse tipo compõem a base das explicações históricas. Eu me comporto de determinada maneira quando adulto *por causa* dos eventos de minha infância.

História versus causa imediata

Representar de algum modo os eventos da infância no presente parece ser uma grande tentação. Se nenhuma causa óbvia pode ser encontrada no presente, a tentação é inventar uma. Se eu sofri um trauma quando criança, diz-se que tenho "ansiedade" ou um "complexo" que hoje causa o comportamento mal-adaptado. Se um adolescente cresceu em uma família perturbada, ele se comporta mal hoje porque tem "baixa autoestima".

Noções desse tipo são exemplos de mentalismo, a prática de invocar causas imaginárias para tentar explicar o comportamento. Falar de ansiedade, complexos ou autoestima não acrescenta nada ao que já é conhecido – a conexão entre eventos passados e o comportamento presente. Atribuir a delinquência à baixa autoestima de nenhum modo explica a delinquência. De onde veio a baixa autoestima? Como ela causa a delinquência? Há alguma evidência de baixa autoestima além do comportamento que ela deveria explicar? A baixa autoestima é algo além de um rótulo para a atividade que ela deveria explicar?

A maneira de escapar dessa armadilha é aceitar que eventos ocorridos há muito tempo afetam o comportamento presente de forma direta. Se um menino apanhava e era rejeitado quando criança, esses fatos contribuem para seu comportamento de roubar carros na adolescência, mesmo após uma lacuna temporal.

Lacunas temporais

A relação observada entre ambiente e comportamento continua a despeito de uma lacuna temporal, mas não é aí que reside sua importância científica ou prática. Se pessoas que sofreram violência na infância tendem a ser violentas quando adultas, a lacuna entre a infância e a vida adulta não altera a utilidade desse fato, que pode levar à terapia e a uma melhor compreensão dos efeitos da experiência passada. Mesmo que não tenhamos nenhuma ideia sobre que mecanismos somáticos permitem essa relação no tempo, não precisamos recorrer ao mentalismo nem hesitar em fazer uso das observações.

Em análise do comportamento, os episódios que envolvem lacunas temporais assemelham-se àqueles que envolvem ação a distância na física. O conceito de gravidade demorou a ser aceito porque parecia estranho que um corpo pudesse exercer influência sobre outro mesmo estando distante dele. A gravidade foi finalmente aceita porque se mostrou útil na compreensão de fenômenos tão diversos quanto a queda dos corpos e o efeito da lua nas marés. As ideias sobre seus mecanismos apareceram muito mais tarde.

É inquestionável que toleremos relações que envolvem pequenas lacunas de tempo. Se eu bater um dedo do pé e ainda sentir dor um minuto depois, ninguém questionará a ideia de que meu comportamento agora resulta da batida um minuto antes. Se um professor disser a uma criança "Levante a mão se tiver dúvidas", e a criança levantar a mão cinco minutos depois, não temos nenhuma dificuldade em atribuir essa ação à combinação da instrução do professor com o fato de a criança ter encontrado dificuldade, apesar do lapso de cinco minutos entre esses eventos.

Lacunas mais longas, contudo – anos ou mesmo horas –, parecem dar margem à tentação de recorrer ao mentalismo. Em termos do efeito sobre o comportamento atual, não há, em princípio, nenhuma diferença entre minha batida no dedo do pé há um minuto e meu trauma ocorrido há trinta anos. Um evento ocorreu há muito mais tempo do que o outro, mas não precisamos mais inventar um complexo para explicar o segundo, como não havia para explicar o primeiro. Do mesmo modo, não há, em princípio, nenhuma diferença entre combinar a instrução do professor e as dúvidas da criança e combinar uma promessa feita na segunda-feira com um encontro na sexta-feira. Em cada caso, a combinação do evento anterior com o evento posterior torna provável determinado comportamento em um momento posterior. A lacuna de quatro dias não requer, mais do que a lacuna de cinco minutos, a invenção de uma "memória" para ligar os eventos.

Respostas a instruções e promessas que envolvem lacunas de cinco minutos ou quatro dias permitem supor a possibilidade de outras lacunas, mais longas. Assim como respostas atuais a traumas de infância surgem apesar de uma lacuna de muitos anos, também respostas atuais a instruções e promessas surgem de eventos muito anteriores. Sem uma história de seguir instruções e fazer promessas, nem a criança, nem o professor poderiam comportar-se adequadamente. Para que a criança obedeça ao professor, é necessário que tenham ocorrido muitas situações nas quais ela foi instruída a fazer alguma coisa, seguiu as instruções e seu comportamento foi reforçado. Para você sair procurando *Moby Dick* porque um amigo lhe recomendou, é necessário ter havido ocasiões no passado nas quais você seguiu esse tipo de conselho, e os resultados foram reforçadores. Do mesmo modo, fazer e cumprir promessas tem de ter sido reforçado muitas vezes no passado para que uma pessoa agora faça e cumpra uma promessa.

A instrução específica que foi seguida pode nunca ter sido ouvida antes, e a promessa específica pode nunca ter sido feita antes, mas cada história envolve muitos exemplos semelhantes ao caso em discussão. Ninguém jamais lhe havia dito para ler *Moby Dick*, mas as pessoas lhe dizem para fazer outras coisas, algumas das quais você faz. A história não necessita incluir a instrução específica nem a promessa específica, porque "seguir instruções" e "manter promessas" são categorias baseadas não na estrutura ou na aparência, mas na *função*.

Unidades funcionais

Uma unidade funcional é uma população definida pelo que seus membros fazem – como agem ou funcionam –, e não por sua composição ou aparência. Uma unidade estrutural poderia ser "móveis com quatro pernas", porque basta que algo seja construído de determinado modo para pertencer a essa classe, ao passo que "mesa" poderia ser exemplo de uma classe funcional, pois, para pertencer a essa classe, bastaria que algo existisse para a finalidade de se colocar objetos sobre ela. Uma mesa pode ter três, quatro, seis ou oito pernas; não faz diferença como foi construída. Tudo que importa para que uma coisa seja chamada de mesa é que ela funcione como mesa – sustente coisas colocadas sobre ela (p. ex., uma mesa de cabeceira), permitindo que se trabalhe ou se alimente sobre ela (p. ex., uma mesa de jantar), e assim por diante.

Uma população ou espécie é chamada de "unidade" quando é tratada como um todo singular. Se eu digo que vou comprar uma mesa, o objeto particular que trarei para casa ainda é desconhecido, mas não resta dúvida quanto à unidade à qual me refiro. De forma semelhante, se digo que vou à África para ver girafas, os indivíduos particulares que eu verei ainda são desconhecidos, mas não há nenhuma dúvida sobre a unidade "girafas". Se eu disser que lhe darei instruções para você chegar à minha casa, as instruções específicas ainda são desconhecidas, mas não há nenhuma dúvida sobre a unidade "instruções".

Espécies como unidades funcionais

Antes do advento da moderna teoria evolucionista, era comum classificar os seres de acordo com sua aparência ou de acordo com sua estrutura. Isso funcionava muito bem, até surgirem divergências quando duas espécies se pareciam tanto que era praticamente impossível distingui-las. A variação na coloração e na estrutura do esqueleto de uma espécie de lagarto poderia tornar impossível dizer, só por olhar, se determinado exemplar era membro daquela espécie ou de outra espécie que apresentava variações semelhantes.

Hoje em dia, os biólogos evolucionistas não definem mais as espécies de acordo com sua estrutura; em vez disso, passaram a defini-las de acordo com o modo como se reproduzem. Uma espécie é uma população cujos membros cruzam entre si, e não com os membros de outras populações. Cada espécie é uma unidade reprodutiva, distinta de outras unidades reprodutivas porque o acasalamento ocorre intraespécies, e não entre espécies. Há duas espécies de rã que não se distinguem pela aparência e anatomia, contudo uma delas procria ao amanhecer, e a outra, ao pôr do sol. São duas espécies distintas porque os membros de uma nunca cruzam com os membros da outra. Mesmo que se possa fazer duas rãs de espécies diferentes cruzarem em laboratório, se elas nunca cruzarem no *habitat natural*, ainda pertencerão a duas espécies distintas. As hienas têm uma aparência diferente dos chacais, mas o que os torna espécies diferentes é que hienas e chacais não cruzam entre si. O que importa é o que as espécies fazem – como funcionam em termos reprodutivos –, não como parecem, soam ou são construídas.

Atividades como unidades funcionais

As categorias molares de ação discutidas por Ryle e as atividades estendidas no tempo discutidas por Rachlin (Cap. 3) são unidades funcionais. Seus membros incluem atividades que se estendem ao longo do tempo (p. ex., Aaron amar Laura inclui o fato de escrever sobre ela em seu diário) e que podem se alternar com outras atividades (p. ex., trabalhar).

Uma atividade operante é uma população de atos que têm o mesmo efeito sobre o ambiente. No laboratório, atividades habitualmente estudadas são pressionar a barra e bicar um disco. Pressionar a barra, por exemplo, inclui todos os atos que têm o efeito de baixar a barra. Não faz nenhuma diferença se o rato pressiona a barra com a pata esquerda, com a pata direita, com o nariz ou com a boca; são todos exemplos de pressionar a barra. No mundo em geral, reconhecemos atividades operantes quando falamos de "abrir a porta da frente" ou "ir à cidade" como eventos unitários (ações). Como no caso do pressionar a barra, abrir a porta da frente inclui todos os atos que têm o efeito de produzir a porta aberta. Não faz nenhuma diferença se abro a porta com minha mão esquerda ou direita; ambos são casos de abrir a porta da frente. Na perspectiva molar, abrir a porta da frente constituiria uma atividade; ela poderia ser interrompida por alisar a roupa que se usa, mas o todo seria um episódio da atividade e possivelmente parte da atividade mais extensa de saudar um convidado.

Falar do comportamento em termos de unidades funcionais não é, na verdade, uma escolha, mas uma necessidade. Basta observar um rato para ver que ele realmente pressiona a barra de diversas maneiras. Essa variabilidade pode ser reduzida especificando-se, por exemplo, que apenas pressões com a pata direita podem ser reforçadas, mas, nesse caso, o rato pressionaria a barra com sua pata direita de várias maneiras. A observação cuidadosa sempre revelaria alguma variação, pois o rato não pode pressionar a barra exatamente da mesma maneira duas vezes. Cada ato em si é único.

Se essa singularidade dos atos parece um golpe fatal para uma ciência do comportamento, cabe lembrar que toda ciência enfrenta o mesmo problema. Para o astrônomo, cada estrela é única; é por isso que cada uma recebe um nome próprio. Para compreender as estrelas, o astrônomo as agrupa em categorias: gigantes brancas, anãs vermelhas, e assim por diante. Embora cada ser seja único, o biólogo compreende os seres vivos agrupando-os em espécies. Em certo sentido, a tarefa da ciência é exatamente agrupar as coisas e os eventos em categorias ou espécies. Reconhecer a semelhança é o começo da explicação.

As unidades de comportamento devem constituir agrupamentos, mas por que agrupamentos funcionais? Por que não agrupar atos, por exemplo, de acordo com os membros ou músculos envolvidos? A resposta é que, assim como não funcionam para as espécies, agrupamentos estruturalmente definidos não funcionam para o comportamento. Como no caso de espécies, você pode dizer que uma ação pertence à atividade "pressionar a barra" apenas olhando-a, mas qualquer ambiguidade será resolvida não pela aparência da ação, mas pelo que ela produz – no caso, se a barra de fato abaixa. A despeito de quão detalhadamente eu possa especificar os movimentos de abrir a porta da frente, a ação não conta como abrir a porta da frente a menos que a porta abra.

Uma ilustração da impossibilidade de definir uma atividade por sua estrutura é o seguinte excerto de um anúncio, escrito por Douglas Hintzman, da Universidade de Oregon, a respeito de uma palestra que seria proferida por um estudioso que chamaremos de "Dr. X":

> Eu pedi ao Dr. X para explicar o "ler". Ele respondeu que é um método que milhões de pessoas têm usado para obter conhecimento. Os praticantes dessa arte (os "leitores", como o Dr. X os chama) adotam a posição sentada e permanecem praticamente imóveis por longos períodos de tempo. Eles mantêm diante de si folhas de papel cobertas com milhares de minúsculas figuras e movimentam seus olhos rapidamente para um lado e para outro. Enquanto fazem isso, é difícil chamar sua atenção, e parecem estar em transe. Eu não via como essa atividade bizarra poderia trazer conhecimento ... "Suponha que eu fixe o olhar neste pedaço de papel e movimente meus olhos para um lado e para outro", eu disse, pegando um papel de sua mesa. "Isso me tornará sábio?" "Não", ele respondeu, aborrecendo-se com meu ceticismo. "Leva muitos anos de prática para se tornar um leitor competente. E, além disso, isso foi escrito pelo reitor."

Assim como pressionar uma barra ou abrir uma porta, "ler" é definido não por sua aparência, mas pelo efeito que produz. Ler em voz alta ocorre quando a audiência pode ouvir. Ler em silêncio ocorre quando o leitor é, depois, capaz de demonstrar compreensão, respondendo a questões ou agindo de acordo com o texto.

Tipicamente, atribuímos determinada ação a uma unidade funcional com base tanto em seu efeito como em seu contexto. Um rato pressiona uma barra no contexto da caixa experimental na qual pressionar a barra produziu alimento muitas vezes no passado. Pressionar a barra em outro contexto – digamos, uma caixa na qual isso produz água – pertenceria a uma atividade diferente. As duas atividades podem ser rotuladas de "pressionar a barra por alimento" e "pressionar a barra por água", desde que nos lembremos de que "*por* isso ou aquilo" significa aqui "que produziu isso ou aquilo em muitas ocasiões no passado". Podemos considerar que "submissão a ameaças" é uma atividade porque seus membros ocorrem em certo contexto (uma "ameaça") e, historicamente, tem produzido certo efeito (remoção da ameaça). Entregar a carteira à minha mulher para que pegue dinheiro é uma atividade diferente de entregar a carteira a um ladrão.

"Procurar uma mercadoria nas lojas" define uma unidade funcional que ocorre em um certo contexto – ter a mercadoria permite uma atividade posterior que será reforçada. Um amigo lhe dizer para ler *Moby Dick* induz que você procure o livro, pois ter o livro permite que você o leia, o que provavelmente será reforçado. "Procurar *Moby Dick* em livrarias" e "ler *Moby Dick*" podem ser partes da atividade "apreciar *Moby Dick*".

Na análise do comportamento, falamos da história como definindo o contexto e as consequências de um ato, enquanto na linguagem coloquial diríamos que diferentes atos têm diferentes intenções. Veremos agora os modos como a análise do comportamento trata dos vários usos da palavra *intenção*.

TRÊS SIGNIFICADOS DE INTENÇÃO

A linguagem coloquial tem um rico vocabulário para falar da relação do comportamento com suas consequências. Não usamos apenas a palavra *intenção*, mas inúmeros outros termos relacionados a ela, como *propósito, expectativa, vontade, desejo, tentativa*, e assim por diante. Esses termos são o que os filósofos chamam de "termos intencionais" ou "expressões intencionais". A despeito de toda sua variedade, os termos intencionais, na maioria, podem ser agrupados quanto ao uso em três tipos: função, causa e sentimento.

Intenção como função

Um uso de *intenção* e termos semelhantes é facilmente compatível com o discurso científico. Se eu disser que a intenção (finalidade) deste peso de papel é evitar que os papéis se espalhem, não terei dito nada sobre o peso de papel além do que ele faz, nada além de sua função. Não há controvérsia, pois aqui se usa intenção como definição. É isso que é um peso de papel – algo que segura papéis.

Aplicado ao comportamento, esse uso de intenção indica efeitos. A intenção de pressionar a barra é baixar a barra. Nesse sentido, pode-se dizer que as atividades se definem em termos de suas intenções. "Ir para casa" é uma atividade que me faz chegar em casa.

Nesse contexto, a casa é também considerada o objetivo de minha caminhada. Quando conhecemos uma longa história de comportamento que tipicamente leva a certo resultado (casa), usamos *objetivo* para designar o reforçador habitual para aquela atividade. Falando desse modo, poder-se-ia dizer que o objetivo de pressionar a barra é a comida.

Pode-se inclusive interpretar dessa maneira uma afirmação como "Estou tentando chegar em casa", se "tentando chegar em casa" significar "comportar-me de uma forma que normalmente me faz chegar em casa". Visto desse modo, "O rato está tentando obter comida" pode simplesmente significar que o rato está pressionando uma barra que produziu comida no passado, e "O rato quer comida" pode simplesmente significar que ele está se comportando de maneiras que se associaram à comida no passado.

Todos esses modos de falar poderiam se aplicar ao comportamento de procurar *Moby Dick* nas livrarias. O objetivo é obter o livro, mas obtê-lo é o efeito habitual de procurar e o reforçador habitual dessa atividade. Você está "tentando encontrar o livro" e você "quer o livro" significam que você está se empenhando em comportamentos que frequentemente produziram a mercadoria procurada no passado e provavelmente produzirão o livro agora.

As pessoas geralmente consideram que objetivos e desejos envolvem algo mais do que simplesmente nomear reforçadores habituais. Elas frequentemente dizem que a pessoa ou o rato têm algo "em mente" nessas ocasiões. Isso nos leva ao próximo uso importante de termos intencionais.

Intenção como causa

Termos como *tentar* e *querer* parecem se referir a algum evento no futuro que será produzido pelo comportamento. "Estou tentando abrir a porta" sugere que meu esforço está dirigido para um evento futuro, a porta aberta.

É claro que um evento futuro, não tendo ainda acontecido, não pode causar meu comportamento. Isso violaria uma regra básica da ciência: apenas eventos que realmente tenham acontecido podem produzir resultados. As variáveis das quais meu comportamento depende devem estar no passado ou no presente.

A psicologia popular aborda esse problema transportando a causa do futuro para o presente. Como a porta aberta do futuro não pode causar meu comportamento de abrir o trinco, diz-se que o comportamento é causado por uma representação mental do objetivo ou da intenção (a porta aberta). Como você ainda não encontrou o *Moby Dick*, diz-se que sua procura é causada por uma representação mental do livro.

Entretanto, representações mentais de eventos futuros são exemplos de mentalismo, que incorre nos mesmos problemas discutidos no Capítulo 3. Onde está essa intenção interna? De que ela é feita? Como essa porta aberta fantasmagórica poderia causar meu comportamento de abrir o trinco? Como uma representação interna de *Moby Dick* poderia causar sua procura? Isso não é uma explicação; serve apenas para obscurecer os fatos relevantes sobre o ambiente: abrir o trinco normalmente leva a uma porta aberta e procurar uma mercadoria normalmente produz a mercadoria. Esses fatos naturais explicam o comportamento sem nenhuma necessidade de introduzir uma intenção interna.

Comportamento intencional

O que há em comportamentos, como abrir o trinco, que levam as pessoas a chamá-los de comportamento intencional? William James escreveu que o comportamento intencional consistia em "variar os meios [variar o comportamento] para obter um determinado fim [reforçador costumeiro]". Se você já teve problemas para abrir uma porta, sabe o que James quis dizer. Digamos que a chave não gire completamente na fechadura. O que você faz? Você gira a chave várias outras vezes, gira rápido, gira lentamente, empurra, puxa, movimenta a chave para dentro e para fora, e assim por diante. Esses são os meios variados. Por fim, a porta abre (o determinado fim), e o comportamento cessa. Em nosso exemplo do *Moby Dick*, se não há o livro em uma loja, você vai para outras até que, ao encontrá-lo, você para de procurar.

Talvez até mais do que a variação na ação, o fato de a atividade cessar quando o reforçador ocorre parece compelir ao uso da palavra *intencional*. Na definição de James, esse aspecto está contido na preposição *para*, antes de *determinado fim*. Somos inclinados a dizer que o comportamento era dirigido ao objetivo (reforçador futuro) porque ele cessa quando o objetivo é atingido (reforço ocorre). Isso parece particularmente verdadeiro no caso de comportamentos como procurar alguma coisa. Suponha que eu esteja preparando um prato e chegue ao ponto da receita que pede sal. Eu vou ao local onde o sal é habitualmente guardado e não o encontro. Procuro em outras prateleiras, na mesa, em toda a cozinha e na sala de jantar. Pergunto onde está o sal a todos que encontro. Em algum momento, localizo o sal, paro de procurá-lo e continuo cozinhando. O sal não é apenas o reforçador para o comportamento que chamamos de "procurar o sal", ele também é a ocasião para prosseguir com outras atividades; é por isso que a atividade cessa.

O que pode parecer problemático nessa explicação de "procurar o sal" é que talvez eu nunca tenha procurado o sal antes. Frequentemente, procuramos coisas que nunca havíamos procurado antes, e poderia parecer que não houve nenhuma história de reforço para explicar o comportamento.

Já examinamos a solução para esse tipo de problema; é a mesma solução do problema de entregar a carteira a um ladrão pela primeira vez. Esse ato específico pode nunca ter ocorrido antes, mas outros semelhantes ocorreram. Posso nunca ter sido submetido a essa exata ameaça anteriormente, mas tenho uma longa história de submeter-me a ameaças. Posso nunca ter procurado o *Moby Dick* antes, mas já procurei outros livros e outras coisas. Os detalhes podem variar – procuro o livro em livrarias e o sal por toda a casa –, mas "procurar coisas em casa" e "procurar coisas em lojas" constituem unidades funcionais de comportamento ou atividades, assim como submeter-se a ameaças. Com frequência se ensina explicitamente às crianças a procurar coisas na casa. Elas só melhoram o desempenho nessa tarefa após muitas experiências de procurar e encontrar. Em algumas culturas, aprender a procurar animais, raízes ou frutas pode ser parte essencial do desenvolvimento. O comportamento de procurar frutas é, em parte, induzido na estação do ano em que elas estão maduras por causa de ocorrências de encontrar frutas no passado.

Pode-se pensar em exemplos de comportamento aparentemente intencional nos quais o objetivo definido nunca é alcançado. Suponha que minha causa seja "livrar o mundo da pobreza" ou "salvar as baleias". Posso não ter nenhuma experiência com pobreza ou baleias, então que história de reforçamento poderia manter o comportamento envolvido? A resposta requer que se considere nosso ambiente social, particularmente os tipos de reforçadores disponíveis para as pessoas em razão de viverem em determinada cultura. As pessoas são aconselhadas por outras pessoas a perseguir atividades socialmente úteis. Os reforçadores usados pelos professores estão em geral imediatamente à mão, na forma de sorrisos, afeto e aprovação. Retomaremos esse assunto nos Capítulos 8 e 13.

Máquinas intencionais

A inutilidade da invenção de intenções internas para explicar o comportamento intencional torna-se mais clara quando examinamos máquinas intencionais – isto é, certos mecanismos dos quais se pode dizer que se comportam intencionalmente. O sistema de aquecimento de uma casa é um exemplo. Se a temperatura do ar fica abaixo do que está estabelecido no termostato (digamos, 20 graus), o aquecedor liga e aquece o ar. Quando a temperatura chega a 20 graus, o aquecedor desliga. É como se o sistema procurasse manter a temperatura em 20 graus. Quando alcança esse objetivo, ou intenção, ele cessa seus esforços.

Máquinas intencionais mais complicadas se prestam ainda mais facilmente a que suas ações sejam atribuídas a intenções. Pode-se dizer que um computador que joga xadrez escolhe os movimentos que espera que o ajudarão na intenção interna de vencer. Ele parece pretender ganhar e saber se foi bem-sucedido ou não.

Como o sistema de aquecimento e o computador são máquinas, cujo funcionamento é conhecido, falar sobre eles em termos intencionais pode ser divertido ou poético, mas é desnecessário. O termostato contém um interruptor que é operado pela temperatura para ligar e desligar o aquecedor; isso é tudo o que há em sua intencionalidade. O computador é programado para fazer cálculos a cada movimento, baseado nas posições de todas as peças do jogo, e cada movimento depende apenas do resultado desses cálculos. O jogo termina quando o resultado dos cálculos coincide com o xeque-mate. Não há nenhuma intenção interna – somente mudanças na ação em resposta a mudanças na posição das peças (isto é, no ambiente).

Se a intencionalidade do sistema de aquecimento e do computador pode ser ilusória, deve ser igualmente verdadeiro que a intencionalidade de uma pessoa pode ser ilusória. A diferença é que o mecanismo subjacente ao comportamento da pessoa é desconhecido. Se soubéssemos exatamente como o sistema nervoso permite que o ambiente seja sentido e transformado em comportamento, poderíamos mostrar nosso interior do mesmo modo que podemos mostrar o interior do termostato e do computador.

Mesmo sem um conhecimento perfeito de como o termostato ou o computador funcionam, podemos evitar falar deles em termos intencionais. O termostato pode ser, para mim, só uma caixa na parede, mas sua aparente intencionalidade ainda consiste apenas em ser construído de tal modo que uma variável ambiental (temperatura abaixo de 20 graus) inicia a atividade, e outra temperatura (acima de 20 graus) a interrompe. O computador que joga xadrez é construído para responder a um conjunto de variáveis ambientais – as posições de todas as peças. Alguns computadores são programados para "aprender" também; o programa registra os resultados de movimentos passados em circunstâncias semelhantes. Esses programas incluem os resultados passados no cálculo do movimento seguinte. Independentemente da complexidade do programa, cada ação (movimento) ainda é uma resposta ao ambiente presente e à história passada de reforçamento (vencer).

Do mesmo modo, não é necessário nenhum conhecimento especial do funcionamento do corpo humano para que eu evite expressões intencionais ao discutir suas atividades. Uma explicação científica satisfatória pode ser construída a partir do conhecimento das circunstâncias atuais e das consequências do comportamento em circunstâncias similares no passado.

Seleção por consequências

A intenção interna não é mais necessária nem mais útil para compreender o comportamento de uma pessoa do que para compreender o comportamento de um computador que joga xadrez. Quando procuro por um livro ou escalo uma montanha, já procurei antes e escalei antes; as consequências passadas daquelas atividades naquelas situações determinam que essas atividades provavelmente ocorram novamente nessas situações (categorias de situação).

A seleção por consequências invariavelmente implica história. Ao longo do tempo, resultados bem-sucedidos (reforço) tornam algumas atividades mais prováveis, e resultados malsucedidos (não reforço ou punição) tornam outras atividades menos prováveis. Gradualmente, o comportamento que ocorre nessas circunstâncias vai sendo modelado – transformado e elaborado. Embora os neurofisiólogos conheçam pouco do mecanismo por meio do qual o acúmulo de êxitos e fracassos altera o comportamento, os analistas do comportamento estudam a dependência que o comportamento tem desse acúmulo. Que história de reforçamento determina que uma pessoa vá procurar algo que está faltando? Que diferença na história determina que uma pessoa escale uma montanha, enquanto outra irá fotografá-la?

Criatividade

Que história de reforçamento leva alguém a escrever poesia? Os críticos do behaviorismo frequentemente apontam esse tipo de atividade criativa como um desafio insuperável. Quando o artista pinta um quadro ou o poeta escreve um poema, a questão fundamental da atividade é fazer algo nunca feito antes, algo original. Aparentemente, consequências passadas nunca poderiam explicar as obras de arte, porque cada trabalho é único e novo. A originalidade de cada obra parece sugerir que o artista está, de algum modo, livre do passado, que alguma intenção interna guia seu trabalho.

Ao enfatizar a singularidade e a novidade de cada trabalho, essa concepção obscurece um fato igualmente óbvio sobre a atividade criativa: a relação que existe entre os vários trabalhos do mesmo artista. Como eu identifico que este é um quadro de Monet e aquele é um quadro de Renoir? Não há dois quadros exatamente iguais de um mesmo artista, mas os quadros de Renoir parecem uns com os outros mais do que se parecem com os quadros de Monet. Um especialista particularmente familiarizado com os trabalhos de um artista geralmente pode afirmar se um quadro pertence ou não àquele artista, mesmo diante de uma falsificação cuidadosa.

Nenhum artista plástico, poeta ou compositor jamais criou uma obra de arte no vácuo. Cada novo poema pode ser único, mas também tem muita coisa em comum com as realizações anteriores do poeta e origina-se de uma longa história de escrever poesia. Ao longo da vida, escrever poesia foi mantido por reforço, pelo menos ocasional – elogio, aprovação, dinheiro –, por parte da família, dos amigos e de outras pessoas. Em outras palavras, escrever poesia, como qualquer comportamento operante, é uma atividade modelada por sua história de reforçamento.

Vista no contexto de todas as obras do artista, a singularidade do trabalho individual parece uma variação dentro de uma atividade. Mozart compôs muitas sinfonias – compor sinfonias era uma atividade capital em sua vida –, mas dizer que cada sinfonia representava um ato criativo único seria como dizer que cada vez que o rato pressiona a barra de uma maneira nova ele desempenhou um ato criativo único. Dentro da atividade de compor sinfonias, cada sinfonia pode ser única, assim como dentro da atividade de pressionar a barra cada pressão é única.

Esse tipo de variação também ocorre no comportamento de sistemas inanimados. Cada floco de neve é único, assim como cada pressão à barra é única. Se alguém quisesse insistir que por trás de cada nova pressão ou nova obra de arte há alguma força especial (genialidade ou livre-arbítrio), teria de conceder que essa força também existe por trás de cada novo floco de neve. Parece absurdo sugerir que as nuvens tenham genialidade ou livre-arbítrio. Logicamente, é também absurdo insistir que a criatividade humana possa ser explicada pela genialidade ou pelo livre-arbítrio. No mínimo, podemos concluir que, se aquela força é desnecessária para explicar flocos de neve, ela também é desnecessária para explicar a arte.

Um compositor difere de uma nuvem ou de um rato no sentido de que as pessoas dizem que o compositor cria algo novo *de propósito*. A atividade criativa busca a novidade. Isso significa que cada nova obra é composta com um olho nos trabalhos anteriores. As obras anteriores estabelecem um contexto no qual o trabalho novo pode se parecer com elas, mas não tanto que pareça "aquela mesma velha coisa". Monet pintou uma série de quadros em que aparecem as mesmas pilhas de feno em diferentes horas do dia; o esquema de cores de cada quadro o distingue dos outros. Considerando a relação com trabalhos anteriores, ser criativo "de propósito" não requer a postulação de nenhuma intenção interna; requer apenas que a variação dentro da atividade dependa, em parte, do trabalho feito antes (isto é, que faz parte da história). Analisados sob essa ótica, golfinhos e ratos foram adestrados para serem criativos "de propósito". Karen Pryor e seus colaboradores no Parque Sea Life, no Havaí, dispuseram os reforçadores de forma que estavam disponíveis apenas para uma resposta nova (truque) – algo que o golfinho nunca tivesse feito antes. Passados alguns dias, novas habilidades começaram a aparecer com regularidade. Os pesquisadores relataram que um dos animais, Malia,

> começou a emitir uma gama de comportamentos sem precedentes, incluindo saltos aéreos, deslizar com o rabo fora da água e "escorregar" no chão do tanque, alguns deles tão complexos quanto respostas normalmente produzidas por técnicas de modelagem e muitos outros diferentes de qualquer coisa já vista em Malia ou em qualquer outro golfinho pelo pessoal do Parque Sea Life. Parecia que o critério do treinador, "só serão reforçadas aquelas ações que não foram previamente reforçadas", fora atingido por Malia com a apresentação de padrões completos de amplos movimentos corporais, nos quais a novidade era um fator intrínseco. (Pryor, Haag, & O'Reilly, 1969, p. 653)

Meu colega Tony Nevin e alguns alunos de graduação da University of New Hampshire usaram um critério similar para treinar ratos em um tampo de mesa, sobre o qual foram colocados vários objetos – uma caixa, uma rampa, um pequeno balanço e um caminhão de brinquedo. Os experimentadores reforçaram ações em relação aos objetos que os animais nunca haviam observado antes. Rapidamente, os ratos começaram a apresentar novas respostas diante dos objetos. Deveríamos concluir dessas observações que golfinhos e ratos apresentam um gênio criativo?

Talvez a novidade seja passível de reforço porque o comportamento passado pode estabelecer um contexto para o comportamento presente. Lembramo-nos do que fizemos antes, e isso nos inclina a nos comportarmos de modo semelhante ou diferente, dependendo do que é reforçado. Se você não encontra o *Moby Dick* em uma livraria, você vai a outra. Postular uma intenção interna para explicar a novidade em você ou em Monet é tão desnecessário quanto para explicar a novidade no golfinho ou no rato.

Intenção como sentimento: autorrelatos

A terceira maneira de falar sobre intenção é como parte de uma experiência privada. Quando falamos das intenções dos outros, nada podemos dizer sobre eventos privados, mas, quando falamos de nossas próprias intenções, parece que estamos nos referindo a algo presente e privado. Todos os dias indagamos sobre as intenções uns dos outros e respondemos como se as perguntas fossem perfeitamente razoáveis. "Você pretendia magoar o Zack?", "Não, eu só estava tentando ajudar." Autorrelatos como esses parecem dizer que minhas intenções fazem parte de minha experiência de comportamento ("tentando ajudar"). Como posso ter tanta certeza? Geralmente usamos o verbo *sentir* nesse contexto, por exemplo, quando digo "Sinto vontade de tomar sorvete" ou "Sinto vontade de caminhar". O que eu "sinto"? De que estou falando?

Falar sobre o futuro

Declarações de intenção desafiam a explicação científica porque parecem falar do futuro. O que quero dizer quando falo que desejo ir à praia amanhã? Como "estar na praia" encontra-se no futuro e pode nunca acontecer, procura-se, então, algo no presente para explicar o que estou dizendo agora. Se eu sei o que quero, isso significa que algum sentimento interno está se comunicando comigo?

Às vezes, "dicas" privadas para autorrelatos de intenção são óbvias. Se meu estômago está roncando ou se minha boca está seca, posso relatar que sinto vontade de comer ou beber. Em outras situações, os sinais são menos claros. Eu posso achar difícil dizer exatamente por que estou com vontade de ir ao cinema. Os sinais podem não ser menos reais, mas eu tenho menos experiência com eles do que com um estômago roncando e com uma boca seca.

Algumas dicas para autorrelatos intencionais podem ser públicas. Se eu me ferir gravemente, posso dizer "Quero ir ao hospital". As outras pessoas podem ver o ferimento e entender essa afirmação, sem precisar se preocupar com eventos privados. Eu posso dizer: "É sexta-feira à noite, e estou com vontade de ir ao cinema". Para as outras pessoas, a conexão é óbvia, e nenhum sinal privado é mencionado.

O conjunto de todas as dicas, públicas e privadas, que juntas definem um contexto torna provável que eu apresente autorrelatos intencionais como "Eu quero", "Eu desejo", "Eu tenho vontade", e assim por diante. O que eles significam?

Uma afirmação intencional faz uma predição. "Eu quero sorvete" significa que eu tomaria sorvete, se houvesse algum em minha frente, e que eu faria algumas coisas (ir ao mercado, limpar meu quarto) para obter sorvete. Em outras palavras, estou dizendo que, neste momento, o sorvete atuaria como reforçador para o meu comportamento. "Sinto vontade de dar uma caminhada" pode significar que caminhar seria um reforçador para meu comportamento ou pode significar que, nessas circunstâncias, caminhar é um comportamento que tem probabilidade de ser reforçado. Com base em sinais presentes, afirmativas intencionais fazem previsões sobre quais eventos serão reforçadores e qual comportamento será reforçado. "Eu quero ler *Moby Dick*" significa que é provável que eu leia o livro. "Eu pretendo pegar um ônibus" significa que é provável que eu pegue um ônibus.

Falar sobre o passado

Prever o comportamento é como prever o tempo. O meteorologista não pode ter certeza absoluta de que hoje vai chover, assim como não posso ter certeza absoluta de que irei ao cinema, mas ambos dizemos "Em circunstâncias como essas, tal evento é provável". Fazemos isso com base em nossa experiência passada naquelas circunstâncias. No passado, quando uma frente fria se encontrava com uma frente quente, frequentemente chovia. No passado, quando eu não tinha nada mais para fazer na sexta-feira à noite, frequentemente ia ao cinema. Sinais no presente determinam afirmações no presente por causa de suas relações com eventos do passado.

Exceto por atribuírem um papel a eventos privados, os autorrelatos de intenção não diferem em nada de afirmações intencionais a respeito de outras pessoas. Todas as afirmações intencionais, inclusive os autorrelatos, embora pareçam se referir ao futuro, referem-se, na verdade, ao passado. Expressões como *pretender, querer, tentar, esperar* e *propor* sempre podem ser substituídas por "Em circunstâncias como essas no passado...". Quando o leigo diz que o rato pressiona a barra porque quer comida, a afirmação pode ser substituída por "Nessas circunstâncias no passado, pressionar a barra produziu comida, e a comida foi um reforçador". "Proponho irmos à praia" significa "Em circunstâncias como essa no passado, ir à praia foi reforçador, e é provável que essa ida também seja reforçada".

Na linguagem cotidiana, expressões intencionais são convenientes, mas, na análise do comportamento, elas constituem mentalismo. Na linguagem cotidiana, declarações intencionais facilitam a interação social, mas, para a análise do comportamento, elas são menos que inúteis, porque dirigem a investigação para um mundo de sombras, e não para o mundo natural. A explicação científica para a ação aparentemente intencional e para os autorrelatos sobre intenções sentidas baseia-se nas circunstâncias presentes associadas ao reforço passado em circunstâncias similares, ambas naturais, e passíveis de descoberta. Nunca seremos capazes de compreender ou impedir que uma adolescente solteira fique grávida e passe a ser assistida por programas sociais enquanto dissermos que ela desejava isso ou estava pretendendo satisfazer uma necessidade. "Explicações" como essas apenas nos afastam de entender a história e mudar o ambiente que levou à gravidez. Culpar a adolescente ou seus pais pode ser conveniente, mas interfere na possibilidade de uma solução eficaz.

Sentimentos como subprodutos

Quando os sentimentos agem como dicas para afirmações intencionais, eles constituem eventos privados do tipo "eventos de sentir", discutidos no Capítulo 3. Esse tipo de evento privado, que inclui ouvir um som e sentir uma dor, inclui também sentir um formigamento e sentir o coração acelerado.

Como eventos privados, no entanto, os sentimentos tendem a ser difíceis de compreender. Se eu digo que estou com medo, provavelmente pouco poderei falar sobre os eventos privados que me fazem dizer isso. Um fisiologista poderia ser capaz de medir mudanças somáticas que acompanham um relato de sentir medo, mas a pessoa geralmente sabe muito pouco sobre essas mudanças.

Geralmente consideramos muito mais fácil indicar as circunstâncias públicas que explicam o sentimento. Por que digo que estou com medo? Porque estou pendurado em um penhasco ou próximo de ir a uma entrevista de seleção para emprego. Por que me sinto feliz? Porque acabei de ganhar na loteria ou de conseguir o emprego para o qual estava me candidatando.

Do ponto de vista das circunstâncias públicas, os sentimentos e as afirmações sobre eles surgem de uma história passada com circunstâncias semelhantes. Direta ou indiretamente, podem ser relacionados à experiência com os eventos filogeneticamente importantes discutidos no Capítulo 4. Às vezes, os sentimentos surgem simplesmente da programação genética. Não precisamos de nenhum treino especial para ter medo de ficar à beira de um penhasco nem para achar agradável a estimulação sexual. Na maior parte das vezes, porém, os sentimentos surgem em uma situação porque ela foi correlacionada com algum evento filogeneticamente importante – um reforçador, um punidor ou um estímulo incondicional. Em outras palavras, sentimentos e relatos de sentimentos resultam do condicionamento respondente que ocorre junto com a aprendizagem operante.

A língua inglesa tem um rico vocabulário para falar dos sentimentos que acompanham as situações em que reforço e punição ocorreram no passado. Em uma situação em que o reforço positivo é provável, relatamos estar felizes, orgulhosos, confiantes, ansiosos, extasiados. Se estivermos nos referindo a uma história de reforço negativo, é provável que relatemos alívio. O cancelamento de um reforçador – punição negativa – resulta em relatos de decepção ou frustração. Situações nas quais ocorreu punição positiva no passado dão origem a relatos de medo, ansiedade, pavor, vergonha e culpa.

Como os sentimentos surgem da mesma história de reforço e punição que explica o comportamento aparentemente intencional, os sentimentos são subprodutos, e não causas do comportamento. Quando você finalmente encontra *Moby Dick* em uma livraria, fica feliz porque agora tem o livro, pode ler seu exemplar e obter outros reforçadores, como poder falar sobre ele com outras pessoas e dar-se o prazer de uma boa leitura. Encontrar o livro o deixa feliz porque comprar livros recomendados e agir como recomendado levaram a reforço no passado. Você compra o livro e fica feliz; você não compra o livro porque ele o faz feliz. O jogador que fica feliz depois de fazer um gol fica feliz porque aquela situação frequentemente foi acompanhada de aprovação e outros reforçadores. Seria um equívoco dizer que o jogador tenta fazer o gol porque gols levam à felicidade. O comportamento que frequentemente resultou em gol ocorre porque fazer um gol é um reforçador condicional; o sentimento de felicidade é um subproduto dos mesmos reforçadores (aprovação e *status*) que sustentam o reforçador condicional. O homem que se sente culpado depois de gritar com a esposa lhe traz flores, não porque isso aliviará sua culpa, mas porque, no passado, trazer-lhe flores (e outros atos de gentileza) impediu a punição e restabeleceu o reforço – esse resultado, é claro, também dissipa o sentimento de culpa.

A única exceção à regra de que os sentimentos são apenas subprodutos podem ser os relatos de sentimentos. O relato "Sinto-me feliz" pode ser visto como comportamento (verbal) operante, parcialmente induzido por eventos privados. Como uma discussão completa do assunto requer que primeiro examinemos o conceito de controle de estímulos no Capítulo 6 para, então, analisarmos o comportamento verbal em geral, esse tema será mais detalhadamente discutido no Capítulo 7.

RESUMO

Explicação histórica e raciocínio em termos de população andam lado a lado porque a composição de uma população se explica, em última análise, por sua história de seleção – seja a seleção natural operando sobre uma população de organismos, seja o reforço e a punição operando sobre uma população de ações. Embora geralmente se reconheça que eventos na infância podem afetar o comportamento na vida adulta, na linguagem cotidiana há uma tendência a representar o passado com ficções no presente. Isso é mentalismo e de modo algum ajuda na compreensão científica do comportamento.

A tentação de recorrer a esse tipo de mentalismo surge da predisposição para explicar o comportamento apelando para causas presentes no momento em que ele ocorre. A maneira de evitar o mentalismo é superar essa predisposição e admitir que eventos no passado possam afetar o comportamento no presente, mesmo que presente e passado estejam separados por uma lacuna temporal. A lacuna temporal de nenhum modo diminui a utilidade de entender o comportamento presente à luz da história.

As ações específicas do presente pertencem a populações – unidades ou atividades funcionais – que têm uma história comum por causa de sua função comum. Ações pertencem à mesma unidade ou atividade funcional se compartilham contextos e consequências semelhantes. Embora cada ato específico nunca tenha ocorrido antes, cada um pertence a alguma unidade funcional que tem uma história de ocorrência em certo tipo de contexto com certos tipos de consequências.

A maioria dos usos de *intenção* e outras expressões intencionais relacionadas pertence a um de três tipos, os quais se referem à função, à causa ou ao sentimento. Quando a intenção de um ato é identificada com sua função, com seu efeito sobre o ambiente, não há nenhum problema para uma explicação científica. Quando a intenção é vista como uma causa interna, imagina-se que uma representação fantasmagórica das consequências esteja presente no momento da ação. Um evento futuro não pode explicar o comportamento, mas a invenção de uma causa interna também não explica, porque isso constitui mentalismo, sendo presa fácil de todos os problemas decorrentes a partir de então. Uma explicação científica apropriada do comportamento intencional, como procurar um livro, refere-se à história de reforço de tal comportamento. O comportamento criativo, como escrever poesia, também é modelado por sua história de reforço.

Os autorrelatos de sentimentos de intenção ou propósito são induzidos por eventos ambientais presentes e privados. Eles consistem de predições sobre quais eventos provavelmente serão reforçadores e qual comportamento provavelmente será reforçado. Essas predições sempre são baseadas na ocorrência passada de reforço. Embora os autorrelatos sobre a intenção experimentada possam dar a impressão de se referir ao futuro, eles, na verdade, referem-se ao passado do indivíduo, assim como afirmações sobre as intenções de outra pessoa, na verdade, referem-se a seu passado. Quando induzem um autorrelato, os sentimentos podem ser eventos privados. Devido ao condicionamento respondente, eles são subprodutos da mesma história de reforço e punição do comportamento operante a que os relatos se referem. Eles não têm uma relação causal com aquele comportamento operante, embora possam fazer parte do contexto que explica o relato verbal de uma intenção experimentada.

LEITURAS ADICIONAIS

Dennett, DC (1978). Skinner skinned. *Brainstorms* (Capítulo 4). Cambridge, MA: MIT Press. Um filósofo defende o mentalismo e critica as explicações de Skinner sobre o comportamento em termos de histórias de reforço. O trabalho é interessante por seus equívocos sobre Skinner e a análise do comportamento.

Ghiselin, M. T. (1997). *Metaphysics and the origin of species*. Albany: State University of New York Press. Esse livro explica que espécies biológicas constituem unidades funcionais ("indivíduos") mais do que classes ou categorias.

Pryor, K. W. (1985). *Don't shoot the dog*. New York: Bantam Books. Uma agradável apresentação do reforço para uso geral.

Pryor, K. W., Haag, R., & O'Reilly, J. (1969). The creative porpoise: Training for novel behavior. *Journal of the Experimental Analysis of Behavior*, 12, 653-661. Esse é o relato original do uso de reforço para treinar novas respostas.

Skinner, B. F. (1969). The inside story. *Contingencies of reinforcement* (Capítulo 9). New York: Appleton-Century-Crofts. Esse trabalho contém um resumo das objeções de Skinner ao mentalismo.

Skinner, B. F. (1974). Operant behavior. *About behaviorism* (Capítulo 4). New York: Knopf. Aqui, Skinner defende o comportamento operante como um conceito eficaz para substituir as noções tradicionais e ineficazes sobre intenção.

PALAVRAS-CHAVE

Autorrelato
Expressão intencional
Máquina intencional
Unidade estrutural
Unidade funcional

6

Controle de estímulos e conhecimento

Todo comportamento ocorre em determinado contexto. Eu salivo quando me sento para jantar; em outros momentos, salivo menos. No caso desse comportamento induzido, o contexto é o conjunto de circunstâncias ambientais que o induzem (a sala de jantar, a mesa arrumada, a visão e o cheiro da comida). Respostas específicas da espécie ao alimento, a predadores, a parceiros sexuais em potencial e a outros eventos filogeneticamente importantes são induzidas pelos contextos nos quais esses eventos são prováveis. No contexto da silhueta de um falcão passando sobre sua cabeça, a codorna se agacha; na ausência desse contexto, ela continua cuidando de sua vida.

O comportamento operante também ocorre apenas em certo contexto. O rato de laboratório treinado a pressionar uma barra o faz apenas na caixa experimental. Quando colocado na caixa, o rato já treinado vai imediatamente para a barra e começa a pressioná-la. Eu carrego meu guarda-chuva somente quando parece que vai chover e vou ao trabalho apenas nos dias úteis.

Até agora, fizemos apenas breves menções ao contexto. A história de reforçamento, por exemplo, consiste não apenas em certas atividades resultarem em certas consequências, mas também no fato de essas relações ocorrerem sistematicamente em determinado contexto. "Submeter-se a uma ameaça" não tem nenhum significado separado de seu contexto – a presença da ameaça, a voz alta, o punho levantado, a arma. Para compreender como os behavioristas podem oferecer uma explicação científica do que significa conhecer algo, sem recorrer ao mentalismo, precisamos entender e aplicar os conceitos que os analistas do comportamento usam para explicar os efeitos do contexto. Como veremos adiante, conhecer alguma coisa é comportar-se em contexto.

CONTROLE DE ESTÍMULOS

O comportamento muda à medida que muda o contexto. Eu paro o carro quando o sinal está vermelho e continuo dirigindo quando está verde. Parar e seguir em frente estão sob *controle de estímulos*. Aqui, *estímulo* significa "contexto" e *controle* significa "mudar a frequência ou probabilidade de uma ou mais atividades". Falar de controle de estímulos significa falar da mudança de comportamento quando muda o contexto.

Frequentemente, faço uma demonstração em aula na qual um pombo é treinado a bicar uma tecla vermelha e a não bicar uma tecla verde. Na primeira etapa do treino, a tecla está iluminada com a cor vermelha, e toda bicada aciona o comedouro. Gradualmente, o número de bicadas necessárias para produzir o alimento é aumentado até 15 bicadas. Na segunda etapa, introduz-se a tecla verde com a contingência de que o alimento só será liberado se passarem dois segundos sem uma bicada. Inicialmente, o pombo bica a tecla verde sem êxito. Mais cedo ou mais tarde, ele faz uma pausa suficiente para que o alimento seja liberado. À medida que o pombo pausa mais e bica menos, a pausa exigida para a liberação da comida vai sendo gradualmente aumentada até 10 segundos. Ao final do treino, na demonstração, eu controlo a cor da tecla por um interruptor no aparelho. Quando a tecla fica vermelha, o pombo bica rapidamente. Assim que mudo a cor para verde, o pombo para de bicar. Quando volto para o vermelho, o pombo começa a bicar de novo. À medida que vou mudando de uma cor para outra, o bicar muda em uma ou em outra direção.

A demonstração ilustra o controle de estímulos. As cores vermelha e verde na tecla são contextos diferentes e controlam o bicar no sentido de que mudar o contexto muda a probabilidade de bicar.

Os analistas do comportamento, geralmente, distinguem controle de estímulos de eliciação estímulo-resposta. Quando o sinal fica verde, torna-se provável que eu siga em frente, mas não sou compelido a dirigir da mesma maneira que sou compelido a espirrar quando meu nariz é roçado. A mudança de contexto afeta o comportamento operante mais como modulação do que como compulsão.

Mais importante ainda: reflexos e padrões fixos de ação dependem apenas do contexto (se uma coceira no nariz pode ser chamada de contexto). Suas consequências operaram durante a filogênese. O reflexo de espirrar aumenta a aptidão por expelir substâncias potencialmente nocivas do nariz. Os padrões fixos de ação do cortejar aumentam a aptidão por darem acesso a um parceiro de acasalamento.

Em contraste, o comportamento operante depende das consequências que ocorreram repetidamente no tempo de vida de um organismo e de essas consequências ocorrerem em certo contexto – ou seja, o comportamento operante depende da combinação de consequências e contexto. O contexto da coceira é, por si mesmo, suficiente para tornar provável o espirrar, e o contexto do acasalamento é, por si mesmo, suficiente para tornar o namoro provável (ao menos entre peixes e aves), mas, na demonstração do pombo, as bicadas tornam-se prováveis no contexto da tecla vermelha porque as bicadas produzem comida somente no contexto da tecla vermelha.

Para abranger a relação entre contexto e atividades que se tornam prováveis nesse contexto, a palavra "induzir", introduzida no Capítulo 4, serve tanto para comportamento não aprendido quanto operante. Assim, podemos dizer que o contexto de acasalamento induz o namoro e podemos dizer que a luz vermelha da tecla na demonstração com o pombo induz a bicada. Esse uso de "induzir" ajuda a enfatizar que o controle de estímulos modula o comportamento – esse contexto torna algumas atividades mais prováveis e outras atividades menos prováveis. A chegada da segunda-feira induz a ida ao trabalho.

Estímulos discriminativos

O contexto do comportamento operante é chamado de *estímulo discriminativo* para distingui-lo dos estímulos que induzem o comportamento independentemente das consequências. Na demonstração com o pombo, as luzes vermelha e verde na tecla são estímulos discriminativos porque as bicadas na tecla são reforçadas no contexto da tecla vermelha, e não reforçadas no contexto da tecla verde. Como resultado da diferença nas relações de reforço de um contexto para outro, as bicadas são mais prováveis quando a luz está vermelha.

Mesmo no laboratório, são comuns estímulos discriminativos mais complicados. Suponha que eu tenha duas teclas lado a lado para o pombo bicar e que qualquer uma delas possa ser iluminada de vermelho ou verde. Posso treinar o pombo a bicar a tecla verde quando apresentada junto a uma tecla vermelha, independentemente de estar a tecla verde do lado esquerdo ou direito, reforçando apenas bicadas na tecla verde. Em um experimento como esse, o estímulo discriminativo para bicar é "tecla verde, independentemente de posição". Na tarefa denominada *matching to sample* (emparelhamento com o modelo), apresenta-se ao pombo um estímulo modelo (p. ex., vermelho ou verde) em uma tecla central e estímulos de escolha (vermelho e verde) em duas teclas, situadas uma de cada lado da tecla modelo. Somente as bicadas na tecla lateral que coincide com o modelo são reforçadas. Os estímulos discriminativos que controlam o bicar na tarefa de emparelhamento com o modelo são compostos, por exemplo, de "modelo vermelho com tecla lateral vermelha" e "modelo verde com tecla lateral verde".

No mundo fora do laboratório, os estímulos discriminativos geralmente são compostos, como esses. Se você está dirigindo em uma estrada de pista simples e encontra um veículo lento pela frente, você só o ultrapassa quando a faixa central é seccionada de seu lado *e* não há nenhum veículo vindo em sentido contrário. O estímulo discriminativo (contexto) para a ultrapassagem consiste em pelo menos três elementos: (1) o veículo lento na frente; (2) a faixa central seccionada; (3) a pista de sentido contrário livre. Se qualquer desses elementos estiver ausente, será improvável que você ultrapasse. A combinação estabelece o contexto; ela define o estímulo discriminativo na presença do qual o comportamento operante (ultrapassar) será provavelmente reforçado (por fazer melhor progresso).

Outra maneira pela qual um estímulo discriminativo ou contexto pode ser complicado ocorre no controle de estímulos *relacional*. Por exemplo, suponha que se dê a uma criança a tarefa de escolher o maior de dois círculos. Se um círculo de uma polegada de diâmetro for pareado com um círculo de duas polegadas de diâmetro, a escolha correta (reforçada) é o círculo de duas polegadas, mas, se o círculo de duas polegadas for pareado com um círculo de três polegadas, escolher o círculo de duas polegadas agora seria a resposta incorreta. O contexto induzir a uma escolha ou a outra inclui toda a configuração de círculos em conjunto, não um dos círculos. Pode-se dizer à criança "Escolha o círculo que parece maior", e essa instrução também faria parte do contexto. Quando a criança escolhe de forma confiável o maior de dois círculos, mesmo círculos que nunca viu antes, esse padrão de ação é uma discriminação relacional. Na vida cotidiana, nosso comportamento é muitas vezes controlado por comparações relativas. Podemos escolher um banco de acordo com as vantagens das contas que oferece em relação às de outros bancos – chamamos isso de "compras comparativas". Como nos círculos, escolher entre dois bancos não depende de nenhum banco em si, mas dos dois juntos – em uma configuração, poderíamos dizer. O contexto inclui os atributos de ambos os bancos, e a ação de escolher um deles é induzida por todo o contexto. Quando dizemos que escolhemos o "menor dos dois males", também estamos falando de discriminação relacional.

Em contextos ainda mais complicados, parte do contexto ou estímulo discriminativo pode ter ocorrido algum tempo antes da ocasião para o comportamento. Em um experimento de *matching to sample*, o modelo pode ser apresentado ao pombo e ser desligado por vários segundos antes que as teclas de escolha apareçam. Embora o modelo não esteja mais presente, os pombos ainda assim bicam a tecla lateral que coincide com ele. Os seres humanos são capazes de ligar lacunas temporais muito mais longas. Se, na segunda-feira, eu lhe disser que o encontrarei em meu escritório na sexta-feira, às 3 horas da tarde, seu comportamento de ir ao meu escritório depende de: (1) ser sexta-feira; (2) ser 3 horas da tarde; (3) o que eu disse na segunda-feira. Todos os três elementos são necessários para que sua ida ao meu escritório tenha probabilidade de ocorrer e de ser reforçada, mas um desses elementos só estava presente quatro dias antes. Para completar a história, um quarto requisito para você ir ao meu escritório é uma história passada de ir a lugares e encontrar pessoas; cumprir compromisso deve ter ocorrido e sido reforçado anteriormente, e essa história pode envolver eventos ocorridos anos antes. (Veja o Cap. 5 para uma discussão adicional sobre lacunas temporais.)

Sequências estendidas e estímulos discriminativos

Embora muitas vezes na vida cotidiana as partes de uma atividade possam ocorrer em qualquer ordem – ao cozinhar, posso pôr primeiro o sal e depois a pimenta, ou na ordem inversa –, às vezes as partes de uma atividade devem ocorrer em uma sequência definida para que ela seja bem-sucedida (reforçada). O progresso pode ser mesmo impossível na ausência de certo objeto ou condição. Se eu não tenho carro, devo alugar ou tomar um emprestado antes de poder ir à praia. Seu amigo deve ser convidado antes que vocês possam ir ao cinema juntos. Outras vezes, criamos condições em que o reforço é mais provável em determinadas situações do que em outras. Abasteço o carro antes de ir viajar, aumentando a probabilidade de chegar a meu destino sem precisar de mais gasolina. Às vezes as sequências são longas. Um estudante universitário vai às aulas de forma a se preparar para as provas, passar nas disciplinas e se formar em quatro anos. Sempre que as partes devam ocorrer em certa sequência, a parte anterior produz as condições ambientais requeridas para a parte seguinte.

Essas pistas para o progresso (carro, amigo disponível, medidor de combustível indicando tanque *cheio*), que estabelecem a ocasião ou o contexto para a atividade seguinte, são chamadas de estímulos discriminativos. O medidor de combustível mostrando abastecimento completo serve como estímulo discriminativo para o comportamento operante posterior (sair de viagem), que só ocorre em sua presença. Além disso, os analistas do comportamento muitas vezes consideram que tal estímulo discriminativo funciona como um reforçador. Você vai ao posto de gasolina para encher o tanque, e, se esse posto fechar, você para de ir lá. A atividade anterior (ir ao posto de gasolina) depende de seu resultado, da mesma forma que abrir a geladeira quando você tem fome depende do resultado de comer. Assim, o resultado de abastecer o carro – medidor de combustível marcando tanque *cheio* – cumpre duas funções. Por um lado, a leitura do medidor serve como um estímulo discriminativo que induz a próxima atividade na sequência (sair de viagem). Por outro, a leitura do medidor serve como reforçador condicional provisório para o comportamento operante (ir ao posto de gasolina) que o produz. A natureza exata de tais reforçadores é objeto de controvérsia, mas não há necessidade de nos determos nesse ponto; sem entrar em sutilezas teóricas, trataremos o estímulo produzido pelo comportamento ou contexto como um reforçador.

No laboratório, podemos treinar um rato a puxar uma argola para ligar uma luz, na presença da qual o pressionar uma barra é reforçado com comida. Começamos treinando o rato a pressionar a barra, programando o equipamento para que cada pressão acione um dispensador contendo bolinhas de alimento. Em seguida, reforçamos a pressão somente quando uma luz acima da barra está acesa, ligando e desligando a luz aproximadamente a cada minuto. Depois de uma ou duas horas, a luz está estabelecida como estímulo discriminativo – as pressões são frequentes quando ela está ligada e raras quando está desligada. Então, deixamos a luz apagada e penduramos a argola no centro da caixa. Esperamos até que o rato se aproxime da argola, ligamos a luz e deixamos o rato pressionar a barra e conseguir o alimento. Quando a luz é novamente apagada, o rato volta para a argola, e puxar a argola passa a ser necessário para que a luz acenda. Em pouco tempo, a sequência de puxar a argola, seguida da pressão à barra, está ocorrendo regularmente. A luz tanto reforça condicionalmente o puxar a argola como estabelece o contexto que induz o pressionamento da barra.

Quando as sequências se mantêm ligadas por meio de um processo no qual o reforçador para uma atividade serve de estímulo discriminativo que induz a próxima, a sequência é chamada de *cadeia comportamental* (ou encadeamento). Os "elos" da cadeia são as atividades desempenhadas uma após a outra. Os elos são ligados pelas mudanças no contexto – os estímulos discriminativos. Cadeias comportamentais pretendem ser um modelo de laboratório para as sequências de comportamentos na vida cotidiana. Elas modelam uma parte da maneira como as atividades são ligadas; na vida cotidiana, algumas partes da atividade podem precisar ocorrer antes, mas outras podem ocorrer em qualquer ordem. Um estudante pode precisar se preparar tanto para uma iminente prova de história quanto para uma de psicologia; a preparação deve ocorrer antes das provas, mas a ordem de estudo das duas matérias pode não ser importante.

Importe ou não a sequência, a atividade como um todo é mantida pelos reforçadores últimos, que ocorrem depois que todas as partes, ou quase todas, foram completadas. O universitário se prepara para as provas e as executa, produzindo boas notas nas provas, que resultam em boas notas nas disciplinas, as quais, por fim, levam à formatura. Se a formatura de algum modo se torna impossível, será improvável que o estudante continue a participar das disciplinas. Em nosso exemplo do laboratório, se o alimento é suspenso, tanto o puxar a argola quanto a pressão à barra cessam. A luz perde seu papel como reforçador e como estímulo discriminativo. Quando os continentais americanos perderam seu valor como moeda, eles não apenas deixaram de funcionar como reforçador, mas tê-los em mãos também deixou de servir como contexto (estímulo discriminativo) que induzia o comportamento operante ulterior de ir às compras. Se o tempo está chuvoso e frio, eu não coloco gasolina no carro para fazer uma viagem ao litoral; o tanque cheio só serve como reforçador e estímulo discriminativo quando o tempo está bom.

Discriminação

Quando o comportamento muda diante da mudança do contexto, os analistas do comportamento denominam essa regularidade de *discriminação*. No experimento do rato, a mudança de luz apagada para luz acesa dependia de que o rato puxasse a argola, ao passo que, na demonstração do pombo, o comportamento do animal não afetava a mudança na tecla de vermelho para verde (era eu quem mudava a cor). Em qualquer dos dois casos, mudem os estímulos em uma sequência ou mudem independentemente do comportamento, a mudança de comportamento que acompanha a mudança nos estímulos discriminativos constitui uma discriminação. Quando o comportamento muda de "trabalhar" para "fazer compras" como resultado da mudança de estar "sem dinheiro" para estar "com dinheiro", temos uma cadeia e uma discriminação. Se o comportamento muda quando o dia anoitece, trata-se não de uma cadeia, mas de uma discriminação.

Como discriminação significa mudança de comportamento com mudança de estímulo, toda discriminação envolve pelo menos duas condições de estímulo – dois contextos. No exemplo mais simples de laboratório, a pressão à barra ocorre quando a luz está acesa – um estímulo discriminativo –, e não quando está apagada – um segundo estímulo discriminativo. Se Naomi comporta-se diferentemente com seus pais e com seus amigos, dizemos que ela discrimina entre esses dois contextos ou estímulos discriminativos – pais e amigos.

Toda discriminação resulta de uma história. Se não foi aprendida, ela resulta de uma história evolutiva (filogênese). A codorna recém-nascida comporta-se de modo diferente na presença e na ausência do falcão por causa da filogênese. Se a discriminação é aprendida, ela provém de uma história de reforçamento. O rato pressiona a barra quando a luz está acesa, e não quando está apagada, porque as pressões à barra foram reforçadas quando a luz estava acesa, e não reforçadas quando estava apagada. Vou a uma loja quando tenho dinheiro, e não quando estou sem dinheiro, porque ir à loja foi reforçado quando eu tinha dinheiro, e não foi reforçado quando eu não tinha. Em geral, uma atividade ocorre em um contexto e outra atividade ocorre em outro contexto porque uma é reforçada em um contexto, e a outra, em outro contexto.

Essa é toda a explicação: a discriminação provém da história. Nada de mental – geralmente nem sequer privado – entra na explicação. Para ser mais preciso, deveríamos dizer que o comportamento do organismo contém um padrão de discriminação ou que o comportamento discrimina, mas muitas vezes se diz que o organismo é que discrimina. Se dissermos que um rato discrimina entre a presença e a ausência de luz, não estamos imaginando nenhum evento mental dentro do rato. Se, por exemplo, alguém dissesse que o rato discrimina porque "atenta" para a luz, poderíamos observar que o "atentar" nada acrescenta à explicação, pois apenas reafirma a observação de que o comportamento muda quando a luz é ligada e desligada. O "atentar" é um exemplo de mentalismo.

Controle de estímulos significa que um estímulo exerce controle sobre o comportamento – que o comportamento muda em sua presença. Seria incorreto dizer que o estímulo exerce controle sobre o rato ou a pessoa, pois, nesse caso, o rato ou a pessoa teriam de se empenhar em alguma ação mental fantasmagórica, como atentar, para passar do estímulo ao comportamento. A ideia presente no conceito de controle de estímulos é a de que o estímulo ou o contexto afetam o comportamento diretamente.

Discriminação refere-se somente à mudança no comportamento com a mudança de contexto. Seria incorreto dizer que o rato discrimina *e* pressiona a barra somente quando a luz está acesa ou que o rato pressiona a barra com a luz acesa *porque* discrimina. "O rato discrimina" ou "A luz é um estímulo discriminativo" significam apenas que a frequência ou probabilidade de pressionar a barra mudam quando a luz é ligada e desligada. Do mesmo modo, "Naomi discrimina entre seus pais e seus amigos" significa somente que o comportamento de Naomi é diferente nesses dois contextos. Em outras palavras, seria um erro de categoria pensar a discriminação como um evento privado que precede e, então, causa a mudança pública no comportamento, porque não discriminamos *e* mudamos o comportamento – discriminar é mudar de comportamento. Em geral, a discriminação nunca é um evento privado; a única exceção reside no modo como alguns analistas do comportamento tratam do autoconhecimento, que será examinado em breve.

CONHECIMENTO

A linguagem cotidiana sobre o conhecimento é mentalista. Diz-se que uma pessoa *possui* conhecimento de francês e que o *exibe* ao falar e entender francês. Diz-se que um rato pressiona uma barra *porque* sabe que pressioná-la produz comida. Como no caso de intenção e propósito (Cap. 5), o conhecimento e o conhecer de nenhum modo explicam o comportamento que supostamente resulta deles. O que é o conhecimento de francês que é "exibido" quando eu falo francês? Onde ele está e de que ele é feito que poderia causar o falar francês? Como acontece com todas as entidades mentais, ele parece ser algo fantasmagórico escondido dentro do sujeito, inventado como tentativa de explicação, mas que não informa nada além do que já é observado: que a pessoa fala e entende francês. Como o rato "sabe" sobre pressionar e comida? Dizer que ele "sabe" informa alguma coisa além de que no passado pressionar a barra produziu comida nessa situação?

Em vez de considerar o conhecimento e o saber como explicações do comportamento, os behavioristas analisam esses termos focalizando as condições sob as quais eles ocorrem. Em que situações as pessoas tendem a dizer que alguém "tem conhecimento" ou "sabe algo"?

Filósofos e psicólogos geralmente dividem o conhecimento em *processual* e *declarativo*, "saber como" (fazer alguma coisa) e "saber sobre" (alguma coisa). Muito já foi escrito sobre essa distinção, especulando-se sobre esquemas e significados internos imaginados, que poderiam constituir sua base. Para o behaviorista, se a distinção tiver alguma utilidade, deverá se basear no comportamento e no ambiente, eventos externos acessíveis a qualquer observador.

A tradição também distingue o conhecimento que outras pessoas têm do conhecimento que eu próprio tenho, particularmente o *autoconhecimento* – o conhecimento da própria pessoa sobre si mesma. Tradicionalmente, pareceu a muitos pensadores que, como tenho uma intimidade especial com todos os meus atos, públicos e privados, de modo que não posso ter com os atos de mais ninguém, deve haver algo especial e diferente no autoconhecimento. De fato, frequentemente se afirma que apenas o autoconhecimento pode ser seguro (ou "incorrigível"), pois qualquer conhecimento de outros será apenas baseado em inferências. Presumivelmente, posso ter certeza de que sei francês, enquanto o conhecimento de francês de Zack é, para mim, apenas uma inferência baseada em minha observação de seu comportamento de falar e entender francês. Como a distinção entre o eu e o outro passa pela distinção entre conhecimento processual e declarativo, analisaremos o conhecimento processual e declarativo no próprio sujeito e nos outros para depois examinar o autoconhecimento em particular.

Conhecimento processual: saber como

A Figura 6.1 resume os quatro tipos de conhecimento e os testes que levam a falar de conhecer e conhecimento. A primeira coluna trata do conhecimento processual. Quando dizemos que Gideon sabe nadar? Quando o vemos nadando. O teste do conhecimento de Gideon é se ele alguma vez foi visto nadando. Dizer que ele sabe nadar significa simplesmente que ele efetivamente nada.

Do mesmo modo, quando é que digo que eu sei nadar? Quando eu tiver nadado. O teste do meu conhecimento é análogo ao teste do conhecimento de Gideon: se eu me observei nadando alguma vez. Dizer que eu sei nadar significa simplesmente que eu efetivamente nado.

Ryle, cujos pontos de vista foram discutidos no Capítulo 3, trata o conhecer e o conhecimento como disposições ou rótulos de categoria. Saber francês, por exemplo, é um caso complexo de saber "como". Podemos arrolar várias ações que poderiam resultar em dizer: "Zack sabe francês".

	Saber como	Saber sobre
Outro	Ele/Ela faz?	S^D: Comportamento apropriado
Si mesmo	Eu faço?	S^D: Comportamento apropriado

FIGURA 6.1 Testes de saber como e saber sobre em outros e em si mesmo.

1. Zack responde em francês quando alguém se dirige a ele em francês.
2. Ele reage apropriadamente quando recebe um *e-mail* escrito em francês.
3. Ele ri e chora nos momentos certos durante um filme em francês.
4. Ele traduz do francês para o inglês e do inglês para o francês.
5. Ele lê jornais franceses e depois discute as notícias.

Essa lista poderia ser expandida indefinidamente, pois a categoria de ações que compreende "saber francês" é muito grande. No Capítulo 3, vimos que alguns filósofos consideram isso uma falha nos argumentos de Ryle. No entanto, na prática, quando as pessoas falam de conhecimento e conhecer, a lista de evidências de fato considerada é bastante curta. Depois de termos presenciado várias ações de saber francês, supomos que qualquer quantidade de outras seja possível e dizemos que "Zack sabe francês".

A categoria também pode ser pensada como uma disposição comportamental. Saber como fazer alguma coisa significa estar disposto a fazê-la de vez em quando. Pode-se dizer que Zack sabe francês mesmo quando ele não está falando francês, até quando está dormindo, devido às suas ações de saber francês em outras ocasiões. O significado da afirmativa assemelha-se ao sentido da sentença "Shona é fumante". Shona fuma apenas em alguns momentos, mas nunca quando está dormindo; diz-se que ela é fumante porque fuma com frequência suficiente. Do mesmo modo, "Gideon sabe nadar" significa que ele nada algumas vezes; e "Zack sabe francês" significa que ele ocasionalmente age da maneira que induz a fala de "saber francês".

Uma pessoa afirma "Eu sei francês" ou "Eu sei nadar" pelas mesmas razões que essas afirmações poderiam ser feitas a respeito de Zack e Gideon. Os meios pelos quais me observo nadando são um pouco diferentes. Enquanto vejo Gideon nadando, raramente me vejo nadar, exceto em um filme caseiro, mas sinto quando estou nadando e vejo a água e partes de meu corpo movimentando-se, e outras pessoas me dizem que eu estava nadando. O mesmo ocorre com falar francês: eu me ouço, me observo lendo, e assim por diante.

Todos esses eventos, seja de Gideon nadando, seja de mim mesmo nadando, têm relação com minhas declarações de que Gideon sabe nadar, ou eu sei nadar, assim como os estímulos discriminativos ou um contexto têm relação com o comportamento operante. Assim como é provável que o rato pressione a barra somente quando a luz está acesa (o contexto), também é provável que eu diga "Gideon sabe nadar" somente depois de tê-lo visto nadar (o contexto). Da mesma forma, é provável que eu diga "Eu sei nadar" apenas após terem ocorrido os estímulos associados a isso. Assim como pressionar a barra no exemplo dos ratos, minhas verbalizações desse tipo precisam ter sido reforçadas no passado por pessoas à minha volta. O Capítulo 7 analisará de modo mais aprofundado o comportamento verbal; por ora, o ponto importante para manter em mente é que verbalizações, como "Gideon sabe X" e "Eu sei X", são exemplos de comportamento operante sob controle de estímulos, comportamento em contexto.

A expressão que empregaremos para designar esse tipo de verbalização sob controle de contexto ambiental será *relatos verbais*. "Zack sabe francês" ou "Eu sei francês" são relatos verbais induzidos sobre eventos de saber francês e provêm de uma longa história de reforçamento por emitir esse tipo de relato verbal.

Conhecimento declarativo: saber sobre

"Saber sobre" difere de "saber como" apenas por envolver controle de estímulos. Em que situações dizemos "O rato sabe sobre a luz" ou "Aaron sabe sobre aves"? Diz-se que o rato sabe sobre a luz se ele responde mais quando a luz está acesa. Diz-se que Aaron sabe sobre aves se ele nomeia corretamente vários exemplares, explica seus hábitos de construção de ninhos, imita seus cantos, e assim por diante. As condições para essas verbalizações são um pouco diferentes das condições para verbalizações de saber como, porque o comportamento envolvido em saber sobre deve ser apropriado a um estímulo discriminativo ou a uma categoria de estímulos discriminativos. A coisa sobre a qual se sabe é o estímulo discriminativo ou a categoria.

Conhecimento declarativo e controle de estímulos

A Figura 6.1 indica que o teste de saber sobre alguma coisa é uma resposta apropriada a um estímulo discriminativo. Se eu alego que sei sobre a guerra civil americana, você pode testar essa alegação fazendo-me perguntas, como: "Por que você acha que Pickett não discutiu com Lee em vez de avançar em Gettysburg?" ou "O que Grant fez quando Lee chegou ao tribunal de Appomattox?". Se eu puder dar respostas que concordem com outras coisas que você ouviu e leu, será mais provável que você diga que eu sei sobre a guerra civil. Quanto mais eu falar sobre ela, mais provável será que você diga que eu sei. Minhas falas são comportamento operante induzido por você e suas perguntas. A Figura 6.1 também sugere que minha alegação original de saber tem uma base semelhante. Meu próprio comportamento de falar e responder a perguntas sobre a guerra civil constitui o contexto (estímulo discriminativo) que me induz a dizer "Eu sei sobre a guerra civil". Se eu não tivesse respostas para suas perguntas, seria provável que voltasse atrás ou dissesse que sei pouco sobre a guerra civil. A única diferença entre meu teste e o seu teste é que o seu provavelmente é baseado em uma amostra menor de meu comportamento que o meu teste.

Isso tudo deixa em aberto uma questão importante: como decidimos se o comportamento de "saber sobre" é apropriado? Voltando a nosso exemplo mais simples, pode-se dizer que o rato sabe sobre a luz se ele pressiona mais a barra quando a luz está acesa. As pressões à barra são apropriadas porque foram reforçadas na presença da luz no passado. De maneira semelhante, minha fala sobre a guerra civil em resposta a perguntas foi reforçada no passado; particularmente, minhas respostas corretas foram reforçadas e minhas respostas erradas foram punidas. Revela-se que *apropriado* é aquele comportamento que foi "reforçado e não punido".

Pombos foram ensinados não apenas a bicar uma tecla vermelha em vez da tecla verde, mas também a bicar diapositivos com fotografias de seres humanos e a não bicar diapositivos que não tivessem seres humanos (Herrnstein & Loveland, 1964). Os diapositivos que contêm seres humanos constituem uma categoria de estímulos discriminativos que induzem o bicar dos pombos. Como eles bicam somente os diapositivos com pessoas, poderíamos dizer que os pombos sabem sobre pessoas em diapositivos. Dizemos isso apesar de eles não poderem falar. O "conhecimento" deles é "exibido" em seu bicar. Eles bicam apropriadamente – discriminam ou bicam quando o bicar pode ser reforçado e não bicam quando não será reforçado –, e essa discriminação é o contexto que induz nosso comportamento de dizer que eles "sabem sobre".

Uma vez compreendido que discriminação e reforço são as observações que estabelecem a ocasião para falarmos de "saber sobre", temos duas alternativas. Podemos continuar falando sobre o "saber sobre", admitindo que ele na verdade significa somente "discriminação e reforçamento", ou podemos parar de falar desse modo e passar a falar de discriminação e reforçamento. Quando visam à precisão, os analistas do comportamento usam os termos técnicos, pois o discurso mentalista sobre o conhecimento geralmente resulta em confusão.

O que é a mentira?

Por exemplo, alguns filósofos e zoólogos argumentam que, se for possível demonstrar que uma criatura não humana engana seus companheiros, então a criatura deve ter consciência (Cheney & Seyfarth, 1990). O seguinte tipo de exemplo é oferecido como prova. Um macaco dominante e um subordinado estavam em conflito. O subordinado emitiu um chamado de alarme que normalmente acompanharia a visualização de um predador, embora não houvesse nenhum predador à vista. Como resultado, o macaco dominante fugiu. Esses teóricos consideram que o macaco ameaçado deve ter-se colocado privadamente no lugar do outro macaco, sabendo, por seu próprio comportamento passado, que o macaco dominante fugiria quando ouvisse o chamado de alarme. Portanto, o subordinado mentiu para o macaco dominante ao emitir o chamado, apesar de saber que não havia nenhum predador. O que há de errado com essa explicação?

O behaviorista trata da questão "O que é uma mentira?" indagando acerca das condições sob as quais é provável que as pessoas digam que alguém está contando uma mentira. As pessoas procuram distinguir entre mentira e erro. É comum dizer que os dois diferem por ser a mentira dita "de propósito". No Capítulo 5, vimos que uma maneira de entender o fazer intencional é relacionar o ato a uma história de reforçamento. Se Shona diz a você que o correio fica na Rua do Congresso e você descobre que, na verdade, fica na Rua Daniel, você supõe que ela simplesmente cometeu um engano, pois não havia nenhuma razão (isto é, nenhum reforço) para que ela lhe dissesse o nome errado. Se, no entanto, estava quase na hora de fechar o correio, e você estivesse correndo para remeter uma inscrição para um concurso no qual você e Shona estavam competindo, você poderia suspeitar que Shona tivesse dito o nome errado "de propósito", pois haveria reforço por assim fazer.

Portanto, a primeira condição que torna provável dizer que alguém está mentindo é o reforço para a ação. Mentir é um comportamento operante. Provavelmente toda criança em algum momento mente. A possibilidade de que o comportamento de mentir da criança se torne comum depende das consequências, se ele é reforçado ou punido. O reforço para o mentir geralmente é evitar a punição ("Você comeu a bolacha?", "Não, eu nem a toquei."), algumas vezes obter uma recompensa ("Você já comeu algum doce hoje?", "Não, nenhum, o dia inteiro", "Bom, então você pode comer a sobremesa"). O macaco que foi dito ter mentido emitiu um chamado de alarme que foi reforçado pela retirada do macaco dominante ameaçador.

A segunda condição para se chamar uma ação de mentira é a inconsistência. Você pode não ter nenhuma ideia dos motivos (isto é, dos reforçadores) da pessoa para mentir, mas, se Gideon um dia lhe diz que viu um roubo e no dia seguinte diz que não viu roubo nenhum, é provável que você diga que ele agora está mentindo. Será particularmente provável que você faça essa afirmação se ele agiu de várias maneiras compatíveis com ter visto o roubo – agiu de modo amedrontado, relatou os eventos, descreveu o ladrão, e assim por diante. Como vimos no Capítulo 3, Ryle diria que todas essas ações pertencem à mesma categoria comportamental, e um behaviorista molar diria que todas elas são partes da mesma atividade estendida de "testemunhar um roubo". O comportamento que é incongruente com a categoria ou com a atividade – a negação em nosso exemplo – é chamado de mentira. Provavelmente, foi também devido à incongruência que se afirmou que o macaco que emitiu o chamado de alarme mentiu, pois os pesquisadores haviam observado a emissão do chamado em outras ocasiões em que o predador estava presente. Como os outros macacos aprendem rapidamente a ignorar os animais cujos chamados não são confiáveis (isto é, discriminam com base em quem está fazendo o chamado de alarme), o reforço para o falso chamado de alarme deve desaparecer em pouco tempo.

Permanece uma questão: de onde veio, para começar, o falso chamado de alarme? A tentação de recorrer ao mentalismo surge exatamente da ausência dessa informação. Como vimos no Capítulo 5, quando desconhecemos a história passada de reforço, em nada ajuda inventar histórias sobre origens internas fantasmagóricas. É mais provável que o macaco subordinado tenha emitido chamados de alarme em ocasiões anteriores, quando o predador estava presente, e que, em algumas dessas ocasiões, o chamado tenha sido reforçado pela retirada do macaco dominante. Pode ter sido apenas um pequeno passo a mais dar o chamado de alarme quando o predador estava ausente. Outras pesquisas poderiam revelar que essas progressões ocorreram. Isso explicaria a ação do macaco sem qualquer referência à sua vida mental e sem que se dê nenhum significado especial à sua "mentira".

Autoconhecimento

De acordo com a visão convencional (psicologia popular) com a qual nos criamos em nossa sociedade, discutida nos Capítulos 1 e 2, há um mundo interno subjetivo e um mundo externo objetivo. A ênfase do behaviorismo moderno é alheia a essa distinção.

De acordo com a visão convencional, poderíamos perguntar: "O que eu conheço melhor, meu mundo interno ou o mundo externo?". A pergunta em si faz pouco sentido para o behaviorista. Duas respostas são possíveis. Uma é parafrasear a pergunta em termos mais compreensíveis: "O que exerce mais controle sobre meu comportamento, estímulos públicos ou privados?". A outra é determinar as circunstâncias sob as quais se diz que alguém tem autoconhecimento. Passamos agora a examinar cada uma delas.

Estímulos públicos versus estímulos privados

Se perguntarmos sobre estímulos públicos e privados, a primeira coisa a reconhecer é que apenas estímulos públicos normalmente são acessíveis às pessoas significativas no ambiente de uma criança em desenvolvimento. Uma criança pode estar com fome, mas normalmente apenas os aspectos públicos da fome são visíveis. Os relatos verbais de uma criança (lembre-se, comportamento operante) são reforçados pelas pessoas significativas à sua volta. É relativamente fácil reforçar relatos verbais apropriados, como nomear objetos ou cores, quando os estímulos são públicos. A criança diz "Cachorro", e o pai diz "Sim, está certo, é um cachorro". "Que cor é essa bola?", "Vermelha", "Ótimo, está certo".

Problemas específicos surgem quando tentamos ensinar a criança a relatar eventos privados, pois eles não são acessíveis às pessoas que estabeleceriam o contexto para reforçamento. Em crianças pequenas, focamos nos eventos privados que permitem suposições razoáveis devido à existência de "sinais" públicos colaterais – por exemplo, ferimentos dolorosos. Vemos a criança chorando e perguntamos: "Você se machucou?". A resposta "Sim" é seguida de compaixão e de cuidados (reforço), mas também de "Onde dói? Você bateu o joelho?". Sinais visíveis de ferimento podem ajudar. Se juntarmos o ensinamento para nomear partes do corpo com perguntas sobre dor, com o tempo conseguiremos ensinar a criança a emitir relatos verbais com a forma geral de "Meu X está doendo".

Sem esses acompanhamentos públicos confiáveis, é muito mais difícil ensinar alguém a relatar eventos privados. É por isso que "entrar em contato com seus sentimentos" parece ser tão lento e difícil. Estarei zangado ou com medo? Estou fazendo isso por amor ou por culpa? Esses são julgamentos difíceis.

A dificuldade, no entanto, não surge da falta de informação, mas da incerteza sobre como interpretar a informação. Colocando em linguagem técnica, a dificuldade surge não da falta de estímulos discriminativos – públicos, privados, passados e presentes –, mas da falta de uma história de reforçamento para a discriminação entre um relato verbal e outro. A falta da história de reforçamento resulta da falta de "sinais" públicos para controlar o comportamento daqueles que poderiam reforçar o relato verbal correto. Se houvesse estímulos discriminativos públicos indicando que você estava zangado ou com medo – digamos, se você ficasse vermelho em um caso e verde no outro –, você não teria nenhuma dificuldade para dizer se estava com medo ou zangado, porque as pessoas em volta não teriam dificuldade para reforçar o relato verbal correto. Os sinais públicos reais, porém, são complexos e pouco confiáveis. Somente alguém com muito treino pode distinguir com segurança medo de raiva. É por isso que o terapeuta que o ajuda a "entrar em contato com seus sentimentos" talvez possa lhe dizer como você se sente – com medo, zangado, apaixonado, culpado – melhor do que você mesmo.

Portanto, nossa situação é exatamente o inverso da concepção convencional: eventos privados são menos conhecidos do que eventos públicos (Skinner, 1969). Uma vez que o relato verbal, como qualquer comportamento operante, depende de reforço confiável, e o reforço confiável depende de sinais públicos para que os outros o dispensem, os relatos verbais ocorrem prontamente apenas na presença de sinais públicos. As assim chamadas "emoções puras" (p. ex., dor), de que falam os filósofos, são simplesmente os eventos privados com maior probabilidade de ser acompanhados por sinais públicos (contorções e gemidos), que permitem que relatos verbais a seu respeito sejam reforçados consistentemente pelos outros.

Sejam aprendidos com facilidade ou com dificuldade, os relatos verbais baseados parcialmente em estímulos privados só podem ser aprendidos se forem acompanhados por sinais públicos, ainda que sutis ou pouco confiáveis. Como ocorre com outras formas de conhecimento, os sinais públicos que controlam os relatos verbais que constituem meu autoconhecimento são muito semelhantes aos que controlam os relatos verbais de outras pessoas, relatos esses que constituem seu conhecimento sobre mim. A forma como sei que estou com raiva é muito semelhante à forma como outra pessoa sabe que estou com raiva: trata-se de uma situação na qual as pessoas em geral se comportam de modo raivoso, na qual me comportei de modo raivoso no passado e na qual tenho uma expressão de raiva, a cara avermelhada e os punhos cerrados. A única diferença, é claro, é que eu também posso relatar pensamentos de raiva e um aperto no peito. Outra pessoa, no entanto, poderia notar minha expressão de raiva e meu rosto vermelho em um momento em que eu não posso notá-los. Os estímulos que controlam meu relato verbal sobre mim mesmo podem diferir dos que controlam o relato verbal de outra pessoa sobre mim, mas eles não são necessariamente mais numerosos ou mais confiáveis.

A ideia de que o autoconhecimento depende dos mesmos tipos de observação pública que o conhecimento sobre os outros conflita com a visão convencional de acordo com a qual o autoconhecimento depende de informação privilegiada inacessível aos outros. Contudo, existem algumas pesquisas de laboratório que a apoiam. Daryl Bem (1967) e seus alunos, por exemplo, conduziram vários experimentos para testar se as autopercepções das pessoas estavam sob controle de seu próprio comportamento público. No final da década de 1950, um psicólogo chamado Leon Festinger apresentou uma teoria sobre a autopercepção, designada teoria da dissonância. Como ela supostamente explicava as atribuições das pessoas sobre si mesmas – isto é, as respostas que elas davam a questões sobre suas crenças e atitudes, geralmente em testes escritos –, a teoria da dissonância rapidamente tornou-se parte de uma teoria mais geral da atribuição. Originou-se da observação de que, se os sujeitos experimentais fossem persuadidos a dizer, sem nenhuma boa desculpa, coisas com as quais inicialmente não concordavam, suas atribuições mudariam posteriormente, ajustando-se mais ao que haviam dito. Por exemplo, em um experimento, os sujeitos participaram inicialmente de duas tarefas enfadonhas, e depois lhes foi solicitado que mentissem para uma mulher que esperava em outra sala (na verdade, uma cúmplice no experimento), dizendo a ela que as tarefas eram divertidas e interessantes. Metade dos sujeitos recebeu 1 dólar para fazer isso, e a outra metade recebeu 20 dólares. Posteriormente, quando os sujeitos responderam a um questionário, os que tinham recebido somente 1 dólar classificaram as tarefas como interessantes, enquanto os que receberam 20 dólares, assim como outro grupo que não havia sido solicitado a mentir, classificaram as tarefas como enfadonhas. De acordo com a teoria da dissonância, os sujeitos que receberam apenas 1 dólar mudaram suas autopercepções porque sentiram necessidade de reduzir a dissonância entre o conhecimento interno de que as tarefas eram enfadonhas e o comportamento externo de dizer que eram interessantes.

Daryl Bem questionou essa teoria mentalista. Ele sugeriu que os sujeitos simplesmente observaram o próprio comportamento, como observariam o comportamento de outra pessoa, e concluiu que as afirmações de quem ganhou apenas 1 dólar tinham maior probabilidade de ser verdadeiras do que as de quem ganhou 20 dólares. Em um de seus experimentos, Daryl Bem criou uma gravação que imitava um dos sujeitos iniciais mentindo convincentemente para a cúmplice, que respondia educadamente. Todos os sujeitos nesse experimento ouviram a descrição das tarefas e a gravação. Foram, então, divididos em três grupos: um grupo a quem não se disse nada, um grupo a quem se disse que o sujeito na gravação tinha recebido 1 dólar e um grupo a quem se disse que o sujeito tinha recebido 20 dólares. Em um questionário preenchido depois dessa etapa, eles classificaram as tarefas como enfadonhas ou interessantes, como havia sido feito no estudo sobre dissonância. Os resultados foram os mesmos do estudo anterior, exceto, é claro, que agora as classificações (atribuições) estavam baseadas na observação do comportamento de outra pessoa. Daryl Bem concluiu que quem recebe menos tem maior credibilidade, independentemente de ser o próprio sujeito ou alguma outra pessoa.

Como outras formas de mentalismo, a teoria da dissonância serve apenas para desviar nossa atenção da explicação última dos julgamentos de credibilidade, nossa experiência social prévia. Assim como os pombos, em nossa demonstração, discriminam entre uma tecla vermelha e uma tecla verde, a maioria das pessoas discrimina entre pessoas que são pagas para dizer algo e pessoas que não são pagas para isso. Do mesmo modo que os pombos, as pessoas discriminam como resultado de uma história de reforçamento que depende do contexto. É menos provável que o comportamento congruente com verbalizações de pessoas que são pagas para emiti-las seja reforçado. Somos mais inclinados a nos comportarmos de acordo com as verbalizações de uma pessoa que não é paga para emiti-las. Usando os termos do behaviorismo molar (ou de Ryle), nossa tendência é apresentar os comportamentos que pertencem à atividade (ou categoria) de "acreditar no que a pessoa disse". Nos experimentos citados, fez pouca diferença se o mentiroso que não foi pago era outra pessoa ou o próprio sujeito.

O autoconhecimento sobre atitudes e crenças internas frequentemente depende de discriminações que envolvem muitos eventos ao longo de muito tempo, mas os eventos são mais públicos do que privados. Quando um dos pais se questiona se fica com seu filho por amor ou por culpa, diz-se que está se questionando sobre seus motivos. Os motivos, é claro, são ficções mentais. De onde vêm esses supostos motivos? Discriminar se estou agindo por amor ou por culpa requer acesso à história de reforçamento dessas ações. Trata-se de uma história de reforço positivo ou negativo? Eu fico com meu filho porque no passado minha esposa ameaçou me censurar e desprezar se não o fizesse? Ou fico com meu filho porque no passado ele e minha esposa reforçaram esse comportamento com abraços, beijos e outros sinais de afeto? Se dissermos que seu terapeuta sabe melhor do que você próprio a diferença entre sua culpa e seu amor, é porque ele tem maior capacidade de discriminar uma história de reforçamento de outra.

Introspecção

As ideias convencionais sobre o autoconhecimento estão intimamente ligadas à noção de *introspecção*. De acordo com essa ideia, uma pessoa adquire autoconhecimento olhando o palco interno da mente para ver que pensamentos, ideias, percepções e sensações podem estar lá. No Capítulo 3, vimos alguns dos problemas com noções desse tipo – que a mente não tem lugar no mundo natural, que não está claro quem vê ou como vê, e assim por diante.

A explicação de Ryle para o autoconhecimento difere da explicação de Skinner apenas no tipo de crítica à introspecção. Ryle rejeita a introspecção em bases lógicas. "Observar um pardal" é um rótulo para a categoria de comportamento que inclui falar sobre o pardal, apontar para ele, descrevê-lo, dizer quando ele se movimenta, e assim por diante. Quando você observa um pardal, você não faz duas coisas, observá-lo e falar sobre ele, pois, do ponto de vista lógico, tudo o que se quer dizer por observar um pardal é que você faz coisas do tipo falar sobre ele. Observar um pensamento pareceria implicar exatamente o que observar um pardal não implica, isto é, que o comportamento de observar é um segundo comportamento, distinto do pensamento. Se isso fosse verdade, então teríamos de ser capazes de nos observar observando, observar-nos observando-nos observando, e assim por diante. Em outras palavras, a ideia de introspecção leva a uma *regressão infinita*, um resultado geralmente considerado absurdo. Como no caso de observar um pardal, falar de um pensamento é meramente parte de pensar o pensamento. Se Naomi diz "Eu acho *Moby Dick* um ótimo livro", essa declaração apenas faz parte de seu pensamento de que o livro é ótimo.

Skinner assume a perspectiva mais pragmática de investigar as circunstâncias sob as quais alguém poderia falar de introspecção. Se observar um pensamento fosse como observar um pardal, então falaríamos do pensamento como falamos do pardal. A fala que menciona o próprio comportamento, particularmente a fala subvocal ou outros eventos privados, parece ser a ocasião na qual se poderia dizer que a pessoa está fazendo uma introspecção. Por essa razão, Skinner se concentra no relato verbal – o falar. Para Skinner, a única diferença entre um relato verbal sobre um pardal e um relato verbal sobre um pensamento é que o estímulo discriminativo é inteiramente público para o pardal e parcialmente privado para o pensamento. Ambos os relatos verbais são exemplos de comportamento operante sob controle de estímulos. Podemos conciliar a visão de Skinner com a de Ryle ou de Rachlin se reconhecermos que dizer "Eu só estava pensando *X*" – falar sobre um pensamento – é uma declaração que faz parte da categoria ou atividade que chamamos "pensar *X*", a qual é inteiramente pública, não privada. Examinaremos como é possível tratar os relatos verbais desse modo no Capítulo 7.

O COMPORTAMENTO DOS CIENTISTAS

Já que um cientista é um organismo que se comporta, deveríamos esperar que os conceitos da análise do comportamento se apliquem ao comportamento dos cientistas tanto quanto ao de qualquer outra pessoa. É razoável perguntar: "Quais são as atividades que alguém deve executar para ser chamado de 'cientista'?". Essas atividades devem ser compreensíveis à luz de nossos conceitos de comportamento operante e controle de estímulos.

Observação e discriminação

O físico Ernst Mach e outros autores ressaltaram que as atividades da ciência são as mesmas de algumas atividades da vida cotidiana, só realizadas com mais cuidado e precisão. Afirma-se que cientistas reúnem dados, o que significa dizer que fazem observações com um grau incomum de cuidado e precisão, muitas vezes com a ajuda de instrumentos especiais. Em ciências não experimentais, como a astronomia, a observação representa toda a coleta de dados, e novas observações frequentemente ocorrem por acaso. Em ciências experimentais, ambientes específicos são construídos e manipulados. Um experimento consiste de manipulação combinada com observação.

No vocabulário técnico da análise do comportamento, a observação científica é a formação de discriminações. Uma das atividades mais básicas da ciência é a nomeação. O astrônomo observa uma estrela e afirma: "Aquela é uma gigante vermelha". O biólogo observa uma forma em uma célula do corpo e afirma: "Aquilo é uma mitocôndria". De modo similar, a mensuração consiste em dizer ou em escrever algo (comportamento operante) como resultado de observar ou ler algum instrumento (estímulo discriminativo). O químico lê um medidor e escreve em um caderno: "32 graus". O analista do comportamento lê um contador e escreve: "528 pressões na barra". As análises de dados também consistem em formar discriminações. Manipulamos números na forma de tabelas e gráficos, procurando padrões, finalmente tirando conclusões, faladas e escritas. O físico vê que os pontos em um gráfico caem próximo de uma linha e afirma: "Esses números se conformam a lei de Boyle". Um sociólogo calcula o coeficiente de correlação e afirma: "A violência familiar aumenta em épocas de crise econômica".

Todas essas discriminações compartilham um elemento específico: o cientista não somente faz a discriminação, baseada na forma, na leitura de contadores ou em padrões numéricos, mas também se comporta de modo a produzir o estímulo discriminativo. Essa combinação de atividades, produzindo estímulos e discriminando com base nos estímulos produzidos, leva as pessoas a chamar a ciência de "criativa". Manipulamos instrumentos muitas e muitas vezes, procurando algum estímulo discriminativo reconhecível, até que algo finalmente possa ser dito ou escrito: "Ali, agora você pode ver que é uma mitocôndria", ou "Agora fica claro que os pontos caem ao longo dessa linha, e não daquela", ou "Se você comparar os números, há uma tendência de aumento".

Os cientistas são particularmente recompensados por produzir novas discriminações, que são chamadas de "descobertas". Prêmios Nobel são concedidos a discriminações, como "Uma estrutura da molécula de DNA é uma hélice dupla" ou "Esta é uma vacina que previne a poliomielite".

Conhecimento científico

O conhecimento científico é um tipo de conhecimento declarativo ou de "saber sobre". Afirma-se que um cientista sabe sobre algo quando ele pode falar (e, em particular, responder a perguntas) corretamente no contexto. Se um paleontólogo anuncia a descoberta de um fóssil de uma nova espécie de dinossauro, outros paleontólogos fazem muitas perguntas. Como você pode ter certeza de que é uma nova espécie? Quão boas são suas mensurações? Sua estimativa da idade do fóssil poderia estar errada? Aquelas formas não são de fato penas? A capacidade de a pessoa fornecer respostas adequadas determina se a descoberta será aceita. Em termos de análise do comportamento, as respostas do cientista servem como estímulo discriminativo para outros dizerem que ele sabe algo. Se um número suficiente de cientistas começa a dizer isso, a descoberta se torna parte do conhecimento comum – parte da fala e da escrita – daquele grupo de cientistas. O conhecimento científico é a fala e a escrita dos cientistas em contextos científicos.

O principal ponto aqui envolvido é que os cientistas são organismos que se comportam e que a ciência é um tipo de comportamento operante que, como outros comportamentos operantes, está sob o controle do contexto e das consequências. Falar, escrever, fazer experimentos, realizar mensurações – todos são tipos de comportamento operante sob controle do contexto e das consequências.

O filósofo David Hull (1988) descreve a ciência como um processo no qual o comportamento de qualquer cientista é moldado por outros cientistas. Ele não usa o vocabulário de reforçamento, mas aponta para a importante consequência de o trabalho de um cientista ser citado por outros cientistas em conferências e em publicações. Para um analista do comportamento, as citações são alguns dos reforçadores que moldam o discurso e a pesquisa de um cientista, juntamente com outros reforçadores sociais fornecidos por colegas. O processo estabelece e mantém as atividades do pesquisador.

Se as respostas do paleontólogo às perguntas persuadem outros paleontólogos, eles reforçam a fala e a escrita sobre a descoberta. Se muitos outros rejeitam a "descoberta" ou deixam de reforçar a fala e a escrita e até as punem, então o "descobridor" pode, por fim, mudar seu comportamento e desistir ou retirar seus argumentos. Ou a fala e a escrita do potencial descobridor podem persistir por algum tempo diante da ausência de reforço. A persistência pode finalmente ser recompensada, mas alguns cientistas foram para o túmulo sustentando uma ideia que nunca foi aceita. Por que alguns persistem e outros desistem diante da ausência ou da insuficiência de reforço para seu comportamento é uma questão que fica por ser compreendida, mas a resposta será muito provavelmente encontrada nas histórias de reforçamento individuais.

Pragmatismo e contextualismo

A concepção de que os cientistas são organismos que se comportam, de que a ciência é comportamento operante e de que o conhecimento científico consiste na fala e na escrita dos cientistas, tudo sob controle do contexto e das consequências, contradiz a visão de ciência do realista, que discutimos no Capítulo 2. Não diz nada sobre um mundo real, sobre "dados sensoriais", nada sobre a verdade última.

Em vez disso, como sugerido no Capítulo 2, a visão analítico-comportamental de ciência continua a tradição do pragmatismo. Pragmatistas, como William James, sustentam que a verdade de uma teoria científica reside em sua utilidade. Para o analista do comportamento, isso se traduz por: *a probabilidade dos padrões de fala e escrita depende de seu reforço*. O discurso sobre a Terra plana persistiu enquanto foi reforçado por ouvintes e por resultados práticos. Cessou quando os ouvintes pararam de reforçá-lo e, pelo contrário, começaram a reforçar o discurso sobre a Terra redonda. O discurso sobre a Terra redonda foi mais reforçado por resultados práticos do que o discurso sobre a Terra plana. Em outras palavras, a teoria da Terra redonda foi considerada "verdadeira" quando se tornou socialmente aceitável e foi reconhecida como mais útil em atividades práticas, como a navegação.

A visão analítico-comportamental se parece com uma ideia que historiadores da ciência denominam *contextualismo*. De acordo com o contextualismo, as teorias e a pesquisa científica têm de ser compreendidas dentro do contexto de seu tempo e de sua cultura. Essa ideia rejeita a visão de uma ciência objetiva e independente de valores. Ao contrário, os contextualistas asseveram que as teorias e mesmo os experimentos que os cientistas criam dependem do ambiente cultural em que vivem e no qual cresceram. Para os contextualistas, não é coincidência que a teoria da evolução tenha sido proposta e por fim aceita ao mesmo tempo em que a Revolução Industrial estava acontecendo.

O ponto de vista analítico-comportamental coincide com o contextualismo em termos gerais, mas vai além ao enfatizar as consequências práticas em acréscimo às consequências sociais e ao especificar os meios por meio dos quais o ambiente social (isto é, outras pessoas do grupo, ou a comunidade verbal, como veremos no Cap. 7) molda a ciência. O comportamento dos cientistas, falar e escrever, como o comportamento operante de outros organismos, é modelado por reforço e punição.

RESUMO

As pessoas falam de "saber" e "conhecimento" quando uma pessoa ou outra criatura se comportam em relação ao mundo natural, público ou privado, de maneiras que são reforçadas (que são "apropriadas"). O conhecimento processual, ou o *saber como*, significa que algum comportamento ou alguma categoria de comportamento particular foram observados. "Gideon sabe nadar" significa que Gideon de vez em quando nada. "Eu sei nadar" significa que eu de vez em quando nado. Afirmações sobre saber falar francês são semelhantes, exceto que a categoria "saber francês" inclui comportamentos mais variados. O conhecimento declarativo, ou *saber sobre*, significa que o comportamento referido está sob controle de estímulos. Pode-se dizer que um rato sabe como conseguir comida pressionando uma barra simplesmente porque ele pressiona a barra, ao passo que se pode dizer que ele sabe sobre uma luz se ele só pressiona a barra quando a luz está acesa. O saber sobre refere-se à discriminação. No caso especial de saber sobre em que o comportamento sob controle de estímulos é um comportamento verbal, diz-se que uma pessoa sabe sobre um assunto se ela faz asserções que foram reforçadas (que são "corretas") no contexto de estímulos discriminativos do ambiente (falar sobre pássaros na presença de pássaros), particularmente estímulos providos por outras pessoas, como perguntas ("Qual a cor dos ovos do pardal?"). O autoconhecimento pertence à mesma categoria geral de "*falar sobre*, sob controle de estímulos". Ele é escasso e fraco quando diz respeito a eventos privados, porque os estímulos discriminativos privados são inacessíveis para os outros, que treinam as discriminações que compõem o conhecimento declarativo. O resultado é o oposto do que seria de esperar a partir da concepção convencional: eventos públicos ("externos") exercem melhor controle sobre o comportamento (são mais bem conhecidos) do que eventos privados ("internos").

O conhecimento científico consiste na fala e na escrita dos cientistas. Ele depende tanto de um contexto criado pela pesquisa quanto das consequências do comportamento de ouvintes e leitores, normalmente outros cientistas.

LEITURAS ADICIONAIS

Bem, D. J. (1967). Self-perception: An alternative interpretation of cognitive dissonance phenomena. *Psychological Review*, 74, 183–200. Nesse artigo, Daryl Bem relata vários experimentos, critica o mentalismo da teoria da dissonância e explica formas comportamentais para as autopercepções.

Cheney, D. L., & Seyfarth, R. M. (1990). *How monkeys see the world: Inside the mind of another species*. Chicago: University of Chicago Press. Esse livro é sobre macacos vervet observados na selva e está repleto de interpretações mentalistas, como o tratamento do "mentir", discutido neste capítulo.

Dennett, D. C. (1987). *The intentional stance*. Cambridge, MA: MIT Press. Dennett é um filósofo que defende o mentalismo e que inspirou muitas das interpretações mentalistas presentes nas observações de Cheney e Seyfarth sobre o comportamento de macacos. Ver especialmente os Capítulos 7 e 8.

Herrnstein, R. J., & Loveland, D. H. (1964). Complex visual concept in the pigeon. *Science*, 146, 549–551. Esse artigo contém o relato original da descoberta de que pombos podem discriminar diapositivos que contêm seres humanos dos que não os contêm.

Hull, D. L. (1988). *Science as a process: An evolutionary account of the social and conceptual development of science*. Chicago: University of Chicago Press. Esse livro descreve a ciência como um processo de uma forma compatível com a visão de que o comportamento dos cientistas é moldado pelas consequências.

Rachlin, H. (1991). *Introduction to modern behaviorism* (3ª ed.). New York: Freeman. Ver o Capítulo 5 para uma discussão da cognição em relação a controle de estímulos.

Ristau, C. (1991). *Cognitive ethology: The minds of other animals*. Hillsdale, NJ: Erlbaum. Esse livro é uma coletânea de artigos de zoólogos, psicólogos e filósofos, repleto de interpretações mentalistas do comportamento animal e de discussões sobre a validade dessas interpretações.

Ryle, G. (1949). *The concept of mind*. Chicago: University of Chicago Press. Veja especialmente os Capítulos 2 e 6 sobre o conhecer e o autoconhecimento.

Skinner, B. F. (1969). Behaviorism at fifty. *Contingencies of reinforcement*. New York: Appleton-Century-Crofts (Capítulo 8). Esse artigo apresenta uma discussão da introspecção e do autoconhecimento.

PALAVRAS-CHAVE

Autoconhecimento
Cadeia comportamental
Conhecimento declarativo
Conhecimento processual
Contextualismo
Controle de estímulos
Controle de estímulos relacionais
Discriminação
Emparelhamento com o modelo
Estímulo discriminativo
Introspecção
Regressão infinita
Relato verbal
Teoria da dissonância

7

Comportamento verbal e linguagem

Muito do que foi discutido nos Capítulos 3, 4, 5 e 6 presumia que falar é um tipo de comportamento operante. Muitas pessoas – leigos, filósofos, linguistas e psicólogos – consideram a fala e a linguagem como coisas separadas e diferentes de outros comportamentos. Na verdade, frequentemente se diz que a linguagem é o que distingue nossa espécie das outras. Os analistas do comportamento, porém, coerentes com sua confiança na teoria da evolução, procuram compreender todas as espécies e todos os tipos de comportamento dentro do mesmo quadro geral de referência. Eles oferecem uma explicação da fala e da linguagem que transcende categorias tradicionais, acentuando a semelhança da fala com outros tipos de comportamento. Neste capítulo, veremos que o falar é um dos tipos, e não o único, de comportamento verbal e que a noção de comportamento verbal substitui muitas ideias tradicionais sobre a fala e a linguagem.

O QUE É COMPORTAMENTO VERBAL?

Comportamento verbal é um tipo de comportamento operante. Pertence à categoria comportamental mais ampla que poderia ser chamada de "comunicação", exceto por *comunicação* sugerir uma teoria mentalista alheia ao ponto de vista behaviorista. Como veremos, a perspectiva comportamental redefine a palavra *comunicação* ou a substitui por outros termos.

Comunicação

Quando um pássaro emite um chamado de alarme e todos os outros pássaros do bando se escondem do predador, poderíamos dizer que ocorreu um ato de comunicação. Em uma concepção comportamental, esse exemplo ilustra tudo o que entra na comunicação. Ocorre "comunicação" quando o comportamento de um organismo gera estímulos que afetam o comportamento de outro organismo.

A concepção convencional sustenta que, na comunicação, algo é passado de uma pessoa para outra. Etimologicamente, *comunicação* significa "tornar comum". O que se torna comum? Uma ideia, uma mensagem, um significado. Alguns psicólogos enfeitam essa concepção cotidiana acrescentando que a ideia é codificada pelo remetente, transmitida em código para o destinatário e depois decodificada por esse destinatário, que passa, então, a compreender a mensagem.

Como todas as noções mentalistas, a noção cotidiana de comunicação nada acrescenta ao que observamos e nos impede de uma compreensão maior. Onde está a mensagem? De que é feita? Quem faz a codificação e a decodificação? A mensagem, a codificação e a decodificação são ficções de um mundo mental que permanece eternamente fora de nosso alcance.

O pássaro que emite o chamado se comporta – movimenta a faringe e os pulmões –, e isso resulta em um estímulo auditivo que modifica o comportamento de outros pássaros que estão ao alcance da audição. Acrescentar que o pássaro que chama emite uma mensagem que os outros recebem não esclarece a explicação. Será que é diferente quando uma pessoa fala com outra?

O comportamento verbal como comportamento operante

Há uma diferença crucial entre o chamado de alarme e a fala. O chamado de alarme do pássaro é um padrão fixo de ação, enquanto falar é comportamento operante. Quando um padrão fixo de ação gera estímulos auditivos ou visuais que afetam o comportamento dos outros (como na defesa, na agressão e em um relacionamento), esse evento pode ser chamado de comunicação. Entretanto, não é comportamento verbal. Mesmo o rápido movimento da sobrancelha humana como saudação, embora possa afetar a pessoa que o percebe e, portanto, ser comunicativo, não é um exemplo de comportamento verbal.

"Comunicação" é a categoria mais ampla. Todo comportamento verbal poderia ser chamado de comunicação, mas o contrário não é verdadeiro. Padrões fixos de ação dependem apenas de antecedentes (estímulos-sinal), ao passo que o comportamento verbal, por ser um tipo de comportamento operante, também depende de suas consequências.

O falar tem consequências

Suponha que Zack e Alice estejam jantando. As batatas de Zack estão sem sal, e o sal está perto de Alice. Zack diz: "Me passe o sal, por favor". A consequência dessa frase é que Alice lhe passa o sal. Zack se comporta – movimenta a laringe, os lábios, a língua, e assim por diante. Isso gera um estímulo auditivo, que Alice ouve. A fala de Zack "Me passe o sal, por favor" é reforçada pela entrega do sal.

Sabemos que a frase de Zack está sendo controlada por esse reforçador porque, se estivesse sozinho, ou se as batatas estivessem suficientemente salgadas ou se o sal estivesse perto de seu prato, a frase "Me passe o sal, por favor" não ocorreria. O comportamento verbal, como qualquer comportamento operante, tende a ocorrer apenas no contexto em que tem probabilidade de ser reforçado.

A comunidade verbal

As pessoas que ouvem e reforçam o que uma pessoa diz são membros da *comunidade verbal* dessa pessoa – o grupo de pessoas que falam entre si e que reforçam as verbalizações umas das outras.

Um experimento de Rand Conger e Peter Killeen (1974) mostrou como a comunidade verbal funciona. Quatro pessoas se sentaram a uma mesa, conversando sobre um tema de interesse comum. Três dessas pessoas eram aliadas dos experimentadores, sem o conhecimento da quarta, que era o sujeito experimental, e a quem foi dito apenas que o experimento era sobre interações sociais e que seria gravado em vídeo. Ocasionalmente, em esquemas de intervalo variável, duas luzinhas atrás do sujeito acendiam, sinalizando às pessoas à sua esquerda e à sua direita que deveriam dizer uma palavra de aprovação, como "Bem observado" ou "Tem razão", na próxima oportunidade que parecesse adequada. A pessoa sentada em frente ao sujeito tinha a função de facilitar a conversa. À medida que os esquemas de reforçamento da esquerda e da direita variavam, também variava a frequência de reforço à direita e à esquerda. O comportamento verbal do sujeito mudava quando a taxa de aprovação mudava. Se a pessoa à direita expressava mais aprovação, o sujeito passava mais tempo falando com ela; se a pessoa da esquerda expressava mais aprovação, o sujeito passava mais tempo falando com essa pessoa. Conger e Killeen concluíram que as declarações de aprovação funcionavam como reforçadores.

Falante e ouvinte

Skinner (1957) definiu comportamento verbal como o comportamento operante que exige a presença de outra pessoa para ser reforçado. Essa outra pessoa, que reforça o comportamento verbal do falante, é o *ouvinte*. O comportamento operante de abrir a geladeira ou de dirigir um carro não pode ser chamado de comportamento verbal, pois não é necessária a presença de um ouvinte para reforçá-lo.

O episódio verbal

A Figura 7.1 apresenta um diagrama dos eventos que compõem um episódio verbal completo. No exemplo em que Zack pede o sal para Alice, o contexto que se inicia ou o estímulo discriminativo (S^D_S) para o pedido de Zack é a situação em que ele e Alice estão à mesa, falta sal nas batatas e o sal está fora de alcance, junto a Alice. Zack emite o comportamento verbal de movimentar a laringe, a língua, os lábios, e assim por diante (R_V; a verbalização está escrita na Figura 7.1, entre colchetes). Essa ação verbal gera um estímulo discriminativo auditivo (S^D_L, entre aspas na Fig. 7.1). O som de "Me passe o sal, por favor" induz Alice a passar o sal. O fato de Zack receber o sal reforça o ato verbal de pedir por ele e serve de estímulo discriminativo (S^D_R) que induz Zack a retribuir, de alguma maneira. Ele diz (movimentando a laringe, a língua, os lábios, e assim por diante) *Obrigado* (entre colchetes), o que gera um estímulo auditivo, "Obrigado", que serve de reforçador para o ato de Alice passar o sal. Todos esses eventos, da parte de Zack e de Alice, decorrem de longas histórias de reforçamento por fazer e atender pedidos.

Reforço do comportamento verbal

O evento crucial na Figura 7.1, que faz de R_V um comportamento verbal, e não um outro tipo de comportamento operante, é S^R_S, o reforço dispensado pelo ouvinte. Se Zack conseguisse o sal de uma forma que excluísse Alice – talvez se levantando e pegando-o ele próprio –, não chamaríamos esse comportamento de verbal. Para que uma ação seja considerada verbal, seu reforço tem de ser dispensado por outra pessoa, o ouvinte.

A maior parte do comportamento verbal depende de reforço social. Se Gideon avisa Shona de que "Há um tigre atrás de você", o reforço desse ato verbal vem do

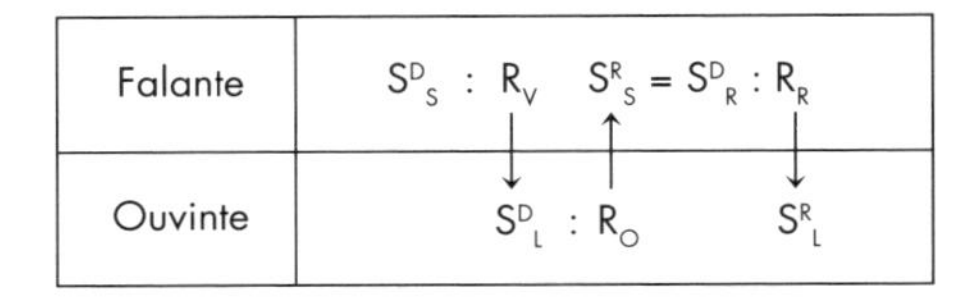

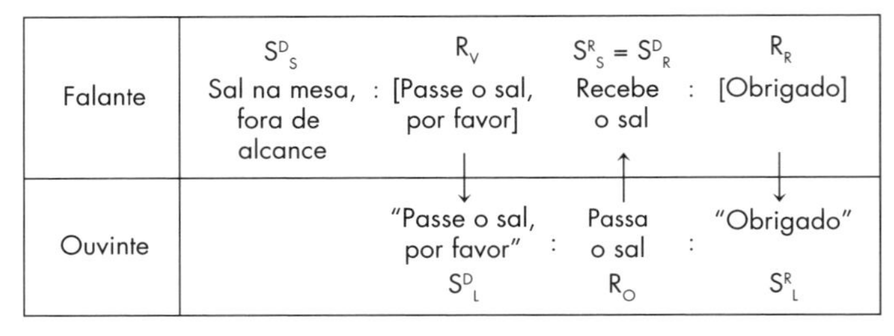

FIGURA 7.1 Um episódio verbal. S^D_S é o contexto para o comportamento verbal do falante (R_V), que gera um estímulo discriminativo (S^D_R) que determina a ocasião para o ouvinte agir (R_O), de forma a prover reforço (S^R_S) para o comportamento do falante (R_V). O reforço ao falante serve também como estímulo discriminativo (S^D_R) que determina a ocasião para uma resposta de retribuição (R_R) por parte do falante. Esta provê o reforço (S^R_L) para o comportamento do ouvinte (R_O).

salto que Shona dá para um lugar seguro e de seus profusos agradecimentos. Quando você e eu conversamos, alternamos o papel de falante e ouvinte, com meus atos verbais servindo para reforçar seus atos verbais, e vice-versa. Nos termos da Figura 7.1, a ação do ouvinte, R_O, em uma conversa é tanto comportamento verbal como R_V. Se eu disser "Você ouviu a notícia?", você ouve "Você ouviu a notícia?" e responde "Não, o que foi?". Eu ouço "Não, o que foi?", e isso reforça meu ato inicial de perguntar, minha resposta seguinte reforça seu ato de perguntar, e assim por diante. À medida que a conversa continua, cada pessoa reforça o ato da outra e induz mais atos. Uma vez que R_V e R_O são ambos atos verbais, eles desempenham o duplo papel de reforçador e estímulo discriminativo.

Participar de uma conversa geralmente leva a consequências ulteriores mais longas e importantes. Dependendo da pessoa com quem você conversa, você pode encontrar um amor, obter orientação para chegar a um lugar, conseguir um trabalho, salvar seu casamento, fechar um negócio, e assim por diante. A atividade de participar de uma conversa faz parte de uma atividade mais extensa, tal como estar casado, ganhar o sustento ou manter a saúde. Assim, reforçadores sociais de curto prazo trocados em uma conversa são geralmente sustentados por consequências mais significativas.

A modelagem da troca de papéis durante uma conversa se inicia em tenra idade. Catherine Snow (1977) registrou a interação de duas mães com seus bebês. Verificou que as mães já desempenhavam o papel de ouvintes das vocalizações das crianças quando estas tinham apenas 3 meses de idade. Nessa idade, observou Snow, 100% dos "arrotos, bocejos, espirros, tosses, vocalizações diversas, sorrisos e risadas tinham respostas sob a forma de vocalizações maternas" (p. 12). As mães, naturalmente, contribuíram muito mais para essas "conversas" do que os bebês, mas, por volta dos 7 meses, a contribuição deles havia aumentado, e a frequência das alternâncias tivera um aumento correspondente. Eis um exemplo que Snow gravou (p. 16):

Mãe	Ana
Ghhhhh ghhhhh ghhhhh ghhhh	
Grrrrr grrrrr grrrrr grrrrr	(choro de protesto)
Ah, você não quer, não é?	*aaaa aaaaa aaaa*
Não, eu não estava fazendo esse barulho.	
Eu não ia aaaaa aaaa	*aaaaa aaaaa*
Isso, está certo.	

A contribuição dos bebês foi aumentando de forma regular, até que, aos 18 meses, a frequência de alternância foi 10 vezes maior.

Como qualquer outro comportamento operante, o comportamento verbal exige apenas reforço intermitente para ser mantido. Se Alice estivesse brava com Zack, ou ocupada com alguma coisa, ou com dificuldade de ouvir, Zack talvez tivesse tentado várias vezes obter o sal antes de consegui-lo. Poderia até não conseguir, nessa ocasião, levantar-se e pegar o sal ele mesmo. Quando a situação se repetir em outro dia, seu pedido ocorrerá novamente. Depois de várias tentativas infrutíferas, o comportamento verbal pode vir a se extinguir, mas provavelmente somente em relação a Alice. Se Zack estiver à mesa com Naomi, ele pedirá o sal. Em outras palavras, ele discriminaria. De maneira geral, o comportamento verbal é extremamente persistente e com frequência é reforçado apenas intermitentemente.

Como outros comportamentos operantes, o comportamento verbal exige menos reforço para se manter do que para ser adquirido. O reforço dos primeiros atos verbais de uma criança deve ser pródigo e frequente. O que existe de mais emocionante para um pai do que as primeiras palavras de um filho? Não importa que a criança fale *pa-a* em vez de *papai*, *ete* em vez de *leite*, *tega* em vez de *manteiga* – receberá aplausos e afeição em abundância. A situação muda, evidentemente, à medida que a criança cresce. Os pais aceitam *pa-a*, *ete* e *tega* em uma criança de 2 anos, mas o mesmo ato verbal em uma criança de 4 anos seria corrigido e talvez levemente punido. Como muitos outros comportamentos operantes, o comportamento verbal é modelado ao longo do tempo por aproximações sucessivas.

Ernst Moerk (1983) estudou fitas gravadas por Roger Brown (1973) de uma mãe interagindo com sua filha, Eve, que tinha entre 18 e 27 meses. As "conversas" entre mãe e filha eram extremamente assimétricas, com a mãe falando quatro ou cinco sentenças para cada verbalização da criança. Na estimativa de Moerk, a mãe de Eve produzia mais de 20 mil sentenças-modelo a cada dia. Com cerca de 18 meses, Eve respondia à fala de sua mãe por meio de imitações parciais. Sua mãe dizia algo como: "Agora você pode comer um doce. Você quer um doce?". Eve respondia "doce", o que sua mãe reforçava com comentários como "Está certo, você quer um doce", dando-lhe um doce.

As crianças parecem ser predispostas a apresentar alta probabilidade de imitar os sons da fala que ouvem de pessoas significativas. A partir dessa predisposição geneticamente programada e do reforço dado por essas pessoas na qualidade de ouvintes, o comportamento verbal é adquirido e modelado.

O papel do ouvinte

Para a criança que está aprendendo a falar, assim como para o adulto que fala fluentemente, o ouvinte desempenha um papel crucial. Sem ouvintes, ou sem a comunidade verbal, o comportamento verbal não poderia ser adquirido. Como ouvintes, as mães do estudo de Snow reforçaram maciçamente cada uma das vocalizações de seus bebês. Os bebês, por sua vez, reforçaram as vocalizações das mães; embora fossem apenas principiantes, começavam a exercer o papel de ouvintes. Cada um de nós, à medida que cresce e participa da cultura que nos rodeia, aprende a ser ouvinte.

Nosso comportamento, em outras palavras, vem a responder as verbalizações ouvidas dos outros como contextos ou estímulos discriminativos verbais. Discriminamos entre vocalizações e ruídos e entre uma vocalização e outra. Por volta dos 18 meses, a criança normalmente se comporta de forma diferente ao ouvir "Você quer uma bolacha?" e "Você quer um suco?".

Nossas ações como ouvintes reforçam as verbalizações dos falantes à nossa volta. Frequentemente isso ocorre de forma inconsciente; seria uma raridade o ouvinte que relatasse "Estou reforçando o comportamento verbal desse falante". Entretanto, podemos dizer que o fazemos "intencionalmente" no sentido discutido no Capítulo 5, de que nosso comportamento como ouvintes é modelado e mantido por reforço – ou seja, deriva de uma história de reforçamento.

Junto com o falar, o ouvir é frequente e generosamente reforçado em crianças pequenas. Nos estudos de Snow e Moerk, quando respondiam às vocalizações dos bebês, as mães estavam reforçando tanto o comportamento de falante como o comportamento de ouvinte, porque as crianças falavam no contexto de ouvir o que suas mães acabavam de dizer.

À medida que o tempo passa, o reforço diferencial refina o ouvir da criança (isto é, seu responder apropriado em dado contexto verbal). O pai fala "Pegue a bola vermelha", e, quando a criança pega a bola vermelha, e não outra, seguem-se satisfação, aplauso e afeição. Assim, nosso comportamento de ouvinte é reforçado e modelado. O adolescente é admoestado a "ouvir quando falo com você" e com o tempo aprende a mostrar sinais de que está realmente ouvindo: fazendo contato visual, assentindo com a cabeça, sorrindo, e assim por diante. Esses sinais, juntamente com as consequências dos outros atos do ouvinte, tais como pegar a bola vermelha ou passar o sal, reforçam o comportamento do falante, mas as ações do ouvinte têm de ser reforçadas para serem mantidas tanto quanto as ações do falante. Daí o muito importante "obrigado" (S^R_L) na Figura 7.1.

Exemplos

A própria noção de comportamento verbal contradiz o ponto de vista convencional sobre o falar e o ouvir. Dizer que existe uma coisa chamada comportamento verbal é dizer que falar e ouvir não são especiais nem diferentes de outros comportamentos, mas fazem parte de um mesmo *continuum*. Em outras palavras, o comportamento verbal é como qualquer outro comportamento operante.

Em consonância com essa continuidade, abundam os exemplos de comportamento operante que poderiam ou não ser chamados de verbais. A categoria "comportamento verbal" é nebulosa; sua definição é pobre em seus limites. A nebulosidade não é um problema, pois sublinha a similaridade entre comportamento verbal e outros comportamentos operantes. Mesmo que parte de nosso comportamento seja claramente não verbal e parte possa ser ou não ser verbal, o conceito de comportamento verbal inclui muito do que fazemos. A fim de entender a extensão do conceito, vamos nos voltar agora para alguns exemplos que são claramente verbais ou não verbais ou são ambíguos.

A importância da história

Suponha que uma desconhecida comece a falar com você em russo, e você não entende nenhuma palavra. Não há possibilidade de que esse comportamento seja reforçado. Trata-se de comportamento verbal? Você está sendo um ouvinte?

Embora a fala da desconhecida não possa ser reforçada nessa situação, trata-se de comportamento verbal, porque foi reforçado em situações passadas pela comunidade verbal a que ela pertence. Não há por que desqualificar essa fala como comportamento verbal por não ter sido reforçada naquela ocasião particular, pois o comportamento verbal frequentemente passa sem reforço em certas ocasiões. Esse tipo de comportamento é qualificado como verbal porque provém de uma história de reforçamento por uma comunidade de falantes e ouvintes.

Se você está sendo ou não um ouvinte, embora não entenda nenhuma palavra de russo, é uma pergunta cuja resposta depende não apenas da história de reforçamento, mas também da perspectiva de quem olha. De sua perspectiva, você não pode ser ouvinte porque você não pode reforçar o comportamento da desconhecida. Da perspectiva dela, porém, você está sendo tratado como membro da classe de estímulos "ouvinte". Logo ela descobrirá o próprio erro e discriminará – isto é, ela irá para outro lugar ou falará com você em outra língua. Falar com você em russo, como ela fez, pode ser considerado um caso de generalização. Como estímulo discriminativo, você é suficientemente parecido com um ouvinte russo para que o comportamento dela ocorra. Sua incapacidade de reforçar o comportamento garante que ele sofrerá extinção em sua presença, mas a ação inicial se originou de uma história de reforçamento na presença de ouvintes bastante parecidos com você. Da perspectiva dessa história, você é inicialmente um ouvinte ou, pelo menos, um ouvinte potencial.

Língua de sinais e gestos

Suponhamos que você e a desconhecida não tenham nenhuma língua em comum e que ela, então, recorra a gestos. Ela aponta o pulso e olha para você inquisitivamente. Você lhe mostra o relógio, ela acena com a cabeça afirmativamente e sorri. Serão seus gestos considerados comportamento verbal?

De acordo com nossa definição, eles são. Indicar o pulso é comportamento operante, cujo reforço depende de sua presença. (Isso faz de você um ouvinte, mesmo que seja surdo!)

De acordo com nossa definição, o comportamento verbal não precisa ser comportamento vocal, podendo, inclusive, ser escrito. O grande místico indiano Meher

Baba (1894-1969), que se manteve em silêncio por 44 anos, inicialmente escrevia com giz em uma pedra, depois soletrava palavras indicando as letras em um quadro com o alfabeto e, por fim, mudou para um sistema de gestos manuais (Purdom, 1971). Tudo isso seria qualificado como comportamento verbal – comportamento operante que requer a presença de outra pessoa (o ouvinte) para ser reforçado.

O melhor exemplo de comportamento verbal não vocal é a língua de sinais. Aquele que faz o sinal, silenciosamente, age como falante, e aquele que responde ao sinal, ainda que surdo, é o ouvinte. Pessoas que formam um grupo e que usam a língua de sinais ora como falantes, ora como ouvintes constituem uma comunidade verbal.

Animais não humanos

Meu gato se aproxima de mim na hora do jantar, mia e se esfrega em minha perna. Ele faz isso todos os dias, e todos os dias eu o alimento quando ele faz isso. Será o miado de meu gato um comportamento verbal?

De acordo com nossa definição, pode ser. O miar é comportamento operante porque nasceu de uma história em que eu o reforçava dando alimento. Exige minha presença para ser reforçado. Isso faria de mim o ouvinte, e faria de meu gato o falante.

Entretanto, talvez você não qualifique o miar de meu gato como comportamento verbal porque não é razoável chamar, a meu gato e a *mim*, de comunidade verbal. Nunca trocamos de papel como falante e ouvinte. Nunca lhe peço comida nem ele jamais me alimenta. Às vezes ele vem quando o chamo, mas essa é uma razão frágil demais para que se diga que somos uma comunidade verbal.

No entanto, esse exemplo ilustra uma questão importante: a definição de comportamento verbal de forma nenhuma exclui animais não humanos. Já houve quem ensinasse chimpanzés a se comunicar com seres humanos por meio de língua de sinais. Embora meu gato e eu não a tenhamos, um chimpanzé e um ser humano que fazem sinais um para o outro têm a qualificação necessária para serem considerados uma comunidade verbal. Da mesma forma que dois seres humanos fazendo sinais um para o outro se alternam como falante e ouvinte, assim também o fazem o chimpanzé e o ser humano. Há relatos de casos de dois chimpanzés treinados que faziam sinais um para o outro, alternadamente. De acordo com a definição, isso seria qualificado como comportamento verbal se os dois chimpanzés pudessem razoavelmente ser considerados membros de uma comunidade verbal.

Muitos pensadores já defenderam o ponto de vista de que a linguagem é especificamente humana. A veracidade dessa afirmação depende inteiramente da definição de *linguagem*. Se for definida em termos de fala, de forma a excluir gestos, então evidentemente ela pertence apenas aos seres humanos. A definição de comportamento verbal poderia ser igualmente afunilada de forma a excluir animais não humanos. Essas definições, entretanto, não permitiriam que se atribuísse linguagem e comportamento verbal às pessoas que usam língua de sinais. A presente definição, ao exigir que o falante e o ouvinte troquem os papéis, exclui casos triviais, como meu gato e eu, mas, ao incluir os gestos, abre a possibilidade de comportamento verbal em indivíduos não humanos.

A espécie humana é única – toda espécie é única – não por causa de uma característica especial, mas por causa de uma combinação única. Por definição, nenhuma outra espécie pode compartilhar toda a constelação de características que faz de nós seres humanos, mas qualquer uma dessas características pode ser partilhada com outra espécie. Da perspectiva da teoria da evolução, os seres humanos são apenas uma espécie entre muitas (e não necessariamente superior a qualquer outra) e não se acham separados dos "animais" por uma barreira insuperável. A ênfase da análise do comportamento se afasta de distinções baseadas no fato de se pertencer a esta ou àquela espécie e se volta para distinções baseadas nas relações entre comportamento e ambiente, tais como as distinções entre comportamento operante *versus* padrões fixos de ação (Cap. 4) e falante *versus* ouvinte.

Falar consigo mesmo

Quando falo comigo mesmo, isso é comportamento verbal? Os analistas do comportamento têm discordâncias sobre esse ponto. Suas respostas dependem de aceitarem ou não a ideia de que, em um episódio verbal, falante e ouvinte possam ser a mesma pessoa.

Na Figura 7.1, podemos ver que, se a mesma pessoa puder ser ouvinte e falante, então o comportamento verbal do falante (R_V) será reforçado por uma mudança de comportamento (R_O) por parte da mesma pessoa (vista como ouvinte). Isso pode acontecer, por exemplo, quando dou instruções ou ordens para mim mesmo. Ao dirigir o carro para uma casa cujo endereço não é familiar, posso dizer para mim mesmo, ao chegar a um cruzamento, "Bem, aqui eu tenho de virar à esquerda". Se, desse modo, como ouvinte, eu virar à esquerda, isso reforçará o ato verbal (a autoinstrução para virar à esquerda), especialmente se eu conseguir chegar a meu destino.

Minha autoinstrução poderia ser dita em voz alta ou poderia ser dita de maneira privada ou encoberta. No laboratório, com os instrumentos apropriados, a fala subvocal pode ser detectada, mas, em situações do dia a dia, é possível dizer coisas para mim mesmo sem que o aparato fonador seja envolvido de forma detectável. Tal comportamento encoberto corresponde a um dos usos da palavra *pensar*, tal como quando se diz de alguém que está quieto sentado que está pensando consigo mesmo.

Encoberta ou manifesta, minha fala comigo mesmo teria de resultar em mudança em meu comportamento (como ouvinte) para ser chamada de comportamento verbal. Autoinstruções e autocomandos (*Segure sua língua!*) se caracterizam como tal. Até uma afirmativa feita para mim mesmo, como *Esse quadro é lindo*, estaria nessa categoria se então eu fizesse alguma coisa, como procurar o nome do artista ou perguntar pelo preço.

E cantar ou recitar um poema para mim mesmo, como dizemos, só pelo prazer? Entraria na categoria de comportamento verbal? De acordo com nossa definição, não entraria, porque ninguém está no papel de ouvinte. Recitar um poema pode ser reforçado pelo som produzido, mas o reforço não exige nenhum outro comportamento típico de ouvinte por parte de quem recita. Sabemos que nem todo comportamento verbal é vocal (p. ex., na língua de sinais). Agora vemos que nem todo comportamento vocal é verbal.

Os analistas do comportamento que rejeitam a ideia de que falar consigo mesmo constitui comportamento verbal encaram esse tipo de fala como parte de uma unidade prolongada de ação – uma atividade. Essas unidades prolongadas desempenham um papel importante na abordagem molar do comportamento operante proposta por Rachlin, discutida no Capítulo 3. Nessa abordagem, meu ato de guiar o carro até a casa desconhecida constituiria uma atividade unitária, definida por sua função. A atividade poderia ocorrer de várias formas, seguindo diferentes caminhos, com ou sem autoinstrução, mas todas as variantes poderiam ser consideradas ocorrências da mesma atividade (funcional). Cada percurso seria um episódio da mesma atividade, como vimos no Capítulo 4 (Fig. 4.3). Se dirigir o carro seguindo autoinstruções me levar a meu destino (isto é, for reforçado) mais frequentemente, então eu o farei mais frequentemente. Mais provavelmente, seguirei esse caminho nas primeiras vezes em que for a esse lugar específico e, à medida que o caminho se torne familiar, dispensarei as autoinstruções. Assim, falar comigo mesmo é como recitar um poema sozinho; o reforço resulta de outras fontes que não um ouvinte. Quando se pensa o comportamento nesses termos molares, uma atividade só pode ser qualificada como verbal quando ouvinte e falante forem pessoas diferentes.

Comportamento verbal *versus* linguagem

Comportamento verbal é diferente de linguagem. A palavra *língua* ou *linguagem*,* quando usada em expressões, como "a língua inglesa" ou "língua de sinais americana", dá a impressão de ser uma coisa. Muitas vezes se fala da língua, nesse sentido, como se fala de uma posse, algo que é adquirido e depois utilizado. A ideia comum de que a linguagem é utilizada como um instrumento desperta todos os problemas do mentalismo. Onde está o instrumento? De que é feito? Quem o utiliza, como e onde? Como esse instrumento causa a fala? E assim por diante.

O comportamento verbal compreende eventos concretos, enquanto a linguagem é uma abstração. A língua inglesa, como conjunto de palavras e regras gramaticais para combiná-las, é uma descrição rudimentar do comportamento verbal. Resume a forma de falar de muitas pessoas. É rudimentar porque em geral as pessoas falam de maneira pobre. Nem as explicações do dicionário, nem as regras de um livro de gramática coincidem exatamente com as expressões utilizadas por pessoas que falam inglês.

Embora a fala sobre "uso de linguagem" tenha um caráter mentalista e enganoso, quando dizemos que uma pessoa está fazendo isso, geralmente o que ela está fazendo é comportamento verbal. Como vimos anteriormente, eventos, como escrever um livro ou recitar um poema para si mesmo, são exemplos de "uso de linguagem" que podem não ser considerados comportamento verbal. Diferentemente, alguns casos de comportamento verbal, como acenar e apontar, podem não ser considerados "uso de linguagem".

A Figura 7.2 ilustra as relações entre comportamento verbal, comportamento vocal e "uso de linguagem". Cada círculo representa uma das categorias, e pode-se pensar em eventos particulares como

---

* N. de E. No original, *language*, cujo significado, em língua inglesa, é amplo e abarca as palavras *língua* e *linguagem* em língua portuguesa. Por isso, *language* foi traduzida como "língua" quando utilizada no sentido de idioma ou sistema dotado de gramática. E como "linguagem" quando utilizada no sentido de "sistema de signos que servem de comunicação entre indivíduos independentemente do órgão sensorial envolvido, tal como *linguagem iconográfica*".

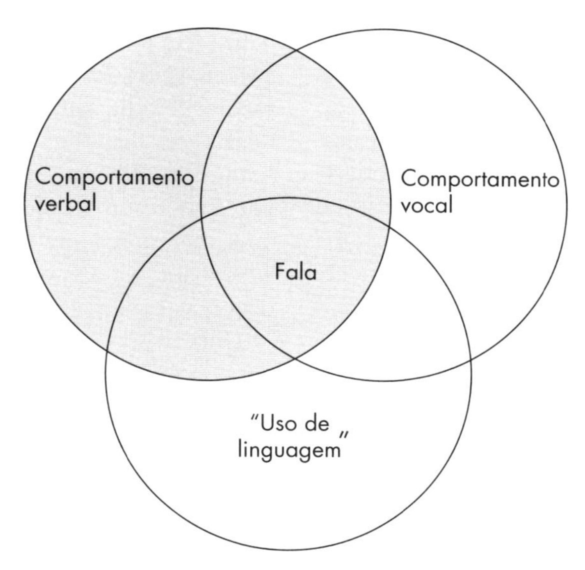

FIGURA 7.2 Relações entre as categorias comportamento verbal, comportamento vocal e "uso de linguagem".

pontos dentro dos círculos. Os círculos se sobrepõem, de modo que eventos particulares podem estar localizados em mais de um círculo, o que quer dizer que pertencem a mais de uma categoria. O subconjunto central sombreado (rotulado como "fala") indica os eventos que pertencem a todas as três categorias: pessoas falando com outras pessoas. As áreas em que dois círculos se sobrepõem indicam eventos que pertencem a essas duas categorias, mas não à terceira: tanto pessoas quanto animais não humanos podem emitir gritos ou outros sons (comportamento vocal) que poderiam ser considerados comportamento verbal, mas não seriam considerados "uso de linguagem". Fazer sinais seria comportamento verbal e poderia ser chamado de "uso de linguagem", mas não pode ser considerado vocal. Recitar um poema para si mesmo seria comportamento vocal e "uso de linguagem", mas provavelmente não seria chamado de comportamento verbal. Por fim, algumas atividades só podem ser categorizadas em um dos círculos. Um chamado de alarme que seja um padrão fixo de ação seria vocal, mas não verbal, e nem seria "uso de linguagem". Gestos, como acenar ou apontar, são apenas comportamento verbal. Escrever um livro na intimidade do próprio escritório, um caso de "uso de linguagem", não é vocal e, porque nenhum ouvinte precisa estar presente para que haja reforço, também não é comportamento verbal.

UNIDADES FUNCIONAIS E CONTROLE DE ESTÍMULOS

Como outros comportamentos operantes, o comportamento verbal consiste de atos que pertencem a classes operantes que são (1) definidas funcionalmente e (2) sujeitas a controle de estímulos. Essas duas noções separam o conceito de comportamento verbal das concepções tradicionais de linguagem e fala.

Atividades verbais como unidades funcionais

No Capítulo 5, distinguimos unidades estruturais de unidades funcionais. Pode-se dizer que todo evento tem uma estrutura, e é provável que cada evento tenha uma estrutura única. Um rato provavelmente não conseguirá pressionar uma barra duas vezes do mesmo jeito, usando exatamente os mesmos músculos na mesma exata medida. (Mesmo que um rato fosse capaz de produzir duas pressões estruturalmente idênticas, ainda assim elas seriam eventos únicos, por terem ocorrido em tempos diferentes.) Em contraste, as unidades funcionais são definidas por seus efeitos sobre o ambiente. Elas não são eventos particulares, mas *espécies* ou *populações* de eventos particulares (recorde a Fig. 4.3), e cada evento pertence à espécie ou à população porque tem certo efeito ou função. Por exemplo, digamos que, ao chegar ao trabalho a cada dia, Gideon saúde seus colegas. Cada ação verbal de saudação pertence à espécie chamada "Saudações de Gideon a seus colegas".

Da mesma forma que a pressão à barra do rato, cada ação verbal tem determinada estrutura, determinada sequência de movimentos de vários músculos da garganta e da boca. Quando um romancista representa uma verbalização por escrito, está apenas fazendo uma descrição grosseira do que seja uma verdadeira emissão verbal; o leitor tem de imaginar o ritmo e a entonação. Os sistemas de notação fonética representam essas ações verbais com maior precisão. Por exemplo, a ortografia fonética de uma palavra no dicionário nos dá uma ideia de como pronunciá-la. Entretanto, não há representação que possa captar verdadeiramente determinada verbalização, porque cada uma delas é única. Mesmo que você tente, é praticamente impossível emitir a mesma expressão verbal duas vezes do mesmo jeito. Alguma coisa sempre muda – sua inflexão, seu tom de voz, seu ritmo. Dado que raramente sequer tentamos repetir a mesma exata verbalização, o comportamento verbal que ocorre naturalmente é muito variável.

Uma atividade verbal é o mesmo que uma sequência de ações, que têm todas o mesmo efeito sobre o ouvinte. Do mesmo modo que todas as formas estruturalmente diferentes de pressionar uma barra pertencem à mesma atividade porque todas produzem o efeito de fazer a barra se deslocar, assim também todas as formas estruturalmente diferentes de Zack pedir o sal pertencem à mesma atividade porque produzem o mesmo efeito sobre o ouvinte – passar o sal. Zack poderia ter pedido o sal de muitas maneiras diferentes: "Poderia me dar o sal, por favor?", "Por favor, me passe o sal", "Gostaria que você me passasse o sal", e assim por diante. Para um linguista, essas três verbalizações poderiam parecer fundamentalmente diferentes: a primeira é uma pergunta, a segunda é uma sentença imperativa, a terceira é uma sentença declarativa. Por mais diversas que sejam do ponto de vista estrutural, as três expressões pertencem à mesma atividade verbal porque têm o mesmo efeito sobre Alice (ela passa o sal); todas elas têm a mesma função. Alguns membros dessa atividade podem mesmo se situar fora do "uso de linguagem": talvez baste que Zack olhe para Alice e aponte o sal. Se fôssemos enumerar todas as formas estruturalmente diferentes como Zack poderia pedir o sal, a lista seria longa e variada, mas todas as variações ainda seriam exemplos da mesma atividade verbal, porque todas funcionariam de modo equivalente.

Os linguistas que descrevem a estrutura de possíveis sentenças falam de unidades como palavras e morfemas (p. ex., o final *-s* em um substantivo plural, ou as terminações *-ei*, *-aste*, *-ou*, etc., em um verbo no passado). Por exemplo, a análise da sentença *O gato miou* indica que ela é composta de três palavras e cinco morfemas (*o*, *gat*, *-o*, *mi* e *-ou*). As sentenças podem ser assim divididas para fins de análise de sua estrutura, mas uma análise desse tipo não diz nada sobre a função da sentença. Estruturalmente, as sentenças *Há um tigre atrás de você* e *Há uma criança atrás de você* se distinguem apenas por uma palavra. Têm o mesmo padrão ou *forma* (*Há X atrás de você*), mas os dois enunciados pertencem a atividades diferentes porque têm efeitos diferentes. Muitas atividades verbais incluem uma verbalização estruturada como essa, porém essa estrutura é apenas uma entre as muitas diferentes. Pense em todas as formas que eu poderia usar para adverti-lo sobre um perigo.

Portanto, assim como a pressão do rato à barra consiste, estruturalmente, em muitos pequenos movimentos musculares, cada um deles necessário ao funcionamento do todo, assim também uma verbalização consiste, estruturalmente, de palavras e morfemas, cada um deles necessário para o funcionamento do todo. Embora necessária, a estrutura não nos diz nada sobre a função. A função só pode ser compreendida a partir de circunstâncias e efeitos.

Controle de estímulos no comportamento verbal

Como qualquer outra atividade operante, uma atividade verbal é mais ou menos provável dependendo das circunstâncias – isto é, dependendo dos estímulos discriminativos. Uma das razões pelas quais uma palavra não pode constituir uma unidade funcional é que a mesma palavra pode servir a diferentes funções, dependendo das circunstâncias. Pense em todas as diferentes situações em que a verbalização *água* pode ocorrer: "Estou morto de sede", "O que é aquela poça no chão?", "O que você obtém quando combina hidrogênio com oxigênio?", "Você sabe o que a gente tem de acrescentar agora?". Como em cada contexto a verbalização *água* teria um efeito diferente sobre o ouvinte, em cada um deles *água* pertenceria a uma atividade verbal diferente.

A relação das circunstâncias com a probabilidade do comportamento verbal é uma relação de controle de estímulos (Cap. 6), e não de eliciação (Cap. 4). Não existe uma correspondência estrita, ponto a ponto, entre um estímulo discriminativo e uma atividade verbal assim como pode existir entre uma batida no joelho e um reflexo patelar. Os estímulos discriminativos apenas modulam e tornam prováveis certas instâncias de atividades verbais.

Entre os estímulos discriminativos mais importantes que modulam o comportamento verbal, estão os estímulos auditivos e visuais produzidos pela pessoa que está no papel de falante. Tendo atuado como ouvinte para a outra pessoa, posso atuar como falante e produzir estímulos discriminativos que afetam seu comportamento.

Como assinalamos no Capítulo 6, todas as atividades operantes ocorrem dentro de um contexto, e o efeito indutor que o contexto tem sobre a atividade provém da história de reforçamento associada a esse contexto no passado. Tal como é com outras atividades operantes, assim também é com as atividades verbais. Quando estou perdido, peço informações porque me ensinaram a fazê-lo, e esse comportamento verbal foi reforçado no passado por eu ter chegado a meu destino. O contexto pode mudar a estrutura exata de minhas perguntas. Ao pedir orientação a um estranho, sou mais polido do que ao pedi-la para meu irmão. Ao pedir informações na zona rural de New Hampshire, terei de ser cuidadoso na escolha de palavras. Se eu disser "Essa estrada vai para Newmarket?", estou sujeito a ouvir a resposta "Essa estrada não vai para lugar nenhum; ela fica aí mesmo". Eu tenho de dizer: "Por favor, me diga o caminho para Newmarket". Então, ou eu obterei as informações de que preciso, ou, depois de alguma consideração, "Não, não dá para chegar lá daqui".

Como outras atividades operantes, as atividades verbais não podem ser definidas apenas em termos de suas consequências. Geralmente, o contexto também precisa ser especificado. Pedir orientações a um estranho é diferente de pedir orientações a uma pessoa conhecida. Seriam duas atividades diferentes por causa dos contextos em que ocorrem? Se você estivesse estudando a teoria das boas maneiras, que se refere à forma como o comportamento verbal depende da pessoa a quem nos dirigimos, seria importante fazer a distinção. Para outros fins, "pedir orientações" ou até mesmo "fazer pedidos" já seria suficiente. A definição pode ser ampla ou estreita, dependendo de nossa intenção. Avisar alguém sobre um tigre é diferente de avisá-lo sobre um mosquito, mas, para muitos fins, basta dizer que a atividade verbal é "avisar uma pessoa sobre um perigo". A "pessoa" e o "perigo" (tigre ou mosquito), partes do contexto, fazem parte da definição.

Equívocos comuns

A ideia de comportamento verbal enfatiza a semelhança entre falar e gesticular e outros tipos de comportamento operante. As concepções convencionais procuram colocar o comportamento relacionado à linguagem à parte, definindo-o como especial e diferente. Três características foram propostas como específicas do comportamento relacionado à linguagem: (1) ele é *gerativo* – as pessoas constantemente geram novas verbalizações; (2) a fala, diferentemente de outros comportamentos, pode se referir a si mesma; (3) a fala, diferentemente de outros comportamentos, pode se referir a eventos futuros. Vejamos se essas características realmente diferenciam o comportamento relacionado à linguagem de outros comportamentos.

A natureza gerativa da linguagem

Todos os dias você gera verbalizações que nunca fez antes. Nesse sentido, provavelmente a maior parte das sentenças que você fala é nova. Na verdade, cada declaração é única, pois você não consegue produzir duas exatamente iguais. Quando discutimos a criatividade no Capítulo 5, vimos que a impossibilidade de repetição caracteriza todos os comportamentos operantes. Não se trata de ver o comportamento verbal como variável e os outros como fixos, como a concepção convencional faria, mas de considerar que todos os comportamentos operantes são tão variáveis quanto o comportamento verbal. Cada pressão à barra é única tanto quanto cada pedido de sal é único. Pedir sal é uma unidade funcional tanto quanto pressionar uma barra.

Os críticos dessa concepção ressaltam a importância da gramática em gerar verbalizações. A gramática faz parte de qualquer língua, e a estrutura gramatical é muitas vezes uma característica do comportamento verbal. Contudo, o máximo que se pode dizer da gramática é que ela oferece uma descrição rudimentar da estrutura de alguns comportamentos verbais. Frequentemente (e, às vezes, predominantemente), a fala real não segue a gramática. Nossas "sentenças" completas muitas vezes violam as regras de construção de sentenças, e muitas vezes deixamos sentenças inacabadas.

Ainda assim, o inglês falado geralmente segue a ordem sujeito-verbo-objeto, e há também outras regularidades. Contudo, as grosseiras regularidades estruturais que caracterizam o comportamento verbal também caracterizam outros comportamentos. Em cada pressão à barra, há uma sequência regular de movimentos do rato. Cada pressão poderia ser comparada a uma sentença, e poderíamos escrever uma gramática de pressões à barra. Somente algumas sequências de movimentos resultam na barra pressionada; seriam as "sentenças" permitidas. Como anteriormente, vê-se que a característica que supostamente isola o comportamento verbal é compartilhada por outros comportamentos. (Retornaremos posteriormente a uma discussão em separado da noção de que o falante "segue" as regras da gramática ao falar.)

Falar sobre o falar

Lógicos e linguistas dão muita importância às asserções denominadas *meta-afirmações*, afirmações que se referem a elas mesmas ou a outras asserções. As meta-afirmações são a base de alguns argumentos que afirmam que a capacidade da linguagem de se referir a si mesma a coloca em uma categoria à parte em relação a outros comportamentos. Na infância, eu e meus amigos gostávamos do paradoxo: "Essa afirmação é falsa". Do ponto de vista lógico, essa meta-afirmação tem uma qualidade mágica, porque parece verdadeira e falsa ao mesmo tempo. Vista como verbalização – como comportamento verbal –, porém, não há nada de mágico nela. Conforma-se à construção padrão de sentenças em português que seguem a ordem sujeito-verbo-predicativo. O único aspecto diferente dessa afirmação específica é que o sujeito é uma verbalização.

Para o analista do comportamento, as meta-afirmações são falas a respeito de falas – ou seja, comportamento verbal sob controle de estímulos de outro comportamento verbal. Falar sobre o falar ocorre a toda hora. Se você não escutou o que eu disse, você me pergunta o que acabei de dizer e eu falo de novo. Sua pergunta somada ao que eu disse, que ouvi perfeitamente, constitui o contexto que me induz a repetir minha verbalização. Minha competência para fazê-lo deriva de uma longa história de reforçamento desse tipo de repetição; somos treinados desde pequenos, quando expostos a dicas, a repetir verbalizações para produzir efeitos.

Repetir uma verbalização a pedido é um exemplo de autorrelato verbal, que é comportamento verbal parcialmente sob controle do próprio comportamento como estímulo discriminativo ou contexto. No Capítulo 3, observamos que, se uma pessoa relata seu próprio comportamento, tendemos a dizer que ela é "consciente" dele. No Capítulo 6, observamos que o comportamento de uma pessoa pode estar relacionado a um relato verbal, da mesma maneira que uma luz se relaciona com a pressão à barra do rato – como um estímulo discriminativo ou contexto relacionado a uma atividade operante. Nosso comportamento pode ser induzido por nosso próprio comportamento prévio. Você pode me perguntar o que eu fiz hoje de manhã, e posso dizer (relatar): "Eu fui ao mercado". Você pode me perguntar o que eu disse na reunião de ontem, e posso dizer: "Precisamos planejar o orçamento para o ano que vem". Nos dois casos, meu comportamento verbal atual é induzido por um contexto parcialmente provido por meu próprio comportamento, verbal ou não.

Também podemos fazer relatos sobre o comportamento verbal privado – fala subvocal –, como quando você me pergunta o que estou pensando, e eu digo: "Estava pensando como seria bom ir à praia hoje". Meu comportamento verbal, então, poderia estar parcialmente sob controle de minha fala subvocal, mas poderia, contudo, ser induzido pela luz do sol que entrava pela janela, e você não sabe se estou dizendo a verdade, porque você não pode ouvir minha fala subvocal.

Às vezes, falamos sobre falas que nunca ocorreram realmente, mas que meramente poderiam ter ocorrido. Eu posso dizer: "Me deu vontade de dizer para ele mesmo fazer isso". Essa afirmação é induzida não por um comportamento verbal real, mas por uma inclinação a um determinado comportamento verbal. É semelhante a relatarmos uma intenção ou qualquer outra tendência comportamental (Cap. 5). É equivalente a dizermos: "No passado, em circunstâncias parecidas, frequentemente me comportei assim".

Também falamos sobre falas que nunca ocorreram, mas que poderiam ocorrer agora. Posso dizer: "Deixe-me lhe contar o que ouvi hoje". Em parte, isso representa um pedido para que você sirva de ouvinte, e em parte é um relato sobre minha tendência a emitir o comportamento verbal de repetir algo que ouvi. Tal como em outros relatos de inclinação ou intenção (Cap. 5), embora pareça uma referência ao futuro, na verdade é uma fala que resulta de uma história de reforçamento desse mesmo tipo de comportamento verbal, nessas mesmas circunstâncias (ter ouvido alguma coisa cuja repetição será reforçada pelo ouvinte), no passado.

Falar sobre o futuro

Quando você fala de comportamento verbal que está inclinado a praticar, soa como se você estivesse falando sobre o futuro. Como eventos futuros não podem afetar comportamentos presentes, as pessoas são tentadas a inventar uma causa no presente – um propósito ou significado interno – e mesmo a insistir que a fala sobre o futuro prova a existência de imagens mentais. Quando você diz "Vou lhes falar sobre porcos", supostamente a frase foi causada por porcos em sua mente. Como vimos no Capítulo 5, essas causas internas imaginárias só nos distraem dos eventos ambientais que conduziram à verbalização: suas experiências passadas com porcos e com ouvintes que reforçaram o comportamento verbal sob controle de tais experiências passadas. Suas experiências passadas com porcos podem ter ocorrido anos atrás, mas a lacuna temporal de modo algum as impede de fazerem parte do contexto de sua verbalização.

Não há necessidade de que algo esteja se passando em minha mente ou em qualquer lugar dentro de mim para que eu verbalize expressões que dão a impressão de se referir a eventos no futuro ou, da mesma forma, a quaisquer eventos que nunca aconteceram. Nunca vi uma vaca roxa, mas já pronunciei *roxa* e *vaca* e já coloquei adjetivos junto a substantivos. Minha verbalização da locução *vaca roxa* de nenhum modo exige que eu tenha uma vaca roxa em minha mente ou em qualquer outro lugar. Apenas exige que eu tenha uma história de reforçamento para o tipo de comportamento verbal que as pessoas com frequência chamam de *imaginativo*.

Da mesma forma, se converso com você na segunda-feira sobre um encontro que teremos na sexta, não preciso ter em mente uma imagem ou significado fantasmagórico. Combinar e cumprir compromissos é comportamento operante proveniente de uma longa história de reforçamento. Você me diz que quer me ver. Ao ouvir esse estímulo discriminativo auditivo, tomo nota em minha agenda e digo: "Encontro você na sexta às 3 horas da tarde". Fazer e dizer esse tipo de coisa foi reforçado muitas vezes no passado. (Alguns reforçadores do comportamento da segunda-feira talvez só ocorram na sexta; lacunas de tempo foram discutidas no Cap. 5.)

SIGNIFICADO

Na visão convencional do comportamento relacionado à linguagem, as palavras e sentenças têm significado, e o significado contido em uma verbalização é passado do falante para o ouvinte. Para o linguista interessado na análise formal da estrutura do inglês (não o inglês falado informalmente, mas o inglês "correto"), essa concepção não traz grande prejuízo. Entretanto, como teoria da atividade de falar ou do comportamento verbal, ela padece de todas as limitações de qualquer teoria mentalista.

Teorias de referência

Filósofos e psicólogos, na tentativa de transformarem a noção cotidiana e grosseira de *significado* em uma teoria da linguagem mais precisa, inventaram teorias que se fundam na noção de *referência*. Dizem que a palavra *cachorro*, por exemplo, seja falada, seja escrita ou ouvida, refere-se ao tipo de mamífero quadrúpede que late. Dizem que pessoas que falam ou escrevem a palavra *cachorro* usam essa palavra em lugar do cachorro real. Dizem que ouvintes e leitores utilizam a palavra *cachorro*, ouvida ou vista, para compreender algo a respeito do cachorro real. Essa visão deixa completamente sem resposta o motivo pelo qual o falante ou o escritor falou ou escreveu a palavra e o que o ouvinte ou leitor faz como resultado de ouvir ou ler a palavra. Será que isso acrescenta alguma ideia útil à observação de que uma pessoa fala e a outra, por isso, faz alguma coisa?

Símbolos e léxicos

A noção de referência sugere que as diferentes formas da palavra *cachorro* – falada, ouvida, escrita, vista – são símbolos da categoria de cães reais. Como podem todos esses símbolos ser reconhecidos como equivalentes? A resposta mentalista é que todos os diferentes símbolos são de alguma forma conectados a alguma coisa interna. Como cães de verdade não podem estar dentro da pessoa (disponíveis para uso), presume-se a existência de uma representação interna da categoria, e diz-se que todos os símbolos de cão estão ligados a essa representação.

Onde está essa representação? Diz-se que está em um *léxico*, uma coleção dessas representações de objetos e eventos do mundo real. Diz-se que o falante procura a representação no léxico, lá a encontra conectada a seus símbolos e, então, usa o símbolo adequado. Diz-se que o ouvinte ouve o símbolo, procura-o no léxico, encontra-o conectado a sua representação e, então, o compreende.

O mentalismo dessa teoria é visível. Onde está esse léxico? De que é feito? Qual sua origem? Quem é responsável por toda essa busca e utilização? Será que esses complicados eventos mentais lançam alguma luz sobre o falar, o ouvir, o escrever e o ler?

A ideia de referência foi provavelmente inventada para explicar as equivalências. Como é possível que eu, ao ver ou pensar sobre um cachorro, aja de diversas maneiras, falando, desenhando ou escrevendo *cachorro*, tudo com efeitos equivalentes sobre o ouvinte? Como é possível que eu ouça "cachorro", veja a palavra, escrita ou o sinal, e trate esses diferentes estímulos como equivalentes? Acrescente-se a isso a diversidade de palavras para *cachorro* em diferentes línguas, e talvez você perceba quão tentadora é a suposição de que todos esses atos e estímulos sejam equivalentes por estarem de algum modo ligados a alguma representação ou a algum significado em algum lugar dentro do sujeito.

De modo geral, é muito fácil presumir que a equivalência observada provém de alguma equivalência interna fantasmagórica. Mas de onde veio a equivalência observada (ou fantasmagórica)? Essa pergunta tem de ser respondida antes de dizermos que compreendemos a equivalência. Ninguém vem ao mundo comportando-se da mesma forma ao ouvir o som "cachorro" e ao ver um cachorro, ao ouvir "cachorro" e ao ouvir *chien* em francês. Chegamos a isso com o passar do tempo, depois de termos sido expostos a esses diferentes estímulos e depois de uma história de reforçamento da resposta adequada. Os analistas do comportamento já começaram a estudar como animais e crianças aprendem a equivalência de estímulos. Pode-se ensiná-los a se comportar da mesma forma ou de forma diferente diante de dois estímulos diferentes. Quais as condições necessárias para a aprendizagem da equivalência? A tentação de postular uma fantasmagórica equivalência interna para explicar a equivalência observada desaparecerá quando a equivalência observada puder ser entendida como resultado de uma história de reforçamento dentro de um contexto.

A importância do contexto

Além de não oferecerem uma explicação do falar, as teorias de referência também não conseguem cumprir a tarefa para a qual foram inventadas – entender o significado – porque não podem levar em conta o contexto. Se o significado de *água* fosse, na verdade, apenas um apêndice desse som ou dessa configuração de letras, como a ideia de procurar em um léxico sugere, como então seria possível que a verbalização *água* assumisse diferentes significados em diferentes situações? Ela pode ser, entre outras coisas, um pedido, uma pergunta, o nome de um líquido que caiu no chão e o nome de um ingrediente, dependendo do contexto.

Se o contexto determina o significado de substantivos concretos como "água", o que dizer de sua importância para o significado de substantivos e expressões abstratos compostos de muitas palavras? Considere o significado da palavra *mato*.

Muita gente nos Estados Unidos olha a hera venenosa como mato, mas povos de alguns países escandinavos a consideram uma atraente planta para paisagismo. Se a chamamos ou não de "mato" vai depender de gostarmos ou não dela. A palavra *mato* depende tanto da planta como das circunstâncias. Muitas palavras são assim. Você pode captar o significado de um nome concreto como *cachorro* em uma lista de características – mamífero, quadrúpede, que late, e assim por diante –, mas tente fazer isso com *piada* ou *justiça*. A mesma história que Gideon acha engraçada soa a Naomi como uma enorme injustiça.

As teorias de referência têm dificuldade ainda maior com verbalizações reais que contêm várias palavras. Suponha que eu e meu filho estejamos erguendo uma parede de tijolos. Minha função é assentar os tijolos, a dele é passá-los para mim. Inúmeras vezes eu peço um tijolo. Digo: "Me passa um tijolo", "Me dê um tijolo", "Tijolo!", "Preciso de um tijolo", "Dá um tijolo para a gente" e muitas outras variações. Às vezes, eu apenas me viro e olho ou estendo minha mão. Todos esses atos têm o mesmo "significado". Você não poderia descobrir o significado consultando um léxico, porque o "significado" está naquilo que o ato consegue obter: que meu filho me passe um tijolo de forma que possamos continuar a erguer a parede.

Significado como uso

Da mesma forma que outros termos mentalistas, como *consciência*, *intenção* e *conhecimento*, o termo *significado*, estritamente falando, não tem lugar na análise do comportamento. A questão "Como se sabe o significado de uma palavra?" é um pseudoproblema. Ela indaga pelo significado como se estivesse perguntando sobre a ortografia, como se significado fosse um atributo da palavra. Em vez de falar sobre significado, os behavioristas falam sobre o uso ou a função de um ato ou verbalização. Grosseiramente falando, esse é o "significado" de *significado*.

Consequências e contexto

Suponha que eu coloque um rato em uma caixa contendo uma barra e uma corrente. Puxar a corrente produz alimento; pressionar a barra produz água. O rato puxa e come, pressiona e bebe. Poder-se-ia dizer que o "significado" de puxar a corrente é "comida" e que o "significado" de uma pressão à barra é "água". Uma pessoa na mesma situação poderia emitir o som *comida* e receber comida, emitir o som *água* e receber água. Serão essas duas situações fundamentalmente diferentes? O behaviorista diz "não". O rato não come nada já faz algum tempo – ele puxa a corrente e ganha comida. Aaron não come nada já faz algum tempo – ele diz *comida* e ganha comida. O rato não bebe nada já faz algum tempo – pressiona a barra e ganha água. Aaron não bebe nada já faz algum tempo – ele diz *água* e ganha água. Das duas maneiras, o uso do ato consiste em suas consequências (ganhar comida ou água) dentro do contexto (não ter comido ou bebido por algum tempo, estar na câmara, estar na presença de um ouvinte).

O "significado" do comportamento verbal está em seu uso, suas consequências dentro do contexto. Por que nos preocupamos em aprender os nomes de pessoas que conhecemos? É para que possamos levá-las ao papel de ouvintes (consequência) quando estamos próximos (contexto) ou para que possamos conversar sobre elas com outros ouvintes (consequência) quando estão ausentes (contexto). O "significado" de um nome é o contexto e as consequências de sua ocorrência.

Essa ideia de significado como uso fundamenta muitas de nossas discussões anteriores sobre termos difíceis de nosso linguajar diário: *consciência*, *intenção*, *conhecimento*, e assim por diante. Para cada um desses termos, perguntamos pelas condições (contexto) em que eles têm probabilidade de ocorrer. O contexto em que alguém emitiria uma verbalização que incluísse a palavra *significado* nos diz qual o "significado" de *significado*. Perguntar qual o significado de um termo é perguntar qual o contexto e as consequências de sua ocorrência.

Como os outros comportamentos operantes, o comportamento verbal depende de uma história de reforçamento. Dizer que o uso ou significado de uma atividade verbal está em suas consequências dentro do contexto é dizer que sua ocorrência depende de uma história de tais consequências em tais contextos no passado. Meus filhos aprenderam a dizer *por favor* quando pediam alguma coisa porque, recorrentemente, só havia reforço para pedidos que incluíssem essas palavras.

Variedades de uso

Em termos cotidianos, as ações verbais servem a diversos fins. Dois dos mais importantes são pedir e informar. O episódio verbal esquematizado na Figura 7.1 exemplifica um pedido e pertence a uma categoria maior na qual a verbalização especifica seu próprio reforçador. Skinner (1957) denominou de *mando* esse tipo de verbalização. Os mandos incluem não apenas pedidos, mas também ordens, perguntas e mesmo conselhos. O sargento do exército que diz "Esquerda, volver!" emite um mando, cujo reforçador é o volver à esquerda. Minha pergunta "Que horas são?" é um mando, cujo reforçador é ouvir ou ver a hora correta. Se um pai diz para seu filho "Você deve estudar álgebra este ano", essa frase também é um mando, cujo reforçador é o filho estudar álgebra. A exata situação em que o pedido, a pergunta ou o conselho são emitidos pode variar amplamente, e, no entanto, ainda podemos ser capazes de reconhecê-los como o mesmo mando – tanto faz se Zack pede o sal para Alice, Shona, Aaron ou Naomi –, pois o reforçador é o mesmo. Quando o reforçador de uma verbalização é bem especificado, a verbalização é um mando.

No entanto, verbalizações que podem ser consideradas informativas não especificam um determinado reforçador; elas ocorrem na presença de determinados estímulos discriminativos. O ponto relevante na expressão *Há um tigre atrás de você* é o tigre; o reforçador que o ouvinte dispensará (talvez profusos agradecimentos) não é especificado. Skinner (1957) chamou de *tatos* esses operantes verbais.

É possível que a advertência sobre o tigre tenha um pouco da qualidade de mando, principalmente se supusermos que o fato de o ouvinte evitar o tigre seja um reforçador para a verbalização do falante. A distinção não é absoluta, porque os reforçadores dos tatos, embora não especificados, são em geral convencionalmente sociais: respostas como gratidão e atenção. Um exemplo mais puro de tato seria uma pessoa dizendo para outra: "Que dia lindo". Como precisamente o ouvinte reforçará esse ato fica por ser visto; os principais fatores para compreender sua ocorrência são a situação (incluindo o sol, o céu azul e um ouvinte) e a história de reforçamento para verbalizações desse tipo em situações semelhantes.

Os tatos compreendem um variado conjunto de verbalizações. Opiniões e observações são tatos. Respostas a perguntas frequentemente são tatos; você olha seu relógio e me diz a hora certa. O que viemos chamando de relatos verbais são todos exemplos de tatos: "Meu filho está usando uma camisa azul", "Estou com uma dor no ombro", "Você pode pegar o ingresso no guichê número dois". O primeiro é um relato verbal simples, induzido especialmente pela camisa azul. O segundo é incomum em um aspecto: ele talvez esteja sendo parcialmente controlado por um estímulo discriminativo privado (um ferimento no ombro). O estímulo discriminativo para o terceiro é mais complexo, porque depende de uma história de eventos: eu ter ido ao guichê número dois e ter obtido o ingresso. Ele está sob controle de uma relação de reforço: ir até o guichê número dois é reforçado pela obtenção do ingresso. Visto sob esse prisma, o terceiro tato é um exemplo de *regra*, importante conceito que retomaremos no Capítulo 8.

Definições de dicionário

Se palavras e verbalizações não podem ser entendidas a partir de um "significado" inerente, então por que nos preocuparmos com as definições que aparecem nos dicionários? Reformulemos essa questão. Em que as definições dos dicionários nos ajudam? Quando me deparo com uma palavra desconhecida e consulto o dicionário, não é o significado da palavra que aprendo; o que obtenho é um resumo de como a palavra é usada, geralmente acompanhado de um ou mais exemplos e de alguns sinônimos (palavras diferentes que podem ocorrer em circunstâncias semelhantes ou ter efeitos semelhantes) e antônimos (palavras diferentes que ocorrem em circunstâncias contrastantes ou que têm efeitos contrastantes). Tudo isso ajuda a guiar meu comportamento como leitor, ouvinte, falante e escritor.

Os dicionários não contêm significados. Eles exemplificam a forma comum como aprendemos a usar palavras, por ouvi-las e vê-las em uso. Como você aprendeu a falar *pular*, *correr*, *conversar*, *carro* e *bebê*? Nunca procuramos no dicionário a maioria das palavras que utilizamos, nem ninguém nunca as definiu para nós. Se não fosse assim, os dicionários seriam inúteis, porque eles explicam como se usa uma palavra em termos de outras palavras que, supõe-se, já são conhecidas. Quando eu tinha 13 anos e cogitava sobre a palavra *fornicação*, o dicionário relacionou-a a termos que eu (achava que) era capaz de compreender.

Termos técnicos

O que é verdadeiro acerca de termos cotidianos que você procura no dicionário é duplamente verdadeiro no que diz respeito a termos técnicos inventados por cientistas e outros profissionais. Um termo é sempre definido em termos de outros. Às vezes, um conjunto de termos que são inter-relacionados são igualmente conhecidos (ou desconhecidos), mas, ainda assim, são todos definidos em termos um do outro. Considere os termos *traço*, *gene* e *herdar*. Nenhum deles pode ser definido sem que se usem os outros dois. O mesmo acontece com os termos da análise do comportamento: *reforço*, *operante*, *estímulo discriminativo*. O que é comportamento operante? É o comportamento que é mais provável na presença de um estímulo discriminativo devido a uma história de reforçamento em sua presença.

Essa interdependência das definições só é problema se insistirmos que cada termo deve ter um significado à parte, adequado ao armazenamento em um léxico fantasmagórico. Ela não representa um problema real para os cientistas; é simplesmente uma característica dos vocabulários científicos. Interdependência dos termos significa apenas que eles tendem a ser empregados conjuntamente.

GRAMÁTICA E SINTAXE

Linguistas e psicólogos cognitivistas interessados na linguagem tendem a centrar sua atenção na gramática, as regras pelas quais as palavras são organizadas para formar sentenças. Viemos chamando essa ordem (sintaxe) de estrutura do comportamento verbal. Embora não exista necessariamente um conflito entre o interesse do analista do comportamento pela função e o interesse do linguista pela estrutura, o influente linguista Noam Chomsky (1959) escreveu uma resenha do livro de Skinner, *Verbal behavior*, que, de tão ácida, desencorajou muita gente a explorar a abordagem analítico-comportamental. Cerca de 30 anos tiveram que passar para que alguns linguistas começassem a demonstrar interesse por uma abordagem funcional (p. ex., Andresen, 1991). Mas ainda permanece a questão: como o analista do comportamento lida com a sintaxe?

Regras como descrições

Toda língua tem suas regularidades. Em inglês, a ordem mais comum de uma sentença é sujeito-verbo-objeto. Na sentença "Erin beijou Gideon", a ordem normal das palavras deixa claro quem beijou quem. Muitas variações ocorrem no lugar do sujeito e do objeto. Em "O livro sobre a mesa atraiu a atenção de Naomi", uma locução nominal contendo uma preposição funciona como sujeito, e uma locução nominal contendo uma locução adjetiva serve de objeto. A estrutura global da sentença pode ser vista como uma regularidade de ordem superior, enquanto a estrutura das frases componentes é uma regularidade de ordem inferior. No inglês, regularidades do tipo anexar *'s* para o possessivo, *-s* para o plural e *-ed* para o passado seriam de ordem ainda mais baixa.*

O papel do gramático é inventar regras capazes de gerar todas as sentenças consideradas corretas pelos que falam a língua. Uma gramática, um conjunto de regras desse tipo, ofereceria uma descrição concisa de grande parte do inglês falado. Há um debate entre os gramáticos sobre a melhor forma de abordar a gramática. Não existe uma gramática única do inglês; o que há são várias candidatas, cada qual com suas próprias vantagens e desvantagens. Chomsky inventou uma abordagem particularmente genérica, conhecida como gramática *transformacional*, que pode ser aplicada a quase todas as línguas. Começa com um padrão básico como sujeito-verbo-objeto e depois arrola todas as regras pelas quais esse padrão pode ser transformado em sentenças aceitáveis. Por exemplo, a transformação em voz passiva envolveria o intercâmbio

---

* N. de E. Em língua portuguesa, regularidades do tipo -ão para o aumentativo, -s para o plural e -va para o passado seriam ainda de ordem mais baixa. A fim de manter a fidelidade ao original, optou-se pela manutenção dos exemplos em inglês, sem a adaptação para o português. No entanto, muitos dos exemplos e afirmações feitos pelo autor aplicam-se à língua portuguesa.

entre sujeito e objeto, e a inserção da forma correta do verbo *ser* e da palavra *por*, de modo que "Erin beijou Gideon", torna-se "Gideon foi beijado por Erin".

A elaboração de gramáticas possíveis do inglês é um interessante desafio intelectual, e a criação de uma gramática poderia ser útil no ensino para estudantes de nível intermediário e adultos. No entanto, independentemente de ser interessante ou útil, a gramática inglesa continua sendo tão somente uma descrição das regularidades da língua.

Tendo catalogado um conjunto de regras aparentemente completo para a língua inglesa, Chomsky concebeu serem essas regras inatas – embutidas em algum lugar dentro da pessoa. Isso, reconhecemos, é mentalismo: tendo observado regularidades no comportamento, o mentalista imagina regras em algum lugar dentro do organismo. Resta saber de onde vêm as regularidades. A ideia de Skinner sobre o comportamento verbal abriu a possibilidade de que a sintaxe de uma língua fosse parcial ou inteiramente aprendida.

Competência e desempenho

Dado que tratam apenas do inglês correto, os gramáticos percebem, quando se voltam para o inglês efetivamente falado, uma dissonância pouco confortável entre o ideal e o real. Sua única resposta aos "erros" do discurso real é corrigi-los. Eles não têm nenhum meio de explicá-los, porque uma gramática não é, em nenhum sentido, uma teoria do comportamento. As regras gramaticais são normas, mostrando como os falantes se comportam em geral e como, aos olhos da sociedade, eles devem se comportar.

Gramáticos como Chomsky percebem de forma distorcida a natureza da gramática porque caem na armadilha mentalista de supor que as regras devem existir sob alguma forma, em algum lugar, dentro de falantes e ouvintes. O equívoco se parece àquele possível de ser feito com um termo como "espírito de equipe", discutido no Capítulo 3, e provém da forma como as pessoas falam. Dizemos que o time *demonstra* espírito de equipe e que *seguimos* as regras da gramática. Ambas as asserções são enganosas; uma faz parecer que o espírito de equipe é algo separado do comportamento da equipe, e a outra faz parecer que as regras da gramática são algo separado da fala e da escrita do indivíduo.

Na suposição de que as regras são separadas do comportamento, os mentalistas, como Chomsky, distinguem entre *competência* (o ideal, as regras) e *desempenho* (o verdadeiro falar e escrever). A competência é o ideal interno fantasmagórico. É o que as pessoas supostamente "sabem", mas nem sempre fazem. A diferença entre competência e desempenho é o "erro".

A noção de competência apresenta os mesmos problemas de outras explicações mentalistas, e, se a aplicarmos a outros exemplos, sua inutilidade se tornará clara. Se dissermos que os planetas seguem órbitas elípticas em torno do Sol, isso significa que cada planeta tem dentro de si uma competência, uma órbita elíptica ideal? Se a órbita do planeta se desviar um pouco de uma elipse perfeita, devemos chamar isso de "erro"? Eis um exemplo de Skinner: quando um cachorro pega uma bola jogada para o alto, pode-se dizer que o cachorro, em certo sentido, "seguiu" as leis da física relativas a corpos em queda livre. Devemos dizer que o cachorro vai para o lugar certo na hora certa porque tem as leis da física em algum lugar, dentro de si próprio? Igualmente, devemos dizer que uma criança de 4 anos que geralmente fala de forma gramatical tem as regras da gramática em algum lugar dentro de si própria?

Gramática e gramáticos

Outra forma de pensar sobre competências em geral e em gramática em particular é reconhecer que elas são descrições idealizadas do desempenho real. Uma idealização é sempre uma simplificação e, por isso, imprecisa. O erro não está no desempenho, mas na descrição simplificada. O desempenho é preciso; talvez as regras sejam imprecisas.

Os gramáticos criam conjuntos de regras ou gramáticas. Desde que isso seja uma coisa interessante e útil a fazer, o comportamento dos gramáticos continuará sendo reforçado. Por mais precisa que seja, entretanto, a gramática nada nos diz sobre como e por que as pessoas vêm a dizer o que dizem. Tendo reconhecido que o falar e o escrever são formas de comportamento operante, podemos começar a explicá-los.

Onde estão as regras?

Se as regras da gramática não estão dentro da pessoa que fala, onde estão então? Poder-se-ia argumentar que não há necessidade de regras em lugar nenhum, mas nossa discussão do comportamento dos cientistas no Capítulo 6 leva a uma ideia diferente. Em vez disso, podemos dizer que as regras estão no comportamento verbal do observador – o cientista ou o gramático. O gramático, como o cientista, tendo feito observações, trata de resumi-las em forma concisa. Em outras palavras, o gramático verbaliza um conjunto de regras. Se atentamos para essas regras e as seguimos quando são ditadas por um professor, é porque somos treinados a ouvir e obedecer. Sobre ouvir e obedecer nos aprofundaremos no próximo capítulo.

RESUMO

Comportamento verbal é comportamento operante que exige a presença de um ouvinte para ser reforçado. Falante e ouvinte têm de pertencer à mesma comunidade verbal – devem ser capazes de se revezar nesses papéis. Comportamento verbal exemplifica o termo cotidiano *comunicação*, que é uma situação em que o comportamento de um organismo cria estímulos que modificam o comportamento de outro. Como outros comportamentos operantes, o comportamento verbal é explicado por suas consequências e seu contexto. Suas consequências são resultado das ações do ouvinte, que é a parte principal do contexto. Zack pede o sal para Alice porque verbalizações desse tipo foram reforçadas por ouvintes como Alice na história de reforçamento de Zack. O comportamento verbal parece começar na imitação e depois é modelado por consequências, como receber bolachas ou atenção dos pais. Exceto pelo papel do ouvinte e da comunidade verbal, o comportamento verbal é exatamente como outros comportamentos operantes. De acordo com a definição, gestos e língua de sinais, embora não vocais, seriam considerados comportamento verbal, e comportamentos não operantes, embora vocais, não seriam. Embora exemplos específicos possam ser ambíguos, eles não têm muita importância, porque o objetivo dos behavioristas é expor a semelhança de "uso de linguagem" com outros comportamentos operantes, e não separá-los. Em contraste com o comportamento verbal, a linguagem é uma abstração. A ideia de que a linguagem é usada como um instrumento é um exemplo de mentalismo.

Como outras atividades operantes, as atividades verbais são unidades funcionais. A mesma atividade verbal contém muitas verbalizações, cada uma das quais estruturalmente única. Todas as verbalizações que pertencem à mesma atividade verbal a ela pertencem, em parte, porque cada uma delas tem o mesmo efeito sobre o ouvinte. Nesse sentido, todas as formas estruturalmente diferentes de pedir sal ou de advertir sobre um perigo seriam exemplos de uma atividade verbal – "pedir sal" ou "avisar de perigos". Como outras atividades operantes, as atividades verbais estão sujeitas a controle de estímulos; tornam-se mais prováveis em determinados contextos. Tal como no caso de outras atividades operantes, a segunda parte da definição de uma atividade verbal, além de seus efeitos, é o contexto em que ela ocorre. Verbalizações estruturalmente semelhantes podem pertencer a atividades verbais diferentes, dependendo do contexto. A variação no contexto pode modular as variações estruturais da atividade que provavelmente ocorrerão.

Alguns pensadores sugerem que o uso da linguagem difere de outros tipos de comportamento porque é gerativo, pode referir-se a si mesmo e pode referir-se ao futuro. A natureza gerativa da fala repousa sobre a regularidade estrutural e sobre a frequente originalidade das verbalizações. Visto que são compartilhadas por todos os outros comportamentos operantes, essas propriedades não colocam a linguagem em uma categoria à parte. Também não a coloca à parte o fato de poder se referir a si própria, pois isso apenas significa que uma ação verbal pode produzir um estímulo discriminativo para outra. O comportamento verbal não operante pode fornecer e ser induzido por estímulos discriminativos da mesma maneira. A evidente capacidade que tem a fala de se referir ao futuro se assemelha à capacidade de outros estímulos discriminativos de afetarem o comportamento após terem ocorrido depois de um lapso de tempo. Não há nada de especial sobre a questão, e é possível entendê-la sem recorrer ao mentalismo.

Como outros comportamentos operantes, as atividades verbais tendem a ocorrer em determinados contextos; elas estão sujeitas a controle de estímulos. Se algum significado existe no "significado" de uma ação verbal (p. ex., uma verbalização ou um gesto), ele consiste nas condições sob as quais é provável que essa ação ocorra: o contexto e o reforço nesse contexto. Ao compreendermos as ações verbais à luz de seus usos, percebemos que algumas são diretivas (chamadas *mandos*) e dependem mais do reforço específico do que do contexto, enquanto outras são informativas (chamadas *tatos*) e dependem mais do contexto específico do que do reforço.

A gramática recebe a atenção de linguistas e psicólogos por descrever regularidades de estrutura. Uma gramática consiste de um conjunto de regras que podem gerar todas as sentenças consideradas corretas pelos falantes da língua. Ela descreve a estrutura dessa parte do comportamento verbal real, mas não diz nada sobre o comportamento verbal que contraria as regras da gramática ou sobre função. Alguns estudiosos caem na armadilha mentalista de imaginar que as regras gramaticais residem dentro da pessoa. As regras residem, porém, no comportamento verbal daqueles que as enunciam.

LEITURAS ADICIONAIS

Andresen, J. (1991). Skinner and Chomsky 30 years later on: The return of the repressed. *The Behavior Analyst*, 14, 49–60. Um linguista analisa o crescente apreço de linguistas pelo livro *Comportamento verbal*, de Skinner, e sua migração em direção oposta ao mentalismo de Chomsky.

Brown, R. (1973). *A first language: The early stages*. Cambridge, MA: Harvard University Press. Esse livro descreve o estudo clássico de Brown sobre aquisição de linguagem. Ele e seus colegas coletaram e analisaram uma grande quantidade de dados de três crianças.

Chomsky, N. (1957). *Syntactic structures*. The Hague: Mouton. Esse livro descreve a gramática transformacional, a grande contribuição de Chomsky para a linguística.

Chomsky, N. (1959). *Verbal behavior* by B. F. Skinner. *Language*, 35, 26–58. A resenha maldosa e sem compreensão de Chomsky sobre o livro de Skinner, reproduzida em vários livros.

Conger, R. & Killeen, P. (1974). Use of concurrent operants in small group research: A demonstration. *Pacific Sociological Review*, 17, 399–415. Relato do experimento descrito neste capítulo.

Day, W. F. (1969). On certain similarities between the *Philosophical investigations* of Ludwig Wittgenstein and the operationism of B. F. Skinner. *Journal of the Experimental Analysis of Behavior*, 12, 489–506. Day foi um dos primeiros a reconhecer afinidades entre as ideias de Skinner e Wittgenstein.

Hart, B., & Risley, T. R. (1995). *Meaningful differences in the experience of young American children*. Baltimore, MD: Paul H. Brooks Publishing. Esse livro relata um estudo longitudinal da aquisição de comportamento verbal por crianças.

Laudan, L. (1984). *Science and values: The aims of science and their roles in scientific debate*. Berkeley, CA: University of California Press. Para saber mais sobre o contextualismo, consulte esse livro.

MacCorquodale, K. (1970). On Chomsky's review of Skinner's *Verbal behavior*. *Journal of the Experimental Analysis of Behavior*, 13, 83–99. Primeira resposta de um analista do comportamento à resenha de Chomsky dada ao livro de Skinner.

Moerk, E. L. (1983). *The mother of Eve—as a first language teacher*. Norwood, NJ: Ablex. Um reexame dos dados de Roger Brown sobre aquisição de linguagem, no qual Moerk encontra abundantes demonstrações em defesa da ideia de Skinner de que o comportamento verbal é adquirido de maneira semelhante a outros comportamentos operantes.

Purdom, C. (1971). *The god man*. North Myrtle Beach, SC: Sheriar Press. Essa biografia contém informação sobre a vida e os ensinamentos de Meher Baba, o grande mestre espiritual indiano.

Skinner, B. F. (1945). The operational analysis of psychological terms. *Psychological Review*, 52, 270–277, 291–294. Reproduzido em *Cumulative record* (Nova York: Appleton-Century-Crofts, 1961). Contém uma discussão sobre significado e definição.

Skinner, B. F. (1957). *Verbal behavior*. New York: Appleton-Century-Crofts. Essa obra clássica é o fundamento deste capítulo.

Snow, C. E. (1977). The development of conversation between mothers and babies. *Journal of Child Language*, 4, 1–22. Esse artigo traz alguns dados sobre o curso da alternância de papéis entre mães e filhos até os 18 meses de idade.

Wittgenstein, L. (1958). *Philosophical investigations* (2ª ed.). New York: Macmillan. Traduzido por G. E. M. Anscombe. A discussão sobre significado como uso feita neste capítulo se fundamenta parcialmente nesse livro, no qual se pode ver que o pensamento de Wittgenstein coincide em grande parte com o de Skinner. (Ver especialmente as páginas 1-21.)

PALAVRAS-CHAVE

Comportamento verbal
Comunidade verbal
Episódio verbal
Mando – tato

8

Comportamento controlado por regras e pensamento

Toda cultura tem suas regras. A criança que cresce em determinada cultura pode aprender a obedecer a algumas de suas regras sem que seja explicitamente instruída para isso. Eu não consigo me lembrar de alguém alguma vez ter-me dito que eu devia vestir roupas para sair em público. Embora não consiga me lembrar, alguém deve tê-lo dito; provavelmente, a maioria das regras é ensinada explicitamente.

Aprender as regras faladas por um professor exige que se exerça o papel de ouvinte. A maior parte das crianças primeiro aprende a fazer o papel de ouvinte – a discriminar com base no comportamento verbal de falantes – interagindo com seus pais. Mais tarde, essa eficácia dos estímulos discriminativos verbais se generaliza para outras pessoas: professores, treinadores, patrões, etc. Não fosse por essa obediência, nunca nos tornaríamos aculturados (Simon, 1990). Este capítulo trata da maneira como os analistas do comportamento compreendem o ensino e o seguimento de regras.

O QUE É COMPORTAMENTO CONTROLADO POR REGRAS?

Dizer que um comportamento é "controlado" por uma regra é dizer que está sob controle do estímulo regra e que a regra é um certo tipo de estímulo discriminativo – um estímulo discriminativo verbal. Quando meu pai me dizia "Você tem de estar em casa até as 6 horas para jantar", essa era uma regra que "controlava" meu comportamento porque as consequências de chegar atrasado eram muito desagradáveis. A regra pode ser tanto escrita quanto falada. Uma placa de "Proibido fumar" dentro de um elevador é um estímulo discriminativo verbal, e a pessoa que afixou a placa constitui um falante, porque parte do reforço por afixar a placa é o efeito sobre os que a leem (ouvintes).

COMPORTAMENTO CONTROLADO POR REGRAS *VERSUS* COMPORTAMENTO MODELADO IMPLICITAMENTE

Somente o comportamento que pode ser descrito por regras pode ser chamado de controlado por regras no presente sentido. Um pombo treinado a escolher de acordo com o modelo (Cap. 6) bica uma tecla iluminada que correspondente à tecla do modelo. Seria possível afirmar que ele está seguindo uma regra, mas a "regra" é apenas uma síntese verbal, uma breve descrição de seu desempenho. Ainda se discute se o comportamento de um animal não humano pode ser chamado de controlado por regras; no entanto, o comportamento do pombo não se caracteriza como controlado por regras porque não há nenhum estímulo discriminativo verbal envolvido. No Capítulo 7, dissemos algo semelhante em relação às regras gramaticais; na medida em que a fala de uma criança de 4 anos é gramatical, ela "segue regras", mas, como a criança de 4 anos não pode descrever as regras, e nenhuma outra pessoa as descreve para ela, no sentido aqui empregado, seu comportamento verbal não pode ser chamado de controlado por regras.

Embora as pessoas se sintam propensas a dizer que uma pessoa ou um animal estão seguindo uma regra sempre que percebem algum tipo de regularidade em seu comportamento, aqui utilizamos o termo para designar algo mais específico do que apenas uma discriminação complexa. Concentramo-nos nas discriminações que envolvem enunciados verbais de regras, tal como as regras de um jogo, porque historicamente a capacidade que as pessoas têm de responder ao comportamento verbal dos outros foi considerada evidência a favor do mentalismo. Os behavioristas sustentam a possibilidade de uma explicação científica e tentam mostrar que o seguimento de regras pode ser explicado por conceitos da análise do comportamento (p. ex., reforço e controle de estímulos).

Para ajudar a compreender o comportamento controlado por regras, nós o distinguimos do comportamento modelado implicitamente (às vezes chamado de comportamento "modelado por contingências"), que pode ser atribuído exclusivamente a relações de reforçamento e punição não verbalizadas. Todo comportamento operante – inclusive o controlado por regras – é modelado por reforço e punição. A expressão *modelado implicitamente*, nesse contexto, se refere ao comportamento que é modelado diretamente por consequências relativamente imediatas, que não dependem de ouvir ou ler uma regra (como descrito no Cap. 4). Um incidente em um episódio da série de televisão *All in the family* ilustra esse ponto: Archie Bunker discute com seu genro, Mike, sobre o método correto de vestir as meias e os sapatos. Mike coloca uma meia e um sapato em um pé e depois a outra meia e o outro sapato no outro pé. Archie coloca as duas meias e depois os sapatos. Provavelmente, nenhum dos dois foi, algum dia, instruído a colocar meias e sapatos do modo como o fazem; o comportamento de cada um deles foi modelado implicitamente.

O comportamento controlado por regras depende do comportamento verbal de outra pessoa (o falante), enquanto o comportamento modelado implicitamente não requer outra pessoa, requer somente interação com reforço não social. A diferença entre Mike e Archie pode ter surgido por acaso; a maneira de colocar meias e sapatos de cada um foi reforçada por permitir executar a atividade seguinte em sequência (Cap. 4). O comportamento controlado por regras é comentado, dirigido, instruído (sob controle de estímulos discriminativos verbais), ao passo que o comportamento modelado implicitamente surge sem instrução, e frequentemente não se consegue falar sobre ele. Pergunte a uma pessoa como ela agarra uma bola, pergunte a alguém que acabou de contar uma piada como planejou contá-la de forma tão engraçada ou pergunte a alguém montado em uma bicicleta como consegue permanecer na posição vertical; normalmente, a única resposta que você vai obter é "Não sei, só sei fazer". A pessoa pode demonstrar a atividade, mas não falar sobre ela, o que é um sinal seguro de que o comportamento é modelado implicitamente.

É difícil pensar em exemplos puros de comportamento modelado implicitamente, porque grande parte de nosso comportamento começa com instruções e passa a ser modelado implicitamente quando se aproxima de sua forma final. Explica-se a ginastas iniciantes, antes de fazer uma acrobacia, que devem primeiro colocar as mãos e os pés cuidadosamente de acordo com as instruções, executar uma primeira tentativa rudimentar e depois praticar muitas vezes. Durante a prática, relações não verbalizadas entre o movimento do corpo e a forma correta modelam o comportamento até que a forma esteja correta. Muitas de nossas habilidades se conformam a esse padrão: escrever, dirigir, praticar boas maneiras, tocar um instrumento musical, e assim por diante. A primeira aproximação grosseira é controlada por regras, mas o produto final é modelado implicitamente.

Nos termos do Capítulo 6, o comportamento modelado implicitamente coincide com conhecimento operacional – saber "como". Uma vez modelado o comportamento, sabemos como nos equilibrar sobre uma bicicleta, mesmo que não possamos explicá-lo. Se for possível falar sobre o comportamento e suas consequências, temos um tipo de conhecimento declarativo – saber "sobre". Aaron sabe sobre o jogo de xadrez se for capaz de explicar suas regras. Prescrever regras quase sempre compreende saber sobre.

Naturalmente, com frequência sabemos "como" fazer alguma coisa e também sabemos "sobre" ela. Podemos aprender a falar sobre o comportamento modelado implicitamente antes ou depois que ele seja modelado. O episódio entre Archie e Mike também ilustra quão rapidamente criamos e justificamos regras. Archie interrompe Mike e lhe diz que ele deveria vestir as duas meias antes de colocar um sapato. Mike se opõe. Archie diz: "E se houver um incêndio? Se precisar sair correndo pela rua, pelo menos você não estará totalmente descalço". Mike responde que ele teria colocado ao menos um sapato e que poderia saltar em um pé só. A criação de regras faz parte de nossa condição de falantes. Discutimos a criação de regras implicitamente no Capítulo 7 e vamos retornar a isso nos Capítulos 12 e 13, quando discutirmos valores e cultura. Por ora, estamos preocupados com a justificativa das regras, porque justificar é comportamento verbal acerca de reforço e punição (*Pelo menos você não estará totalmente descalço*).

Regras: ordens, instruções e conselhos

Skinner (1953, 1969) definiu regra como o estímulo discriminativo verbal que indica uma relação de reforçamento (Skinner utilizou a palavra "contingência", que muitas vezes implica a contiguidade entre uma resposta e um reforçador; em vez disso, usaremos o termo mais genérico "relação de reforçamento" para evitar essa conotação). Quando um grupo de pessoas está jogando, elas frequentemente produzem esses estímulos com verbalizações do tipo "Se a bola tocar a linha, é fora" ou "Uma quadra ganha de uma trinca e um par". Verbalizações como essas são reforçadas pelo comportamento dos ouvintes (que concordam que a bola foi "fora" e aceitam a superioridade de uma quadra sobre uma trinca). O que significa dizer que essas regras "indicam" relações?

Quando se fala de comportamento operante, como estamos fazendo agora, uma "relação de reforçamento" significa uma relação entre atividade e consequências. Plantar sementes resulta em colheita – isso é uma relação de reforçamento. Vimos no Capítulo 4 que toda relação de reforçamento pode ser sintetizada por uma sentença na forma: "Se essa atividade ocorrer, então essa consequência tornar-se-á mais (ou menos) provável". Se você planta sementes, então a colheita se torna mais provável. Se você carrega um guarda-chuva, fica menos sujeito a se molhar se chover.

Dizer que o comportamento verbal de formular uma regra "indica" a relação é dizer que a verbalização está sob controle de estímulos pela relação ou que a relação determina o contexto que induz enunciar a regra. Nos termos do Capítulo 7, poderíamos também afirmar que a regra "se refere" à relação. A afirmação "Se você virar à esquerda na esquina, você chegará ao banco" reflete a experiência do falante – virar à esquerda na esquina tornou a chegada ao banco mais provável –, um estímulo discriminativo complexo ou contexto. Da mesma forma, se estamos jogando tênis, e eu digo a você que a bola está fora se cruzar a linha, minha verbalização está sob controle de minha experiência de ter rebatido bolas que cruzaram a linha e que foram consideradas "fora". A relação "indicada" (induzindo a enunciação da regra) é: se a bola é rebatida de tal forma que cruze a linha (ação), então a punição de perder o ponto torna-se mais provável. Eu dificilmente formularia a regra exatamente dessa forma, mas essa é uma síntese precisa de minha experiência e o contexto para minha enunciação da regra.

Um exemplo de um experimento de laboratório pode ajudar a esclarecer o uso que os behavioristas fazem do termo *regra*. Mark Galizio (1979) remunerou estudantes universitários para trabalharem em um experimento que podia durar até 75 sessões de 50 minutos cada. O equipamento em que eles trabalharam está ilustrado na Figura 8.1. Os estudantes foram informados de que poderiam ganhar até 2 dólares por sessão, de que eventualmente ocorreria perda de 5 centavos, sinalizada pelo piscar de uma luz vermelha com a palavra "perda" acompanhada por um sinal sonoro, e de que essas perdas poderiam ser evitadas girando-se uma maçaneta em 45 graus (o que faria piscar a luz azul de *feedback*). Nos períodos em que estivessem programadas perdas, ocorreria uma perda a cada 10 segundos, a menos que a maçaneta fosse acionada. Cada sessão experimental era dividida em quatro períodos de 12,5 minutos, de acordo com o seguinte plano: em um período, cada acionamento da maçaneta adiava a perda por 10 segundos; em um segundo período, cada acionamento adiava a perda por 30 segundos; em um terceiro período, cada acionamento adiava a perda por 60 segundos; em um quarto período, nenhuma perda estava programada. No período de 10 segundos de adiamento, as perdas podiam ser evitadas se ocorresse um acionamento da maçaneta pelo menos a cada 10 segundos; nos períodos de 30 e 60 segundos de adiamento, os acionamentos deveriam ocorrer pelo menos a cada 30 e 60 segundos. O período sem perda não exigia que a maçaneta fosse acionada. Os quatro períodos ocorreram

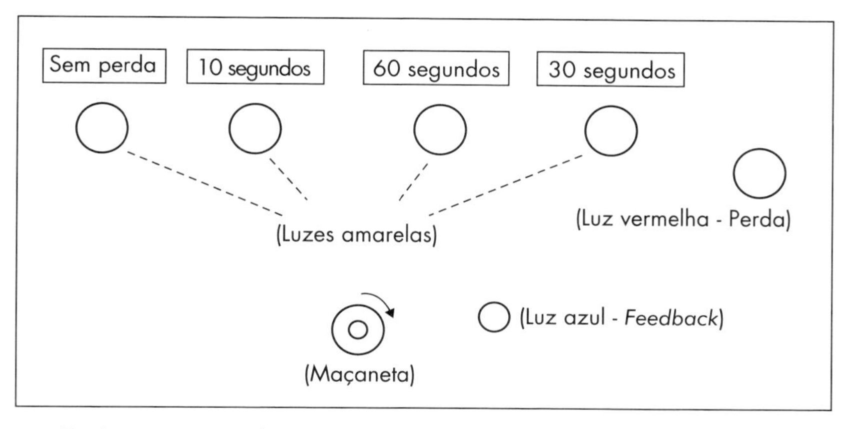

FIGURA 8.1 Equipamento usado no experimento de Galizio. Cada estudante sentava-se em frente ao painel mostrado acima. Girar a maçaneta de borracha em 45 graus evitava a perda de dinheiro. Cada acionamento da maçaneta produzia o piscar da luz azul. As perdas eram sinalizadas pelo piscar da luz vermelha acompanhado por um tom sonoro. Cada luz amarela sinalizava um esquema diferente de evitação da perda. Os rótulos que às vezes serviam como instruções (regras) aparecem nos retângulos.

em ordem aleatória. Cada um deles era sinalizado por uma das quatro lâmpadas amarelas mostradas na Figura 8.1.

Na primeira fase do experimento, não se fornecia nenhuma informação adicional aos estudantes, e apenas 1 em 4 estudantes mostrou taxas apropriadas de acionamento da maçaneta nos quatro períodos: mais alta no período de 10 segundos, mais baixa no período de 30 segundos, ainda mais baixa no de 60 segundos e perto de zero no período em que não havia perda. Os outros três estudantes giravam a maçaneta aproximadamente na mesma frequência em todos os quatro períodos. Na segunda fase, foram introduzidas instruções (isto é, *regras*) na forma de rótulos acima das quatro lâmpadas amarelas, como mostrado na Figura 8.1. O rótulo 10 SEG significava "gire a maçaneta pelo menos a cada 10 segundos", e os rótulos 30 SEG e 60 SEG significavam "gire a cada 30 segundos" e "gire a cada 60 segundos". O rótulo *SEM PERDA* significava "não gire a maçaneta". Dois outros estudantes começaram o experimento nessa fase. Em três sessões, todos os seis estudantes apresentaram a taxa apropriada de acionamento da maçaneta em todos os quatro períodos. O acionamento da maçaneta pelos seis estudantes estava, agora, sendo controlado pelos rótulos. Em termos técnicos, todos os seis estudantes apresentaram discriminações em relação aos estímulos discriminativos verbais.

Na terceira fase, os rótulos foram retirados. As luzes amarelas foram embaralhadas em relação aos quatro períodos, de forma que os estudantes tinham de reorganizar suas taxas de acionamento da maçaneta. Dois dos seis estudantes voltaram a acioná-la aproximadamente na mesma taxa em todos os quatro períodos. Enquanto os outros quatro discriminaram com base nas diferentes luzes amarelas como estímulos discriminativos, esses dois estudantes discriminaram apenas com base nos estímulos discriminativos verbais. Seu comportamento estava estritamente controlado por regras.

No experimento de Galizio, ele era o falante, e os estudantes eram os ouvintes. Prover os rótulos era comportamento verbal, porque era reforçado por mudanças no comportamento do ouvinte. (Não houvesse efeitos, Galizio não teria sobre o que escrever e não poderia ter publicado o artigo.) Quando o comportamento dos estudantes ficou sob controle dos estímulos discriminativos verbais, estava sendo controlado por regras.

As mudanças de comportamento que foram controladas por regras, contudo, foram exatamente as mesmas mudanças controladas pelas luzes. Um estímulo discriminativo verbal controla o comportamento da mesma forma que um estímulo discriminativo não verbal. A diferença reside na origem do controle. Os estímulos discriminativos verbais dependem de uma longa e poderosa história de seguir regras que começa logo após o nascimento. Não deve surpreender que todos os estudantes no experimento de Galizio tenham respondido apropriadamente quando as regras foram introduzidas. É notável, no entanto, que alguns deles tenham respondido adequadamente somente às regras.

O experimento de Galizio também ilustra que o contato com a relação que produz a regra não precisa ser direto. Galizio nunca precisou girar a maçaneta para dizer que, para evitar perdas, era necessário girar a maçaneta no mínimo a cada 10 segundos. Poderia ter dito isso baseando-se nos estímulos gerados quando da programação do equipamento e de sua operação pelos estudantes. Da mesma forma, não preciso ter jogado tênis alguma vez na vida para ser capaz de dizer que a bola está fora quando cruza a linha; basta que eu tenha visto outras pessoas jogando. O estímulo discriminativo ou contexto ainda é a relação, só que agora envolve as ações e consequências de outras pessoas.

Existe uma exceção importante: às vezes, o falante não teve nenhum contato com a relação, nem sequer indireto, mas está repetindo a regra de outra pessoa. Frequentemente precedemos essas verbalizações com expressões, como "Ouvi dizer" ou "Dizem que" ("Ouvi dizer que você consegue um bom preço na loja da esquina"). Essa exceção confirma nosso princípio geral, porque, mesmo que eu esteja apenas repetindo o que outra pessoa disse, o estímulo discriminativo para o comportamento do falante foi o contato com a relação. Em última análise, o contexto que induz qualquer verbalização que reconhecemos como regra é uma relação de reforçamento.

O uso cotidiano da palavra *regra* é mais estreito do que o significado técnico empregado pelos analistas do comportamento. As regras do cotidiano encaixam-se na categoria "estímulos discriminativos verbais que indicam uma relação de reforçamento", mas essa categoria também inclui estímulos que normalmente não seriam chamados de regras. Por exemplo, falando tecnicamente, muitas ordens e muitos comandos são regras. Quando um pai diz ao filho "Não brinque perto da ferrovia porque você pode se machucar", esse estímulo discriminativo verbal é uma regra porque o comportamento verbal do pai ao declará-la é induzido pela (indica a) relação: "Se uma criança brinca perto da ferrovia, então é mais provável que seja atropelada".

Dizer que uma regra "indica uma relação" é uma maneira resumida de dizer que "o comportamento verbal de enunciar a regra é induzido ou está sob controle de estímulos pela relação". Quando dizem às crianças "Diga não às drogas", essa regra indica a relação "Se você disser não às drogas, então é mais provável que as consequências prejudiciais de usá-las sejam evitadas". Frequentemente, como nesse exemplo, a regra indica a relação de forma implícita porque o contexto a torna óbvia. Mesmo as repetidas ordens do sargento – "Sentido", "Descansar", "Esquerda, volver", e assim por diante – podem ser vistas como regras, porque pode-se dizer que elas são induzidas pela relação de que, se um soldado obedece ao sargento rápida e corretamente, então é provável que ele enfrente bem uma batalha.

Todas as instruções são regras. Diz-se a um estagiário no escritório: "Abra apenas um arquivo por vez; assim você não os mistura". Quando você compra uma mesa que precisa ser montada, as instruções escritas são regras, que indicam implicitamente a relação de que, se você se comportar dessa maneira, então é provável que tenha uma mesa útil. O mesmo se aplica a mapas e diagramas. Se eu desenho um mapa de como chegar a minha casa, ele o instrui da mesma forma que se eu lhe dissesse o caminho. Desenhar o mapa constitui comportamento verbal; o mapa constitui uma regra, e seguir mapas é comportamento controlado por regras.

O conselho conforma-se à definição de regra. "Filho, acho que você deveria se casar com Mabel; ela será uma boa esposa, e você será feliz" é um estímulo discriminativo verbal que indica explicitamente a relação entre casar-se com mulheres como Mabel e ser feliz. Se o filho geralmente segue o conselho de seu pai, a probabilidade de se casar com Mabel será alta. Pagamos bem pelos conselhos de corretores, advogados, médicos e outros especialistas porque eles podem "indicar" relações (mostrar regras ou produzir estímulos discriminativos verbais) que nós não podemos.

Propostas de benefício mútuo às vezes constituem regras, se o benefício para uma das partes é diferido para o futuro. "Se você me ajudar agora, eu vou ajudá-lo quando você precisar" indica uma relação entre seu comportamento e um reforçador provável, mas diferido. Como estímulo discriminativo, ele aumenta as chances de que você me ajude. (Discutiremos esse tipo de comportamento altruísta de forma mais completa no Cap. 12.)

Todos esses exemplos têm duas características em comum. Primeiro, dado que a regra implícita ou explicitamente é induzida por uma relação de reforçamento, é sempre possível reformular a regra sob a forma "Se essa atividade ocorrer, então tal consequência torna-se provável". Você pode reconhecer se um estímulo discriminativo verbal é uma regra formulando-a explicitamente nessa forma. No Capítulo 6, vimos que estímulos discriminativos constituem categorias, como "pessoa em um diapositivo" (o experimento com os pombos) ou "perguntas sobre a Guerra Civil", e as regras não são exceção. Pense em todas as maneiras como o comportamento verbal de um pai poderia enunciar a regra "Se você vestir um casaco quando sair à rua no inverno, será menos provável que fique doente": "Vista um casaco", "Você não se esqueceu de nada?", "O que está faltando nessa foto?", "Hum, hum, hummm", e assim por diante. Uma regra é uma categoria funcional porque todas essas variações estruturais são funcionalmente equivalentes.

Segundo, a regra sempre indica algo de "maior relevância". Isto é, a relação que induz a enunciação da regra atua sempre em um prazo relativamente longo, que em geral só se percebe depois de muito tempo, um tempo talvez até maior do que o tempo de vida da pessoa. As pessoas são aconselhadas a não fumar devido a uma associação entre fumar e adoecer que apenas aos poucos foi percebida, ao longo de muitas décadas. Os norte-americanos tendem a insistir na superioridade da democracia devido à experiência com alternativas diferentes no decorrer de centenas de anos. Fundamentalmente, o importante em uma regra é o fato de fortalecer um comportamento que só trará compensações depois de um certo tempo, de acordo com a mal definida, mas extremamente relevante, relação de longo prazo, que está indicada. Nesse sentido, pode-se dizer que a pessoa que formula a regra age, em parte, "pelo bem" da pessoa afetada, uma ideia à qual retornaremos no Capítulo 12.

Sempre duas relações

O comportamento controlado por regras sempre envolve duas relações ou contingências: uma de longo prazo, a relação *última* – a razão primeira da regra –, e outra de curto prazo, a relação de reforçamento *próxima* por seguir a regra. Consequências postergadas e definidas imprecisamente tendem a ser ineficientes: raramente um fumante larga o hábito de fumar depois de ouvir que ele pode causar câncer de pulmão dentro de 30 anos ou mesmo depois de uma experiência de falta de ar. É necessário algo mais imediato para fazê-lo abandonar o hábito. A regra e o reforço próximo, ambos normalmente fornecidos pelo falante, induzem e mantêm o comportamento desejado, tais como largar o mau hábito ou adquirir um bom hábito. Quando uma criança segue instruções, o falante – pai, mãe ou professor(a) – fornece reforço em abundância. Mais tarde, na vida, quando a pessoa é capacitada para executar um trabalho ou treinada para praticar um esporte, quem a treina fornece reforço por seguir regras na forma de afirmações, como "Bom", "Certo" e "Muito bem".

A Figura 8.2 esquematiza as duas relações de reforçamento do comportamento controlado por regras – a relação próxima, na parte superior, e a relação última, na parte inferior. Como foi explicado nos Capítulos 4 e 6, cada relação inclui um contexto (estímulo discriminativo, ou S^D) e um reforçador (S^R) para o comportamento. A notação S^D: R -> S^R indica que o S^D aumenta a probabilidade do comportamento R (induz R) porque estabelece o contexto no qual R provavelmente produz (->) reforçadores. O mais notável é que ambas as relações afetam o mesmo comportamento: uma o encoraja, e a outra o justifica.

A relação de reforçamento próxima

A relação próxima é o motivo pelo qual se considera que o comportamento R é controlado por regras. O estímulo discriminativo verbal fornecido pelo falante é a regra. Ele estabelece o contexto no qual R pode produzir reforçadores próximos, que geralmente são fornecidos por outras pessoas, frequentemente o falante. No exemplo exibido na Figura 8.2, o reforçador próximo é a aprovação do falante. Quando o ouvinte acata uma ordem, um pedido ou uma instrução, o falante fornece aprovação ou reforçadores simbólicos (p. ex., dinheiro ou vales) ou retira uma condição aversiva (uma ameaça). Mesmo um conselho, embora seja frequentemente considerado neutro, raramente o é; o pai que aconselha seu filho a casar com Mabel também dará sua aprovação quando seu filho o fizer.

A relação próxima é relativamente óbvia porque os reforçadores são relativamente frequentes e imediatos. Isso é simbolizado na Figura 8.2 pela seta menor apontando para o reforçador próximo. Relações claras como essa são especialmente importantes quando o comportamento está em uma fase inicial de treino. Uma vez adquirido o comportamento desejado, o reforço pode ser menos frequente e menos imediato.

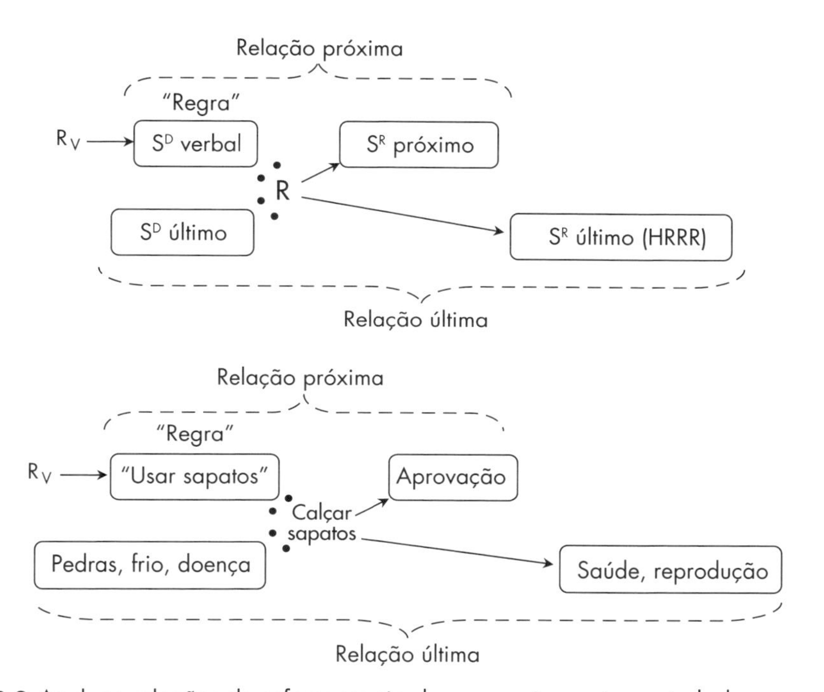

FIGURA 8.2 As duas relações de reforçamento do comportamento controlado por regras. Painel superior: relações representadas por símbolos. Ambas as relações se conformam ao padrão S^D: R –> S^R. Na relação próxima, mostrada na parte superior do painel, o S^D, ou regra, é produzido pelo comportamento verbal do falante, R_V, e induz o comportamento desejado do ouvinte, R, em virtude de sua relação com reforçadores próximos, que costumam ser sociais – isto é, fornecido por outras pessoas, frequentemente o falante. A relação última, mostrada na parte inferior do painel, é a base da relação próxima, porque envolve consequências (reforçadores últimos) que são importantes, mas postergadas ou obscuras (simbolizadas pela seta mais longa). O S^D último constitui o contexto natural da relação última, os sinais que controlariam R se a relação última assumisse o controle. Painel inferior: um exemplo das relações. O falante (digamos, o pai) diz para o ouvinte (o filho) calçar sapatos quando sair de casa. Isso produz um S^D próximo auditivo (uma regra): "Usar sapatos". Se o filho calça os sapatos, isso resulta no reforçador próximo de *aprovação* (ou evitação de desaprovação) do pai. A relação última, que é importante, mas obscura para o filho, relaciona usar sapatos com o reforço último da boa saúde (ou evitar doença) e, além disso, da probabilidade de sucesso reprodutivo. O S^D último, que deveria vir a controlar o usar sapatos, consiste em condições como pedras pontudas, tempo frio, presença de parasitas (p. ex., ancilostomíase), e assim por diante.

A relação de reforçamento última

A relação próxima existe por causa da relação última. Embora relativamente obscura e de longo prazo (características simbolizadas pela seta mais longa na Fig. 8.2), a relação última justifica a relação próxima porque incorpora uma relação entre comportamento e consequência que é realmente importante, independentemente de quão trivial ou arbitrária a relação próxima possa parecer. A relação é importante porque se refere à saúde, à sobrevivência e ao bem-estar a longo prazo dos descendentes e da família.

Em suma, a relação última se refere à aptidão. Por que as pessoas nos Estados Unidos usam sapatos? Por que não ficam descalças, como tantas pessoas em vários países do mundo? Essa prática parece arbitrária apenas enquanto ignoramos sua relação com a saúde. Deixando de lado a proteção contra o frio, as consequências prováveis de andar descalço são machucados, cortes, infecções e ancilostomíase. Como outras relações últimas, a relação em si mesma seria ineficiente, porque qualquer pessoa, em qualquer época, pode não sofrer nenhum tipo de doença por andar descalço; somente em médio e longo prazos podemos perceber o dano à saúde. Consequentemente, faz parte de nossa cultura fabricar e comprar sapatos para nossas crianças, instruí-las desde pequenas sobre a necessidade de usá-los e proibir que pessoas entrem descalças em lojas. Se o contexto último (Fig. 8.2) assumir o controle, os sapatos serão usados sempre que perigos, como frio e doença, estiverem rondando. Entretanto, as pessoas que usam sapatos podem ter apenas uma vaga ideia dessa conexão com saúde, porque basta que elas saibam o que é socialmente aceitável (a relação próxima). Elas só precisam seguir a regra.

Quando examinamos as regras à luz das relações últimas com as quais elas fazem contato, a ligação com a aptidão torna-se em geral evidente, mesmo que as pessoas, em geral, nunca a reconheçam. Seguimos a regra "A caridade começa em casa" porque, em última análise, é necessário dar prioridade máxima ao bem-estar de crianças e parentes próximos para garantir o aumento da aptidão (mais precisamente, a aptidão de nossos genes). O mandamento "Ame seu próximo como a si mesmo" pode ser interpretado como um incentivo à cooperação entre membros de um grupo, o que beneficia o sucesso reprodutivo de todos os membros. Outras regras, como "De tostão em tostão se chega ao milhão" e "Mais vale prevenir do que remediar", referem-se ao uso eficiente de recursos.

Na Figura 8.2, a relação de reforçamento última é mostrada como tendo seu próprio contexto (S^D último) e consequência (S^R último), independentes da relação próxima. Circunstâncias que ameaçam a saúde, tais como objetos cortantes, larvas de vermes, cobras, escorpiões, fungos e plantas espinhosas, constituem o contexto – o S^D último – para usar sapatos (R), porque usar sapatos impede ferimentos e doenças que podem ser adquiridos por andar descalço. A redução da probabilidade de ferimentos e doenças (reforçador negativo) e o aumento da probabilidade de sobreviver e reproduzir (reforçador positivo) constituem os reforçadores últimos para usar sapatos. Dizemos às crianças "Sejam boas com seus primos" porque cooperar (R) com parentes (S^D último) aumenta a aptidão de genes comuns (S^R último).

De modo geral, todos os reforçadores últimos, ao afetarem a aptidão como o fazem, relacionam-se a quatro grandes categorias de atividades ou resultados: manutenção da saúde (inclusive sobrevivência), obtenção de recursos, fazer e manter relacionamentos com familiares e amigos e reprodução (inclusive os relacionamentos com um cônjuge, outros parceiros sexuais, filhos e netos). Coletivamente, isso é simbolizado na Figura 8.2 pelas letras HRRR. Todas as regras, em especial as regras características de uma cultura, dependem, em última instância, de relações entre o comportamento e HRRR. Calçamos sapatos para manter a saúde. Trabalhamos para obter recursos. Batemos papo para manter relacionamentos com os amigos e a família, namoramos para obter sexo e produzir descendentes. Em sentido estrito, todas as outras três categorias poderiam ser reduzidas à quarta: a razão pela qual a saúde e a sobrevivência, os recursos e os relacionamentos são importantes está em que todos eles possibilitam, direta ou indiretamente, a reprodução, o ingrediente essencial para a evolução. (Discutiremos isso com mais detalhes nos Caps. 12 e 13.)

As relações com o reforço próximo e último dão ao comportamento verbal do falante, R_V na Figura 8.2, a dupla função de ordenar e informar. Nos termos do Capítulo 7, enunciar a regra é um mando quanto à relação próxima, mas é um tato quanto à relação última. O reforçador próximo para a enunciação da regra é a subordinação do ouvinte (obedecer à ordem, seguir o conselho). Pessoas que afixam placas de "Proibido fumar" geralmente o fazem para seu próprio conforto, entre outras razões. Se existir algum reforçador último para a enunciação da regra, ele está vinculado aos reforçadores últimos para o seguimento de regras pelo ouvinte. O interesse de um pai na sobrevivência e na reprodução de um filho beneficia o sucesso reprodutivo do próprio genitor. Quanto ao comportamento do ouvinte, entretanto, a relação com o sucesso reprodutivo e de longo prazo é relativamente ineficiente. Assim, a regra enunciada pelo pai talvez seja mantida em primeiro lugar pela aquiescência do filho.

Embora o experimento de Galizio (Fig. 8.1) pareça simples em comparação com situações do mundo real, ele também se conforma ao padrão observado na Figura 8.2. A relação de reforçamento próxima era a relação entre seguir as instruções dos rótulos e evitar perdas. A relação última era entre seguir as instruções e receber quase o máximo de 2 dólares por sessão. (Evitar esforço excessivo também pode ter sido um fator.) Os rótulos constituíam as regras, e a situação experimental era o S^D último.

A regra e o reforço próximo podem ser temporários. Se o comportamento for suficientemente induzido, ele entrará em contato e será mantido pela relação de reforçamento última. As crianças jamais aprenderiam que usar sapatos é uma coisa boa se nunca os tivessem usado. Depois que a criança começa a usar sapatos quase o tempo todo, as vantagens de usá-los – os reforçadores últimos – podem assumir o controle. A situação é parecida com dar partida em um carro: o motor tem de estar a certa velocidade antes que possa rodar por si próprio. O reforço próximo é como o motor de arranque: põe o comportamento para funcionar a uma taxa suficiente para que o reforço último o mantenha rodando. No experimento de Galizio, alguns estudantes fizeram a transição da relação de reforçamento próxima para a de reforço último quando dispensaram os rótulos que lhes diziam como responder adequadamente às diferentes relações de perda. Digo para meus filhos serem honestos com os outros na esperança de que algum dia eles sejam honestos sem que eu tenha de lhes dizer isso.

Se as ocasiões para a ocorrência de comportamento controlado por regras forem muito infrequentes, a transição para a relação de reforçamento última pode nunca vir a acontecer. Talvez seja por isso que alguns dos estudantes de Galizio nunca conseguiram chegar ao desempenho adequado; com mais treino, eles poderiam, por fim, prescindir das instruções. Quando compro uma mesa que precisa ser montada, sigo as instruções como um escravo, porque essa é a primeira e provavelmente a única vez em que montarei essa mesa. Em contraste, uma pessoa que trabalha em uma fábrica montando muitas mesas todos os dias logo para de consultar as instruções. Passamos por simulações de incêndio e de batalhas para que, quando o S^D último (incêndio ou batalha) de fato surgir, o comportamento apropriado provavelmente ocorra; quanto mais realista a simulação, melhor.

Uma questão permanece: as pessoas às vezes podem ser capazes de dizer o que fazer, mas não por que fazê-lo. Se o falante não consegue verbalizar a relação de reforçamento última – não tem a menor ideia de por que os filhos deveriam ser bons com seus primos –, então de onde surgiu a regra? Alguém teve de formulá-la, mas é suficiente que apenas uma pessoa tenha um dia entrado em contato com a relação última, porque os membros de uma mesma cultura aprendem regras uns com os outros. Uma vez que essa pessoa tenha formulado a regra e a tenha ensinado a seus descendentes, parentes e vizinhos, se a regra de fato entrou em contato com a relação última, ela se propaga de pessoa a pessoa e de grupo a grupo. Formular regras, assim como seguir regras, é uma parte fundamental da cultura humana. (Mais sobre isso nos Caps. 13 e 14.)

APRENDIZAGEM DE SEGUIMENTO DE REGRAS

As pessoas têm uma notável tendência a fazer as coisas conforme lhes dizem. Às vezes gostaríamos que as pessoas fossem menos obedientes e "pensassem por si mesmas" com mais frequência – especialmente soldados e burocratas. No famoso experimento de Stanley Milgrim sobre "obediência" – em que as pessoas se mostraram dispostas a aplicar choques quase letais a um estranho apenas seguindo o comando de um psicólogo pesquisador –, ações de nazistas em campos de concentração e ações de soldados americanos no Vietnã mostraram que essa obediência pode ir longe demais. Apesar desses exemplos, continua sendo verdade que a concordância geralmente compensa; normalmente, até mesmo o adolescente mais rebelde pode ser persuadido a usar filtro solar na praia. Por que as pessoas seguem regras com tanta presteza?

Modelagem do comportamento de seguir regras

O psicólogo Herbert Simon (1990) sugeriu que os bebês vêm ao mundo construídos de modo a serem particularmente sensíveis às ações, verbais e não verbais, das pessoas ao seu redor. Ele chamou de "docilidade" essa tendência para responder aos outros e argumentou que ela é essencial para a sobrevivência de uma criança. A ideia de docilidade de Simon pode se referir ao seguimento de regras. Talvez as pessoas sejam tão propensas a seguir regras em parte porque vêm ao mundo com essa inclinação para serem dóceis, e em parte porque são expostas, desde muito cedo, a tantas e tão diferentes relações de reforçamento próximas. Inúmeras vezes as crianças fazem o que lhes mandam fazer e ganham bolachas, afeto e aprovação. As regras são verbalizadas pelos pais e por outros membros da família e depois pelos professores. Existem até jogos que ensinam a seguir regras, tal como o *Faça o que seu mestre mandar*.

Consequentemente, seguir regras torna-se uma categoria funcional, uma habilidade generalizada – tanto que seguimos sem hesitação as instruções dadas por um estranho para chegar a um local. À medida que ocorre generalização, o próprio comportamento de seguir regras torna-se parcialmente controlado por regras. Diz-se às crianças: "Faça como eu digo" e "Ouça os mais velhos". Formamos também discriminações ("Não dê ouvidos ao Jim, ele é um mentiroso"). Em um antigo episódio do programa de televisão *WKRP in Cincinnati*, um personagem diz ao outro: "Dá azar seguir o conselho de pessoas malucas".

Em certo sentido, esse seguimento de regras generalizado faz o mundo girar. Galizio fez uso disso em seu experimento, presumindo que os sujeitos leriam e responderiam aos rótulos acima das luzes (Fig. 8.1). Sem o seguimento de regras generalizado, as possibilidades de cultura seriam, sem dúvida, limitadas. Com ele, práticas complexas, como colocar os filhos em escolas públicas ou construir aviões a jato, podem existir e ser transmitidas. (Mais sobre isso nos Caps. 13 e 14.)

Onde estão as regras?

As explicações tradicionais do seguimento de regras são mentalistas. Como na gramática, fala-se de regras como se elas fossem coisas possuídas, como se as pessoas as *tivessem*. Psicólogos às vezes dizem que as regras são "internalizadas". Como outras formas de mentalismo, as regras que controlam nosso comportamento estão supostamente em algum lugar interno, como se cada um de nós tivesse um livro de regras interno em que as regras estivessem de alguma forma gravadas e pudessem ser localizadas em ocasiões propícias. Surgem, então, as questões habituais sobre o mentalismo (Cap. 3). Onde estão essas regras internas? De que são feitas? Como elas poderiam causar o comportamento? Quem as procura, quem as escreve? O comportamento de escrever e procurar as regras não seria tão complicado quanto o comportamento que elas deveriam explicar? E assim por diante.

Se faz sentido falar em regras como localizadas em algum lugar, os behavioristas as colocam no ambiente. Elas se apresentam, não apenas figurativamente, mas concretamente, sob a forma de sons e sinais. Elas são estímulos discriminativos.

As pessoas são tentadas a pensar em regras como alguma coisa interna porque a regra que fortalece o comportamento R pode estar ausente quando R ocorre. Existem duas razões para isso. Primeiro, surge o problema da lacuna temporal, discutido nos Capítulos 5 e 6. Como a regra pode ter ocorrido em um momento anterior, há uma lacuna entre a ação e parte do contexto. Eu insisto para que meus filhos sejam honestos comigo na esperança de que seu comportamento se generalize e de que eles sejam honestos com os outros. Se meus filhos são honestos com professores e amigos, poderíamos dizer que as crianças "lembraram" a regra, mas não precisamos. Não precisamos supor que as crianças tenham formulado a regra publicamente ou mesmo privadamente naquele momento. Precisamos apenas reconhecer que parte do contexto que induz à atividade ocorreu em um momento anterior.

Segundo, como o controle pelo reforço próximo pode ser temporário, quando a relação de reforçamento última assume o controle, a regra pode estar ausente, talvez definitivamente. Quando as pessoas falam sobre regras "internalizadas", estão provavelmente falando dessa transição. Sobre os estudantes que, no experimento de Galizio, responderam adequadamente depois de retirados os rótulos, poder-se-ia dizer que internalizaram as regras. A alteração, no entanto, não é de uma regra externa para uma interna, mas de uma relação de reforçamento de prazo relativamente curto para outra, de longo prazo. No experimento de Galizio, o controle passou dos rótulos para as luzes amarelas. Quando meus filhos são atenciosos com seus primos, seus primos também são, em contrapartida, atenciosos com eles, o que resulta em meus filhos continuarem a ser atenciosos. Meus filhos não internalizaram a regra sobre tratar bem seus primos; em vez disso, as consequências naturais e de longo prazo mantêm agora seu comportamento.

PENSAMENTO E RESOLUÇÃO DE PROBLEMAS

Com frequência, regras são soluções para problemas: "Se você se comportar assim, a situação resultará em tal e tal reforçador". Quando somos confrontados com um problema, pode ser preciso formular uma regra.

É bastante provável que se diga que alguém está "pensando" quando essa pessoa está resolvendo um problema. O arquiteto que está procurando o melhor projeto para uma sala de estar ou o motorista que trancou o carro com as chaves dentro podem "ponderar" a situação, "considerar" várias soluções ou "perder-se em pensamentos". O mentalista vê em tais situações a justificativa para imaginar processos internos complexos, porque a pessoa pode ficar sentada imóvel por algum tempo, aparentemente sem fazer nada, e então, de repente, agir para resolver um problema. Está aí um desafio para os behavioristas, portanto. Será possível discutir a resolução de problemas sem apelar para complexos processos internos?

No Capítulo 5, discutimos brevemente a abordagem comportamental da resolução de problemas. As interpretações mentalistas enfatizam a característica abrupta da solução no momento "criativo" ou "inspirado". Ignoram a longa história de reforçamento anterior a qualquer caso particular de resolução de um problema. Assim como aprendemos a ser ouvintes, aprendemos a ser solucionadores de problemas. Trata-se de uma habilidade essencial na vida, e o pai ou o professor que não ajudam a criança a aprender a resolver problemas são considerados negligentes. O motorista que tranca o carro com as chaves dentro talvez peça ajuda à polícia. Esse motorista foi instruído nesse tipo de solução antes e talvez já tenha ligado anteriormente para a polícia em tais ocasiões de impotência. O projeto do arquiteto, igualmente, por mais que pareça original, deriva de treino, prática e observação. Em nenhum caso a resolução de problemas ocorre isoladamente; ela deve ser entendida à luz de treino, instrução e reforço prévios.

Embora os behavioristas concordem com essa abordagem geral, eles diferem um pouco em suas interpretações. Os behavioristas molares consideram a resolução de problemas como algo completamente integrado com a história prévia. Adquirimos experiência com determinados tipos de situações e nelas agimos de determinadas maneiras. Sob essa perspectiva, a resolução de problemas é apenas um passo ao longo do caminho e não é particularmente relevante. Alguém se torna cientista comportando-se e recebendo consequências no laboratório, no campo, em seu escritório e em conferências. Ocorrem soluções para problemas com equipamentos, dados e teorias, mas tudo isso faz parte de se tornar e ser um cientista. Esse comportamento é controlado por regras apenas na medida em que depende de instrução prévia.

A interpretação molecular de Skinner (1969), que iremos agora focalizar, trata a resolução de problemas como comportamento controlado por regras em um sentido diferente, mais imediato. Dado que Skinner aceitava a ideia de que falar consigo mesmo pode ser considerado comportamento verbal (Cap. 7) – que uma pessoa pode exercer simultaneamente os papéis de falante e ouvinte –, sua interpretação se baseia no conceito de autoinstrução: como falantes, damo-nos regras como ouvintes.

Mudança de estímulos

Como vimos no Capítulo 5, as situações que identificamos como problemas são aquelas em que o reforçador – o resultado bem-sucedido – é claro, mas o comportamento que deve ser emitido – a solução – é obscuro. O problema é resolvido quando surge a solução e obtém-se o reforçador. Quando o arquiteto esboça um projeto que funciona (que atende às exigências), segue-se uma imensa satisfação – sem falar no dinheiro e nos elogios dos clientes e colegas.

Enquanto o arquiteto está resolvendo o problema, sua mesa pode ficar coberta de esboços. Experimenta-se uma possibilidade, depois outra, depois outra. Cada esboço sugere o próximo, e características de muitos esboços podem ser combinadas naquele que finalmente vai prevalecer. O comportamento (esboçar) varia, mas está longe de ser aleatório. Além de dependerem de treino e observações prévias do arquiteto, os esboços dependem uns dos outros.

Dizer que um esboço influencia o seguinte é dizer que o primeiro age como um estímulo discriminativo para fazer o próximo. O arquiteto faz um esboço, dá uma olhada, conclui que não funciona ou que funciona parcialmente e então experimenta outro. Todos os esboços precedentes estabelecem o contexto para o esboço final. Dizer que eles eliminam algumas possibilidades e sugerem outras significa que, como estímulos discriminativos, eles enfraquecem alguns atos futuros de esboçar e fortalecem outros. O comportamento de resolver problemas produz estímulos que servem para alterar a probabilidade do comportamento futuro que poderia incluir a solução.

Não há mistério sobre a origem desse tipo de comportamento. No arquiteto experiente, *brainstorms* desse tipo foram reforçados muitas vezes no passado. Discutimos no Capítulo 5 como discriminações, em que o comportamento anterior serve como contexto, são treinadas em golfinhos e ratos e em seres humanos. Embora cada novo ato possa ser único, ele mesmo assim se relaciona com os que vieram antes. A resolução de problemas é muito semelhante à criatividade.

Quando as soluções não precisam ser originais para serem reforçadas, a tendência é utilizar soluções semelhantes para problemas semelhantes, desde que essas soluções continuem gerando compensações. Muitos manuais de psicologia descrevem um experimento de A. C. Luchins, em que pessoas tinham de resolver uma série de problemas como os que aparecem na Tabela 8.1. Cada problema apresentava três jarras de água imaginárias, mostrava as capacidades da Jarra A, da Jarra B e da Jarra C e exigia, como solução, que fosse apontada uma sequência de transferências do conteúdo de uma jarra para outra que resultasse em uma das jarras conter a quantidade indicada na última coluna. Os três primeiros problemas são resolvidos subtraindo-se um A e dois Cs de B. Os problemas 4 e 5 também podem ser resolvidos desse modo, mas podem ser resolvidos mais facilmente subtraindo-se C de A. O problema 6 só pode ser solucionado subtraindo-se C de A. Luchins descobriu que os problemas 4 e 5 eram quase sempre resolvidos da maneira mais complicada, tal como se resolviam os problemas 1 a 3, e que a maioria dos participantes do experimento não conseguia resolver o problema 6.

As tentativas mentalistas de explicar os resultados de Luchins atribuíram tais resultados a um "aparelho mental" ou "aparelho cognitivo". Presumivelmente, a pessoa forma essa disposição internamente enquanto está resolvendo os três primeiros problemas, e depois a disposição a faz continuar resolvendo os problemas da mesma forma. Essa disposição, supostamente, também impediria a solução do sexto problema. Como vimos no Capítulo 3, o behaviorista pergunta onde estaria essa disposição, de que é feita e como afeta o comportamento. Ela apenas rotula a observação que precisa ser explicada: a persistência de um certo padrão de comportamentos (aqui, B-A-2C). É pior do que nenhuma explicação, porque dá uma ilusão de explicação que nos desvia do caminho em direção a uma explicação verdadeira (ver o Cap. 3).

Os analistas do comportamento, que procuram explicações no mundo natural do comportamento e do ambiente, veem a situação de outro modo. À medida que

TABELA 8.1 Uma série de problemas usados por Luchins em seu experimento sobre "disposição mental". Cada problema apresenta três jarras de diferentes capacidades (colunas A, B e C). A quantidade exigida (coluna D) tem de restar em uma das jarras depois de seu conteúdo ser transferido para as outras

Problema	Jarra A	Jarra B	Jarra C	Quantidade exigida (D)
1	14	163	25	99
2	18	43	10	5
3	9	42	6	21
4	23	49	3	20
5	14	36	8	6
6	28	76	3	25

cada um dos três primeiros problemas é resolvido, um padrão de comportamento (B-A-2C) é reforçado. Esse padrão fornece um estímulo discriminativo – um estímulo discriminativo verbal se o padrão é formulado como "B-A-2C" ou um estímulo visual se o padrão é visto como uma sequência de ações. Esse estímulo discriminativo induz o comportamento nos problemas subsequentes. A história de reforçamento do padrão B-A-2C, combinada com a aparente semelhança entre todos os problemas, assegura que, a cada novo problema, o padrão B-A-2C seja o primeiro a ocorrer. Soluções que omitam B (p. ex., A-C) serão improváveis e ocorrerão apenas após muitos padrões envolvendo B, se é que ocorrerão.

A diferença entre os sujeitos de Luchins, que caíram em uma rotina, e o arquiteto criativo reside em suas histórias de reforçamento A resolução de problemas torna-se estereotipada ou criativa e original em virtude de se induzir e reforçar repetidamente o mesmo padrão ou de novos padrões serem induzidos e reforçados.

O único aspecto incomum dessas explicações é que os estímulos discriminativos que induzem as possíveis soluções surgem do próprio comportamento de quem resolve o problema. Assim como os sujeitos de Luchins poderiam ter falado consigo mesmos sobre os problemas da jarra, o arquiteto também poderia ter falado consigo mesmo, dizendo coisas do tipo: "E se a cozinha ficasse aqui?" ou "Suponha que mudemos esse quarto para o andar de cima". Na perspectiva de Skinner, o arquiteto, exercendo o papel de falante, está gerando estímulos discriminativos verbais (como a regra na Fig. 8.2), que, por sua vez, alteram a probabilidade de determinado comportamento futuro em seu papel de ouvinte. A variação na ação que leva à solução vem do próprio comportamento verbal do arquiteto.

Quando estou tentando resolver um problema, posso falar comigo mesmo em voz alta ou privadamente. Falar consigo mesmo inaudivelmente (fala subvocal) costuma ser chamado de "pensamento". Se meu carro não pega, posso dizer para mim mesmo: "Talvez eu deva pisar no acelerador". De acordo com Skinner, quer eu diga isso em voz alta, quer eu diga privadamente, o comportamento gera um estímulo discriminativo verbal (como na Fig. 8.2) que torna mais provável que eu pise no acelerador. A pessoa que se senta silenciosamente e depois, "de repente", soluciona um problema pode ter passado por todo um processo de dizer coisas e visualizar resultados privadamente, um após o outro. Independentemente de ter sido aberto ou encoberto, ainda assim o processo pode ser entendido como atividade de falante alternando-se com atividade de ouvinte.

Comportamento precorrente

Skinner (1969) chamou a atividade de falante que gera estímulos discriminativos de *precorrente*, no sentido de que ocorre antes da solução. A atividade precorrente permite que a resolução de problemas (atividade de ouvinte) varie sistematicamente, em vez de aleatoriamente. Embora a variação aleatória possa ser útil, assim como mexer e girar a chave em uma fechadura velha acabe por abrir a porta, a resolução de problemas geralmente é sistemática, no sentido de que as tentativas de solução seguem padrões, especialmente padrões que tenham funcionado anteriormente. Posso nunca ter-me perdido nessa região, mas tenho uma história de consultar mapas e derivar possibilidades de caminhos – eu me comporto de maneiras que foram bem-sucedidas (isto é, foram reforçadas) no passado. O comportamento precorrente envolvido é frequentemente chamado de raciocínio, imaginação, formulação de hipóteses, e assim por diante. Todos esses comportamentos têm em comum a propriedade de gerar estímulos discriminativos que alteram a probabilidade de atividades subsequentes.

Ao olhar para os três primeiros problemas na Tabela 8.1, você poderia ter dito coisas para si próprio, como "A água tem de ser tirada da Jarra B, porque a quantidade exigida é maior do que pode haver em A ou C" e Qual a diferença entre B e D?". De acordo com Skinner, essa fala subvocal seria comportamento precorrente, porque quando você ouviu a si próprio, você provavelmente se comportou de acordo.

Assim como outros conceitos de análise do comportamento, a ideia de comportamento precorrente tangencia as distinções tradicionais. Às vezes, coincide com o que as pessoas chamam de pensar ou raciocinar ou fazer um *brainstorm*, mas nem sempre. Se aceitamos a ideia de que a mesma pessoa pode agir simultaneamente como falante e ouvinte, então a atividade precorrente se conformaria à definição de comportamento verbal, e os estímulos gerados seriam regras. De fato, isso parece quase óbvio quando falamos para nós mesmos em voz alta ao tentarmos resolver um problema. Na perspectiva de Skinner, o comportamento precorrente, contudo, pode ser privado ou público, vocal ou não vocal. Quando uma pessoa que está montando um quebra-cabeça escolhe uma peça e a vira de um lado para outro, por fim achando o lugar certo, isso é comportamento precorrente – público e não vocal. Se, ao tentar decidir sobre o projeto de cores para a casa, manuseio amostras coloridas e imagino a casa pintada naquelas cores, isso poderia ser chamado de comportamento precorrente, parcialmente privado e não vocal.

A conexão entre comportamento precorrente e comportamento controlado por regras encontra-se nos estímulos discriminativos produzidos. Comportamento precorrente é como formular regras. Evitamos dizer que são exatamente a mesma coisa porque, de acordo com nossa definição, para ser caracterizado como regra, o estímulo discriminativo deve ser gerado por comportamento induzido por uma relação de reforçamento última atuando como estímulo discriminativo. Poderia ser um exagero dizer que o encaixe de uma peça de quebra-cabeça produzido por seu manuseio deva ser chamado de regra, mesmo que o reforçador último possa ser resolver o quebra-cabeça.

Quando o comportamento precorrente é oferecido como explicação para a resolução de um problema e, no entanto, é privado, surge uma dificuldade, porque a explicação não pode ser confirmada ou testada. As atividades precorrentes privadas são apenas adivinhadas, mesmo que a pessoa que resolve o problema as relate, porque, como vimos nos Capítulos 3 e 6, a introspecção não é confiável. As explicações que podem ser confirmadas dependem do comportamento precursor público, como (no exemplo de Skinner) quando amarramos fitas coloridas em nossas malas (ação precorrente) para facilitar sua identificação (consequência). A marca na mala é um estímulo discriminativo que nos induz a pegar aquela mala. A concepção molar do comportamento (Caps. 3 e 6) evita a dificuldade com a resolução privada de problemas, concentrando-se nas atividades públicas. Marcar nossa mala e pegá-la na área de recebimento de bagagens são duas partes da atividade mais prolongada de viajar de avião.

O grande ganho por definir o comportamento precorrente é perceber que a resolução de problemas é semelhante ao comportamento controlado por regras. Não é preciso inventar novos princípios para compreender como as pessoas superam suas dificuldades diárias ou como elas agem "criativamente". As explicações que consideramos são incompletas e exigem mais investigações, mas o essencial está colocado: formular regras, seguir regras, pensar e resolver problemas são, todos eles, comportamentos que podem ser explicados cientificamente.

RESUMO

Formular e seguir regras são duas das atividades mais importantes na vida e cultura humanas. Regras, faladas ou escritas, são estímulos discriminativos verbais. Governam nosso comportamento da mesma forma que estímulos discriminativos controlam nosso comportamento. As regras são verbais porque são geradas pelo comportamento verbal de um falante. Quem segue a regra é um ouvinte, que reforça o comportamento do falante de formular a regra. O comportamento controlado por regras pode ser diferenciado do comportamento modelado implicitamente, que deriva diretamente do contato com relações de reforçamento. Embora as pessoas às vezes considerem desempenhos complexos modelados implicitamente como seguimento de regras, a regra seguida é, na verdade, um breve resumo do desempenho. Em contraste, o conceito mais técnico de seguimento de regras dos analistas do comportamento exclui relações sobre as quais nunca se fala, porque definem a regra como um estímulo discriminativo verbal que indica uma relação de reforçamento. *Indicar uma relação* significa "é dado por comportamento verbal sob controle de estímulos de uma relação que age como um estímulo discriminativo". Essa definição inclui a maioria dos exemplos que as pessoas considerariam como regras, e mais ainda. Pedidos e ordens frequentemente se caracterizam como regras, especialmente quando podem ser vistos como ofertas ou ameaças. Instruções e conselhos também podem ser assim caracterizados.

A relação indicada por uma regra (a relação última) é sempre de longo prazo ou pouco nítida, mas é importante por afetar a saúde e a sobrevivência, a obtenção de recursos, os relacionamentos (especialmente com parentes e amigos) e a reprodução (HRRR, isto é, determinando a aptidão no longo prazo). A regra é o contexto de uma relação de reforçamento mais imediata (a relação próxima), que provê reforçadores, como aprovação e dinheiro, que ajudam a colocar o comportamento em contato com o reforço último. Ensina-se as crianças a seguir regras – a serem obedientes – por causa das relações últimas, e adquirir essa habilidade generalizada faz parte do crescer em uma cultura. Quando as pessoas aprendem o seguimento de regras generalizado, entretanto, elas adquirem apenas uma discriminação – suas ações ficam sob controle de uma certa categoria de estímulos discriminativos que são provenientes de uma certa categoria de falantes. Imaginar que as regras, de alguma forma, se movem internamente é mentalismo. As regras estão no ambiente.

Se aceitarmos a ideia de que falar consigo mesmo é comportamento verbal – que uma pessoa pode simultaneamente exercer os papéis de falante e ouvinte –, então torna-se possível entender a resolução de problemas como um exemplo de comportamento controlado por regras. O comportamento das pessoas gera estímulos discriminativos, que frequentemente podem ser interpretados como regras, que aumentam a probabilidade de ações subsequentes dentre as quais pode estar a "solução" – a ação que é reforçada. O comportamento que produz os estímulos é chamado de precorrente. Pode ser público ou privado, vocal ou não vocal e funciona como a autoinstrução. Segundo Skinner, o "pensamento" que acontece durante a resolução de problemas pode ser entendido como comportamento precorrente, geralmente privado e vocal. Contudo, as explicações que se baseiam em comportamento privado não podem ser confirmadas. A visão molar do comportamento evita tais explicações ao focar em atividades públicas que constituem partes de atividades mais prolongadas.

LEITURAS ADICIONAIS

Baum, W. M. (1995). Rules, culture, and fitness, *The Behavior Analyst, 18,* 1-21. Esse artigo explica com mais detalhes muitas das ideias sobre regras apresentadas neste capítulo.

Galizio, M. (1979). Contingency-shaped and rule-governed behavior: Instructional control of human loss avoidance. *Journal of the Experimental Analysis of Behavior, 31,* 53-70. Esse artigo relata o experimento de Galizio descrito neste capítulo.

Hayes, S. C. (1989). *Rule-governed behavior: Cognition, contingencies, and instructional control.* Nova York: Plenum. Esse livro contém muito do pensamento da análise do comportamento sobre o comportamento controlado por regras.

Simon, H. A. (1990). A mechanism for social selection and successful altruism. *Science,* 250, 1665-1668. O autor, conhecido psicólogo cognitivista e cientista da computação, faz as conexões entre docilidade (seguir regras), cultura e aptidão.

Skinner, B. F. (1953). *Science and human behavior.* Nova York: Macmillan. Veja o Capítulo 16 sobre pensamento.

Skinner, B, F, (1969). An operant analysis of problem solving. In: *Contingencies of reinforcement.* Nova York: Appleton-Century-Crofts, cap. 6, p. 133-171. Esta é a discussão clássica de Skinner sobre regras e comportamento precorrente.

PALAVRAS-CHAVE

Comportamento controlado por regras
Comportamento modelado implicitamente
Comportamento precorrente
Regra
Relação de reforçamento próxima
Relação de reforçamento última
S^D: R –> S^R
Seguimento de regras

PARTE III

Questões sociais

As áreas de aplicação da análise do comportamento e do pensamento comportamental são amplas e diversificadas. Tome qualquer aspecto da existência humana e você verá que o behaviorismo lhe dá uma nova perspectiva. Política, governo, justiça, educação, economia, relações internacionais e ambientalismo, todos ganham uma nova fisionomia.

Nossos problemas sociais são problemas comportamentais. Todos eles envolvem fazer as pessoas se comportarem melhor – governar bem, obedecer à lei, aprender na escola, reciclar o lixo. Como poderíamos levar as pessoas a se comportar adequadamente e, a propósito, o que é comportamento adequado? Os tratamentos tradicionais dessas difíceis questões são quase sempre mentalistas e, portanto, de pouca valia. Os analistas do comportamento teriam uma proposta melhor?

A Parte III traz poucas respostas definitivas, mas, em compensação, oferece uma abordagem nova – a abordagem comportamental. Ela visa demonstrar que a análise do comportamento pode ajudar a resolver os problemas do mundo. A ausência de soluções simples ou definitivas não precisa nos desencorajar, pois o pensamento comportamental nos permite equacionar os problemas de modos que possam nos levar a soluções. Metade do trabalho de resolução de um problema é colocá-lo nos termos certos. Tentar mudar o comportamento sem os conceitos de reforço, indução e controle de estímulos é como querer criar moléculas e substâncias químicas sem a teoria atômica.

Os behavioristas já escreveram muito sobre questões sociais, com resultados diversos. Por exemplo, John B. Watson foi um prolífico autor da imprensa popular, mas provavelmente não serviu muito a seus leitores porque se sabia relativamente pouco sobre comportamento nas décadas de 1920 e 1930. Sabe-se muito mais a esse respeito na atualidade. Quando Skinner escreveu *Beyond freedom and dignity*, em 1971, ele dispunha de novos conceitos em que se basear. A Parte III cobre em grande parcela a mesma área do livro de Skinner, mas expande e atualiza a discussão para incluir o pensamento que se desenvolveu desde então.

9

Liberdade

Da mesma forma que tratamos outros termos, podemos tratar a palavra *livre* – a fim de entender o que ela significa e examinarmos como ela é utilizada. Como vimos no Capítulo 1, apenas a noção de livre-arbítrio conflita com o behaviorismo. A maioria dos usos da palavra *livre* pode ser compreendida em termos comportamentais.

USOS DA PALAVRA *LIVRE*

Há três tipos de uso para a palavra *livre*. Em primeiro lugar, as pessoas falam de liberdade de restrições,* como quando se fala em ficar livre da escravidão. Isso é frequentemente referido como *ser* livre, sugerindo que a liberdade é um atributo ou algo que se adquire. A extensão dessa ideia é a noção de livre-arbítrio, na qual está implícito que a pessoa tem a liberdade de se comportar independentemente de seu ambiente passado ou presente. Em segundo lugar, as pessoas falam de liberdade política e social. Aqui, a questão não é tanto o problema das restrições quanto a de ter de enfrentar consequências desagradáveis devido a certas escolhas. Ser perseguido por causa de suas convicções não significa que você não possa agir de acordo com elas, mas que será punido por fazê-lo. Assim é quando falamos de falta de liberdade política ou religiosa e dizemos que não nos sentimos livres. Em terceiro lugar, as pessoas – em particular as pessoas religiosas – falam de liberdade espiritual. Quando uma igreja anuncia que "Jesus vos libertará da servidão", não está sugerindo que falta livre-arbítrio ou liberdade política ou religiosa, mas está se referindo à libertação de uma prisão metafórica. Falaremos de todos esses usos a seguir.

* N. de R.T. No sentido de libertar-se, ou conquistar a liberdade de um aprisionamento, uma repressão.

Ser livre: livre-arbítrio

Ser libertado de uma prisão representa a remoção de uma restrição física. Trancada em uma cela, a pessoa não pode sair. Abrir a cela é como abrir uma gaiola; "livre como um pássaro" significa que a pessoa pode se locomover à vontade, sem ser tolhida.

Essa forma particular de ser livre não apresenta problema para a análise do comportamento, porque se refere apenas ao fato de uma ação ser ou não possível. É como dizer que, em uma caixa experimental, o rato não é livre para pressionar a barra se ela for removida ou que é livre para pressioná-la se ela for inserida.

No que se refere a restrições, prisões e gaiolas são as mais óbvias. Você nunca opta livremente por respirar, andar ou mesmo aprender a falar. Essas opções foram limitadas pelos seus genes e pelo seu ambiente. Se fosse possível libertar-se desses limites, então teríamos o livre-arbítrio.

No Capítulo 1, discutimos os problemas associados à noção de livre-arbítrio. Afora considerações filosóficas e estéticas, os resultados de políticas públicas baseadas na presunção de livre-arbítrio vão de fracos a desastrosos. A presunção é muitas vezes utilizada como justificativa para não fazer nada. Se dependentes de heroína são livres para escolher não usar a droga, então o vício parece ser culpa dos dependentes, e, portanto, eles deveriam "retomar o controle de si mesmos" sem que nenhuma ajuda lhes fosse dada. A presunção do livre-arbítrio é apoiada pelas origens obscuras da dependência e pela debilidade das contingências de longo prazo que facilitariam manter-se livre do vício.

Parece que, aos poucos, estamos aprendendo que políticas sensatas não podem presumir o livre-arbítrio. Dizer que indivíduos que crescem em favelas optam pela ignorância e pelo desemprego é inútil e egoísta. Nos Estados Unidos, alguns projetos de pequena escala em escolas secundárias urbanas têm conseguido manter a frequência dos alunos, e a capacitação profissional vem trazendo pessoas de volta ao trabalho e tirando-as da lista de pensões da Previdência Social. Esses projetos tiveram êxito porque criaram relações de reforçamento adequadas e as sustentaram com encorajamento e explicações (regras, no sentido do Cap. 8).

Os analistas do comportamento defendem a tese de que, enquanto continuarmos presumindo o livre-arbítrio, não conseguiremos resolver nossos problemas sociais. Contudo, se avançarmos para um referencial francamente comportamental e tentarmos modificar o comportamento problemático, aí então nosso foco se deslocará para questões relativas a quais métodos utilizar. Skinner defendeu o uso do reforço positivo por duas razões. Primeiro, por ser extremamente efetivo. Segundo (e importante para nossa discussão de liberdade), porque quando o comportamento é modelado e mantido por reforço positivo, as pessoas não se sentem coagidas; sentem-se livres.

Sentir-se livre: liberdade política e social

Os escravos são outro exemplo de pessoas das quais se diz que não têm liberdade. A falta de liberdade dos escravos tem menos a ver com restrição física, pois um escravo pode se recusar a trabalhar. A consequência provável dessa recusa, porém, seria o açoite. O indivíduo que coopera devido a uma ameaça de punição pode, em princípio, ser livre para desafiar a ameaça, mas não se sente livre para fazê-lo.

Também de pessoas que vivem em uma ditadura (ou regime totalitário) se diz que não têm liberdade, porque muitas de suas ações são proibidas pela ameaça de punição. Elas não se sentem livres como grande parte de nós que vivemos em uma sociedade democrática. Sentimo-nos livres para criticar nossos governantes em público porque eles não podem nos punir por isso.

Na coerção, a situação é, em certo sentido, oposta ao comportamento controlado por regras descrito na Figura 8.2. Mesmo que algum controle aversivo faça parte das contingências do formulador da regra – como quando a mentira é punida ou como quando fazer o dever de casa evita ficar de castigo –, a atividade induzida do seguimento de regras produz consequências a longo prazo que são boas (HRRR). Na coerção, em vez de induzir à atividade que seria benéfica na contingência de longo prazo, a relação de punição de curto prazo efetivamente impede essas atividades em favor de atividades que beneficiam apenas o controlador. Para o escravo ou os cidadãos de um governo autocrático, a fraca contingência a longo prazo com seus reforçadores para almejar a vida, a liberdade e a felicidade é subjugada pela relação de punição a curto prazo. O escravo e as pessoas oprimidas trabalham e se sacrificam pelo bem do controlador.

O principal obstáculo ao sentimento de liberdade é a coerção. As pessoas não podem se sentir livres quando coagidas – isto é, quando seu comportamento beneficia outra pessoa devido à ameaça de consequências aversivas.

Coerção e controle aversivo

No Capítulo 4, definimos os dois tipos de controle aversivo: punição positiva e reforço negativo. Se falar o que pensamos resulta em uma surra, então o falar foi positivamente punido. Se mentir evita a surra, então o mentir foi negativamente reforçado. Os dois tendem a andar juntos; se uma ação é punida, alguma ação alternativa evitará a punição.

A Figura 9.1 ilustra a relação envolvida na coerção. Quando um feitor segura o chicote e manda o escravo trabalhar, o comportamento de trabalhar do escravo é negativamente reforçado por impedir o açoite. Os passos intermediários envolvem uma interação entre o feitor (controlador) e o escravo (controlado). Brandir o chicote, ou comportamento de ameaça (R_A), produz um estímulo discriminativo para o escravo ($S^D{}_A$), geralmente chamado de ameaça. O estímulo-ameaça determina a ocasião para a submissão (R_C) – trabalhar ou "fazer o que o patrão deseja". A submissão do controlado produz um reforçador positivo ($S^R{}_S$) – digamos, fazer a colheita – para o controlador, de forma que o comportamento de ameaça do controlador é positivamente reforçado como resultado da atividade do controlado. Desde que o escravo trabalhe e reforce positivamente o comportamento de ameaçar do feitor, este se aferra ao chicote. Isso quer dizer que o reforçador positivo – o objetivo do

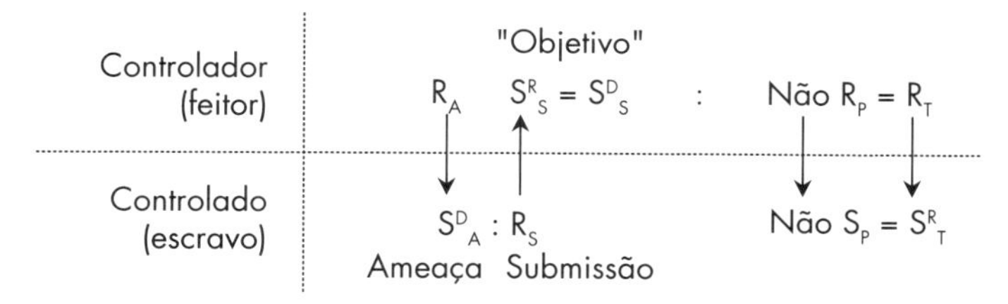

FIGURA 9.1 Coerção. O comportamento ameaçador do controlador (R_A) é positivamente reforçado como resultado da submissão do controlado (R_C), que produz o reforçador ($S^R{}_s$) que constitui o objetivo do controlador. A submissão do controlado ($S^D{}_s$) induz a ocasião para o controlador terminar a punição (R_T) e é reforçada por evitar a punição ameaçada, por reforço negativo.

controlador – também funciona como estímulo discriminativo ($S^D{}_s$), o contexto que induz a ocasião para que o controlador não exerça a punição (Não R_P) ou para que a termine (R_T). Para o controlado, a consequência é a não punição (Não S^P) ou o reforço negativo de evitá-la ($S^R{}_T$).

A Figura 9.1 é parecida com a Figura 7.1, o diagrama de um episódio verbal. O comportamento de ameaça do controlador é semelhante ao comportamento verbal: para ser reforçado, ele exige um ouvinte – o controlado. Quando duas pessoas reforçam mutuamente seu comportamento, como indicado nas Figuras 9.1 e 7.1, podemos dizer que elas têm um *relacionamento*. O tema dos relacionamentos será explorado de forma mais geral no Capítulo 11.

A Figura 9.1 mostra as principais características que definem a coerção: reforço positivo para o comportamento do controlador associado ao reforço negativo do comportamento do controlado. Sempre que existir essa assimetria, diz-se que o controlado é coagido, carece de liberdade ou não se sente livre.

Todo tipo de relacionamento pode ser coercivo. Pais podem ameaçar surrar ou desaprovar uma criança para fazê-la comportar-se de maneiras que só beneficiam a si próprios. Um professor pode ameaçar alunos com notas baixas ou humilhação pública. Um cônjuge pode ameaçar o outro com gritos ou negação de afeto ou de sexo. O patrão pode ameaçar um empregado com desaprovação, humilhação ou perda do emprego.

Todos esses relacionamentos coercivos podem ser substituídos por relacionamentos não coercivos. O pai pode induzir obediência dando afeto ou presentes quando a criança obedece. O professor pode induzir o desempenho do aluno com promessas de boas notas ou aprovação. Marido e mulher podem gratificar-se mutuamente com afeto, compreensão e apoio. Empregadores podem reforçar o bom desempenho com símbolos de aprovação (certificados, distintivos, móveis para o escritório) e com dinheiro. Por que, então, as pessoas recorrem tão frequentemente à coerção?

A principal razão é que geralmente a coerção funciona. Os que sustentam que a coerção não é eficaz estão enganados, pois, devidamente treinados, os seres humanos são extraordinariamente sensíveis a possíveis consequências aversivas, especialmente à desaprovação e ao isolamento social. Toda cultura tem seus tabus, e a maior parte dos membros de qualquer grupo cultural aprende a evitar transgressões sob o risco de desaprovação e rejeição. Mesmo uma ameaça tão remota quanto a cadeia já é suficiente para nos manter na linha. A minoria que acaba na cadeia geralmente não foi exposta quando criança a reforçadores sociais positivos e a regras sobre consequências aversivas a longo prazo – isto é, essas pessoas receberam pouco afeto ou pouca aprovação por boas ações e nenhum reforço por seguirem regras.

O problema da coerção reside nas consequências a longo prazo para a pessoa controlada e, posteriormente, para o controlador. Com o passar do tempo, famílias ou sociedades que se baseiam na coerção como meio de manter seus membros na linha sofrerão desagradáveis efeitos colaterais. Os mais relevantes são ressentimento, ódio e agressão.

As pessoas que são controladas por meios aversivos, além de se sentirem menos livres, tendem a ser ressentidas, rancorosas e agressivas. É provável que a história evolutiva tenha muito a ver com isso, pois a seleção natural favoreceria indivíduos que respondessem agressivamente aos dois maiores instrumentos de coerção: a dor e a ameaça de perda de recursos. Um método certeiro de induzir comportamento agressivo em muitas espécies, inclusive a nossa, é infligir dor. Dois ratinhos pacíficos começam a se atacar quase imediatamente após receberem um choque elétrico. Assim, não deveria ser surpresa para ninguém a tendência à violência de presos nas cadeias. A ameaça de perda de recursos (isto é, perda de reforço positivo) também induz muitas espécies à agressão, inclusive seres humanos. Basta que se suspenda a alimentação de um pombo para que ele passe a atacar outro pombo que está por perto. A rivalidade entre irmãos pode ser brutal em famílias em que a afeição é escassa.

Como forma de lidar com as pessoas, portanto, a coerção é ruim, porque torna as pessoas rancorosas, agressivas e ressentidas. Em uma palavra, torna-as infelizes, e controlados infelizes acabam se comportando de forma aversiva com os controladores. O desamor posteriormente leva a não cooperação e revolta. A criança foge ou se envolve em comportamentos autodestrutivos. O casamento acaba. O empregado rouba da empresa, sabota projetos ou se demite. O indivíduo que se sente aprisionado em uma relação coerciva mostra todos os sinais de infelicidade. A pessoa que se sente livre é feliz.

Liberdade e felicidade

Ao se falar de liberdade política ou social, diz-se frequentemente que liberdade é ter escolhas. Para o analista do comportamento, "ter escolhas" não tem nada a ver com livre-arbítrio; significa apenas que mais de uma ação é possível. Consistirá a liberdade social em ter escolhas – em ter a possibilidade de votar no candidato que se escolheu ou frequentar a igreja pela qual se optou?

Nossa discussão sobre coerção sugere que a liberdade social consiste não tanto em ter escolhas, mas em não ser punido por elas. Posso optar por integrar um partido político ou uma religião banidos pela lei; dizemos que minha liberdade política ou religiosa é restrita porque a escolha será punida.

As condições sob as quais nos sentimos livres acabam sendo idênticas às condições sob as quais nos sentimos felizes. Trabalhar por salário é bem mais agradável do que trabalhar para se livrar do chicote. A maioria das pessoas preferiria comprar um bilhete de loteria a pagar impostos para o governo. Sentimo-nos tanto livres quanto felizes quando nos comportamos de uma maneira, e não de outra – quando integramos um grupo, e não outro; quando trabalhamos em uma tarefa, e não em outra –, não porque a ação que não escolhemos é punida, mas porque a que escolhemos é mais positivamente reforçada.

Evidentemente, é raro que uma escolha leve a resultados exclusivamente agradáveis. A maioria das situações sociais é uma mistura de condições. Quando alguém diz que se sente amarrado, mas feliz no casamento, está dizendo que, no conjunto, o reforço positivo por permanecer na relação supera qualquer controle aversivo (coerção) nela existente. Cidadãos aceitam restrições, como ter de licenciar o carro e pagar impostos, se, no conjunto, o comportamento de cidadania for positivamente reforçado. Discutiremos relações e governo mais adiante, no Capítulo 11.

Por ora ficamos com a observação de que, quanto menos nosso comportamento for modelado por punição e ameaça de punição – quanto mais nossas escolhas forem guiadas por reforço positivo –, tanto mais nos sentiremos livres e felizes.

Objeções ao ponto de vista comportamental

Várias objeções ao ponto de vista do analista do comportamento sobre liberdade social são levantadas pelos críticos. Consideraremos duas que julgamos especialmente relevantes:

1. Que o ponto de vista não pode ser correto devido à natureza do desejo.
2. Que essa visão é ingênua.

A primeira objeção se baseia na ideia de que a liberdade consiste em ser capaz de "fazer o que quero". No Capítulo 5, tratamos de termos, como *querer*, que parecem se referir ao futuro ou a alguma representação fantasmagórica no presente, mostrando que você diz que quer ou deseja alguma coisa quando está inclinado a agir de forma a obter essa coisa. Essa coisa é um reforçador, e o querer – a tendência a agir – ocorre em um contexto em que houve reforço no passado.

Uma das primeiras formas de ação verbal que as crianças aprendem é "Eu quero X". Como mando, ela é reforçada com X ou com a oportunidade de agir de forma a conseguir X. Eva diz à sua mãe que quer uma bolacha, e sua mãe lhe dá a bolacha ou lhe diz para pegá-la. De maneira geral, uma pessoa diria "Eu quero X" quando o ouvinte estivesse inclinado a responder de alguma forma – digamos, com dinheiro ou conselhos.

Mas, prossegue a objeção, você pode desejar coisas nunca experimentadas. Você pode dizer que quer passar férias no Caribe mesmo sem nunca ter estado lá. Como uma história de reforçamento poderia explicar isso?

Dois fatores explicam o querer uma coisa nova: generalização e regras. A probabilidade de dizer que quer alguma coisa só existe se você tiver tido experiência com coisas semelhantes. Talvez você nunca tenha estado no Caribe, mas já esteve em férias e fez outras viagens. Você generaliza dentro da categoria "férias e viagens de lazer". Além disso, alguém (talvez um amigo ou um comercial de TV) lhe fala sobre o Caribe, dizendo "Vá ao Caribe e divirta-se". Em outras palavras, alguém gera estímulos discriminativos verbais (regras) que tendem a induzir o mesmo comportamento com relação a férias no Caribe que você tem em relação a outras "férias e viagens de lazer".

Assim como fazem com a criatividade e a resolução de problemas, para entender o comportamento de desejo, os analistas do comportamento apontam para as histórias de reforçamento, em vez de postular representações mentais. Afinal, de onde veio esse desejo interior?

A segunda objeção à explicação behaviorista da liberdade social – que é ingênua – advém do ceticismo com relação ao caráter benigno do reforço positivo. Poderia parecer que conceder ao controlador os meios para prover reforço positivo seria conceder-lhe um poder que pode facilmente ser mal-empregado. Afinal, dizem os críticos, o poder de dar é também o poder de tirar. Assim como o empregador poderia coagir os empregados com a ameaça de perderem sua fonte de renda, o governo que detém o poder de reforçar comportamentos com o atendimento de necessidades vitais poderia coagir os cidadãos pela ameaça de retirá-lo.

A resposta a essa objeção requer uma discussão mais cuidadosa da diferença entre reforçadores e punidores. No Capítulo 4, observamos que às vezes a diferença parece ser arbitrária. Ficar doente é um punidor ou permanecer saudável que é reforçador? Alimento-me adequadamente a fim de evitar doenças (reforço negativo) ou a fim de permanecer saudável (reforço positivo)? Se eu comer em demasia e passar mal, minha extravagância será punida positivamente pelo mal-estar ou negativamente pela perda do bem-estar? As multas por conduta ilegal pareceriam ser uma punição negativa, e, no entanto, as pessoas se comportam como se a multa fosse um evento aversivo – talvez não tão ruim quanto quebrar um braço, mas na mesma direção.

Todas essas questões dizem respeito a *normas* ou ao estado habitual das coisas na vida dos indivíduos. Alguém que seja normalmente saudável considera uma dor de garganta um evento aversivo, enquanto uma pessoa com câncer trocaria de bom grado sua doença pela dor de garganta.

Os seres humanos têm uma notável capacidade de se adaptar às suas circunstâncias normais. É por isso que os ricos não são mais felizes do que ninguém. Quando temos dinheiro, habituamo-nos a ele. Mesmo que você seja muito rico, que esteja acostumado com três casas e dois iates, perder um dos iates ainda parece uma tragédia. Para quem se adaptou a certo nível de fartura, ver sua riqueza diminuir parece ser um evento realmente aversivo.

Essa adaptação à norma pode ser entendida como uma condição estabelecedora, semelhante à privação e à saciedade. No Capítulo 4, observamos que a eficácia dos reforçadores e punidores aumenta e diminui de acordo com as circunstâncias predominantes no passado recente. É pouco provável que o alimento seja um reforçador poderoso para uma pessoa bem alimentada. Da mesma forma, o comportamento do rico é menos afetado do que o do pobre pela possibilidade de ganhar ou perder cem dólares, precisamente como se o rico estivesse relativamente saciado e o pobre relativamente carente. A perda monetária (uma multa) torna-se aversiva quando a pessoa se acostumou a ter dinheiro, mas, para ser eficaz, o valor da multa tem de refletir os recursos dessa pessoa. Se for muito alto, o valor não é realista, porque não se pode tirar leite de pedra; se for muito baixo, não significa nada. Assim, as multas, em geral, convergem para o nível em que, relativamente aos recursos habituais da maioria das pessoas, a ameaça de perda parece tanto realista quanto não trivial.

O controle do comportamento por ameaças de perda do conforto habitual constitui uma coerção igual ao controle por ameaças de tortura. É verdade que o poder de dar é também o poder de tirar e que esse poder pode ser mal-empregado. Quando é mal-empregado, porém, as pessoas não se sentem nem livres, nem felizes.

Reforço positivo significa prover relações pelas quais o comportamento socialmente desejável pode levar ao aperfeiçoamento da sina do indivíduo. Algumas indústrias norte-americanas estão aprendendo que o caminho para fabricar produtos de boa qualidade é recompensar os operários por seus esforços para melhorar a qualidade. O custo extra é mais do que compensado pelo aumento de qualidade, e os trabalhadores também ficam mais felizes. Há comunidades que já tentaram gratificar motoristas por dirigir bem, em vez de puni-los por transgredir regras. Teríamos sentimentos bem diferentes sobre os policiais rodoviários se, de vez em quando, eles nos parassem e nos dessem uma gratificação por respeitar o limite de velocidade. Isso pouparia verbas públicas porque seriam necessários menos guardas e seria consumido menos tempo nos tribunais, e as pessoas talvez ficassem mais predispostas a obedecer ao limite de velocidade.

O reforço positivo, entretanto, tem um problema: ele pode ser mal-empregado. Reforçadores pequenos, porém conspícuos, liberados imediatamente, podem ser tão poderosos que as pessoas sacrificarão o bem-estar a longo prazo pelo ganho a curto prazo. Essa situação pode ser chamada de *armadilha de reforço.*

Armadilhas de reforço, maus hábitos e autocontrole

Existe um reconhecimento implícito da armadilha presente em uma relação de reforçamento quando as pessoas falam que alguém é "escravo de um hábito". Os maus hábitos, e particularmente as dependências, são difíceis de largar, e a pessoa que vivencia os desagradáveis efeitos do hábito não parece nem se sente livre. Quando Shona está fumando e parece descontraída, podemos dizer que ela simplesmente gosta de fumar, mas, quando ela fica sem cigarro no meio da noite e se mostra à beira de um ataque de nervos, somos mais propensos a dizer que ela está presa na armadilha de um mau hábito.

Diz-se que maus hábitos, como fumar e comer em excesso, exigiriam autocontrole. Essa afirmação parece sugerir o controle por um "eu" em algum lugar interno ou um "eu" interno controlando o comportamento externo. Os analistas do comportamento rejeitam esses pontos de vista por serem mentalistas. Em vez disso, perguntam: "O que é o comportamento que as pessoas chamam de 'autocontrole'?".

Autocontrole consiste em fazer uma opção. O fumante que se abstém de fumar demonstra autocontrole. A alternativa, que seria ceder ao hábito, é agir impulsivamente. O fumante se depara com uma escolha entre duas alternativas: a impulsividade (fumar) e o autocontrole (abster-se). Como a impulsividade constitui um mau hábito, o autocontrole constitui um bom hábito. A diferença entre os dois é que a impulsividade consiste em se comportar de acordo com o reforço a curto prazo (desfrutar o cigarro), ao passo que o autocontrole consiste em comportar-se de acordo com o reforço a longo prazo (gozar de boa saúde). A impulsividade e o mau hábito têm consequências inversas, dependendo da escala temporal em que são avaliados. Em uma escala temporal curta, as consequências de fumar parecem boas, mas, em uma escala temporal longa, as consequências parecem ruins (doença e morte prematura). O segredo para compreender um mau hábito é apenas este: o conflito entre as boas consequências de se comportar mal no curto prazo *versus* as más consequências no longo prazo. Os efeitos da escala temporal em um bom hábito são exatamente o oposto. Para um bom hábito (autocontrole), as consequências em uma escala temporal parecem más (desconforto ou sacrifício), enquanto as consequências em uma escala temporal longa parecem boas (mais saúde e maior tempo de vida).

A Figura 9.2 ilustra uma armadilha de reforço ou mau hábito. O esquema supe-

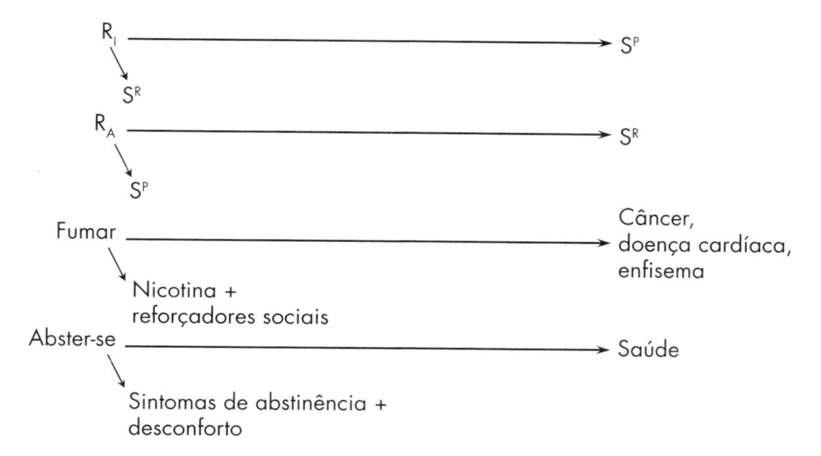

FIGURA 9.2 Uma armadilha de reforço – um problema de autocontrole ou um mau hábito. Agir impulsivamente (R_I; fumar) produz reforço a curto prazo (nicotina e reforço social) e punição grave a longo prazo (câncer, doença cardíaca e enfisema). O emprego de autocontrole (R_{Ac}; abster-se de fumar) produz punição a curto prazo (sintomas de abstinência e desconforto social) e reforço importante a longo prazo (saúde).

rior mostra a armadilha em termos gerais. Agir impulsivamente (R_I) leva a um reforçador pequeno, porém relativamente imediato (S^R). O caráter relativamente imediato do reforço é simbolizado por uma seta curta. O reforço a curto prazo para o fumar, que aparece no esquema inferior, está nos efeitos da nicotina e em reforçadores sociais, tais como parecer adulto ou sofisticado. O problema do comportamento impulsivo está nos efeitos nocivos a longo prazo, simbolizados pelo punidor grande (S^P). A seta comprida indica que a punição pela impulsividade só é visível a longo prazo. Em certo dia, uma pessoa pode se sentir bem, mas, se ela se sente mal na maioria dos dias, ela tem saúde debilitada. Podem transcorrer meses ou anos antes que o mau hábito cobre seu preço em consequências, como falta de saúde, câncer, doença cardíaca e enfisema, mostradas no esquema inferior como efeitos do fumo a longo prazo. O tamanho grande do símbolo indica que os efeitos nocivos a longo prazo são muito mais significativos do que os reforçadores a curto prazo. Eles são graves e relativamente prolongados comparados com as consequências a curto prazo. Muitas vezes, para piorar as coisas, as consequências a longo prazo são cumulativas; uma vez que ganhamos e perdemos peso aos poucos, geralmente não percebemos os ganhos e as perdas até que eles tenham se acumulado ao longo do tempo.

A alternativa à impulsividade, o autocontrole, está simbolizada na Figura 9.2 por R_{AC}. No esquema inferior, ela é indicada como abster-se de fumar, embora pudesse consistir em alternativas específicas, como mascar chiclete. Tal como a impulsividade, o comportamento de autocontrole leva a consequências tanto de curto quanto de longo prazo. As consequências de curto prazo, indicadas pela seta curta, são punitivas, mas relativamente pequenas e de curta duração: sintomas de abstinência (p. ex., dor de cabeça) e, possivelmente, desconforto social. A longo prazo (seta comprida), entretanto, o autocontrole leva ao reforço importante (S^R grande). Abster-se de fumar reduz o risco de câncer, doença cardíaca e enfisema; ao fim, promove a saúde e a longevidade.

A dificuldade em adquirir e manter bons hábitos e evitar maus hábitos é o poder relativo das consequências a curto prazo quando vistas em um intervalo de tempo curto. As consequências a longo prazo, vistas em um intervalo de tempo longo, embora possam ser enormes, são relativamente fracas. Qualquer pessoa sem treinamento na adoção de longos intervalos de tempo corre o risco de desenvolver maus hábitos. Os programas sociais direcionados a populações desfavorecidas frequentemente empregam métodos destinados a mudar o comportamento do curto para o longo prazo. Quando ajudamos um adolescente propenso a envolver-se em brigas e agressões a procurar um emprego e desenvolver o hábito de trabalhar, estamos implicitamente ajudando-o a comportar-se em um referencial de tempo mais longo.

Na visão molar de Rachlin (Cap. 3), afirmar que alguém é fumante é afirmar que essa pessoa fuma com frequência, que o padrão de suas atividades diárias inclui a atividade de fumar. Afirmar que alguém se abstém de fumar é afirmar que o padrão de atividades diárias da pessoa exclui o fumar. Já que o padrão diário que exclui fumar implica uma imediata punição temporária, deixar de fumar provavelmente precisará de algum tipo de reforçador de curto prazo a fim de contrabalançar a punição. Embora o ex-fumante por fim venha a desfrutar de saúde a longo prazo, o intervalo até a saúde de longo prazo e sua natureza progressiva fazem dela uma consequência relativamente ineficaz. Reforçadores sociais, como aprovação de familiares, amigos e colegas de trabalho, apresentados em vários momentos durante o dia quando a pessoa é vista sem fumar, aumentam a força do padrão diário de abstenção. Normalmente, o objetivo de formular uma regra é induzir bons hábitos. O fumante em potencial ouve que "Fumar faz mal à saúde" e recebe reforçadores sociais para abster-se.

Uma segunda categoria importante de armadilhas de reforço é o adiamento e a procrastinação. Quando uma pessoa está com uma cárie pequena e adia a ida ao dentista, o desconforto imediato da obturação prevalece sobre a punição maior adiada: eventuais dores de dente, tratamento de canal, perda do dente. Nos termos da Figura 9.2, o adiamento é impulsividade (R_I), e ir ao dentista é autocontrole (R_{AC}). O adiamento é reforçado imediatamente pela esquiva do pequeno desconforto, mas é punido ao final pelo grande desconforto. Ir ao dentista é punido imediatamente pelo pequeno desconforto, mas é reforçado ao final pela esquiva do grande desconforto e pela manutenção de dentes em boas condições.

Alguns padrões disfuncionais de comportamento se enquadram nessa categoria. Uma pessoa com agorafobia – o medo de sair de casa – evita o desconforto a curto prazo associado à saída, mas perde muitos reforçadores de longo prazo sob a forma de trabalho, amizades e outros prazeres. Pode ser difícil identificar o reforço negativo que mantém a recusa de sair, porque, se ela for bem-sucedida, o evento específico evitado (p. ex., falha na obtenção de emprego ou rejeição por outras pessoas) nunca ocorre. Um terapeuta comportamental tenta descobrir o que a recusa de sair evita para que ela possa ser neutralizada e a pessoa possa se libertar da armadilha de reforço.

Um terceiro exemplo comum de armadilhas de reforço é o conflito entre gastar e economizar. A curto prazo, gastar (impulsividade) é reforçado imediatamente por pequenas compras. No longo prazo, economizar (autocontrole) pode produzir um reforço muito maior, como comprar um carro ou uma casa. Compradores compulsivos são aqueles que caíram na armadilha do reforço imediato do gastar. Vemos o gastar compulsivo como um mau hábito ou mesmo um vício, pois no longo prazo ele é punido pela perda de reforçadores significativos.

As situações que se assemelham às da Figura 9.2 são chamadas de armadilhas por duas razões. Em primeiro lugar, a pessoa que se comporta impulsivamente fica presa na armadilha do reforço pequeno e imediato para a impulsividade e da punição pequena e imediata para o autocontrole. O atraso enfraquece o efeito de qualquer consequência. Se o efeito está em um futuro longínquo, mesmo consequências tão graves como morrer de câncer são subjugadas pelas consequências pequenas e imediatas. Em segundo lugar, o punidor importante para a impulsividade é reconhecido e comentado. Em termos mais técnicos, a punição a longo prazo funciona como estímulo discriminativo para o comportamento verbal, inclusive para palavras como *armadilha* e *escravo*. Antes de todo o debate sobre a conexão entre cigarro e câncer, o fumar era visto com maior complacência; havia pessoas que o chamavam de mau hábito, mas não era nada como hoje em dia. O comportamento verbal atual tende a induzir atividades que se coadunem, como a adoção de uma longa escala de tempo.

O reconhecimento das consequências aversivas da impulsividade explica por que as pessoas presas em armadilhas de reforço são infelizes e não se sentem livres. Na medida em que a punição longínqua funciona como uma ameaça e o autocontrole é visto como evitação da ameaça, a armadilha de reforço se assemelha à coerção. Se a pessoa presa à armadilha ouve alguém, e possivelmente a si própria, falar sobre os perigos a longo prazo de fumar (S^D_A na Figura 9.1), então o autocontrole se torna semelhante à submissão (embora, evidentemente, a punição por não se submeter seja ministrada pela conexão natural entre o fumar e a doença, e não por um controlador). Armadilhas de reforço se conformam à lei geral de que as pessoas se sentem presas e infelizes quando o comportamento que prefeririam em outras situações cria uma ameaça de punição. Quando as pessoas superam as consequências aversivas mais imediatas do autocontrole pela consideração de uma escala de tempo mais longa e são contempladas com os reforçadores longínquos do bom hábito, o controle de seu comportamento passa do reforçamento negativo para o reforço positivo. A pessoa que escapa de uma armadilha de reforço, tal como a que escapa da coerção, sente-se livre e feliz. Pergunte a quem já venceu uma dependência.

Não é por acaso que as consequências a longo prazo da Figura 9.2 se parecem com as consequências últimas discutidas no Capítulo 8 e esquematizadas na Figura 8.2. Muitos dos estímulos discriminativos verbais chamados regras e das relações de reforçamento imediatas que os acompanham existem precisamente para ajudar as pessoas a se esquivarem de armadilhas de reforço. Quando o pai e a mãe dizem a seu filho para recusar drogas ilícitas que lhe sejam oferecidas, o objetivo dessa ordem é resguardá-lo de sofrer as consequências de longo prazo da dependência. O reforço social próximo por seguir a regra, vindo dos pais, compensa o reforço relativamente imediato por usar drogas, que arrastaria o filho para a armadilha. Vistas por esse ângulo, muitas práticas culturais parecem ser recusa de armadilhas. Usar sapatos, exemplo dado no Capítulo 8, é semelhante ao autocontrole porque toleramos o incômodo imediato de usar sapatos pelo reforço a longo prazo de evitar doenças. Sem o suporte cultural sob a forma de regras, as pessoas poderiam ficar descalças (impulsivamente) pela comodidade a curto prazo e sofrer consequências terríveis a longo prazo. Retornaremos a esse ponto no Capítulo 12, quando considerarmos como o comportamento que produz reforço a longo prazo é rotulado de "bom", enquanto o comportamento que produz reforço a curto prazo é rotulado de "mau", e no Capítulo 13, quando virmos como as práticas culturais se desenvolvem em resposta a consequências últimas.

Sem a proteção de regras e do seguimento das regras, a facilidade com que o controlado cai em armadilhas de reforço constitui uma tentação para o controlador. O controlador usa o reforço positivo abusivamente quando dispõe armadilhas de reforço para o controlado. Todos nós reprovamos o traficante de drogas que oferece amostras gratuitas para jovens, mas o que dizer do governo que estabelece armadilhas de reforço? Certas leis ardilosas recorrem a loterias para conseguir mais receita, sabendo que gente que detesta pagar impostos apostará alegremente na loteria, ainda que passe por dificuldades para arcar com esse gasto.* Um governo que tira proveito de uma fraqueza como essa é um governo explorador. Uma vez que as questões envolvidas nesse problema têm mais a ver com gerenciamento do que com liberdade, a discussão sobre exploração será abordada no Capítulo 11.

A noção de armadilhas de reforço nos ajuda a entender alguns casos de não conseguir se sentir livre e de se libertar. Também nos ajuda a entender outro uso da palavra *livre*, o qual parece ser diferente dos que discutimos até agora: *liberdade espiritual*.

Liberdade espiritual

Ao longo dos tempos, personagens religiosos falam de liberdade espiritual. Esse discurso não tem nada a ver com liberdade social, como a liberdade de poder frequentar a igreja de sua escolha. Em vez disso, o foco é o *mundo*, os bens mundanos e o conforto mundano. Recomenda-se insistentemente às pessoas que se libertem da servidão, do apego ou da escravidão dos prazeres mundanos. O líder espiritual indiano Meher Baba (1987), por exemplo, ensinou que "Uma importante condição da liberdade espiritual é a liberdade de todo desejo" (p. 341). Ele continua:

> O homem procura objetos de prazer mundanos e tenta evitar coisas que trazem dor sem se aperceber que não pode ter um e fugir do outro. Enquanto houver apego a objetos de prazer mundanos, ele terá de abrigar perpetuamente o sofrimento de não os possuir – e o sofrimento de perdê-los depois de tê-los conquistado. O desapego duradouro (...) liberta de todos os desejos e apegos... (p. 391-392)

Essa ideia de libertação do apego a coisas mundanas também tem seu lugar na

* N. de R.T. Essa situação ocorre no sistema norte-americano de loterias.

literatura. No romance *Siddhartha*, Hermann Hesse (1951) descreve as impressões do protagonista quando viu Buda pela primeira vez:

> O Buda andava silenciosamente em seu caminho, perdido em seus pensamentos. Seu semblante impassível não mostrava nem alegria nem tristeza. Era como se, no seu íntimo, sorrisse silenciosamente. Com um sorriso imperceptível, tranquilo, comedido, feito criança sadia, avançava o Buda, vestindo os mesmos trajes e colocando os pés de modo igual ao de todos os seus monges, conforme a rigorosos preceitos. Mas seu rosto, seus passos, seu olhar sereno, abaixado, sua mão que pendia imóvel e os próprios dedos dessa mão — tudo isso proclamava paz, proclamava perfeição, sem buscar, sem imitar nada; tudo era respiração suave, em imperecível sossego, em imorredoura luz, em uma invulnerável paz. (p. 27-28)

Essa ligação da liberdade espiritual à fuga dos desejos mundanos não se limita aos livros religiosos. No romance *Free fall*, de William Golding (1959), o protagonista, a certa altura, se depara montado em sua bicicleta, em frente à casa de Beatrice, por quem está apaixonado:

> E mesmo quando estava na bicicleta perto do semáforo, já não era mais livre (...). Pois essa parte de Londres tinha o toque de Beatrice. Ela via essa ponte rendada e coberta de fuligem; a maneira dos ônibus se alçarem sobre seu arco lhe seria familiar. Uma dessas ruas seria a dela, um quarto numa dessas casas pardas. Eu sabia o nome da rua, Squadron Street; sabia, também, que a visão do nome, numa placa de metal ou numa tabuleta, deixaria meu coração de novo apertado, tiraria a força das minhas pernas e me cortaria a respiração. Coloquei a bicicleta na descida da ponte, esperando pelo sinal verde para virar à esquerda; e já sabia que tinha deixado minha liberdade para trás. (p. 79)

Aqui, novamente, o sentido de liberdade é oposto ao sentido de querer, de apego ou desejo. Embora Golding não denomine a liberdade de "espiritual", é evidente que ele a identificaria com a ausência de desejo por Beatrice.

"Prazeres mundanos" – comida, sexo, belos carros, férias no Caribe – são todos potenciais reforçadores. Em termos técnicos, esses escritores parecem falar sobre algo que transcende a libertação do controle aversivo; parecem falar sobre a libertação que transcende até mesmo o reforço positivo. Se a gente pudesse se libertar do controle aversivo e do reforço positivo, que controle sobraria? Falar de liberdade espiritual supõe necessariamente que as pessoas possam se libertar de todo controle? Os behavioristas conseguem ver algum sentido nesse discurso?

Uma forma de compreender a liberdade espiritual se torna mais clara quando consideramos não apenas o que é denegrido, mas também o que é defendido. Se perseguir o prazer mundano é ruim, então o que é bom? As respostas variam, mas, em geral, preconizam valores, como a bondade e a simplicidade. Ajude os outros, mesmo que isso lhe traga desconforto. Coma para viver em vez de viver para comer. Abandone o egoísmo e os excessos.

De uma perspectiva comportamental, prescrições desse tipo mostram consequências aversivas postergadas. O egoísmo e uma vida luxuosa podem valer a pena a curto prazo, mas a longo prazo levam à solidão, à doença e ao remorso. A longo prazo, você será mais feliz se ajudar os outros e viver com moderação. Essas relações de reforçamento de longo prazo são precisamente aquelas que têm pouco efeito sobre o comportamento se não houver regras e obediência a elas. "Trate os outros como quer que o tratem" é uma regra que torna provável que nosso comportamento social entre em contato com as vantagens a longo prazo de ajudar os outros.

A bondade e a simplicidade têm uma compensação maior do que simplesmente evitar a dor; elas também têm seus reforços positivos. Nós nos beneficiamos de relacionamentos mutuamente proveitosos com outras pessoas, a moderação geralmente leva a uma saúde melhor, e os defensores da liberdade espiritual também apontam recompensas menos tangíveis.

Isso fica particularmente claro na citação de Hermann Hesse. A ideia de *paz* aparece diversas vezes naquela passagem. O desapego de Buda significa alcançar serenidade interna, tranquilidade, liberação da ansiedade de perseguir objetivos mundanos, dar adeus à montanha-russa do desespero e da elação. Foi Meher Baba quem disse: "Não se preocupe, seja feliz".

Em termos comportamentais, a defesa da liberdade espiritual pode ser vista não como um argumento em prol da libertação de todos os reforços positivos, mas, antes, como um argumento a favor de um conjunto de reforçadores positivos em contraposição a outro. Trata-se da qualidade de vida. "Comer para viver" e "moderação em tudo" não significa abrir mão de alimento, sexo, roupas ou carros; significa que estes não deveriam ser os principais ou únicos reforçadores na vida de uma pessoa.

Esse argumento se assemelha ao raciocínio sobre armadilhas de reforço, ilustrado na Figura 9.2. Os reforçadores mundanos do egoísmo e da submissão aos desejos, que seriam análogos à impulsividade, são relativamente imediatos. A longo prazo, são sobrepujados por consequências últimas aversivas e mais importantes, tais como doença, solidão e sofrimento. Em contraste, os reforços pela bondade e moderação (análogos ao autocontrole), embora potencialmente grandes, também são relativamente longínquos e cumulativos. Sob esse prisma, a libertação de reforçadores mundanos a curto prazo (isto é, a liberdade espiritual) significa tão somente fazer uma mudança, ficar sob controle do reforço a longo prazo por uma vida simples e moderada e pelo respeito pelo outro. Retornaremos à ideia de comportar-se pelo bem dos outros no Capítulo 12.

O DESAFIO DO PENSAMENTO TRADICIONAL

O pensamento tradicional, baseado no livre-arbítrio, desafia o ponto de vista analítico-comportamental sobre a liberdade. Se todo comportamento é determinado pela hereditariedade e pela história ambiental, como então poderá o indivíduo ser responsabilizado por seus atos? Não seria a ruína da sociedade se não fosse possível atribuir responsabilidade às pessoas? Mesmo que o determinismo fosse verdade, talvez ainda assim ele devesse ser combatido, por ser uma ideia perniciosa que solapa a democracia e leva inevitavelmente ao autoritarismo. Ao fim e ao cabo, será que a ciência não nos diz apenas *como* nos comportamos? Ela não continua muda sobre como *devemos* nos comportar? C. S. Lewis aborda essa questão de forma especialmente clara em seu livro *Mere Christianity*:

> No universo inteiro, há uma coisa, e apenas uma, que conhecemos melhor do

> que seria possível a partir da observação externa. Essa coisa singular é o Homem. Não somente observamos os homens, nós *somos* homens. Nesse caso temos, por assim dizer, informação privilegiada; estamos por dentro do assunto. E, por isso, sabemos que os homens se encontram sob uma lei moral, que não foi por eles formulada, que não pode ser por eles inteiramente esquecida mesmo quando tentam e à qual sabem que devem obedecer. Observem o seguinte. Quem quer que estudasse o Homem olhando de fora, como estudamos eletricidade ou repolhos, não conhecendo nossa linguagem e, consequentemente, não sendo capaz de obter nenhum conhecimento interno sobre nós, mas meramente observando o que fazemos, jamais conseguiria obter a mais tênue prova de que temos essa lei moral. Como poderia? Pois suas observações só mostrariam o que fazemos, e a lei moral diz respeito ao que devemos fazer. (p. 33)

O argumento de Lewis é expresso em termos do dualismo "aqui dentro, lá fora", que criticamos nos Capítulos 2 e 3. Raramente podemos dizer com precisão que temos "informação privilegiada". Tratamos sobre ter regras (Lewis escreve sobre ter uma lei moral) no Capítulo 8. Parte do que fazemos é estabelecer leis morais na forma de regras. Mas permanece a objeção: o que pode a ciência nos dizer sobre como *devemos* nos comportar? Por que estabelecemos as regras que estabelecemos?

Os capítulos restantes deste livro tratam dessas questões. No Capítulo 10, veremos como o determinismo ainda admite a noção de responsabilidade. O Capítulo 11 examina como o pensamento comportamental poderia ajudar a resolver problemas sociais sem ameaçar nossa liberdade. No Capítulo 12, avaliamos até que ponto a ciência pode chegar à compreensão de como devemos nos comportar. Nos Capítulos 13 e 14, analisamos a cultura e como ela se transforma e como o pensamento comportamental pode expandir, em vez de tolher, a democracia.

RESUMO

O único uso das palavras *livre* e *liberdade* que conflita com o pensamento comportamental é aquele que implica o livre-arbítrio. Outros usos têm mais a ver com sentir-se livre e feliz. Liberdade social, política e religiosa consiste em liberdade de coerção, que definimos aqui como liberdade da ameaça de punição. Quando algumas de nossas alternativas comportamentais são punidas, não podemos nos sentir livres. Mesmo que o comportamento seja positivamente reforçado a curto prazo, se ele leva a uma punição maior a longo prazo, a pessoa que cai nessa armadilha de reforço não pode se sentir livre. Todavia, quando nosso comportamento é mantido por reforço positivo (a curto e a longo prazo), e escolhemos entre diferentes reforçadores, sentimo-nos tanto livres como felizes. Até mesmo a liberdade espiritual pode ser compreendida em termos comportamentais, quando vemos que seus defensores encorajam o afastamento do reforço pessoal (mundano) a curto prazo e a aproximação do reforço a longo prazo acarretado pela simplicidade e ajuda aos outros.

Embora a maior parte dos usos das palavras *livre* e *liberdade* possa ser interpretada comportamentalmente, tais interpretações implicam uma mudança sobre como vemos as pessoas, a cultura, o governo, a justiça, a educação e outras instituições sociais. Exceto pelo livre-arbítrio, os outros tipos de liberdade têm funções sociais úteis. Eles indicam o caminho para uma questão mais básica: a felicidade. Defensores da liberdade social se opõem ao uso de ameaças e punição para controlar o comportamento porque as pessoas que são coagidas são infelizes. Os defensores da liberdade espiritual dão força aos efeitos de relações de reforçamento que trazem maior felicidade a longo prazo. Quando a sociedade dispõe de reforço positivo para comportamentos desejáveis e apoia relações de reforçamento de longo prazo, seus cidadãos são produtivos e felizes.

LEITURAS ADICIONAIS

Golding, W. (1959). *Free fall.* Nova York: Harcourt, Brace, and World. Romance sobre um jovem artista em um período crucial de sua vida que explora a questão da liberdade e da responsabilidade.

Hesse, H. (1951). *Siddhartha.* Nova York: New Directions. Romance sobre a caminhada espiritual de um jovem na Índia, no tempo de Buda.

Lewis, C. S. (1960). *Mere Christianity.* Nova York: Macmillan. Coletânea de artigos desse famoso pensador religioso. Lewis apresenta a objeção à visão científica do mundo de forma clara e em termos modernos.

Meher Baba (1987). *Discourses.* Myrtle Beach (SC): Sheriar Press, 7ª ed. Coletânea de debates sobre questões espirituais por um líder espiritual indiano contemporâneo.

Sidman, M. (1989). *Coercion and its fallout.* Boston: Authors Cooperative. Esse livro trata extensamente das desvantagens do controle aversivo e das vantagens de sua substituição pelo reforço positivo.

Skinner, B. F. (1971). *Beyond freedom and dignity.* Nova York: Knopf. Nesse livro, Skinner expôs a conceituação básica do ponto de vista analítico-comportamental sobre a liberdade. O presente capítulo faz uso substancial dos Capítulos 1 e 2 de Skinner.

PALAVRAS-CHAVE

Armadilha de reforço
Autocontrole
Coerção
Controle aversivo
Impulsividade
Liberdade espiritual
Liberdade social

10

Responsabilidade, mérito e culpa

No livro *Beyond freedom and dignity*, Skinner afirmou que o mentalismo não só interfere na busca de explicações científicas do comportamento como também não é prático, no sentido de que nos impede de solucionar problemas sociais, como a guerra, o crime e a pobreza. Dois termos mentalistas por ele criticados foram *mérito* e *culpa*. Skinner discutiu mérito e culpa em conexão com o conceito de dignidade, mas, em minha experiência, as afirmações sobre implicações sociais do behaviorismo envolvem mais frequentemente a noção de *responsabilidade*. Consideramos que as pessoas têm dignidade quando elas podem ser consideradas responsáveis. Neste capítulo, enfocaremos o conceito de responsabilidade, seus fundamentos filosóficos e suas implicações práticas.

A RESPONSABILIDADE E AS CAUSAS DO COMPORTAMENTO

Em muitos de seus usos, a palavra *responsável* parece ser uma forma de falar sobre causas. Quando dizemos "A fiação danificada foi responsável pelo incêndio", poderíamos igualmente dizer "A fiação danificada causou o incêndio". Podem existir também outros fatores, mas o que queremos dizer é que a fiação danificada foi o fator crucial.

Mas o que queremos dizer quando dizemos que "Tom foi responsável pelo incêndio"? Substituir "fiação danificada" por "Tom" tem dois tipos de implicações. A primeira é a implicação prática de que Tom pôs fogo no local; trata-se de uma ligação potencialmente importante que pode requerer alguma ação de nossa parte. A segunda é a implicação de que Tom causou o incêndio da mesma forma que uma fiação danificada o faria. Voltaremos às considerações práticas mais adiante; antes, precisamos examinar a noção de que uma pessoa pode ser uma causa.

Livre-arbítrio e visibilidade do controle

A ideia de que uma pessoa possa ser responsável por uma ação, no sentido de causar essa ação, é baseada na noção de livre-arbítrio, discutida no Capítulo 1. No modo de pensar mais corriqueiro, a diferença entre uma fiação danificada causar um incêndio e Tom causar um incêndio está em que Tom escolheu livremente provocar o incêndio. A fiação danificada é atribuída a fatores ambientais, tais como vibrações e o clima, enquanto a ação de Tom é atribuída ao próprio Tom.

Embora possa parecer quase senso comum que Tom e a fiação danificada devessem ser tratados de forma diferente, a distinção entre eles tende a desaparecer sob um exame mais atento. A fiação funcionava bem logo que foi instalada. Ela se deteriorou depois de muito tempo – muitos invernos, muitos verões, anos de vibrações. No fim, ela se desgastou e "provocou" o incêndio. Com Tom, de modo semelhante, uma combinação de fatores genéticos e uma história de eventos ambientais (sua educação) fizeram com que ele se tornasse "danificado" e provocasse o incêndio. Tom, como a fiação, é apenas o instrumento por meio do qual o incêndio ocorreu.

Essa maneira de ver a ação de Tom pode parecer estranha, porque estamos acostumados a traçar uma linha divisória entre o comportamento das coisas e das pessoas. O comportamento das pessoas parece diferente do comportamento das coisas por duas razões: as alternativas entre as quais uma pessoa pode escolher parecem óbvias, e os fatores que determinam a ação escolhida permanecem ocultos. Poucos de nós ateiam fogo em casas; parece óbvio que Tom poderia se comportar exatamente como agimos.

Mas será isso tão óbvio? Muitas vezes, desculpamos as ações de uma pessoa dizendo que ela "não tinha escolha". Imagine que alguém estivesse apontando uma arma para a cabeça de Tom quando ele ateou fogo; poderíamos dizer que ele não teve escolha.

Nesse ponto chegamos a uma contradição. Se Tom tinha escolha antes, ele tem escolha agora. Ele poderia se recusar e arriscar que lhe estourassem a cabeça. Ou Tom tem escolha em ambas as situações, isto é, quando está com a arma apontada para sua cabeça e quando age por si próprio, ou não tem escolha em nenhuma das duas.

Tom parece não ter escolha apenas porque o motivo (a arma) de sua ação é visível. Quanto mais soubermos das razões que levaram Tom a atear o fogo, menos diremos que ele escolheu livremente. Digamos que ele tenha sido violentado quando criança ou que seja piromaníaco. Começamos a pensar nele como "danificado", tanto quanto a fiação, e dizemos que ele não poderia ter evitado aquela ação.

A tentação de recorrer ao livre-arbítrio surge porque não podemos ver nada de errado em Tom do mesmo modo como podemos ver em um fio desgastado. Se não há uma causa clara e presente, como uma arma apontada para a cabeça de Tom, então temos de olhar para eventos no passado. Estes, no entanto, podem ser difíceis de descobrir. Recorrer ao livre-arbítrio é uma saída fácil, mas não é de forma alguma uma explicação do ponto de vista científico.

Atribuição de mérito e culpa

Quando a responsabilidade está ligada ao livre-arbítrio e à ideia de que as pessoas causam seu próprio comportamento, então parece simplesmente natural atribuir mérito e culpa às pessoas pelas ações que aprovamos ou desaprovamos. Mérito e culpa são outra maneira de falar em causas, mas com o elemento adicional da aprovação e da desaprovação.

Uma comunidade reforça ações louváveis e pune ações censuráveis. Discutiremos ações boas e más mais adiante, no Capítulo 12, mas, para a presente discussão, é suficiente notarmos que as pessoas procuram o mérito, porém evitam a culpa.

As pessoas inventam os mais variados tipos de desculpa quando são flagradas em um ato vergonhoso, desde "Foi o diabo que me fez fazer isso" até "Minha infância foi infeliz". O objetivo é atribuir a culpa a alguma outra coisa – o diabo, a infância infeliz –, em outras palavras, colocar as causas do comportamento no ambiente. Advogados de defesa pedem compaixão. Convencem juízes a considerar circunstâncias atenuantes na vida de pessoas condenadas pelos mais diferentes tipos de crime. Por exemplo, um julgamento de assassinato em 1979, em São Francisco, deu origem ao termo sarcástico "defesa Twinkie". Certa manhã, um membro do conselho de supervisores entrou na prefeitura portando uma arma de fogo e matou o prefeito e outro supervisor. O advogado de defesa explicou ao juiz que seu cliente havia-se tornado depressivo recentemente, normalmente comia alimentos saudáveis, mas que não havia comido nada naquela manhã, exceto alguns bolos açucarados ("Twinkies"). Essa escolha anormal de alimentos, argumentou o advogado, era sintomática de sua depressão e contribuiu para sua incapacidade mental quando atirou no prefeito e no supervisor. Por causa desse apelo à depressão como uma circunstância atenuante, o atirador foi condenado sob uma acusação menor, homicídio privilegiado. Do ponto de vista comportamental, *circunstâncias atenuantes* significam fatores ambientais e seus efeitos sobre o comportamento (p. ex., depressão), e *compaixão* significa levar em conta esses fatores ambientais e efeitos comportamentais.

Em contraste, quando se atribui mérito às pessoas por algum feito digno de elogio, elas muitas vezes resistem a qualquer sugestão de que fatores ambientais possam ter contribuído de alguma forma. Empresários bem-sucedidos frequentemente atribuem suas realizações a trabalho árduo e sacrifício, raramente às vantagens que tiveram crescendo em uma comunidade afluente. Artistas, escritores, compositores e cientistas muitas vezes evitam ou se ressentem com perguntas sobre as fontes de suas ideias. Ninguém quer falar sobre as circunstâncias atenuantes de suas ações meritórias (a menos que a modéstia seja reconhecida como uma virtude maior do que ações meritórias).

Se estamos dispostos a atribuir ao ambiente a culpa por ações passíveis de punição, então por que resistir em atribuir ao ambiente o mérito por ações passíveis de reforço? As razões para isso não são difíceis de localizar. Atribuir culpa ao ambiente é um comportamento operante (principalmente verbal). Ele é reforçado evitando-se a punição. Nós nos livramos de situações difíceis jogando a culpa em fatores ambientais. As pessoas resistem em atribuir mérito ao ambiente porque isso teria um efeito análogo, porém com perda de mérito em vez de perda de culpa. O comportamento de atribuir mérito ao ambiente seria punido pela perda de reforçadores. Enquanto se mantiver a prática de associar reforço à atribuição de mérito, as pessoas tenderão a esconder os fatores ambientais aos quais poderia ser atribuído o mérito. Se, em vez disso, o reforço por ações adequadas fosse dispensado sem que fosse necessário fingir que as ações tiveram uma origem interna, as pessoas se sentiriam mais livres para reconhecer os fatores ambientais, como fez Isaac Newton, quando disse: "Se vi tão longe, é porque me apoiei nos ombros de gigantes". Enquanto desvincular a punição da culpa pessoal resulta em compaixão, desvincular reforço de mérito pessoal resulta em honestidade.

Compaixão e controle

No passado, a ideia de que as pessoas escolhem de acordo com o livre-arbítrio era frequentemente atrelada ao uso de punição para persuadir as pessoas a evitarem ações erradas. Cortavam-se as mãos de ladrões; enforcamentos públicos eram comuns.

Nos Estados Unidos, hoje, esse tipo de ideias e práticas está cedendo lugar a uma abordagem mais humana às infrações ou crimes. A noção de que podem existir circunstâncias extenuantes possibilita ir além de culpar e punir criminosos. Ela permite aos juízes maior flexibilidade na decisão de quais penas aplicar. O adolescente que rouba um carro para impressionar seus amigos pode receber um tratamento diferente do adulto que rouba carros como meio de vida.

De um ponto de vista prático, o comportamento criminoso levanta dois tipos de questão: (1) Pode-se modificar o comportamento? (2) Em caso afirmativo, o que deve ser feito para modificá-lo? (Se a resposta à primeira pergunta for "não", então a segunda pergunta passa a ser sobre como proteger o resto da sociedade de um criminoso incorrigível.) Quando focamos em como modificar o comportamento, levantamos questões práticas, por exemplo, sobre a utilidade de prender o malfeitor, o benefício que poderia lhe trazer uma capacitação profissional ou se aconselhamento psicológico poderia ajudar. Quanto mais reconhecermos que o comportamento está sob controle dos genes e da história ambiental, mais nos sentiremos livres para sermos compassivos e práticos em relação à correção de malfeitores.

Há muita controvérsia acerca de infligir a pena de morte nos casos de crimes hediondos. A execução não pode reduzir a probabilidade do comportamento recorrente, porque nenhum outro comportamento ocorrerá. Seus defensores geralmente a consideram um impeditivo para outros delinquentes em potencial. Alguns Estados dos Estados Unidos substituíram a pena de morte pela prisão perpétua, mas com isso a taxa de homicídios não mostrou mudanças. Até agora, não há evidências que apoiem a ideia de que a pena de morte atue como um impeditivo. Enquanto não houver evidências nesse sentido, e considerando que, às vezes, podemos executar pessoas inocentes, a oposição à pena de morte parece bem fundamentada. Contra-argumentos são possíveis, no entanto, porque a prisão perpétua não cumpre outra função senão a de manter essa pessoa fora das ruas, e manter alguém na prisão custa muito caro aos contribuintes. O debate continuará, mas poderia ser considerado em termos mais práticos do que as noções errôneas que as pessoas têm sobre escolhas livres e retribuição.

Um exemplo do fracasso da ameaça de punição para suprimir comportamentos indesejáveis é a chamada "guerra contra as drogas". Desde a aprovação de leis que punem a posse e a venda de drogas, seu uso só aumentou, e cresceram também violentos cartéis de drogas que perpetram muitos crimes terríveis. Além disso, a tentativa de aplicar as leis custou aos contribuintes grandes montantes de dinheiro em ações policiais e na manutenção de pessoas na prisão. Reconhecendo que a guerra contra as drogas fracassou, alguns Estados legalizaram a venda e o uso de maconha para economizar nas despesas de executar a lei e manter pessoas encarceradas.

Legalizar drogas acarreta seus próprios problemas. Provavelmente, o uso de drogas aumentará, porque a ameaça de punição é moderadamente efetiva com pelo menos alguns segmentos da população. Com o comportamento às claras, no entanto, ele pode ser tratado como um problema de saúde pública, como tabagismo ou alcoolismo. Pesquisas que mostrem as desvantagens do uso da maconha levarão a programas educacionais e ao abundante provimento de regras acerca de seu deplorável impacto a longo prazo na vida. Tal como acontece com o tabagismo e o alcoolismo, a diminuição no uso de drogas exige que a administração das regras seja apoiada com reforçadores para se abster.

Se é melhor ser prático em relação ao comportamento inadequado, o mesmo deve ser verdade em relação ao comportamento adequado. As vantagens de ser prático em relação ao comportamento adequado vêm sendo compreendidas mais devagar, principalmente porque as pessoas recebem louvor por ações adequadas apenas enquanto as razões da virtude permanecem obscuras. Quando ficamos sabendo que um filantropo ganha desconto no imposto de renda, damos a ele menos crédito pela doação. Se as pessoas fossem recompensadas por obedecerem ao limite de velocidade em vez de serem multadas por desobedecer-lhe, os que obedecem não poderiam mais se sentir virtuosos e superiores àqueles que desobedecem.

Pessoas que se apegam ao mérito frequentemente chamam de "suborno" o uso de recompensas com o objetivo de fortalecer comportamentos desejáveis, como se houvesse algo de ignóbil em agir corretamente por razões claras. Em 1991, a apresentadora Oprah Winfrey promoveu uma discussão em seu programa de televisão sobre um projeto social altamente eficiente, dirigido a jovens adolescentes, objetivando a prevenção da gravidez e a conclusão do ensino médio. Uma entidade privada estava ajudando adolescentes que já tinham engravidado uma vez, pagando a elas, semanalmente, uma pequena quantia em dinheiro desde que permanecessem na escola, não engravidassem e frequentassem aulas especiais sobre nutrição e cuidados infantis. Muitos membros da audiência protestaram contra o programa com argumentos como: "Eu não posso concordar em pagar para as pessoas fazerem o que não é mais do que sua obrigação". Ironicamente, objeções como essas surgiram apesar de o programa ter economizado consideráveis recursos dos contribuintes. A maior parte das mães adolescentes nunca termina o ensino médio e precisa receber pensão da Previdência Social para sobreviver. Frequentemente, elas têm um filho atrás do outro e continuam na folha de pagamento da Previdência. Entretanto, as participantes do programa, que tinham estado, todas, no programa do governo, agora já não mais tinham filhos, estavam terminando a escola e estavam se libertando da dependência da assistência social. Mesmo se o programa estivesse utilizando fundos federais (e não estava), ele ainda assim estaria representando uma economia, porque seu custo era irrisório em relação aos gastos com as pensões do governo. Insistir que as pessoas deveriam agir adequadamente por razões "delas próprias" (isto é, por razões ocultas) e chamar o reforço de "suborno" apenas bloqueia o uso do reforço para fortalecer o comportamento desejável e economizar o dinheiro de quem paga impostos.

A reação daquela audiência mostra como tem sido muito mais lenta a aceitação da ideia de abrir mão do mérito pessoal em favor do reforço programado. Ao decidir se deveriam punir o comportamento indesejável das meninas, essas mesmas pessoas teriam, provavelmente, falado de compaixão e circunstâncias atenuantes. No entanto, no momento de decidir sobre a conveniência de reforçar comportamentos corretos, os participantes do debate nunca levaram em consideração circunstâncias atenuantes. O programa procurava atingir jovens adolescentes que já tinham filhos, uma população de risco. Muito embora algumas mulheres no auditório fossem mães solteiras que bem poderiam ter trazido à baila os fatores ambientais, o destino provável das meninas, se nada fosse feito, não foi capaz de promover a aceitação do reforço. Para que as decisões sobre política social tornem-se mais viáveis, temos de considerar os efeitos ambientais nas decisões tanto sobre o reforço quanto sobre a punição.

A RESPONSABILIDADE E AS CONSEQUÊNCIAS DO COMPORTAMENTO

Na prática, responsabilidade se resume a uma decisão sobre aplicar consequências ou não. Ao tentar decidir se punirão um crime, as pessoas podem falar em justiça e moralidade, mas, ao final, elas decidem aplicar alguma ou nenhuma punição. Como analista do comportamento, eu tendo a olhar para esse resultado final, prático. Se meu filho quebra uma janela, minha decisão sobre puni-lo ou não depende mais do que espero obter com a punição do que de considerações sobre justiça. Será que reduzirei a probabilidade de uma repetição ou vou apenas deixá-lo ressentido? A situação pode ser particularmente complicada se ele confessou a infração; devo punir para evitar a repetição ou reforçar para fortalecer o dizer a verdade?

Se você declara que considera Tom responsável por uma ação (quebrar uma janela ou salvar sua vida), isso me diz mais acerca de seu comportamento do que sobre o comportamento de Tom. Diz que você está inclinado a aplicar consequências, a punir ou reforçar o comportamento de Tom. Se você acredita em livre-arbítrio, isso apenas reflete um pouco mais as suas tendências; você provavelmente é mais propenso a punir do que a reforçar. Sua tendência a se comportar dessa forma, entretanto, pode não ter nada a ver com a crença no livre-arbítrio. Que não é necessário acreditar em livre-arbítrio torna-se evidente quando examinamos o modo como as pessoas usam a palavra *responsabilidade*, que abordaremos a seguir.

O QUE É RESPONSABILIDADE?

O filósofo Gilbert Ryle argumentou que decidir se um ato é responsável assemelha-se a decidir se ele é inteligente. Como vimos no Capítulo 3, nenhum critério isolado governa a decisão sobre a inteligência de determinada ação; procuramos grupos ou padrões de atividade em que a ação se encaixe. Uma pessoa faz um lance brilhante em um jogo de xadrez; o lance foi inteligente ou produto da boa sorte? Uma pessoa rouba dinheiro do patrão; o roubo foi parte de um padrão de atividade desonesta e criminosa ou foi uma aberração?

Defender uma ação com o argumento de insanidade temporária tem duas implicações. Primeiro, implica que o ato não foi característico. Chamam-se testemunhas para depor que o homem que espancou sua namorada em um acesso de raiva não é de natureza violenta, é carinhoso com animais e crianças, ajuda pessoas idosas a atravessar a rua e jamais levanta a voz. No exemplo em que Tom provoca o incêndio, perguntamos se ele tem sido sempre um bom cidadão ou se já se envolveu em outros atos antissociais. Segundo, a insanidade temporária significa que punir o ato seria inútil, pois, se é pouco provável que o comportamento venha a se repetir, não há motivo para impedi-lo. Se provocar incêndios não combina em nada com as características de Tom, então não precisamos ter medo de que a transgressão se repita.

A noção de responsabilidade tem muito em comum com as noções de "intenção" e ação intencional, discutidas no Capítulo 5. Quando determinada ação faz parte de um padrão e seu reforço é óbvio, tendemos a dizer que ela foi feita de propósito e que o indivíduo deveria ser responsabilizado por ela. Em uma abordagem prática do malfeitor, o problema é o reforço. O caixa de banco é tentado a furtar por causa do dinheiro. Os gerentes de banco normalmente tentam impedir esse tipo de comportamento ameaçando puni-lo e efetivamente levando a cabo a punição caso ele ocorra. A ameaça e a punição visam eliminar a tentação e o reforço. Responsabilizamos a pessoa no sentido de que fazemos a ameaça e punimos o comportamento caso ele ocorra.

Embora seja comum falar sobre responsabilidade no contexto de atos repreensíveis, o raciocínio pode ser estendido também a atos meritórios. A questão quanto a ações desejáveis é se devemos reforçá-las ou não. Se uma criança faz o dever de casa regularmente, talvez não seja necessário fornecer nenhum reforço especial, mas, se a lição de casa é feita irregularmente e apenas com cobranças, então pode ser essencial reforçar a execução da tarefa com elogios e presentes especiais. Isso é errado? É suborno? Se há boas razões (reforçadores a longo prazo) para o comportamento, então o reforço especial deveria ser necessário apenas para instalar o comportamento. Depois que a lição de casa for feita regularmente, os reforçadores especiais podem ser gradualmente eliminados. Uma política desse tipo justificaria programas sociais, como aquele que paga para mães evitarem a gravidez e permanecerem na escola; depois que a mulher se formar e for capaz de se sustentar, como normalmente esperaríamos, a pensão pode ser suspensa. (Os valores pagos, é claro, devem ser pequenos em comparação aos reforçadores por se autossustentar.)

Quando alguém se comporta de forma "responsável", essa pessoa está se comportando de uma forma que a sociedade julga útil. Habitualmente, isso significa comportar-se de acordo com relações de reforçamento de longo prazo; nos termos do Capítulo 9, esse uso de *responsável* coincide com autocontrole (R_{AC} na Fig. 9.2). Se Naomi economiza dinheiro em vez de esbanjá-lo, ela se comporta responsavelmente. Da mesma forma, se Naomi permanece na escola, de acordo com reforço a longo prazo, em vez de abandonar a escola, de acordo com reforço a curto prazo, ela se comporta de maneira responsável.

O comportamento responsável necessita ser mantido. Se o reforço a longo prazo por permanecer na escola (R_{AC}) é insuficiente para manter o comportamento, e se essa permanência é desejável, então as instituições privadas ou públicas têm de oferecer reforço de curto prazo explícito para a permanência, suficiente para contrabalançar o reforço a curto prazo por abandonar a escola (R_I na Fig. 9.2).

É por isso que o pagamento a mães adolescentes por permanecer na escola talvez seja ao mesmo tempo prático e necessário.

Do ponto de vista comportamental, falar sobre responsabilidade é discutir se é desejável ou útil estabelecer consequências. Dizer que consideramos uma pessoa responsável é dizer que esperamos mudar seu comportamento punindo-o ou reforçando-o. As relações de reforçamento que o mantêm ou deveriam mantê-lo são claras, e desejamos contrabalançá-las ou aumentá-las. Dizer que Tom não deveria ser considerado responsável é dizer que ele é incorrigível (possivelmente insano) ou que a ação provavelmente nunca acontecerá novamente (foi uma aberração envolvendo sorte ou azar). Em qualquer dos casos, seria inútil punir ou reforçar o comportamento. Dizer que consideramos Tom responsável ou que desejamos torná-lo responsável é dizer que seria útil punir seu comportamento inadequado ou reforçar seu comportamento adequado. Os analistas do comportamento normalmente recomendam fortalecer o comportamento desejável com reforço positivo.

Considerações práticas: a necessidade de controle

Pessoas que prezam a liberdade opõem-se ao gerenciamento por coerção porque reconhecem que a coerção resulta em infelicidade e em revolta a longo prazo. Muitas pessoas que se opõem à coerção generalizam e afirmam se opor a qualquer forma de controle. Baseiam sua posição na ideia de que as pessoas deveriam ter o direito de escolher livremente.

Na perspectiva comportamental, não escolhemos livremente no sentido de exercer livre-arbítrio ou escolher sem explicação. No Capítulo 9, discutimos o escolher livremente no sentido de escolher com base em reforço positivo, condição na qual as pessoas tendem a se sentir livres e felizes. Contudo, escolher com base nisso ainda é explicável. E, como na perspectiva comportamental, todas as ações são controladas – isto é, são explicáveis – pela herança genética e pela história ambiental, a questão de fugir ao controle não se coloca. O pai ou o administrador que se recusam a controlar o comportamento de filhos ou de empregados apenas deixam o controle para outros e para o acaso. O controle ocorrerá, mas vindo de outras crianças, outros empregados e pessoas estranhas, sabe-se lá com que resultados. Pais e administradores que se recusam a controlar podem ser chamados de irresponsáveis, no sentido em que *responsável* denota comportar-se de acordo com relações de reforçamento de longo prazo. A abordagem responsável da administração e dos problemas sociais em geral consiste em planejar e criar ambientes em que as pessoas se comportarão bem. Essa ideia levanta duas grandes questões que serão tratadas nos demais capítulos do livro. Quem controlará? Como o controle será executado?

Aplicar consequências

Gostemos ou não, reconheçamos ou não, estamos constantemente reforçando e punindo o comportamento uns dos outros. Provavelmente, na maioria das vezes, não estamos conscientes das consequências que dispensamos para o comportamento alheio. Uma frase que digo sem pensar pode arrasá-lo ou animá-lo, embora eu não fique sabendo nada do resultado. Pessoas em posição administrativa, entretanto – pais, professores, supervisores ou governantes –, tem de estar conscientes das consequências que proveem: faz parte de sua função. Para captar o sentido dessa administração deliberada de consequências, podemos usar a palavra *aplicar* e falar em aplicar reforço e punição.

Aplicar consequências – uma parte da atividade gerencial – é, em si mesmo, comportamento operante e está sob controle de relações de reforçamento de longo prazo. Educar filhos adequadamente determina o êxito das crianças na vida adulta. Um pai atento reconhece os sinais de realização última de uma criança – desempenho na escola, amigos, esportes – e se comporta de modo a produzi-los. Da mesma forma, uma supervisão adequada determina a rentabilidade de um negócio. O comportamento do administrador competente está sob controle de sinais que predizem um bom resultado final – reforçadores condicionados, tais como registros de frequência, relatórios de controle de qualidade e vendas.

Muitos dos reforçadores e punidores que controlam o comportamento do administrador (frequência, notas escolares, e assim por diante) provêm daqueles que estão sendo controlados. Esse fato deveria ser significativo para todos os que prezam a liberdade, porque abre a porta para o reconhecimento e o planejamento explícito do controle mútuo não apenas em administração, mas em todas as relações humanas. Consideraremos a questão do controle mútuo no Capítulo 11. Por enquanto, passamos à questão de *como* controlar.

Que tipo de controle?

Vimos, no Capítulo 9, que os analistas do comportamento defendem o uso de reforço positivo em vez de métodos aversivos. Quando o comportamento é controlado por punição e ameaça, as pessoas dizem se sentir aprisionadas, infelizes, ressentidas e muito provavelmente reclamam, esquivam-se e revoltam-se. A coerção é um método insatisfatório de controle porque geralmente, a longo prazo, o tiro sai pela culatra, como vimos no caso da guerra às drogas. Embora ela possa ser eficiente a curto prazo, mais cedo ou mais tarde seus resultados são superados por seus deploráveis efeitos colaterais.

Quando o comportamento está sob controle de um reforço positivo adequado, as pessoas dizem que se sentem livres, felizes e respeitadas. Sentem-se livres porque não são punidas por suas escolhas, felizes porque suas escolhas resultam em coisas boas e respeitadas porque os reforçadores contam a favor de seu mérito. Todavia, dizer reforço positivo *adequado* implica algo importante.

Tal como o gerenciamento por coerção, o gerenciamento por reforço positivo pode retroagir negativamente. Quando isso ocorre, há geralmente duas razões: má combinação de comportamento e reforçador e desconsideração da história. Discutimos brevemente a ideia dessa má combinação no Capítulo 4, quando observamos que os reforçadores frequentemente induzem certos tipos de comportamento e são também particularmente eficientes em reforçá-los. O comportamento de bicar a tecla, em pombos, é um bom exemplo; pombos tendem a bicar, especialmente objetos brilhantes, em situações em que provavelmente obterão alimento, e, se as bicadas em uma tecla forem reforçadas com comida, essa resposta é instalada com muita rapidez. Igualmente, quando uma criança interage com a mãe ou o pai, manifestações de afeto (tocar, sorrir, elogiar) tornam-se reforçadores poderosos que rapidamente fortalecem o comportamento que os produz. Outros reforçadores, tais como dinheiro e presentes, podem funcionar, mas não tão bem; sem afeto, eles podem, ao final, não dar certo. A menos que pais, professores e outras pessoas que cuidam da criança deem o suporte do afeto ao reforço por símbolos (p. ex., fichas que podem ser trocadas por coisas e privilégios concedidos para reforçar comportamentos adequados), esse tipo de gerenciamento provavelmente irá falhar.

Ao lidar com adultos, um fator importante no gerenciamento é a *afiliação*. As pessoas parecem trabalhar melhor quando participam de grupos de tamanho médio com integrantes estáveis. No decorrer do tempo, as reiteradas interações com as mesmas pessoas tendem a torná-las uma poderosa fonte de reforço social. Os japoneses há muito usam o poder da afiliação em seu gerenciamento industrial, e a indústria norte-americana está começando a seguir o exemplo, complementando ou substituindo o isolamento da linha de montagem por "círculos de qualidade", isto é, grupos que trabalham como uma unidade para fabricar um produto do início ao fim. Como para crianças, o reforço monetário para adultos funciona melhor se estiver sustentado por reforço social.

A segunda razão de insucesso, a desconsideração da história, pode ser entendida por analogia ao conceito de *momentum*. Tentar alterar um comportamento que foi modelado por uma longa história de poderoso reforço, superpondo uma nova relação de reforçamento artificial, pode ser análogo a tentar desviar a rota de um ônibus em alta velocidade atingindo-o com uma bola de borracha. Parte da competência do bom terapeuta é reconhecer as relações de reforçamento antigas e potentes. Nesse ponto, os psicanalistas estão certos: para compreender o comportamento do adulto, você tem de olhar, muitas vezes, para os eventos da infância. Por exemplo, se uma mulher tem um comportamento inadequado com homens, um terapeuta comportamental hábil procurará descobrir se seu pai era carinhoso, que tipo de comportamento ele reforçava com afeto e que tipo de comportamento sua mãe tinha com seu pai. A melhor maneira de prevenir o furto é prover uma história de reforçamento para o comportamento que chamamos de "respeito pela propriedade alheia" ou comportamento incompatível com roubar. O caixa de banco que desvia fundos muito provavelmente não tem tal história, e seria preferível que o gerente do banco, que faz ameaças ou emprega pequenos incentivos esperando evitar que isso volte a acontecer, afastasse a pessoa da tentação. As intervenções que ignoram a história de reforçamento do comportamento atual provavelmente serão malsucedidas.

O reforço positivo pode ser o meio mais poderoso de modificar o comportamento, mas deve ser aplicado corretamente. Um entusiasmo ingênuo não pode substituir a compreensão de indução, reforço, regras e consequências a longo prazo. Sem a devida compreensão, o reforço positivo, como qualquer outra técnica, pode dar errado de diversas maneiras e pode mesmo ser usado abusivamente. No Capítulo 11, veremos como os analistas do comportamento lidam com o problema do gerenciamento correto e equitativo.

RESUMO

A palavra *responsável* é frequentemente usada no discurso sobre causas, como quando dizemos que um terremoto foi responsável por um desastre. Quando aplicado a pessoas, esse uso suscita todos os problemas do livre-arbítrio, porque as pessoas são vistas como origem ou causa de seus comportamentos. As pessoas são vistas como causa de seu próprio comportamento quando suas escolhas parecem óbvias e as causas ambientais permanecem obscuras. Quando os fatores ambientais são claros, frequentemente se diz que a pessoa não tinha escolha. À medida que os determinantes genéticos e ambientais são compreendidos, o discurso sobre livre-arbítrio e responsabilidade tende a dar lugar ao discurso sobre circunstâncias atenuantes.

Do ponto de vista prático, as ações meritórias são aquelas que a comunidade reforça; ações condenáveis são aquelas que a comunidade pune. As ações condenáveis são frequentemente atribuídas a fatores genéticos e ambientais – circunstâncias atenuantes – e tratadas com compaixão, enquanto feitos meritórios são normalmente atribuídos à pessoa. As pessoas tentam ganhar crédito por suas ações para assegurar que sejam reforçadas. Reconhecer os efeitos do ambiente em ações meritórias contribui para a honestidade. Se podemos ser práticos e compassivos quanto a punir comportamentos inadequados, podemos ser práticos e honestos quanto a reforçar comportamentos desejáveis. Na prática, decidir se alguém é ou não responsável vem a ser uma decisão sobre aplicar ou não consequências. O apelo à insanidade temporária ou a uma aberração implica que nenhum benefício prático advirá da punição. Chamar uma ação de "afortunada" supõe a inutilidade do uso do reforço. Pais, professores, supervisores e governantes gerenciariam o comportamento com maior eficiência se tomassem decisões sobre reforço e punição abertamente. Sua eficiência seria máxima se fortalecessem o comportamento desejável com reforços positivos. O controle por ameaças e punição pode funcionar a curto prazo, mas contribui para revoltas e desafeto a longo prazo.

O gerenciamento por reforço positivo, entretanto, requer cuidado e habilidade. Não se consegue um bom resultado quando o reforço é inadequado e a história é negligenciada. Em nossa espécie, o reforço adequado ao gerenciamento é, pelo menos em parte, social. Dinheiro e outros símbolos de reforçadores parecem ser mais eficazes quando acompanhados pelo reforço da aprovação e do afeto de pessoas significativas. O menosprezo da história leva a maus resultados quando se presume uma história normal que, na realidade, não existe. Uma história de reforçamento deficiente ou anormal pode sobrepujar até mesmo as melhores relações de reforçamento de gerenciamento. A correção dos efeitos de uma longa história exige terapia; até que eles sejam corrigidos, o gerenciador age corretamente ao evitar contextos em que a história tem probabilidade de gerar comportamento inadequado.

LEITURAS ADICIONAIS

Hineline, P. N. (1990). The origins of environment-based psychological theory. *Journal of the Experimental Analysis of Behavior*, 53, 305-320. Esse artigo, que é uma resenha do livro clássico de Skinner, *Behavior of Organisms*, compara explicações do comportamento baseadas no ambiente com explicações baseadas no organismo.

Skinner, B. F. (1971). *Beyond freedom and dignity.* Nova York: Knopf. Os Capítulos 3, 4 e 5, sobre dignidade, punição e alternativas à punição, tratam de temas semelhantes àqueles abordados neste capítulo.

PALAVRAS-CHAVE

Afiliação
Aplicação de consequências
Circunstâncias atenuantes
Má combinação de comportamento e reforçador
Responsabilidade

11

Relações, gerenciamento e governo

Os seres humanos são criaturas altamente sociais. Muitos de nossos estímulos indutores, reforçadores e punidores provêm uns dos outros. O dar e receber estímulos e consequências nos leva a estabelecer relacionamentos uns com os outros. Consideramos natural que uma pessoa normal se relacione com seus pais, irmãos, outros parentes, cônjuge, amigos e vizinhos. Tais relações pessoais são características de nossa espécie e podem ser vistas também em outras espécies. As relações especiais que denominamos gerenciamento e governo originaram-se mais recentemente, e nós as associamos exclusivamente à cultura humana. Neste capítulo, examinaremos como os analistas do comportamento podem tratar das relações em geral, com especial atenção ao gerenciamento e ao governo. Pessoas que criticam o behaviorismo frequentemente afirmam que essa abordagem levará a práticas desumanas de gerenciamento e a governos totalitários. Este capítulo mostra por que essas acusações são falsas.

RELAÇÕES

Quando dizemos que dois indivíduos têm uma relação? Encontros isolados, a grandes intervalos de tempo, não bastam. Se o carteiro e eu nos cumprimentamos uma vez por mês, dificilmente se poderá dizer que temos uma relação, mas, se nos cumprimentássemos diariamente, já poderia haver algum fundamento para essa afirmação. Embora a frequência de interações necessária para dizer que duas pessoas têm um relacionamento varie de falante para falante, quanto maior ela for, maior será a probabilidade desse tipo de comportamento verbal.

Se uma relação consiste em interações frequentemente repetidas, ainda precisamos esclarecer o que queremos dizer com *interação*. As Figuras 7.1 e 9.1 mostram sob forma esquemática dois tipos de interação: um episódio verbal e um episódio coercivo. Tais episódios poderiam nunca se repetir: eu poderia perguntar as horas a alguém que jamais voltasse a ver, assim como poderia entregar minha carteira a um ladrão com quem jamais me encontrasse de novo. Quando tais episódios, contudo, se repetem continuamente entre duas pessoas, então essas duas pessoas têm uma relação. Para entender o que *interação* significa em termos comportamentais, precisamos entender uma característica que episódios verbais, episódios coercivos e outras formas de interação têm em comum: o *reforço mútuo*.

Reforço mútuo

Classificamos episódios verbais e episódios coercivos como *sociais* porque o comportamento de cada pessoa prove reforço para o da outra. Quando uma pessoa observa outra – um detetive em uma investigação policial ou um espião –, nada de social ocorre porque o reforço ocorre somente em uma única direção. Uma representação teatral normalmente não pode ser considerada social; ela só se torna social quando o comportamento do ator é reforçado pela audiência. Para um episódio ser denominado interação social e ser considerado como base de um relacionamento, o reforço deve ser mútuo.

A Figura 11.1 mostra um esquema genérico de uma interação social. Assim como em diagramas anteriores, o sinal de dois-pontos indica controle de estímulos ou indução, e a seta liga a consequência ao comportamento que a produz. Uma pessoa inicia o episódio emitindo um comportamento operante qualquer (R_O) induzido pela situação ($S^D{}_O$), que inclui a outra pessoa, seu interlocutor. O comportamento R_O poderia ser o enunciar de uma regra (fazer uma ameaça ou promessa, como "Se você não trabalhar, vou bater em você" ou "Se você trabalhar, eu lhe pago"), sorrir ou oferecer um presente. Isso produz um estímulo discriminativo ($S^D{}_R$), tornando provável que o interlocutor responda ou aja também (trabalhe, sorria, dê um presente) de tal forma que R_O seja reforçado ($S^R{}_O$). Esse reforçador funciona também como um estímulo discriminativo ($S^D{}_{O2}$) que induz comportamento adicional por parte do iniciador (R_{O2}) que fornece reforçadores ($S^R{}_R$) para o comportamento do respondedor (R_R).

No momento em que os dois participantes agiram e suas ações foram reforçadas, o episódio poderia terminar. Isso poderia ser denominado de episódio social *mínimo*.

Entretanto, o episódio poderia continuar, tal como quando duas pessoas mantêm uma conversa. Na Figura 11.1, quando o iniciador responde ao $S^D{}_{O2}$, fornecido pelo comportamento daquele que responde, poder-se-ia dizer que eles inverteram os papéis. Esses papéis poderiam ser invertidos novamente. Essa possibilidade é indicada na Figura 11.1 pela notação entre colchetes, que mostra que $S^R{}_R$ poderia servir

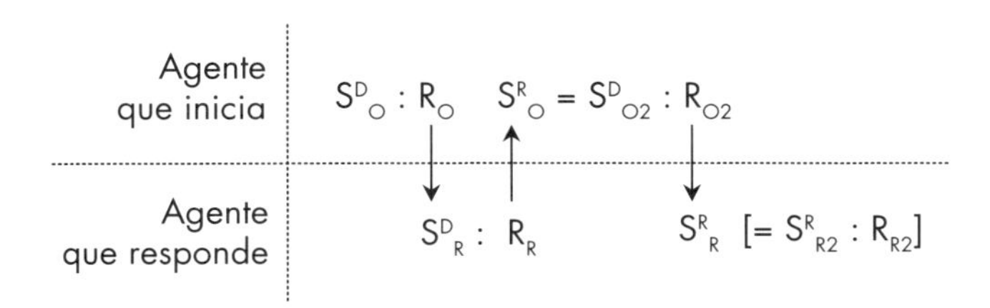

FIGURA 11.1 Diagrama genérico de um episódio social, mostrando reforço mútuo. As setas indicam comportamentos que produzem consequências; dois-pontos indicam controle de estímulos. O comportamento do iniciador (R_O) produz reforçadores ($S^R{}_O$) como consequência do comportamento da pessoa que responde (R_R), que, por sua vez, produz reforçadores ($S^R{}_R$) como consequência do comportamento do iniciador (R_{O2}). Quando tais episódios se repetem com suficiente frequência, diz-se que as duas pessoas têm uma relação.

como estímulo discriminativo (S^D_{R2}) para induzir comportamento ulterior (R_{R2}). Os papéis poderiam continuar se invertendo inúmeras vezes, até que ocorresse algum tipo de pausa na interação. Às vezes, uma interação pode parecer interminável para uma das partes, quando, por exemplo, o interlocutor é uma pessoa educada e a outra pessoa é um vendedor insistente ou um fanático religioso.

Examinemos alguns exemplos. Zack trabalha em uma grande firma atacadista que vende lentes para fabricantes de óculos, e Naomi é sua supervisora. A chegada de vários pedidos de compra pelo correio (S^D_O) induz uma interação entre eles. Naomi passa para Zack uma pilha de pedidos para que ele os atenda (R_O). A pilha de pedidos estabelece o contexto (S^D_R) para Zack começar a trabalhar procurando as lentes corretas em milhares de gavetas (R_O). A visão de Zack trabalhando reforça (S^R_O) o comportamento original de Naomi (dar ordens a Zack) e também serve como estímulo discriminativo (S^D_{O2}) que a induz a dizer algo como "Muito bem" (ou talvez apenas deixar de fazer uma crítica; qualquer um dos dois constituiria R_{O2}), o que, por sua vez, serve para reforçar (S^R_R) o trabalho de Zack. Ao término do mês, é claro, em outra interação, o "Muito bem" de Naomi é acompanhado por um cheque.

Para um segundo exemplo, temos um casal, Gideon e Erin. Durante a semana, Erin sai para o trabalho às 7h30min (S^D_O). Ela para na porta antes de sair e diz "Já estou saindo" (R_O), o que produz o som "Já estou saindo" que Gideon ouve (S^D_R) e que o induz a dizer (R_R) "Tenha um bom dia, te vejo à noite", enquanto a beija. O comportamento afetuoso de Gideon serve para reforçar (S^R_O) a declaração original de Erin e também estabelece o contexto (S^D_{O2}) para que ela, por sua vez, diga algo como "Para você também" (R_{O2}). A resposta afetuosa de Erin reforça (S^R_R) o comportamento afetuoso de Gideon.

Quando episódios sociais como esses ocorrem com frequência entre as mesmas pessoas, dizemos que essas pessoas têm uma relação. Em certas relações restritas, as ações e os reforçadores podem ser sempre os mesmos. Se Gideon compra o jornal sempre do mesmo jornaleiro todas as manhãs, pode-se dizer que Gideon e o vendedor têm uma relação. Em outras relações, as ações e os reforçadores envolvidos variam muito. Marido e mulher podem cozinhar um para o outro, fazer compras juntos, discutir a educação dos filhos, manter relações sexuais. Tudo isso pode ser esquematizado como na Figura 11.1, mas as ações e os reforçadores específicos diferem de uma interação para outra.

Distinguimos relações entre pares de relações entre desiguais. Dois irmãos ou dois amigos podem ser pares, mas um patrão e um empregado, ou meu gato e eu, seríamos considerados desiguais. Duas pessoas podem ser chamadas de pares quando suas interações incluem atos e reforçadores de ambas as partes que são do mesmo tipo. Se dois irmãos são afetuosos um com o outro, pedem e dão dinheiro um para o outro e emprestam brinquedos e ferramentas um para o outro, então podemos dizer que eles são pares. Poderíamos negar que os irmãos são pares se um fosse afetuoso e o outro não ou se um sempre obtivesse dinheiro emprestado do outro, mas o contrário nunca ocorresse.

Nas relações entre desiguais, a sobreposição entre ações e reforçadores de ambas as partes inexiste ou é pequena. Naomi, a supervisora, distribui as tarefas, paga salários e recebe parte do lucro das vendas;

Zack, o empregado, trabalha e recebe salário. O paciente apresenta sintomas e paga a consulta; o médico aconselha e prescreve tratamentos. O legislador faz leis; o cidadão as segue.

Indivíduos e organizações

A concepção representada na Figura 11.1 pode ser aplicada não só a relações entre indivíduos, mas também a relações entre indivíduos e organizações e inclusive a relações entre organizações. Para fazê-lo, podemos tratar a organização como se fosse um indivíduo. Isso não causa qualquer confusão, contanto que nos lembremos de que as organizações, afinal de contas, são compostas de indivíduos. Uma empresa, igreja ou governo é um grupo de indivíduos, os quais mantêm relações com outros membros do grupo. Talvez seja exagero dizer que cada indivíduo de uma empresa mantém uma relação com todos os demais membros dessa empresa, mas fazer parte da empresa implica ter relações, por exemplo, com superiores e subordinados.

Faz sentido tratar instituições como se fossem indivíduos porque os funcionários institucionais são substituíveis. Juízes, ministros, médicos e enfermeiras saem e são substituídos por novos indivíduos que exercem as mesmas funções. Em organizações maiores, os indivíduos são inclusive intercambiáveis, trocando papéis em momentos diferentes. Quando você procura a Receita Federal ou é admitido no pronto-socorro de um hospital, não tem ideia de qual dos funcionários o atenderá ou que enfermeiras ou médicos estarão de plantão.

Pode-se falar sobre relações com instituições porque, quaisquer que sejam as pessoas individuais que desempenham os papéis institucionais, as relações de reforço envolvidas permanecem as mesmas. De certo modo, isso é verdade por definição – falamos de um grupo como uma instituição porque ele tem certa estabilidade. Não é o quadro de pessoal que é estável, pois as pessoas vêm e vão. Nem edifícios fazem uma instituição ser o que é; um hospital pode se mudar para um novo prédio e ainda ser identificado como o mesmo hospital. Se o hospital é adquirido por novos donos, entretanto, ele pode se tornar um hospital diferente, mesmo que esteja no mesmo edifício. O que permanece estável em uma instituição é seu modo de funcionar – em nossos termos, as relações de reforço e punição.

Embora uma instituição não seja uma pessoa, tanto uma pessoa quanto uma instituição podem ser vistas como indivíduos que funcionam como todos integrados. Em certo sentido, as atividades de uma instituição são análogas às atividades estendidas de um indivíduo, porque as ações dos membros de uma instituição são partes que devem funcionar em conjunto para que a instituição funcione de modo bem-sucedido, assim como as várias atividades de um indivíduo devem funcionar como elementos de um conjunto para que a atividade estendida seja bem-sucedida. Se Zack está assando um bolo, ele deve se envolver em diversas atividades – juntar ingredientes, misturá-los, colocar a massa em uma forma e levá-la ao forno – para produzir um bom bolo. Do mesmo modo, o funcionamento de um banco requer as atividades de caixas, analistas de crédito, vendedores, escriturários, supervisores, guardas, zeladores, etc., para funcionar de modo exitoso. A diferença é que, na atividade estendida de um indivíduo, todas as partes são atividades da mesma pessoa, enquanto na instituição todas as partes são atividades de diferentes pessoas. No entanto, assim como na atividade estendida de um indivíduo, o reforço do todo (o sucesso da organização) também reforça todas as partes. Em qualquer relação, inclusive aquelas no interior de uma instituição, o reforço mútuo é fundamental; todos os envolvidos devem se beneficiar do funcionamento do todo para que a relação ou instituição seja bem-sucedida.

Como na relação entre dois indivíduos, a relação entre um indivíduo e uma instituição inclui dois conjuntos de relações de reforçamento: as que afetam o comportamento do indivíduo e as que afetam o comportamento da instituição. Nos termos da Figura 11.1, tanto o indivíduo como a instituição poderiam atuar como iniciador ou interlocutor. Se um banco envia uma oferta para que você solicite um empréstimo, o banco é o iniciador. Porém, se você vai a um banco sem ser chamado e pede o empréstimo, você é o iniciador. Você preenche um formulário (R_O), que fornece os estímulos ($S^D{}_R$) para o banco tomar a decisão (R_R) de lhe emprestar dinheiro, reforçando, assim, seu comportamento de pedir ($S^R{}_O$). Nesse momento, você responde assinando o contrato de empréstimo (R_{O2}), o que reforça a concessão do empréstimo pelo banco. Você e o banco terão agora uma relação frequente, porque farão interações mensais nas quais o banco enviará uma cobrança, você pagará, e o banco lhe enviará um recibo.

Alguns analistas do comportamento aplicaram esse esquema geral para analisar relações internacionais, considerando interações entre governos como análogas a interações entre indivíduos. Corridas armamentistas, por exemplo, podem ser compreendidas sob esse prisma (Nevin, 1985). Quando um país monta um grande arsenal, isso representa uma ameaça ($S^D{}_R$) para o outro país, que responde com uma ameaça. O primeiro responde do mesmo modo, e assim por diante.

Cientistas políticos se referem a essa tendência como um *dilema de segurança*. Em um artigo seminal sobre as origens da Primeira Guerra Mundial, Van Evera (1984) descreveu a escalada armamentista anterior à guerra como uma oscilação da supremacia entre governos antagônicos. Em um momento, um deles aumenta suas capacidades ofensivas, então o outro governo faz o mesmo, e a cada vez a supremacia trocava de lado, porque um governo, ao tentar garantir sua segurança, sempre ia além da paridade. O período de supremacia cria uma janela de oportunidade em que a parte mais forte é tentada a atacar enquanto está com a vantagem. Uma dessas janelas de oportunidade, explicou Van Evera, por fim deflagra a guerra.

Cada ação em uma relação oscilante como essa faz sentido (é reforçada) a curto prazo, mas as consequências a longo prazo são desastrosas. A situação pode ser vista como um problema de autocontrole (Fig. 9.2), porque as alternativas para colocar um fim a essa escalada, como assinar tratados e cooperação, compensam a longo prazo, mas podem ser difíceis de implementar porque envolvem riscos a curto prazo. Nos termos do Capítulo 8, a ausência de fornecimento de regras, como campanhas pela paz, praticamente garante que relações de reforço de curto prazo, tais como obter a vantagem ao atacar primeiro, prevalecerão sobre relações de longo prazo, como os maiores benefícios da paz ao longo de muitos anos.

EXPLORAÇÃO

Em nossa discussão sobre coerção (Caps. 9 e 10), vimos que as interações sociais nem sempre servem aos interesses de ambas as partes, ainda que os comportamentos de ambas sejam reforçados. Quando um ladrão exige dinheiro e o consegue, só o ladrão se beneficia, porque entregar o dinheiro é um comportamento reforçado negativamente; a vítima só se "beneficia" na medida em que evita ser ferida.

Outro tipo de interação leva a falar de trapaça. Suponha que eu entre em uma loja para comprar alguma roupa, e o comerciante me cobre o dobro do preço normal. Analisando essa interação em termos da Figura 11.1, temos de concordar que tanto minhas ações como as do comerciante foram reforçadas positivamente. Eu ganho a roupa ($S^R{}_O$), e o comerciante, o dinheiro ($S^R{}_R$). Dizemos que o comerciante me enganou porque, em um contexto maior, vemos uma desigualdade entre os dois reforçadores: a compensação do comerciante é muito maior do que a minha. Esse contexto maior estabelece o preço justo. Talvez eu nunca venha a saber que fui enganado, mas, se pesquisar em outras lojas ou conversar com pessoas que trabalham no ramo, posso concluir que fui enganado (esses estímulos discriminativos mudam meu comportamento verbal).

Em uma forma mais sutil de trapaça, as duas partes mantêm uma relação ativa, e aquela que está sendo enganada não entra em contato com o contexto maior que exporia a iniquidade do reforço. Esse contexto maior normalmente se desenvolve ao longo de muito tempo. Por exemplo, uma pessoa pode fazer promessas, mas não as cumprir ou, mais provavelmente, cumprir apenas algumas delas e então fazer mais promessas. Dizemos que essa pessoa está "enrolando" a outra. Com o tempo, a pessoa lograda pode entender a situação – o comportamento verbal e não verbal da pessoa pode mudar drasticamente – porque esta se prolongou por um tempo suficiente para poder ser comparada com alternativas (outros empregos, um divórcio, uma revolta). Os governos às vezes implementam medidas para proteger os cidadãos dessas situações de trapaça a longo prazo, particularmente daquelas em que eles só podem descobrir que foram enganados quando já é tarde demais. Por exemplo, leis que regulamentam o trabalho infantil impedem que crianças entrem em uma relação com empregadores que lhes compensariam a curto prazo, mas que, por privarem-nas da oportunidade de brincar e estudar, acabariam prejudicando-as a longo prazo. Uma relação desse tipo, com reforço positivo a curto prazo, mas prejuízo a longo prazo, é denominada *exploração*.

O "escravo feliz"

A possibilidade de coerção – rematada escravidão – pode representar uma ameaça menor para a democracia do que a possibilidade do "escravo feliz". A coerção é imediatamente reconhecida como tal pela pessoa coagida, ao passo que o escravo feliz se sente contente a curto prazo e pode descobrir que está sendo explorado só muito tempo depois. Sentindo-se contentes, porque seu comportamento está sendo reforçado positivamente, os escravos felizes não tomam nenhuma medida para corrigir sua situação. Crianças que trabalhavam em fábricas no século XIX eram pagas com regularidade e frequentemente recebiam outros cuidados; em geral, sentiam-se bastante satisfeitas. Só quando atingiam a meia-idade davam-se conta, quando muito, de que haviam sido enganadas. Qualquer medida que pudessem tomar a essa altura viria muito tarde para impedir os danos causados.

Escravos felizes podem existir em muitos tipos diferentes de relação. Pais podem explorar seus filhos, recompensando-os com cuidados e afeto para que trabalhem, peçam esmolas na rua ou participem de atos sexuais. O marido pode explorar sua esposa reforçando com afeto e presentes os serviços que ela presta a ele e a seus filhos; do mesmo modo, a esposa pode explorar seu marido reforçando longas horas de trabalho pesado. Um empregador pode explorar seus empregados oferecendo-lhes pagamento extra por trabalharem em condições perigosas ou insalubres. Um governo pode explorar seus cidadãos reforçando o apostar em jogos de loteria. Uma nação pode explorar outra importando dela matérias-primas em troca de bens manufaturados com essas matérias-primas. Em cada um desses exemplos, aquele que é explorado pode se sentir contente com a situação por muito tempo ou até mesmo indefinidamente.

Consequências de longo prazo

Do ponto de vista da parte explorada, o problema com a exploração é que, a longo prazo, ela implica punição. A Figura 11.2 é uma versão modificada da Figura 11.1 e mostra tal punição. O comportamento-alvo R^R resulta em dois tipos de consequências, o S^R_R mais imediato e o S^P_R punidor postergado. A seta longa indica sua natureza de longo prazo. A sigla S^P_R aparece em tamanho maior para enfatizar o fator-chave que nos leva a chamar a relação de exploradora – que o punidor, a longo prazo, pesa mais do que o reforço a curto prazo.

A Figura 11.2 omite outra característica comum da exploração. O punidor S^P_R normalmente aumenta gradativamente à medida que a relação continua. Se uma criança trabalha durante um verão, pode ocorrer apenas uma pequena perda, e a experiência pode até ser considerada benéfica. Porém, se a criança trabalha durante toda sua infância, os resultados são considerados desastrosos. A cada ano, o trabalho aumenta o buraco, por assim dizer. O fato de que a punição é tanto prolongada como cumulativa torna essa relação particularmente difícil de ser identificada pela pessoa explorada.

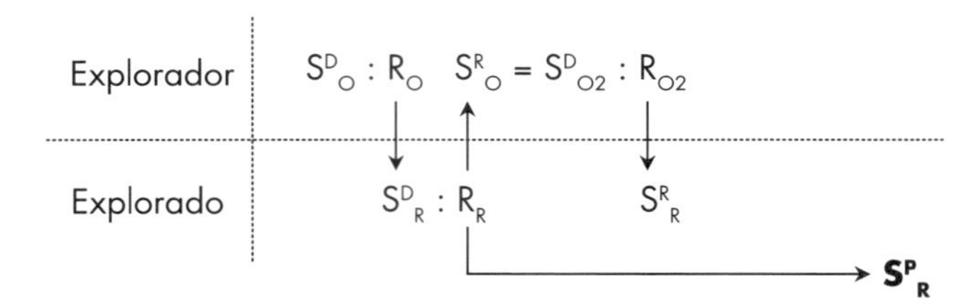

FIGURA 11.2 Uma relação de exploração. O comportamento da parte explorada (R_R) produz reforço a curto prazo para ambas as partes (S^R_O e S^R_R), mas leva a consequências bastante desfavoráveis (S^P_R) a longo prazo (seta longa). O punidor final S^P_R é muito maior que o reforço imediato (S^R_R).

Nos termos do Capítulo 9, a Figura 11.2 ilustra o fato de que uma relação de exploração constitui uma armadilha de reforço (ver Fig. 9.2). O comportamento-alvo R_R corresponde a agir impulsivamente de acordo com a relação de reforço de curto prazo. O autocontrole, agir de acordo com a relação de punição de longo prazo, significaria agir de modo a não entrar em uma relação de exploração ou a mudar a relação de tal forma que ela não fosse mais exploradora. A Figura 11.2 representa exatamente o tipo de relação de reforço descrito por regras (Cap. 8), por meio das quais pais e tutores alertam as crianças sobre os perigos do comportamento impulsivo e induzem o comportamento que impeça a exploração.

A dificuldade com relações do tipo escravo feliz no gerenciamento do comportamento é que essas relações são instáveis. A parte explorada pode se dar conta da perda, e os resultados então se assemelham aos da coerção. O escravo que era feliz torna-se agora zangado, ressentido e revoltado. A criança explorada que perdeu em saúde, educação ou na capacidade de se envolver em relacionamentos normais pode passar a rejeitar os pais. O cônjuge explorado, que nunca buscou seus próprios interesses, pode agora abandonar o casamento. Empregados que foram explorados passam a castigar o comportamento explorador de seus patrões. Cidadãos e colônias se rebelam. Tal como a coerção, a exploração é, a longo prazo, um tiro que sai pela culatra.

A equidade parece ser a única política estável. Nesse caso, porém, duas velhas perguntas se colocam: o que é equidade? Como alcançá-la? A análise do comportamento nos permite situar essas perguntas de uma maneira que possibilite respostas relativamente claras. A primeira pode ser entendida como uma pergunta sobre comportamento verbal, e nós a discutiremos a seguir. A pergunta sobre como alcançar a equidade será tratada quando discutirmos a questão do contracontrole.

Bem-estar comparativo

Quando as pessoas falam em *equidade* e *iniquidade*? Essas palavras são notórias pela dificuldade em defini-las. A noção de equidade varia de pessoa para pessoa: Shona pode dizer que estava certo fazer prisioneiros trabalharem nas estradas; Gideon pode considerar isso uma exploração vergonhosa. As concepções de equidade em uma mesma cultura variam de século para século: nos primeiros dias da Revolução Industrial, a maioria das pessoas aceitava a ideia de que os capitalistas deveriam lucrar tanto quanto pudessem e os trabalhadores deveriam trabalhar tanto quanto estivessem dispostos. Com o tempo, contudo, tantas pessoas começaram a chamar essa situação de iníqua que ocorreram reformas; surgiram os sindicatos, as leis trabalhistas e o socialismo.

Os analistas do comportamento abordam a questão de mudanças no comportamento verbal, quer de pessoa para pessoa, quer de época para época, analisando as consequências e o contexto do comportamento. Se Shona diz que a situação dos prisioneiros trabalhando em estradas de ferro era uma relação equitativa, ela está fazendo uma discriminação que Gideon não faz. Digamos que ela considere os prisioneiros como um peso inútil e caro, um desperdício de dinheiro dos contribuintes. Quer dizer, seu comportamento verbal sobre condenados, prisões, dinheiro dos contribuintes e dívidas com a sociedade foi modelado por uma história de reforçamento diferente da de Gideon; sem dúvida, eles transitam em círculos diferentes, em comunidades verbais diferentes. Talvez os pais de Gideon reforçassem a fala sobre igualdade perante a lei ou aos olhos de Deus.

O estímulo discriminativo para chamar uma situação de exploradora ou iníqua é uma comparação de consequências. As consequências para uma pessoa ou grupo são comparadas com as consequências para outro. Por exemplo, é justo para as mulheres receber menor remuneração que os homens pela mesma tarefa? Nos Estados Unidos e em outras nações ocidentais, as crianças aprendem desde cedo a fazer tais comparações entre si e os outros. A verbalização "Ela ganhou mais que eu" provavelmente é reforçada com mais sorvete, brinquedos ou o que quer que esteja sendo comparado. "Não é justo" torna-se um refrão em alguns lares porque é frequentemente reforçado com simpatia, incluindo coisas materiais.

As reações à iniquidade provavelmente têm uma base evolutiva. Em espécies de primatas que, como os seres humanos, vivem em grupos sociais altamente cooperativos, experimentos indicam que a iniquidade às vezes dá origem a fortes reações. Sarah Brosnan e seus colegas de pesquisa testaram pares de macacos capuchinhos e pares de chimpanzés em uma situação que exigia que eles trocassem um objeto por um pedaço de comida. Se ambos os indivíduos recebiam um item menos apreciado (pepino ou aipo), nenhum problema surgia. Porém, se o parceiro de um indivíduo primeiro recebia um item apreciado (uvas) e, logo depois, esse indivíduo recebia o item menos apreciado, o macaco ou o chimpanzé reagia, às vezes com um acesso de raiva, e muitas vezes recusava o item menos apreciado, às vezes até jogando-o no experimentador.

Nos seres humanos, a maioria das reações à iniquidade é aprendida. À medida que nos tornamos adultos, nossas discussões sobre o que é justo tornam-se mais complicadas. Os estímulos discriminativos que controlam o comportamento verbal sobre questões de equidade tornam-se mais complexos. Aprendemos que, às vezes, é justo que uma pessoa receba mais do que outra, especialmente se essa pessoa contribui com mais esforço que a outra. Talvez o trabalhador de construção com estruturas metálicas devesse receber mais do que o carpinteiro, se considerarmos os perigos envolvidos no trabalho com estruturas metálicas.

Teoria da equidade

Ao discutirem a questão da equidade, psicólogos organizacionais e psicólogos sociais se referem a um índice que compara reforçadores relativamente imediatos (chamado *resultado* ou *lucro*) com condições de prazo mais longo (chamadas *insumo* ou *investimento*). No enunciado clássico da teoria da equidade, por George Homans (1961), o índice é escrito deste modo: lucro/investimentos.

Homans propôs que as decisões sobre equidade dependem dessa proporção. Se duas pessoas em um relacionamento têm índices lucro/investimento iguais, a relação entre elas é equitativa. Se duas pessoas ou grupos têm em sua relação com uma terceira parte (a Companhia de Lentes Acme ou o Governo dos Estados Unidos) índices de lucro/investimento desiguais, então a disparidade entre eles é iníqua.

O índice lucro/investimento pode aumentar de dois modos: o investimento pode diminuir ou o lucro pode aumentar. Se uma mulher e um homem investem igualmente em um trabalho, então a equidade exige que o pagamento da mulher (lucro) seja igual ao do homem. Em nosso exemplo da relação supervisor-empregado, porém, se Naomi (a supervisora) investe mais do que Zack (o empregado), então seus índices de lucro/investimento só podem ser iguais se ela lucrar mais da relação do que Zack. (Ela também lucra mais de sua relação com a empresa do que Zack.) Para determinar se existe equidade entre duas partes, não podemos considerar o lucro ou o investimento isoladamente; devemos considerar a proporção entre os dois.

De acordo com a teoria da equidade, o lucro inclui consequências a prazo relativamente curto, como esforço e salário. O lucro consiste no ganho líquido proveniente da relação, ou seja, ganho menos custo (p. ex., salários menos esforço). Quando Zack se empenha para preencher os pedidos de compra, a firma na qual trabalha deve reforçar seu trabalho com salário adequado para que seu comportamento continue. Em outros tipos de relação, os lucros são menos tangíveis. Para que Gideon lave a louça regularmente, sua esposa Erin deve garantir que ele ganhe o suficiente para continuar se esforçando. De acordo com a teoria da equidade, o lucro que Gideon tira do matrimônio seria avaliado subtraindo-se esforços, como lavar a louça, de outros ganhos, como afeto e oportunidade de ter filhos.

O conceito de investimento de Homans inclui dois componentes: (1) esforços como os despendidos na educação, que são um investimento na medida em que presumivelmente compensarão com reforçadores a longo prazo; (2) atributos pessoais, como boa aparência ou gênero, que podem ser úteis em interações sociais, mas não são investimentos no sentido comum da palavra. O primeiro componente não apresenta dúvidas; é prática aceita considerar educação e experiência ao discutir salários. Em termos da teoria da equidade, se a única diferença entre Shona e Naomi é que Shona tem um diploma de curso superior e Naomi só terminou o ensino médio, o índice de lucro/investimento de Shona só se igualará ao de Naomi se Shona receber mais que Naomi. Provavelmente, tanto Shona como Naomi concordariam que isso seria equitativo.

O segundo tipo de investimento gera mais controvérsia. É certo que, outras coisas sendo iguais, os homens devam receber um salário maior que o das mulheres pelo mesmo trabalho? Independentemente de serem ou não corretas, essas disparidades salariais ocorrem. A teoria da equidade nada diz sobre como as pessoas devem se comportar; ela se refere a como de fato se comportam. Alguém que foi educado para pensar que homens devem receber salários maiores que mulheres ou que brancos devem receber salários maiores que negros não verá nenhuma iniquidade no fato de homens e brancos receberem salários maiores. Esses atributos são investimentos, no sentido de que, logicamente falando, eles pertencem ao denominador do índice lucro/investimentos: um homem que pensa que deve receber mais que uma mulher exige um lucro maior antes de declarar que está recebendo em condições equitativas às de uma mulher. Um fenômeno semelhante acontece no campo das relações pessoais, quando as pessoas bonitas exigem maiores lucros de uma relação que suas contrapartidas menos favorecidas. Uma boa aparência pode ser considerada um investimento no mesmo sentido que quando se diz que certas pessoas faturam sobre sua boa aparência. Uma linda mulher pode exigir joias caras, dizendo "Eu mereço isso"; um homem bonito pode exigir relações sexuais antes que sua parceira esteja disposta a mantê-las e não ver nada de injusto nessa atitude.

O ponto de vista mentalista sobre os investimentos apela para algo dentro da pessoa, tal como uma expectativa acerca do reforço em diversos contextos. Diz-se que a pessoa exige mais lucros por causa de sua expectativa. Para o analista do comportamento, essa descrição nada explica. Seria o caso de perguntar o que é uma expectativa e de onde ela se origina.

Da perspectiva do analista do comportamento, os elementos da teoria da equidade – ganho, custo e investimento – constituem-se todos em estímulos discriminativos que controlam nosso comportamento verbal sobre equidade. A utilidade da teoria da equidade é que ela mostra os vários fatores que levam alguém a considerar uma relação equitativa ou iníqua. Se uma das partes em um relacionamento recebe maior remuneração ou reforço do que a outra, isso é ponderado em relação a qualquer diferença de custos imediatos (p. ex., o esforço despendido), diferenças de experiência e de educação e diferenças de atributos pessoais (p. ex., gênero, classe social e aparência). A relação lucro/investimento não pode ser considerada como uma quantidade matemática porque ninguém sabe calcular lucro ou investimento a partir de todos os diferentes fatores que para eles contribuem, mas ilustra o fato de que várias comparações contraditórias se combinam para afetar a probabilidade de palavras como *equitativo* e *iníquo*, *justo* e *injusto*. Zack pode considerar justo que sua supervisora Naomi receba um salário maior que o seu, considerando sua maior experiência, mas, se Naomi fosse um homem, e a formação de Zack o levasse a considerar que homens recebem mais que mulheres, então talvez aceitasse uma disparidade maior de remuneração e ainda considerasse isso equitativo.

Quais comparações?

Esse último exemplo ilustra a força da análise do comportamento. A teoria da equidade só mostra os vários fatores que entram na análise da equidade, sem questionar os fatores que devam ser ponderados. A análise do comportamento vai um passo além ao perguntar o que determina quais fatores serão ponderados.

A resposta a essa pergunta está na história passada da pessoa. Toda discriminação depende de uma história de reforçamento e punição, e identificar algumas relações como equitativas e outras como iníquas não seria uma exceção. Há dois modos como Zack poderia considerar salários mais altos para os homens como algo equitativo. Primeiro, ele poderia de fato ter passado por vários empregos em que as mulheres recebiam menos que os homens pelo mesmo trabalho. Segundo, seus pais ou outras figuras de autoridade poderiam ter-lhe ensinado isso, modelando seu comportamento verbal sobre homens, mulheres e justiça. De qualquer modo, a história de Zack com fatores como gênero, cor, educação e aparência afeta que tipos de disparidades ele considera justos e quais ele chama de injustos. Quando ele se apaixona por Alice, que ardentemente apoia os direitos das mulheres, suas considerações sobre equidade mudam. À medida que Alice reforça e pune seu comportamento verbal e não verbal relativo a mulheres, Zack "se conscientiza" e não diz mais que pagar salários mais baixos para mulheres é equitativo.

Frequentemente, mudanças em como os fatores são ponderados se traduzem em mudanças quanto ao grupo que será tomado como comparação. No século XIX, o trabalho infantil pode ter parecido equitativo porque a comparação era feita com crianças camponesas que morriam à míngua. No século XX, quando os custos sociais do trabalho infantil ficaram evidentes, a comparação era feita com crianças de classe média que brincavam e frequentavam a escola, e o comportamento verbal sobre trabalho infantil mudou de modo correspondente. Trabalhadores que aprenderam a se comparar apenas com outros trabalhadores não veem nenhuma iniquidade no fato de burocratas gozarem de privilégios especiais; outros trabalhadores, sem tal treinamento, podem comparar sua própria condição com a da burocracia e declararem iniquidade. Quando tais comparações são feitas em quantidade suficiente, vemos eventos como os que levaram ao colapso da União Soviética (Lamal, 1991).

Cooperação

Nossos conceitos de reforço equitativo e mútuo nos permitem compreender a cooperação. Um relacionamento cooperativo é aquele em que o reforço é mútuo e equitativo. Às vezes, a cooperação ocorre a curto prazo, quando ambas as partes devem contribuir imediatamente antes que o comportamento de cada um possa ser reforçado. Por exemplo, se uma orquestra executa uma sinfonia, cada músico deve tocar uma parte antes que toda a execução possa ser aprovada pela audiência e paga pelos patrocinadores. Todos tocam uma parte e todos se beneficiam juntos. Com frequência, no entanto, a cooperação ocorre somente a longo prazo, quando as contribuições das diferentes partes são feitas em momentos diferentes. Isso acontece quando as pessoas têm um relacionamento recíproco, como quando os cônjuges se alternam nas tarefas domésticas ou os amigos oferecem ao outro bebidas e refeições. Relacionamentos recíprocos abrem a possibilidade de trapaça se uma parte deixa de contribuir suficientemente (isto é, deixa de fornecer o $S^R{}_R$ da Figura 11.2 com frequência suficiente). Contudo, na medida em que a reciprocidade se desenvolve no sentido da equidade a longo prazo, o relacionamento se constitui em cooperação. Discutiremos cooperação e reciprocidade com mais detalhes quando tratarmos do altruísmo, no Capítulo 12.

Controle e contracontrole

Declarações de iniquidade ocasionadas por relações coercivas e exploradoras incitam a revolução como meio para tornar mais justas essas relações. Pôr fim a um governo, a um casamento ou a uma empresa constitui uma ação extrema. Uma revolução, um divórcio ou uma greve parecem ser o último recurso, tomado apenas quando todos os outros falharam.

Medidas extremas mudam a situação da pessoa explorada (controlada) ao cortarem a relação; medidas menos extremas, tais como ameaças e promessas, produzem mudanças dentro da relação ao mudarem o comportamento do explorador (controlador). A ameaça de uma revolução, de um divórcio ou de uma greve pode funcionar para coagir o parceiro ofensivo a mudar de comportamento. Tal controle, ao retroagir sobre o controlador, acrescenta à relação uma nova relação de reforçamento, que pode ser representada nas condições gerais da Figura 11.1. Os analistas do comportamento a denominam de *contracontrole*.

Contracontrole

O contracontrole do tipo coercivo pode ser comparado à Figura 9.1. A pessoa ou grupo atingidos ameaçam com a remoção do reforço – bens ou serviços –, a menos que o controlador aceda. Os exemplos não precisam ser tão extremos, como ameaças de revolução e divórcio; as ameaças podem ser de sabotagem ou desafeto. Independentemente de quão assimétrica seja a relação, contanto que o controlador deseje algo do controlado – desde que o comportamento do controlador possa ser reforçado pelo controlado –, o controlado pode ameaçar sonegá-lo. Quando a ameaça é eficaz, o comportamento do controlador é contracontrolado por meio do reforço negativo.

O contracontrole também pode acontecer por meio de reforço positivo. Muitos relacionamentos permitem que ameaças sejam substituídas por promessas. Os empregados podem prometer uma produtividade maior se seus salários forem elevados. A mulher pode prometer contribuir com as despesas da casa se seu marido a ajudar a seguir uma carreira. Se o comportamento do controlador muda, ele foi reforçado positivamente. O reforço pode demorar para ocorrer, mas o controlador posteriormente estará em melhores condições.

O contracontrole implica que o controlador tem escolha, que uma ação alternativa está disponível. Dado que a escolha é entre uma alternativa que recompensa somente a curto prazo e outra que recompensa mais a longo prazo, a situação do controlador pode ser comparada à Figura 9.2; trata-se de um problema de autocontrole. O controlado produz um estímulo discriminativo que aumenta a probabilidade da alternativa mais compensadora no longo prazo. Quando o povo ameaça uma revolta, os governantes podem baixar os impostos em vez de aumentá-los. Quando os empregados prometem ao dono de uma fábrica um aumento na qualidade do produto, o dono pode mudar, adotando o novo esquema administrativo sugerido pelos empregados. Dado que as ameaças ou promessas feitas pelo controlado constituem regras e podem ser sustentadas por reforço imediato, a situação pode ser comparada à Figura 8.2, que representa o comportamento controlado por regras. Assim, a escolha do controlador pela relação que é melhor a longo prazo corresponde tanto ao autocontrole (Fig. 9.2) quanto ao comportamento controlado por regras (Fig. 8.2).

A Figura 11.3 esquematiza os dois tipos de contracontrole que acabamos de discutir. Em cada esquema, as interações à esquerda mostram contracontrole. O controlador pode agir de qualquer um de dois modos, de forma equitativa (R_O; impostos mais baixos e cessação da guerra) ou de forma exploradora (R_X; aumento de impostos e continuação da guerra). Cada uma das duas alternativas leva a uma relação diferente entre as partes envolvidas, simbolizadas pelos retângulos à direita. A relação para a qual a atividade R_X conduz, no retângulo inferior, pode ser a situação atual; R_x manteria a "situação como sempre foi". A atividade R_O, porém,

Contracontrole por ameaça

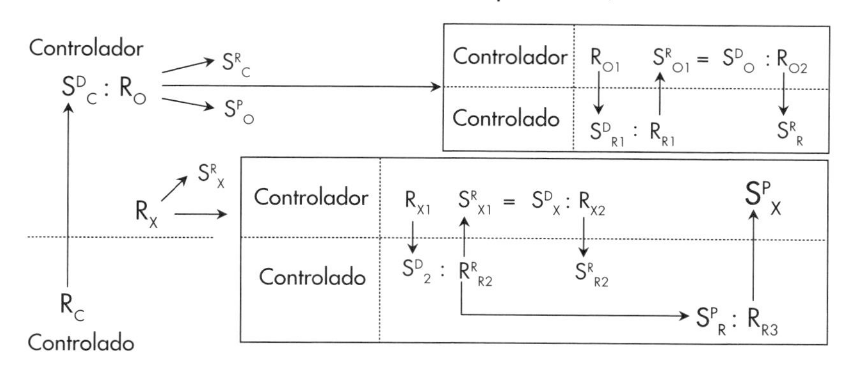

Contracontrole por promessa

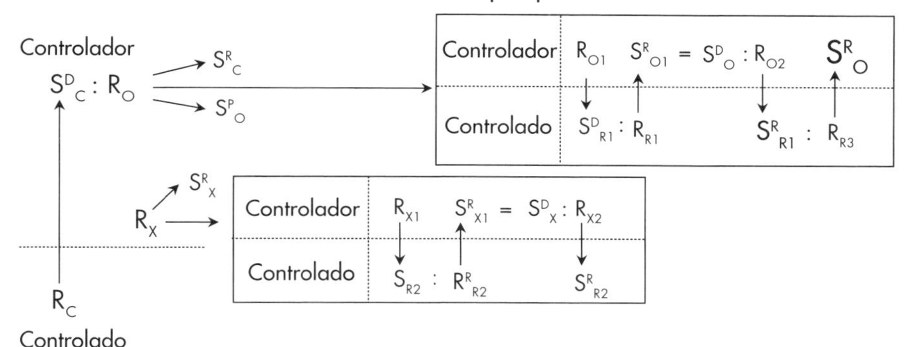

FIGURA 11.3 Contracontrole. Em ambos, contracontrole por meio de ameaça (diagrama superior) e contracontrole por meio de promessa (diagrama inferior), o controlador escolhe entre duas relações com o controlado, exibidas nos retângulos à direita. A ação R_O por parte do controlador leva a uma melhor relação a longo prazo. A ação R_X leva a uma relação menos favorável ou a mantém. O contracontrole por meio de ameaça ocorre quando o controlado gera um estímulo discriminativo (S^D_C) baseado em um punidor a longo prazo (S^P_X) para o comportamento R_X do controlador. O contracontrole por meio de promessa ocorre quando o S^D_C se baseia em reforçadores a longo prazo (S^R_O) para R_O. O contracontrole é necessário quando pequenas consequências imediatas (S^P_O, S^R_X e S^R_{X1}) tendem a sobrepujar as consequências de longo prazo (S^P_X ou S^R_O). Como acontece em outros comportamentos controlados por regras, o controlado pode ser capaz de fornecer alguns reforçadores de curto prazo para R_O (S^R_C) que ajudam a contrabalançar as consequências de curto prazo que favorecem R_X.

conduziria a uma nova relação (retângulo superior), que seria mais benéfica tanto para o controlador como para o controlado. O controlado promete ou ameaça (R_C), produzindo o estímulo discriminativo S^D_C ("Aumente nossos salários, ou entraremos em greve!" – uma regra; ver Cap. 8), que indica o retângulo superior (relação) com seu conjunto de relações de reforçamento e promove a alternativa do controlador R_O (p. ex., aumento de salários). Quando o controlado contracontrola por meio de ameaças (esquema superior), S^D_C tende a induzir R_O baseado no fato de que R_X conduz, em última instância, a consequências aversivas em grande escala (S^P_X) para o controlador. Estas resultam do comportamento do controlado (R_{R3}) em resposta a S^P_R, as consequências aversivas a longo prazo para o controlado. Se os governantes aumentam os impostos, o povo se rebela e depõe os governantes.

Quando o controlado contracontrola por meio de promessa (esquema inferior na Fig. 11.3), S^D_C tende a induzir R_O com base em que ele, ao final, conduz a um grande reforço para ambas as partes (S^R_R e S^R_O). Quando o povo desfruta de paz e prosperidade, ele ama e louva seus governantes. Uma ação por parte do controlado (R_{R3}) pode ou não ser necessária; uma combinação de distribuição de lucros e melhora no controle de qualidade pode ser diretamente benéfica a empregadores e empregados.

Frequentemente, aqueles que são controlados combinam os dois tipos de contracontrole, apresentando tanto uma ameaça como uma promessa. Grupos de cidadãos podem ameaçar remover funcionários públicos de suas funções se estes adotarem determinada política, ao mesmo tempo que podem prometer apoio se adotarem outra. Essa estratégia é frequentemente denominada de técnica do "bate e afaga".

A necessidade de contracontrole surge porque a escolha do controlador entre R_O e R_X é difícil, por duas razões. Primeiro, entre os reforçadores imediatos, S^R_{X1} é maior que S^R_{O1}. Além disso, como na Figura 9.2, algum punidor imediato (S^P_O, p. ex., perder o prestígio) pode resultar da escolha de R_O, e algum reforçador imediato (S^R_X, p. ex., derrotar um oponente), da escolha de R_X. As consequências imediatas e de curto prazo favorecem, todas, a escolha da relação exploradora. Em segundo lugar, embora as principais consequências, S^P_X e S^R_O, excedam a diferença a curto prazo no reforço, elas são estendidas. O controlador pode ter de esperar algum tempo antes de obter as vantagens de R_O. É isso o que torna a escolha entre R_O e R_X, sem contracontrole, uma armadilha de reforço (Fig. 9.2). Sem contracontrole, é provável que o controlador se comporte impulsivamente, escolhendo R_X. Entretanto, a enunciação de regras pelo controlado, apoiada por reforçadores imediatos (S^R_C na Fig. 11.3; p. ex., aprovação e cumprimentos) que contrabalançam as consequências imediatas que favorecem R_B, ajuda a induzir a alternativa que é melhor a longo prazo (ver Fig. 8.2).

Equidade

O contracontrole surge a partir de considerações sobre equidade. Se o estímulo discriminativo para falarmos sobre iniquidade é uma comparação entre indivíduos ou grupos, então essa comparação também é responsável pelo início do contracontrole. Contudo, uma vez bem-sucedido, o contracontrole torna-se parte permanente da relação, porque ajuda a manter em situação semelhante os indivíduos ou grupos comparados – isto é, impede a recorrência de iniquidade. O contracontrole é também um mecanismo pelo qual as relações podem continuar mudando para melhor.

Considerando que o discurso sobre iniquidade muda de tempos em tempos, novas exigências de contracontrole podem surgir. Isso acontece quando se faz uma nova comparação. À medida que a estratificação social se altera, as pessoas de uma classe ou casta social mais baixa começam a comparar suas condições de vida com as de pessoas de estratos superiores (originalmente seus "superiores"). Os historiadores atribuem a Revolução Francesa ao descontentamento da nova classe média com a sua falta de poder político em comparação com a aristocracia. Uma vez que ameaças não mudaram o comportamento do rei, a classe média se rebelou e estabeleceu uma nova forma de governo que propiciou mais poder a essa classe – isto é, um contracontrole mais eficaz. Em uma sociedade verdadeiramente destituída de classes sociais, as comparações seriam extremamente genéricas; qualquer indivíduo ou grupo poderia ser comparado com qualquer outro. O ideal "De cada um de acordo com sua capacidade, a cada um de acordo com sua necessidade" foi, em parte, responsável pela Revolução Russa de 1917.

A equidade derradeira é a igualdade. Uma relação entre iguais não inclui equidade apenas no sentido de que não existe nenhuma comparação desfavorável, mas também de que a comparação é feita entre as partes que estão *naquela relação*. Antes do século XX, a relação entre marido e mulher era considerada desigual; porém, hoje em dia, comparações de equidade são frequentemente feitas entre o marido e a mulher, e não entre esse marido e outros maridos ou entre essa esposa e outras esposas. Em outras palavras, sugerimos que os dois cônjuges devam estar igualmente satisfeitos com a relação.

Se mantivermos nossa definição inicial de pares como iguais que recebem os mesmos reforçadores, a maioria dos iguais não seria chamada de pares, pois recebe reforçadores diferentes no relacionamento. Dizemos de um marido e uma esposa que as fontes de sua satisfação diferem porque os reforçadores em seu relacionamento – $S^R{}_O$ e $S^R{}_R$ nas Figuras 11.1 e 11.3 – diferem em tipo, mas eles podem falar e passar a se comportar de um modo tal que eles próprios e outras pessoas digam que estão igualmente satisfeitos. Esse comportamento verbal também induz a dizer que as partes são iguais.

Em termos da teoria da equidade, defender a igualdade significa que os investimentos das duas partes devem ser vistos como equânimes, ignorando-se as diferenças de sexo, raça, aparência ou educação. Na prática, as pessoas raramente se comportam desse modo. O ponto principal da teoria da equidade é explicar como as pessoas são capazes de chamar relações desiguais de equitativas. Ela admite, contudo, a possibilidade de investimentos serem iguais; nesse caso, então, a equidade exigiria que os lucros também fossem iguais.

No caso especial de relações entre iguais, a distinção entre controle e contracontrole desaparece, porque nenhuma das partes pode ser chamada de controlador ou controlado – nenhuma ganha mais na relação que a outra. Cada uma controla o comportamento da outra igualmente.

Mudar da equidade parcial para a igualdade frequentemente produz mudanças profundas na relação. Quando os trabalhadores só se comparam com outros trabalhadores, eles podem considerar uma situação equitativa mesmo que seus patrões tirem da relação um ganho maior que o deles. Se, porém, os trabalhadores começarem a se comparar com seus empregadores, eles teriam, a fim de conseguir a equidade, de atingir a igualdade. Tais movimentos conduzem a empresas administradas pelos próprios empregados ou, em maior escala, a empresas estatais e ao socialismo.

Poder

As discussões sobre equidade geralmente também envolvem discussões sobre poder. Definições de *poder* geralmente apelam para a intuição ou o bom senso. A análise do comportamento oferece um caminho para uma melhor compreensão.

Equidade e poder se referem a aspectos diferentes de uma relação. A discussão sobre equidade diz respeito aos benefícios derivados da relação. A discussão sobre poder diz respeito ao grau de controle que cada parceiro exerce sobre o comportamento do outro. Quando as partes se beneficiam de forma desigual do relacionamento, aquela que obtém mais benefícios também tem mais poder. Esse maior poder, tanto quanto o maior benefício, é o que nos leva a denominar essa parte de controlador.

Porém, a rigor, as relações de reforçamento são poderosas, não as pessoas. Uma pessoa tem poder quando é instrumento de uma relação de reforçamento poderosa. Quando um empregador pode privar um empregado de seu emprego por ter apresentado um desempenho insuficiente, o comportamento do empregado está sob o controle de uma relação poderosa. O poder de uma pessoa depende inteiramente do poder das relações de reforçamento que ela gerencia.

Dois fatores tornam poderosa uma relação de reforçamento: a importância do reforçador e a precisão do controle sobre o reforçador. A importância do reforçador depende não de seu valor absoluto, mas de seu valor relativo a outros reforçadores existentes na vida do controlado. Se dizemos de Naomi que "seu trabalho é sua vida", queremos dizer que, além do trabalho, existem poucas coisas capazes de prover reforço na vida dela. Isso significa que consideramos que perder o emprego seria devastador para ela e que Naomi faria qualquer coisa para mantê-lo, o que dá a seu empregador um enorme poder na relação entre eles. Porém, se Naomi tem vários outros relacionamentos em sua vida – pais, marido, filhos, amigos – e, particularmente, se ela tem outras fontes de renda, seu emprego terá menos importância. Nesse caso, seu patrão teria menos condições de controlar seu comportamento com a ameaça de perda de emprego. Em geral, visto que os patrões são mais ricos que seus empregados, os benefícios derivados da relação empregatícia têm maior importância para os empregados do que para os patrões, embora sejam menores em termos absolutos. Unindo os reforçadores que os trabalhadores individuais controlam, os sindicatos conseguem, em parte, contrabalançar a diferença na importância dos reforçadores.

A mesma diferença aparece em outros relacionamentos entre desiguais. A nota que o professor dá ao aluno geralmente é mais importante para o aluno do que a aprovação do aluno é para o professor. O afeto dos pais geralmente é mais importante para a criança do que o afeto da criança para os pais. A pessoa mais poderosa controla o reforçador mais importante.

O modo como a importância do reforçador contribui para o poder é muitas vezes especialmente óbvio em relações anormais. Quando o desempenho de um filho é mais importante para os pais do que o afeto dos pais é para a criança, a criança manda nos pais. Quando estudantes podem ameaçar o professor com armas, o comportamento do professor é muito influenciado pela aprovação dos alunos. Quando um empregado tem habilidades essenciais, impossíveis de serem substituídas, ele pode dar ordens ao patrão.

O poder dessas relações de reforçamento também depende de sua precisão. Mesmo que os reforçadores sejam importantes, a relação se torna menos poderosa se sua aplicação é postergada ou incerta. O pai demasiadamente ocupado, que precisa dizer para o filho esperar até o fim de semana para passarem algum tempo juntos, tem menos poder para controlar o comportamento da criança. O patrão que só pode dar aumento de salário dependendo de um aumento nos lucros perde poder no controle do comportamento de seus empregados. Governos totalitários aumentam a precisão do controle aversivo espionando a população (p. ex., gravando suas conversas telefônicas), tornando, assim, mais garantida a aplicação de punição à oposição.

O poder desigual pode ser a base de vantagens desiguais. Aquele que gerencia as relações de reforçamento mais poderosas também colhe as maiores vantagens. O controlador reforça o comportamento do controlado que produz o maior reforço para si próprio.

A iniquidade, contudo, tem limites. Se a frequência do reforço aos comportamentos do controlado fica muito baixa, ou se as exigências do comportamento reforçado são muito altas, o contracontrole torna-se muito provável. Quando os trabalhadores de uma empresa recebem salários mais baixos do que os de outra ou quando não podem alimentar suas famílias com o que ganham, eles começam a deixar o emprego, a protestar e se organizar. Dependendo da comparação que serve como estímulo discriminativo, o controlado, a certa altura, declara que o controlador está abusando de seu poder e que a relação tornou-se exploradora. Mesmo que o comportamento do controlador continue a levar a situação até seu limite máximo, ainda assim o desequilíbrio de poder pode sustentar só até certo grau de desequilíbrio nas vantagens.

O contracontrole atua no sentido de reparar a iniquidade, diminuindo o desequilíbrio de poder. Criar relações que reforçam ou punem o comportamento do controlador significa que o controlado pode reforçar (positiva ou negativamente; fazendo promessas ou ameaças) as ações mais generosas do controlador. Para evitar uma rebelião, o ditador diminui os impostos. Por causa da promessa de melhoria na qualidade da produção, o industrial institui uma política de participação nos lucros para os empregados. Como o contracontrole aumenta o poder relativo do controlado, ele produz mais equidade por diminuir o desequilíbrio de poder, e, no caso extremo, poder e vantagens tornam-se iguais. Por exemplo, quando marido e mulher têm uma relação de iguais, não só seus comportamentos são reforçados igualmente, mas outras fontes de reforço tornam o reforço no matrimônio igualmente importante para ambos.

Democracia

Por que a democracia é tão popular como forma de governo? As respostas tradicionais se referem aos sentimentos de liberdade e de felicidade dos cidadãos. A análise do comportamento permite uma compreensão mais ampla e mais clara das virtudes da democracia.

É verdade, como vimos no Capítulo 9, que os cidadãos em uma democracia se sentem relativamente livres e felizes. Porém, poderíamos imaginar um ditador benevolente que controla o comportamento dos cidadãos com reforço positivo. Com tal regime de governo, os cidadãos poderiam se sentir livres, mas seriam impotentes para garantir a continuidade da benevolência do ditador. Em uma democracia, o ingrediente que salvaguarda a liberdade das pessoas é o contracontrole.

A democracia proporciona a seus cidadãos relações de reforçamento com as quais podem controlar o comportamento de seus governantes. Nos Estados Unidos, o presidente e os representantes do povo no Congresso são avaliados periodicamente, com a possibilidade de serem reeleitos ou substituídos. Se não gostarmos do que eles fazem, podemos afastá-los.

O contracontrole em uma democracia pode ocorrer por meio da ameaça ou da promessa. A ameaça seria no sentido de que, se as políticas de um governante eleito (R_{X1} e R_{X2} na Fig. 11.3) produzissem consequências punitivas ($S^P{}_R$) para os eleitores, então estes votariam (R_{R3}) em outra pessoa e, assim, destituiriam o governante ($S^P{}_X$). Tais ameaças são explicitadas em manifestações e comícios. A promessa seria no sentido de que, se as políticas desse governante produzissem reforçadores ($S^R{}_R$), então os eleitores votariam nele (R_{R3}), mantendo-o em seu cargo ($S^R{}_O$). Em termos cotidianos, o contracontrole por meio de promessa é chamado de *fazer lobby*.

A democracia também é caracterizada por um tipo de igualdade, simbolizado nas revoluções francesa e russa por chamar todos de "cidadãos" ou "camaradas". A relação entre o presidente e os cidadãos dos Estados Unidos não pode ser uma relação entre iguais; enquanto ocupam tal cargo, os governantes em uma democracia são claramente os controladores. Uma vez fora desse cargo, contudo, tornam-se novamente cidadãos comuns – controlados como todos os demais. A longo prazo, estão sujeitos às mesmas relações de reforçamento a que estão sujeitos todos os demais.

Mais cedo ou mais tarde, as políticas de governantes democráticos acabam por afetar os próprios governantes. Mesmo enquanto exercem seus cargos, o presidente e os membros do Congresso devem pagar impostos. Uma vez fora desses cargos, eles estão ainda mais sujeitos às suas próprias políticas. A longo prazo, a democracia tende a levar a relação entre controladores e controlados da equidade parcial para a igualdade.

Essa descrição da democracia é, obviamente, uma idealização. Autoridades governamentais às vezes se envolvem em atividades secretas e ilegais e, às vezes, aceitam suborno. Um ex-presidente volta ao *status* de cidadão comum apenas em parte. Porém, como um todo, a democracia geralmente é considerada um progresso em relação a monarquias absolutistas e ditaduras. Winston Churchill é lembrado por ter dito: "A democracia é a pior forma de governo, exceto todas as outras que foram tentadas".

A imperfeição dos processos democráticos sugere que ainda é possível aperfeiçoá-los: talvez melhores métodos de contracontrole possam ser encontrados. Discutiremos como uma sociedade poderia realizar tais aperfeiçoamentos no Capítulo 14, quando analisarmos o tema da engenharia social.

RESUMO

Para que um episódio entre duas partes seja chamado de interação social, cada uma delas deve reforçar o comportamento da outra – o reforço deve ser mútuo. Exemplos analisados em capítulos anteriores incluem comportamento verbal e coerção. Diz-se que duas pessoas têm um relacionamento quando interações sociais entre elas ocorrem com frequência. Essa mesma concepção se aplica a relações entre indivíduos e instituições.

Embora os relacionamentos baseados em coerção sejam obviamente injustos, uma forma mais sutil de iniquidade marca relações exploradoras, em que as ações de ambas as partes são reforçadas positivamente. Essas relações são consideradas iníquas porque, a longo prazo, uma das partes é enganada; a participação do parceiro explorado na relação é, em última instância, severamente punida. A curto prazo, a pessoa que é enganada até poderia continuar contente; tal pessoa é chamada de "escravo feliz". A longo prazo, escravos felizes frequentemente descobrem, ou alguém os adverte, sobre a trapaça – isto é, eles se deparam com estímulos discriminativos que induzem desafeto e revolta. Essa instabilidade a longo prazo faz da exploração, assim como da coerção, um método precário de gerenciamento.

Mais do que contra relações coercivas, a tendência a se rebelar contra relações exploradoras depende do comportamento verbal das pessoas na sociedade. O discurso sobre a exploração tende a ocorrer nos mesmos contextos que o discurso sobre injustiça e iniquidade. Faz-se uma comparação entre dois indivíduos ou dois grupos e diz-se que a pessoa ou o grupo maltratados foram explorados. Uma vez que a comparação feita depende da história de reforçamento daquele que fala, o discurso sobre exploração, equidade e iniquidade varia de pessoa para pessoa e de uma época para outra.

A coerção e a exploração são reparadas mudando-se o relacionamento. Pode-se romper a relação, mas frequentemente mudanças menos drásticas podem permitir que ela continue. O movimento em direção à maior igualdade ocorre como resultado de relações de reforçamento adicionais ou contracontrole. Ao controlador é oferecida a escolha de uma relação alternativa, uma modificação na relação existente, e estímulos discriminativos apresentados pela parte controlada, com base na possibilidade de consequências muito melhores para o controlador a longo prazo, aumentam a probabilidade de que o controlador adote uma nova linha de ação. O contracontrole funciona por meio de promessas e ameaças e por meio de estímulos (regras) que apontam para futuras relações de reforçamento e evitação da futura punição. As ameaças e promessas, apoiadas por reforço social, ajudam o controlador a evitar a escolha impulsiva da relação que é mais vantajosa a curto prazo, optando, em vez disso, pela relação melhor a longo prazo (autocontrole). A introdução de uma nova relação de reforçamento pela qual o controlado pode afetar o comportamento do controlador (contracontrole) muda a relação no sentido de mais equidade. Quando o reforço mútuo em uma relação é equitativo a longo prazo, a relação é frequentemente denominada cooperação.

Quando ocorrem novas comparações, um relacionamento pode mudar ainda mais. Se as novas comparações são feitas em relação a um grupo mais amplo, o relacionamento se modifica no sentido de maior equidade e, em última instância, de igualdade, em que as partes envolvidas na relação se comparam uma com a outra. Em uma relação entre iguais, ambas as partes envolvidas se beneficiam igualmente. Quando o reforço é igual, as distinções entre controle *versus* contracontrole e controlador *versus* controlado desaparecem, porque cada parte controla o comportamento da outra da mesma forma.

O controle que cada parte exerce na relação sobre o comportamento do outro é o poder daquela parte ou, mais precisamente, o poder das relações de reforçamento por meio das quais aquela parte controla o comportamento da outra. O poder de uma relação depende da importância do reforçador e da precisão do controle sobre o reforçador. Quanto mais importante é o reforçador e quanto mais preciso é o controle sobre ele, mais poderosa é a relação. Um desequilíbrio de poder nas relações de reforçamento de um relacionamento leva à desigualdade na distribuição das vantagens derivadas da relação. Como o contracontrole aumenta o poder do controlado, ele tende a reduzir a iniquidade ao reduzir o desequilíbrio de poder.

A grande força da democracia é que ela propicia às pessoas, os controlados, o contracontrole. O contracontrole acontece por meio de eleições, manifestações e *lobby*. Embora a relação permaneça desigual, mesmo com contracontrole, o limitado tempo de mandato dos governantes promove igualdade a longo prazo porque, ao tornarem-se cidadãos comuns, os governantes estão sujeitos às mesmas relações de reforçamento que todos os demais. Quando o comportamento de todos está sujeito às mesmas relações, todos são iguais. Essa é, pelo menos, a teoria; a democracia, tal como realmente exercida, pode estar aberta a aperfeiçoamentos.

LEITURAS ADICIONAIS

Adams, J. S. (1965). Inequity in social exchange. In L. Berkowitz (Ed.), *Advances in experimental social psychology*, Vol. 2 (pp. 267–299). New York: Academic Press. Artigo clássico que amplia a teoria da equidade de Homans ao considerar os efeitos de diferentes padrões de comparação.

Brosnan, S. F. (2006). Nonhuman species' reactions to inequity and their implications for fairness. *Social Justice Research*, 19, 153–185. Esse artigo descreve os experimentos com macacos e chimpanzés sobre iniquidade e discute o significado de iniquidade e justiça em organismos não verbais.

Homans, G. C. (1961). *Social behavior: Its elementary forms*. New York: Harcourt Brace World. Texto clássico que contém a teoria da equidade original de Homans.

Lamal, P. A. (1991). Three metacontingencies in the pre-perestroika Soviet Union. *Behavior and Social Issues*, 1, 75–90. Esse artigo é uma análise do comportamento de algumas práticas de gerenciamento que funcionaram inadequadamente na União Soviética.

Mearsheimer, J. J. (1995). The false promise of international institutions. *International Security*, 19, 5–49. Esse artigo contém uma discussão ampliada sobre o dilema da segurança nas relações internacionais do ponto de vista de um cientista político.

Nevin, J. A. (1985). Behavior analysis, the nuclear arms race, and the peace movement. In S. Oskamp (Ed.), *International conflict and national policy issues. Applied Social Psychology Annual #6* (pp. 27–44). Beverly Hills, CA: Sage Publications. Esse artigo ilustra como a análise do comportamento pode ser aplicada às relações internacionais.

Rao, R. K., & Mawhinney, T. C. (1991). Superior-subordinate dyads: Dependence of leader effectiveness on mutual reinforcement contingencies. *Journal of the Experimental Analysis of Behavior*, 56, 105–118. Esse artigo descreve estudos realizados em laboratório de relações superior-subordinado, particularmente na medida em que elas dependem da importância dos reforçadores.

Skinner, B. F. (1974). *About behaviorism*. New York: Knopf. O contracontrole é discutido explicitamente no Capítulo 12.

Skinner, B. F. (1978). *Reflections on behaviorism and society*. New York: Appleton-Century-Crofts. Essa obra contém, entre outros, um ensaio sobre a natureza exploradora das loterias oficiais: "Freedom, at last, from the burden of taxation".

Van Evera, S. (1984). The cult of the offensive and the origins of the First World War. *International Security*, 9, 58–107. Descrição de um cientista político sobre o dilema da segurança e o modo como este levou à Primeira Guerra Mundial.

PALAVRAS-CHAVE

Contracontrole
Dilema da segurança
Episódio social mínimo
Equidade
Escravo feliz
Exploração
Lucro/investimento
Poder
Reforço mútuo
Teoria da equidade

12

Valores: religião e ciência

As questões sobre valores são aquelas sobre o bom e o ruim, o certo e o errado. Ao crescermos em determinada cultura, aprendemos a chamar certas coisas e atividades de boas, lutamos por essas coisas e nos empenhamos nessas atividades. Aprendemos a chamar certas coisas e atividades de ruins, evitamos essas coisas e nos afastamos dessas atividades. Ser aprovado por nossos semelhantes é bom, o trabalho honesto é certo, a doença é ruim, e a mesquinharia é errada. Neste capítulo, aceitamos que as coisas chamadas de boas e ruins e as atividades chamadas de certas e erradas são adotadas ou evitadas. Estamos interessados em como explicar o comportamento de chamá-las de boas e ruins e certas e erradas.

Na concepção tradicional, valores são ideias, crenças ou atitudes – coisas mentais existentes em algum lugar dentro do sujeito. Para pessoas de orientação religiosa, esses valores mentais vêm de Deus. Essa suposta origem divina está implícita na citação de C. S. Lewis no final do Capítulo 9, que diz que a ciência não é capaz de lançar nenhuma luz sobre questões de valor, que ela pode nos dizer *como* nos comportamos, mas não como *devemos* nos comportar. Os behavioristas atuais discordam de Lewis; é possível à ciência lançar alguma luz sobre como devemos nos comportar.

QUESTÕES SOBRE VALOR

Os behavioristas rejeitam a noção de que os valores são entidades mentais; se são alguma coisa, são comportamento. O filósofo Max Hocutt (2013) ressalta que valores não são crenças ou opiniões, mas preferências ou "gostos":

> As opiniões são verdadeiras ou falsas, por isso podem ser contestadas e talvez refutadas. Mas simplesmente gostar de alguma coisa não é arriscar uma opinião sobre ela. Então, é uma questão de lógica que, embora os gostos possam ser deplorados ou desenvolvidos, eles não podem ser contestados ou refutados. (p. 243)

Hocutt cita o ditado latino *De gustibus non disputandum est* ("Gosto não se discute") e, criticando a noção de que os valores são crenças, acrescenta: "De fato, os valores são preferências, que diferem das crenças por não serem nem verdadeiros, nem falsos". Eu gosto de manteiga de amendoim e digo que é bom, enquanto meu amigo Bob odeia manteiga de amendoim e diz que é ruim. O argumento de Hocutt é que eu achar manteiga de amendoim bom e Bob achar ruim não pode ser considerado verdadeiro nem falso. Tudo o que se pode dizer é que eu como manteiga de amendoim e Bob a evita; eu me comporto de uma forma, e Bob se comporta de outra.

Hocutt faz uma distinção importante sobre valores. Eu achar manteiga de amendoim bom é uma preferência pessoal, um valor pessoal. Se eu disser que roubar é errado, esse é um valor social, um valor que eu tive que aprender como parte da cultura em que cresci. Ainda é uma preferência, mas é uma preferência do grupo ou da sociedade. Esses valores sociais são os próprios que C. S. Lewis e outros pensadores religiosos consideram a vontade de Deus. Mas como podemos saber que eles são a vontade de Deus e por que Deus quereria esses valores? Afinal, o egoísmo poderia ser atribuído à vontade de Deus, assim como a justiça, então por que a justiça deve ser o valor consistente com a vontade de Deus? Em resposta a argumentos teológicos de que a vontade de Deus pode ser conhecida pela razão, Hocutt escreve:

> Primeiro, não há teste prático da vontade de Deus, pois se pode dizer que tudo que acontece está de acordo com ela. George morre; é a vontade de Deus. George vive; ainda assim, é a vontade de Deus. Essa compatibilidade com todas as possibilidades lógicas priva a vontade de Deus de um significado empírico determinado. Em segundo lugar, como normalmente entendemos, comportar-se racionalmente é fazer o que promete atender aos objetivos pessoais, quase sempre egoístas. Em contrapartida, comportar-se moralmente sempre exige demonstrar o devido respeito aos interesses de outras pessoas. Pode até significar colocar os interesses delas em primeiro lugar. (p. 246)

O ponto principal aqui é que as preferências pessoais sobre o que é bom e o que é ruim são distintas dos valores sociais, que sempre implicam comportar-se pelo bem dos outros. A solução de Hocutt para a impossibilidade de que o raciocínio sobre a vontade de Deus esclareça valores sociais está de acordo com o que diz o filósofo David Hume (1711-1776):

> Conheço apenas uma maneira de desatar esse nó teológico: recusar a ideia de que cumprir seu dever é obedecer a uma lei moral transcendente e entender, em vez disso, que é conformar-se às convenções e aos costumes de sua sociedade. Embora esses costumes e essas convenções variáveis sejam obra do homem, eles se desenvolvem a partir de tentativas mais ou menos bem-sucedidas de atender às necessidades básicas. Portanto, eles são, nas elegantes palavras de Hume, "artificiais, mas não arbitrários". Podemos nos irritar com eles, mas somos obrigados a obedecê-los enquanto estiverem vigentes; e estão vigentes enquanto são aplicados com suficiente confiabilidade e vigor para promover uma conformidade mais ou menos regular. (p. 246)

Dois pontos nos servirão enquanto discutimos as origens e a natureza das declarações de valor. Primeiro, comportar-se de acordo com valores pessoais (não necessariamente egoístas, p. ex., boa saúde), que equipararemos a reforçadores e punidores, é diferente de comportar-se de acordo com as convenções (leis, moralidade e etiqueta) de nossa cultura, que incorporam palavras como "dever" e "obrigação". De acordo com essas convenções, as pessoas fazem valer (reforçam) atividades corretas e proscrevem (punem) atividades erradas. Em segundo lugar, ações corretas são aquelas praticadas para o bem dos outros, e ações erradas são as que prejudicam os outros.

Lewis está certo ao dizer que a ciência nada tem a dizer sobre o que é bom ou ruim aos olhos de Deus, mas pode ter muito a dizer sobre o que é bom ou ruim aos olhos dos homens. Mesmo que Lewis esteja certo ao afirmar que a análise do comportamento só pode lidar com o que as pessoas fazem, uma das coisas que as pessoas fazem é falar sobre como devem se comportar. A análise do comportamento pode abordar questões sobre valores, focalizando o que as pessoas fazem e particularmente o que dizem (seu comportamento verbal) em relação ao bom e ruim, ao certo e ao errado. A ciência pode indagar por que as pessoas fazem determinadas afirmações a respeito de valores.

Relativismo moral

O discurso sobre bom e ruim varia muito de uma pessoa para outra, e o discurso sobre certo e errado varia muito de cultura para cultura. Tanta variação levou alguns pensadores a desistir e dizer que não há padrão universal que possa explicar as ideias a respeito do que é bom e ruim ou certo e errado. Falam em *ética situacional* – a ética que se origina de situações particulares, e não de princípios universais – como a única possibilidade. Em outras palavras, esses relativistas morais sustentam que cada pessoa desenvolve suas próprias ideias sobre o bom e o ruim dependendo de sua situação particular. A extensão desse pensamento é a afirmação "Nada é bom ou ruim; é o pensamento que o torna assim".

Um dos problemas do relativismo moral é que ele não parece oferecer nenhum meio de resolver conflitos entre pessoas cujas ideias de certo e errado são diferentes. Tomando um exemplo extremo, vamos supor que um sádico considere que é bom infligir dor a outra pessoa. Para o sádico, torturar é bom e certo. Isso não significa que temos que aprovar, mas, sem um padrão universal, como podemos concluir que suas ações são erradas? O que poderia limitar a noção de que "Se isso faz você se sentir bem, faça-o"?

O relativismo moral responde a essas questões remetendo às convenções sociais. Um grupo pode decidir que tipo de comportamento chamará de certo ou errado, e a partir daí essa convenção se torna parte da situação do indivíduo. Pode-se ensinar ao sádico que o grupo rejeita a tortura. O apelo a convenções, porém, deixa algumas questões em aberto: (1) Como um grupo chegaria a convenções de certo e errado? Quais são as origens? (2) Como o grupo faria para persuadir os indivíduos a aceitar as convenções?

Padrões éticos

A alternativa ao estrito relativismo moral é a ideia de que se pode descobrir padrões ou princípios éticos universais que expliquem as asserções que as pessoas fazem sobre o certo e o errado como resultado de algo mais do que suas situações particulares. Tanto o pensador religioso Lewis como o behaviorista Skinner rejeitaram o relativismo moral em favor de padrões éticos universais. Suas ideias a respeito de que padrão usar naturalmente são diferentes, em especial no que diz respeito às origens desse padrão. Para Lewis, o padrão era divino. Para Skinner, ele era natural.

A lei da natureza humana

Lewis (1960) começa com a observação de que as pessoas muitas vezes têm divergências sobre o que é justo:

> ...acredito que podemos aprender algo muito importante ouvindo o tipo de coisa que eles falam. Dizem coisas como: "Você gostaria que alguém fizesse isso com você?" – "Este lugar é meu, eu cheguei primeiro" – "Deixe-o em paz, ele não está prejudicando ninguém" – "Por que você tinha de empurrar primeiro?" – "Me dá um pedaço da sua laranja, eu te dei um da minha" – "Vamos lá, você prometeu". (p. 17)

Do ponto de vista de Lewis, essas declarações sugerem que, quando há discordância, as pessoas apelam para um padrão ético que imaginam ser compartilhado por todo mundo:

> Agora, o que me interessa nessas observações é que a pessoa que as faz não está simplesmente dizendo que o comportamento do outro por acaso lhe desagrada. Está apelando para um padrão de comportamento que espera que o outro conheça. E o outro raramente retruca: "Às favas o teu padrão". Quase sempre ele tenta provar que o que fez na verdade não vai contra nenhum padrão, ou se vai é porque há uma desculpa importante. Ele faz de conta que há uma razão especial, naquele caso, para que a pessoa que pegou o lugar continue sentada, ou que as coisas eram muito diferentes na ocasião em que ganhou o pedaço de laranja, ou que algo inesperado aconteceu que agora o impede de cumprir a promessa. É como se, na verdade, os dois lados tivessem em mente algum tipo de lei ou regra de jogo limpo ou comportamento decente ou moralidade ou que nome se lhe dê, sobre a qual realmente concordassem. E têm. (p. 17)

Essa "lei ou regra" com a qual todos concordam é chamada por Lewis de "lei da natureza humana". Ele explica cuidadosamente, como vimos no Capítulo 9, que essa lei não diz respeito ao que fazemos, mas ao que devemos fazer. É uma lei que pode ser – e muitas vezes é – desobedecida.

Lendo nas entrelinhas, podemos ver que a lei de Lewis diz respeito à bondade e à justiça. Todos os exemplos que ele oferece envolvem comportar-se para o bem dos outros. A lei dele resulta na Regra de Ouro: trate os outros como gostaria que lhe tratassem. Para Lewis, parece que violamos a regra por interesse próprio, e ele está interessado em saber por que há ocasiões em que obedecemos a ela. Dá a entender que nossa única razão para agir com altruísmo é nosso senso íntimo do que é certo, dado por Deus.

Lewis ignora a possibilidade de que as pessoas também obedeçam à Regra de Ouro por interesse próprio. De acordo com nossa discussão sobre regras no Capítulo 8, essa regra aponta para consequências a longo prazo e para a probabilidade de retribuição: em uma sociedade que funciona, quando fazemos coisas boas para os outros, eles frequentemente fazem coisas boas para nós. Resistimos em violar abertamente a regra porque, se agirmos de forma egoísta com os outros, eles provavelmente punirão nosso egoísmo com desaprovação e responderão agindo de maneira egoísta conosco.

Nos termos mais técnicos do Capítulo 11, a Regra de Ouro exige equidade. Se você não consegue reforçar suficientemente o comportamento da outra pessoa, o comportamento desejado desaparecerá. Se Naomi der a Shona um pedaço da laranja, e depois Shona se recusar a dar um pedaço a Naomi, torna-se pouco provável que Naomi venha a dar qualquer outra coisa a Shona. Se Zack não cumprir a promessa que fez a Gideon, é improvável que o comportamento de Gideon venha a ser controlado de novo por uma promessa de Zack (uma regra; Cap. 8). Fazer aos outros o que você quer que lhe façam significa que você reforça o comportamento dos outros e eles reforçam o seu.

Os biólogos evolucionistas também reconhecem a cooperação (trabalhar com os outros), o altruísmo (ser bom para os outros) e a reciprocidade (considerações de equidade a longo prazo) como universais humanos. O raciocínio dos biólogos é paralelo ao de Lewis: onde quer que se olhe, vê-se que as pessoas cooperam, compartilham e fazem sacrifícios por outros (praticam altruísmo) pelo menos parte do tempo; que trapaças (falta de reciprocidade a longo prazo) também ocorrem; e que a trapaça é punida, especialmente pelos que foram enganados. A universalidade desses fenômenos sugere realmente que a bondade e a justiça constituem uma lei da natureza humana.

Entretanto, diferentemente de Lewis, evolucionistas e behavioristas veem as regularidades do comportamento humano apenas como um reflexo de várias formas de egoísmo. Naomi dá a Shona um gomo de laranja só se for provável que Shona retribua – reforce o ato de doar de Naomi – a longo prazo. Gideon pode dedicar tempo e dinheiro para sua igreja, mas só se obtiver algo em troca a longo prazo. Trapaças e comportamento verbal capazes de evitar punições devido a trapaças ("fingir", de acordo com Lewis) são diferentes do comportamento "correto" apenas por serem reforçados de forma mais imediata. Constituem apenas uma forma mais óbvia de egoísmo – agir de forma a produzir maior reforço a curto prazo. (Compare isso a uma armadilha de reforço; Cap. 9.) Mesmo que os reforçadores por comportamento pró-social sejam vagos e de longo prazo, um grupo de indivíduos altruístas se sai melhor do que um grupo de indivíduos egoístas que competem com outros grupos. Assim, o altruísmo ainda é egoísta, pois a longo prazo ele aumenta nosso próprio benefício individual ou o do grupo ao qual pertencemos.

A grande exceção ao egoísmo humano ocorre no comportamento dirigido a parentes. Os pais, principalmente, fazem sacrifícios por seus filhos sem esperar retorno. Irmãos muitas vezes ajudam uns aos outros, mesmo quando a reciprocidade é improvável, ou abertamente rejeitam qualquer necessidade de retribuição. Tios e tias ajudam seus sobrinhos e sobrinhas. Uma pessoa bem de vida pode até ajudar um primo que não tem condições de retribuir.

As exceções, contudo, confirmam a regra. A universalidade do altruísmo sugere uma base genética. Os genes de altruísmo dirigido a parentes seriam selecionados porque os parentes compartilham esses genes, e ajudar parentes tende a aumentar a frequência dos genes compartilhados no *pool* de genes. Mas essa linha de raciocínio levanta questões: Quem conta como um "parente"? E como uma pessoa reconhece seus parentes? Tendemos a tratar qualquer pessoa com as quais temos muito contato, especialmente quando somos crianças, como parente, porque, na história evolutiva de nossa espécie, as pessoas familiares (p. ex., membros do grupo) geralmente eram as consanguíneas. Não existe mecanismo para distinguir parentes consanguíneos de não consanguíneos (exceto, talvez, a semelhança física). Por exemplo, crianças adotadas geralmente se comportam com pais adotivos da mesma forma que se comportariam com pais biológicos. Genes que promovem o altruísmo dirigido a pessoas que não têm parentesco podem ser selecionados contanto que acompanhem genes responsáveis pela sensibilidade a relacionamentos a longo prazo (Cap. 11). Essa menção aos genes nos leva à questão das origens: de onde provém a lei da natureza humana?

A questão das origens

Assim como os evolucionistas e behavioristas, Lewis rejeita a ideia dos relativistas morais de que os valores sobre os quais há acordo são simplesmente convenções sociais. Eis como ele discute a questão: "O que você chama de Lei Moral não seria só uma convenção social, algo que nos é inculcado pela educação?".

> Concordo plenamente que aprendemos a Regra do Comportamento Decente com nossos pais e professores, amigos e livros, tal como aprendemos tudo o mais. Porém, algumas das coisas que aprendemos são meras convenções que poderiam ser diferentes – aprendemos a ficar do lado esquerdo nas estradas, mas a regra poderia perfeitamente ser manter-se à direita –, e outras, como na matemática, são verdades reais. A questão é saber a que classe pertence a lei da natureza humana. (p. 24)

Lewis, é claro, sustenta que essa lei é uma "verdade real", e não uma dessas convenções que poderiam ser diferentes. Detém-se longamente na rejeição de uma explicação afim, de que a conduta decente beneficia como um todo a sociedade a que se pertence, formulando, assim, o argumento: "Os seres humanos, afinal, têm algum bom senso; percebem que você não pode ter verdadeira segurança ou felicidade a não ser em uma sociedade em que cada um jogue limpo, e é por verem isso que tentam se comportar decentemente". Ele repudia essa explicação da seguinte forma:

> Ora, sem dúvida, é perfeitamente verdadeiro que a segurança e a felicidade só podem existir se indivíduos, classes e nações forem honestos, justos e bondosos uns com os outros. Essa é uma das mais importantes verdades no mundo. Mas, como explicação de por que sentimos o que sentimos com relação ao certo e ao errado, ela simplesmente não leva a nada. Se perguntarmos "Por que não devo ser egoísta?" e você responder "Porque é bom para a sociedade", podemos, então, perguntar "Por que eu me importaria com o que é bom para a sociedade, senão no que atinja *a mim* pessoalmente?", e você, então, terá de dizer "Porque você não deve ser egoísta" – o que simplesmente nos traz de volta ao ponto de partida. (p. 29)

Para Lewis, tem de existir algum fator adicional, alguma razão última, para explicar "por que sentimos o que sentimos com relação ao certo e ao errado" e por que devemos nos comportar sem egoísmo.

Os biólogos evolucionistas usam um argumento semelhante contra as explicações do altruísmo que apelam para o agir "para o bem da espécie". Alguma outra coisa deve estar envolvida. Se os indivíduos se comportassem de forma a aumentar a aptidão do grupo às suas próprias custas, então qualquer membro do grupo que agisse de forma egoísta – usufruindo os benefícios de pertencer ao grupo sem fazer sacrifícios (isto é, trapaceando) – teria aptidão superior ao resto. Aumentaria o número de tipos egoístas, o que, por fim, desmantelaria a organização social. Qualquer sistema social baseado no bem do grupo seria vulnerável a rupturas causadas por trapaceiros, a menos que alguma consideração maior, em última análise egoísta, pudesse obrigar os indivíduos a permanecer cooperativos e altruístas.

Embora as explicações religiosa e evolutiva dos valores concordem que algum fator último ou padrão absoluto devam explicar nossos valores, a concordância acaba aí. Lewis propõe que a lei da natureza humana vem de Deus, enquanto os evolucionistas argumentam que ela é resultado da seleção natural.

UMA ABORDAGEM CIENTÍFICA DOS VALORES

Uma explicação científica dos valores não pode apelar para causas sobrenaturais, como Deus. Contrariando a afirmação de Lewis, terão os behavioristas algo a dizer sobre o que devemos fazer, independentemente do que de fato fazemos?

A resposta é "sim e não". Os analistas do comportamento podem oferecer descrições de quais coisas são consideradas boas e ruins e quais atividades são consideradas certas e erradas e particularmente podem explicar o comportamento verbal das pessoas sobre o bom e o ruim, o certo e o errado – isto é, descrições do que as pessoas falam sobre o que devemos fazer. Uma pessoa religiosa como Lewis, porém, poderia ficar insatisfeita com essas explicações e querer saber por que o universo é de tal forma construído que chegamos a dizer uns aos outros coisas do tipo *Não roubarás*. Mesmo que possamos explicar como se chegou a isso, sendo o mundo do jeito que é, resta a questão de por que o mundo é desse jeito. Como disse Lewis (1960):

> A ciência trabalha por meio de experimentos. Observa como as coisas se comportam. Todo enunciado científico, por mais complicado que pareça, ao final realmente significa algo como "Apontei o telescópio para tal parte do céu às 2h20min do dia 15 de janeiro e vi isso e aquilo" ou "Coloquei um pouco dessa substância numa vasilha e a aqueci a tal temperatura, e aconteceu isso e aquilo". ... Mas por que alguma coisa aparece lá e se há alguma coisa por trás das coisas que a ciência observa – algo de uma qualidade diferente – não é uma questão científica. Se há "algo por trás", terá de ficar de todo desconhecido dos homens ou então terá de se fazer conhecido de outra forma. A afirmação de que essa coisa existe, bem como a afirmação de que essa coisa não existe, não são afirmações que a ciência possa fazer. ... Afinal, é, na verdade, uma questão de senso comum. Vamos supor que a ciência se tornasse algum dia tão completa que viesse a conhecer cada uma das coisas existentes em todo o universo. Não é óbvio que as perguntas "Por que o universo existe?", "Por que continua como é?" e "Ele tem algum sentido?" continuariam exatamente do mesmo jeito? (p. 32)

Reconhecendo a correção do argumento geral de Lewis quanto à existência de questões que estão fora do âmbito da ciência, podemos discordar de suas afirmações sobre a lei da natureza humana como advinda do além, desde que concentremos nossa atenção nos atos e nas falas que se conformam à lei. Podemos explicar por que as pessoas se comportam de maneira não egoísta (com altruísmo) e por que se referem ao comportamento egoísta como errado e ao não egoísta como certo. Como antes, usaremos como fundamento conceitos analítico-comportamentais básicos, como reforço, comportamento verbal e controle de estímulos.

Reforçadores e punidores

Skinner (1971) ofereceu uma regra prática simples: coisas que são chamadas boas são reforçadores positivos. Coisas que são chamadas ruins (ou más) são punidores. Atividades chamadas certas são aquelas que são reforçadas. Atividades que são chamadas erradas são aquelas que são punidas.

Certas coisas e atividades são boas ou ruins devido à forma como nossos corpos são construídos. A saúde é boa; a doença é ruim. A comida e o comer são bons; a dor e a prostração são ruins. O afeto é bom; a rejeição é ruim.

Reforçadores e punidores adquiridos são chamados bons ou ruins porque foram associados a reforçadores ou punidores incondicionais. Dinheiro é bom; febre e palidez são ruins. Um *A* é uma boa nota; um *F* é uma nota ruim. Seu poder como consequências e seus rótulos verbais provêm de uma história pessoal. Variam de época para época, de pessoa para pessoa e de cultura para cultura. O comportamento de muitas crianças nos Estados Unidos pode ser reforçado com figurinhas de beisebol, e essas crianças chamam essas figurinhas de boas. Raramente isso acontece com adultos, mas, para alguns deles, as figurinhas continuam sendo reforçadores. Para um habitante de uma aldeia na Índia, é pouco provável que essas figurinhas funcionem como reforçadores ou que sejam consideradas boas; elas não estão associadas a reforçadores incondicionais, nem o comportamento verbal de chamá-las de boas é reforçado.

A maior parte dos reforçadores e punidores adquiridos resulta do fato de vivermos em sociedade com outras pessoas. Notas, medalhas, repreensões, elogios, chegar ao trabalho na hora, pegar o ônibus – o poder de todas essas consequências é social em sua origem, e o resultado de reforço e punição é aplicado pelo grupo. Todas elas são chamadas de boas ou ruins, dependendo de reforçarem ou punirem o comportamento que as produz. Repreensões são ruins; punem a mentira, a fraude, o atraso, o desleixo, e assim por diante. Chegar ao trabalho é bom; reforça o acordar cedo, comer depressa, pegar o ônibus, e assim por diante.

Se a maior parte das coisas chamadas de boas ou ruins é assim designada devido a circunstâncias sociais, assim também a maioria das atividades chamadas de boas ou ruins é assim designada devido a circunstâncias sociais – isto é, porque são reforçadas ou punidas por outras pessoas. Dividir coisas com irmãos ou com outras crianças é chamado de bom e é reforçado por pais e professores. Fazer doações a instituições de caridade é chamado de bom e é reforçado por amigos, colunistas de jornal e pela Receita Federal (por meio de redução de impostos). Mentir é chamado de errado e é punido por pais, professores e amigos. Oferecer ou aceitar suborno é chamado de errado e é punido pelo sistema judiciário.

A regra prática de Skinner de considerar o reforço como algo bom e a punição como algo ruim implica uma regra sobre juízos de valor – o comportamento verbal envolvendo *bom*, *ruim*, *certo* e *errado*. A verbalização *trapacear é errado* ocorre porque verbalizações desse tipo foram reforçadas por pais e professores. Assim, uma pessoa que nunca recebeu aprovação por tais verbalizações jamais diria que trapacear é errado, embora talvez nunca venha a trapacear, se sua história incluiu o reforço da honestidade e a punição da trapaça. Outra pessoa poderia dizer que trapacear é errado e, no entanto, trapacear frequentemente. Um hipócrita é alguém cujo comportamento verbal que inclui *bom*, *ruim*, *certo* e *errado* diverge de seu comportamento não verbal – que diz uma coisa e faz outra. Os comportamentos de trapacear ou cooperar não coincidem necessariamente com o comportamento verbal sobre trapacear e cooperar, porque eles podem ser oriundos de duas histórias de reforçamento diferentes. Em geral, porém, as pessoas que foram punidas por trapacear são as mesmas cujo comportamento verbal de dizer que trapacear é errado foi reforçado. Chamar reforçadores de bons e comportamento reforçado de certo e chamar punidores de ruins e comportamento punido de errado são comportamentos verbais que são normalmente reforçados.

Essa explicação pode esclarecer um pouco por que chamamos coisas de boas e ruins e atividades de certas e erradas, mas deixa pelo menos duas questões fundamentais sem resposta. Primeiro, termos sentimentos intensos a respeito do certo e do errado – a respeito da regra do comportamento decente, como diria Lewis. Quando fazemos algo certo, sentimo-nos bem; quando fazemos algo errado, sentimo-nos mal. É possível que chamemos as coisas de boas ou ruins em virtude de como nos sentimos sobre elas. Como os sentimentos se relacionam com as coisas que chamamos de boas e ruins?

Em segundo lugar, mesmo que seja verdade que as atividades certas e erradas são aquelas que são reforçadas e punidas em nossa sociedade, ainda nos resta explicar por que é costume dessa sociedade reforçar e punir aquelas atividades específicas. O que há nas atividades certas e erradas que leva o grupo a reforçá-las e puni-las? Esse é o enigma que Lewis levantou e respondeu apelando para Deus. Os analistas do comportamento da atualidade geralmente seguem a posição de Skinner (1971, 1981) e respondem à questão recorrendo à teoria da evolução, como veremos neste capítulo e no próximo. Primeiramente, abordaremos a questão do papel dos sentimentos e depois passaremos ao papel da evolução.

Sentimentos

Skinner (1971) discutiu a diferença entre o que fazemos e o que devemos fazer como exemplo da diferença entre um fato e como nos sentimos a respeito desse fato. Embora as pessoas facilmente aceitem essa distinção, Skinner salienta que, para o analista do comportamento, tanto o ato como o sentimento sobre ele são fatos a serem explicados. "O que as pessoas sentem sobre os fatos, ou o que significa sentir alguma coisa, é uma questão para a qual a ciência do comportamento deveria ter uma resposta. Um fato é sem dúvida diferente do que a pessoa sente a respeito dele, mas o sentimento também é um fato" (p. 103). Se Gideon perde a cabeça, grita com Shona e depois se sente péssimo, o analista do comportamento precisa explicar não apenas os gritos de Gideon, mas também seu sentir-se péssimo.

Tanto o gritar de Gideon quanto seu sentir-se mal são atividades. Seu sentir-se mal inclui abaixar a cabeça e falar sobre quão mal ele se sente. Tais relatos de sentir-se bem ou sentir-se mal são exemplos de autoconhecimento (Cap. 6). Para entender esses relatos, temos de examinar a história de reforçamento e punição da pessoa. Nem todo mundo se sente mal depois de gritar com alguém, então por que Gideon se sente assim? Muito provavelmente, seu gritar foi frequentemente punido ao longo dos anos por pais, professores e amigos. O resultado é que, quando se comporta mal, ele fica infeliz e relata sentimentos de ansiedade, vergonha e culpa.

Skinner argumentou que esses relatos são comportamento verbal sob controle discriminativo das condições do corpo. As condições podem, ao menos parcialmente, ser públicas, como quando se registram mudanças no ritmo cardíaco, na respiração, nas secreções gástricas ou nas glândulas sudoríparas durante situações emocionalmente intensas. Públicas ou privadas, Skinner as considerava como estímulos discriminativos, os quais, junto com circunstâncias externas (os gritos, a expressão magoada no rosto de Shona), determinam a ocasião para os relatos de sentir-se mal, envergonhado e culpado. Relatos de sentir-se bem ocorrem em situações similares àquelas em que o comportamento foi reforçado no passado. O relato de Naomi de que se sente bem quando tira *A* em alguma disciplina resulta, em parte, de condições somáticas, como elevação da frequência cardíaca, e, em parte, de ações, como dar pulos, que também são rotuladas de "alegria" e "êxtase".

Os relatos, porém, não explicam por que as situações que lhes deram origem são chamadas de boas e ruins; na verdade, os relatos de sentimentos e as verbalizações "bom" e "ruim" provêm da mesma fonte – a história. Os sentimentos e os julgamentos de valor brotam de duas histórias de reforçamento e punição paralelas. Skinner atribuiu as condições somáticas ao condicionamento respondente – reações fisiológicas a situações nas quais reforçadores e punidores (eventos filogeneticamente importantes; Cap. 4) ocorreram no passado do indivíduo. Surgiram como subproduto das relações operantes que controlaram os reforçadores e punidores – isto é, relações de reforçamento que modelaram (encorajaram ou desencorajaram) o comportamento designado como certo ou errado. As verbalizações sobre certo e errado procedem de um conjunto paralelo de relações, no qual rótulos de *bom* e *certo* foram reforçados na presença de reforçadores e de comportamento reforçado e no qual rótulos de *ruim* e *errado* foram reforçados na presença de punidores e de comportamento punido. Tendo gritado com Shona, Gideon diz que fez algo errado *e* que se sente mal, mas ele não faz uma coisa por causa da outra; as duas ações verbais provêm de histórias de reforçamento que se sobrepõem, mas que são diferentes.

A diferença entre as histórias explica por que as pessoas conseguem falar sobre o que é bom ou ruim sem se sentirem necessariamente bem ou mal. As discussões sobre certo e errado em geral provocam paixão, mas elas podem proceder calmamente. Posso decidir que devo fazer um seguro sem sentir nada especial a esse respeito.

O histórico de afirmações de valor difere do histórico de sentimentos, o que nos permite entender o uso de palavras como *deve* e *deveria*. Enunciados que envolvem essas palavras são regras, no sentido do Capítulo 8 (isto é, estímulos discriminativos verbais). Quando Naomi diz para Zack "Para chegar ao banco, você deveria virar à esquerda na esquina", ela poderia igualmente ter dito "Se você virar à esquerda, essa ação será reforçada por você chegar ao banco". O *deveria* é uma dica para Zack de que seu comportamento pode ser reforçado. As regras são geralmente chamadas de julgamentos de valor quando indicam reforço social, em que os reforçadores são fornecidos por outras pessoas. Skinner (1971) argumentou que uma afirmação como "Você deveria (você deve) dizer a verdade" é um julgamento de valor no sentido de que indica relações de reforçamento. Isso poderia ser traduzido em termos como: "Se a aprovação de outras pessoas é reforçadora para você, então o seu dizer a verdade será reforçado". Ele comentou: "É um julgamento ético e moral no sentido em que etos e costumes se referem às práticas costumeiras de um grupo" (p. 112-113). Nos termos do Capítulo 8, Skinner estava argumentando que um julgamento de valor é uma regra que indica relações de reforçamento última que são de natureza social, as "práticas costumeiras" do grupo ao qual falante e ouvinte pertencem. Se o comportamento do ouvinte se conforma às práticas do grupo, o ouvinte colherá os benefícios de pertencer ao grupo (p. ex., a aprovação, mas também recursos e oportunidades de reprodução). Porém, para discutir práticas culturais (Cap. 13) e princípios morais (mais adiante), primeiro temos de rever a teoria da evolução.

Teoria da evolução e valores

Até agora, nossa discussão não respondeu a uma questão fundamental ou, como diria Lewis, a "verdadeira questão". Se coisas boas e atividades certas são reforçadores e atividades reforçadas, e coisas ruins e atividades erradas são punidores e atividades punidas, então, o que faz os reforçadores terem efeito reforçador e os punidores terem efeito punitivo?

Esboçamos uma resposta parcial no Capítulo 4: a aptidão. O alimento é reforçador para um organismo privado porque os tipos de uma população que, graças a seu genótipo, são organizados de tal forma que o alimento seja reforçador se reproduzem mais do que os que não têm essa organização. A dor é um estímulo punitivo porque aqueles que são organizados de forma tal que lesões corporais causadoras de dor sejam um punidor se reproduzem mais do que aqueles que não têm essa organização. Ocasionalmente, devido a um defeito genético, nasce um indivíduo desprovido da capacidade de ser punido por estimulação dolorosa. Essas pessoas se machucam com frequência e sobrevivem à infância somente com vigilância constante por parte de quem cuida delas. Problemas semelhantes apareceriam em pessoas deficientes em outros reforçadores e punidores pessoais: abrigo, sexo, calor e frio excessivos, náusea, e assim por diante.

Como nossa espécie é social, a aptidão de nossos genes frequentemente está atrelada a nosso comportamento uns com os outros. Os benefícios de viver em grupo só podem ser auferidos à custa de mecanismos que nos tornam sensíveis uns aos outros e dependentes uns dos outros. Muitas vezes, pesa muito sobre nós não apenas a aprovação de nossos irmãos, mas também seu bem-estar. Não só um choro de bebê, mas sinais de aflição, mesmo em um estranho, são geralmente aversivos. Alguns experimentos demonstram que o comportamento altruísta para com os outros funciona como reforçador, independentemente de qualquer outro ganho pessoal. Nossos interesses individuais de curto prazo são, muitas vezes, sacrificados no altar do bem maior do grupo, mas isso acaba sendo nosso próprio bem maior, a longo prazo.

Mais precisamente, o bem maior a longo prazo é o bem maior de nossos genes. O biólogo evolucionista Richard Dawkins (1989) coloca eloquentemente a questão, descrevendo os organismos como "máquinas de sobrevivência" que fazem "apostas", dependendo da forma como seus genes organizaram seus corpos:

> A previsão em um mundo complexo é uma coisa arriscada. Toda decisão que uma máquina de sobrevivência toma é uma jogada arriscada, e constitui uma tarefa dos genes programar os cérebros de antemão de modo que em média eles tomem decisões que compensem. A moeda corrente utilizada no cassino da evolução é a sobrevivência, mais exatamente a sobrevivência do gene, mas a sobrevivência do indivíduo é, para muitos propósitos, uma aproximação razoável. Se você vai à cacimba beber água, aumenta seu risco de ser comido por predadores que vivem de emboscar presas em cacimbas. Se você não vai à cacimba, em algum momento morrerá de sede. Há riscos para qualquer lado que você se vire, e é preciso tomar a decisão que maximize as chances de sobrevivência a longo prazo de seus genes... Algum tipo de avaliação das possibilidades tem que ser feito. Mas, evidentemente, não temos que imaginar que o animal faça os cálculos conscientemente. Apenas temos que acreditar que os indivíduos cujos genes construíram cérebros de maneira que tenham a tendência a fazer jogadas corretas terão, como consequência direta, maior probabilidade de sobreviver e, portanto, de propagar aqueles mesmos genes. (p. 55-56)

"Apostas" e "decisões", aqui, referem-se a comportamento e, geralmente, em nossa espécie, a comportamento aprendido. Do ponto de vista dos genes, a aprendizagem implica ainda mais "apostas", porque há menos segurança para os genes de que o organismo se comportará corretamente. Ceder algum controle para a experiência com o ambiente pode auxiliar a sobrevivência; assim, os genes que permitirem a influência ambiental se multiplicarão. Todavia, os genes que limitam quais atividades podem ser aprendidas e quais aspectos do ambiente são influentes serão selecionados se, de maneira geral, conduzirem o organismo a fazer boas apostas. É por isso que os genes contribuem para a aprendizagem, mas só até certo ponto. Uma das formas como os genes mantêm o controle é determinando as coisas que serão boas e ruins, ou reforçadores e punidores. Sobre a aprendizagem operante, Dawkins (1989) escreve:

> Uma maneira de os genes resolverem o problema de fazer previsões em ambientes bastante imprevisíveis é incorporar a capacidade de aprender. Aqui, o programa poderá assumir a forma das seguintes instruções à máquina de sobrevivência: "Eis aqui uma lista de coisas definidas como gratificantes: gosto doce na boca, orgasmo, temperatura moderada, uma criança sorrindo. E eis aqui uma lista de coisas desagradáveis: vários tipos de dor, náusea, estômago vazio, uma criança gritando. Se, por acaso, você fizer alguma coisa que for seguida por uma das coisas desagradáveis, não o faça novamente, mas repita qualquer coisa seguida por uma das coisas boas". A vantagem desse tipo de programação é que ele reduz grandemente o número de regras detalhadas que devem ser introduzidas no programa original. E ele é também capaz de lidar com mudanças no ambiente que não poderiam ter sido previstas com detalhes. (p. 57)

Genes que definem reforçadores e punidores e fornecem os meios para a aprendizagem operante serão selecionados em uma espécie como a nossa, que vive em um ambiente incerto. Por seu turno, os reforçadores e punidores definem o que é bom e ruim, mesmo quando a aposta dá errado e o comportamento malogra em promover a aptidão, ou mesmo a reduz. Dawkins continua:

> Em nosso exemplo, os genes preveem que o gosto doce na boca e o orgasmo serão "bons" no sentido de que comer açúcar e copular provavelmente serão benéficos à sobrevivência do gene. De acordo com esse exemplo, a possibilidade da existência da sacarina e da masturbação não é antecipada. Tampouco são antecipados os perigos da ingestão excessiva de açúcar em nosso meio, onde ele existe em abundância não natural. (p. 57)

Esse último aspecto merece destaque: o açúcar "existe em abundância não natural" em nosso meio porque o meio mudou. O ambiente em que os genes foram selecionados e que fez do gosto doce um reforçador não existe mais. O açúcar agora é abundante devido à mudança cultural, e a mudança cultural é tão rápida em comparação com a mudança evolutiva que as mudanças no conjunto gênico da população nunca conseguem acompanhá-la. Mas a mudança cultural continua, e atualmente comer muito açúcar tornou-se uma coisa ruim ou errada, e cuidar da dieta é bom ou certo. Dizemos "ruim" ou "bom" se estivermos expressando o interesse pessoal (valor pessoal), e dizemos "errado" ou "certo" se estivermos expressando o efeito da falta de saúde da pessoa sobre os outros. Esses rótulos, porém, têm a ver com algo que está além do indivíduo, porque dependem de práticas culturais de reforço e punição. Voltaremos à cultura e à mudança cultural no Capítulo 13.

Altruísmo e cooperação

Tanto o altruísmo quanto a cooperação exigem algum tipo de sacrifício ou custo sobre o comportamento. Para salvar um homem que está se afogando no rio, devo me esforçar, me molhar e arriscar me afogar. Se várias pessoas trabalham juntas para construir uma casa, todas devem investir tempo e esforço.

A diferença entre altruísmo e cooperação é uma diferença de prazos. A cooperação beneficia os cooperadores relativamente cedo. A casa completa é vendida, e todos os que trabalharam nela compartilham o lucro. Assim, os benefícios da cooperação são relativamente fáceis de identificar, porque o tempo entre comportamento e benefício é relativamente curto. Em contrapartida, os benefícios que podem advir do comportamento altruísta podem ser incertos e obscuros. De que forma salvar o homem que está se afogando me beneficia? O homem pode ser grato; minha ação pode ser noticiada, mas, em si mesmas, essas parecem compensações insignificantes para o meu esforço e risco.

Uma explicação melhor pode ser procurada na minha história. Desde muito cedo, disseram-me que ajudar os outros é certo, e sempre que ajudei alguém meus pais e professores deram muita aprovação. Uma vez que um padrão estendido de ajudar outras pessoas foi estabelecido, mantê-lo exige menos reforçadores. Além disso, ajudar os outros e cooperação muitas vezes coincidem. Se eu ajudar um amigo levando-o ao aeroporto, isso é cooperação ou altruísmo? Ajudar uns aos outros faz parte da nossa amizade e a mantém (cooperação?), mas os benefícios desse ato específico são vagos porque são estendidos e variados (altruísmo?). Adequadamente socializados, todos tendem a comportar-se pelo bem dos outros, às vezes mesmo quando os benefícios não são visíveis.

O altruísmo "verdadeiro" é possível? Alguém pode se sacrificar por outra pessoa sem absolutamente nenhuma possibilidade de ganho? Pode-se insistir, como C. S. Lewis provavelmente faria, que o altruísmo verdadeiro é possível. O problema é que a existência de altruísmo verdadeiro depende de provar um negativo. Logicamente, nunca se pode provar que uma ação não tem absolutamente nenhum benefício possível a quem a pratica. Por mais que se tente, e por maior que seja o número de possíveis benefícios que se possa descartar, nunca se pode ter certeza de que todos os benefícios foram descartados; algum benefício despercebido sempre pode ter sido negligenciado.

De acordo com a teoria da evolução e com a análise do comportamento, o altruísmo verdadeiro, no sentido de autossacrifício sem possibilidade de ganho a longo prazo, não pode existir. Biólogos evolucionistas salientam que o altruísmo é quase sempre direcionado aos familiares ("parentes"). O autossacrifício em prol de parentes pode ser selecionado porque a família compartilha os genes responsáveis pelo comportamento altruísta; mesmo que o altruísta saia perdendo do ponto de vista pessoal, os genes podem aumentar por meio do benefício aos parentes. Alguns biólogos ainda argumentam que o autossacrifício se estende a estranhos somente quando a reciprocidade é provável – quando, por exemplo, a participação em um grupo requer o autossacrifício como preço dos benefícios dessa afiliação (p. ex., afiliar-se a uma igreja ou clube). Nessas condições, tendemos a nos associar a outros membros do grupo que são conhecidos ou que tenham marcadores de afiliação ao grupo, como emblemas e dialetos (Cap. 13). As pessoas são muito mais propensas a ajudar alguém que pertence ao seu clube, ao seu bairro ou à sua raça do que alguém sem nenhuma ligação.

Por que ajudamos pessoas sem parentesco às nossas próprias custas? Por que as culturas em todo o mundo valorizam a cooperação e o altruísmo? A resposta reside na história evolutiva de nossa espécie.

Provavelmente todos os humanos concordariam que o fato de o cérebro humano ser grande é uma coisa boa. Seu tamanho confere muitas vantagens, mas também nos custa caro. Mesmo em um humano adulto, o cérebro requer um número desproporcional de calorias para sua manutenção. As vantagens superam o custo, isto é, o cérebro grande pode ser um produto da seleção natural. Os biólogos relacionam isso à socialidade. Em todo o reino animal, as espécies são, em sua maioria, solitárias, mas algumas vivem em grupos sociais. Carnívoros sociais, como leões, lobos e hienas, são exemplos. Eles cooperam na caça e são capazes de capturar grandes presas, como zebras e alces, que não conseguiram capturar individualmente. Eles também se preocupam com os filhos uns dos outros, compartilhando o alimento e o fardo de reproduzir-se. Muitas espécies de primatas existem de forma semelhante em grupos, assim como nossos antepassados, mesmo quando eles tinham cérebros menores.

A vida em grupo permitiu que as vantagens dos cérebros maiores superassem os custos. O cérebro maior significava mais capacidade de planejar e coordenar – obter grandes presas e outros recursos, lidar com mau tempo, defender-se de predadores, fabricar ferramentas, compartilhar recursos e controlar dívidas e pagamentos. Como resultado, indivíduos com cérebros maiores deixaram mais prole do que aqueles com cérebros menores, e o tamanho médio do cérebro cresceu.

Entretanto, à medida que o tamanho do cérebro cresceu, seu tamanho tornou-se cada vez mais um desafio. Um cérebro grande significa uma cabeça grande. Parir um bebê de cabeça grande é arriscado, e o canal de nascimento de uma mulher podia se dilatar apenas até certo ponto. A seleção começou a favorecer as mulheres que deram à luz cedo crianças menos desenvolvidas, imaturas, mas com cabeças de tamanho gerenciável. Esses bebês imaturos e indefesos exigiam muitos cuidados e sustento. Uma espécie de retroalimentação ocorreu: o cérebro maior possibilitou mais cuidados e sustento, o que, por sua vez, possibilitou cérebros ainda maiores. A cooperação entre os membros do grupo na obtenção e na partilha de recursos, na defesa e no cuidado da prole foi fundamental para essa evolução, também ajudando os outros no grupo de outras formas – ou seja, altruísmo. Presumivelmente, as tendências comportamentais em relação à cooperação e ao altruísmo que vemos hoje foram selecionadas juntamente com os cérebros maiores. Mas como isso aconteceu?

O ambiente que nossos antecessores enfrentaram foi desafiador, porque a disponibilidade de recursos era altamente variável. Um indivíduo ou um casal por conta própria teria problemas para sobreviver, quanto mais para se reproduzir, porque eles poderiam passar por longos períodos e distâncias sem encontrar comida. Um grupo de 10, 20 ou 30 indivíduos era grande o suficiente para certa divisão do trabalho. Alguns podiam cuidar de bebês, enquanto outros coletavam raízes, frutas e sementes, e outros podiam arriscar-se na captura de grandes presas, trazendo proteínas importantes para a nutrição de mães e crianças. A divisão do trabalho dependia da cooperação e da partilha, mas também abriria a porta para trapacear – tirar dos outros sem contribuir. O cérebro grande facilitou a contabilidade – acompanhar dívidas e obrigações para detectar fraudes e identificar quem não contribuía. Um grupo com muitos trapaceiros não conseguia produzir recursos suficientes para sobreviver. Embora seja provável que os grupos, cuja maioria dos membros cooperava e compartilhava, também às vezes morressem – por exemplo, durante uma seca –, eles eram mais propensos a sobreviver do que grupos em que poucos membros cooperavam e compartilhavam. Particularmente durante guerras intergrupais, os grupos com membros mais cooperativos e altruístas tinham mais chances de sobreviver e eliminar grupos com poucos altruístas. Como resultado, os primeiros humanos sobreviveram não individualmente, mas como grupos em que a cooperação e o altruísmo eram padrões dominantes de comportamento. Assim, a seleção natural criou os valores sociais de cooperação e altruísmo.

Os analistas do comportamento levam essa ideia um passo adiante, observando que o comportamento altruísta depende de reforçamento. Além de nossa tendência inata a nos comportarmos de modo altruísta para com conhecidos, os grupos muitas vezes mobilizam reforço para o altruísmo. Skinner (1971), por exemplo, considerou o agir para o bem de outrem como resultado de reforço social. Ele argumentou que, quando outras pessoas mobilizam reforço para um comportamento de um indivíduo, pode-se dizer que a pessoa afetada "se comporta 'para o bem de outrem'" (p. 108-109). O indivíduo contemplado com o altruísmo pode se beneficiar de forma mais imediata, mas o sacrifício do altruísta com frequência também é reforçado ao final. As pessoas são especialmente propensas a se comportar de modo altruísta para com as outras em duas circunstâncias: (1) quando estão envolvidas em alguma relação com elas, tal como descrito no Capítulo 11, de modo que a outra parte, por fim, venha lhe retribuir; (2) quando terceiros administram a situação de modo que a ação venha a ser reforçada. Uma babá sacrifica tempo e esforço, e às vezes corre o risco de se ferir, pelo bem do filho de outra pessoa, mas, ao final, é recompensada por dinheiro e aprovação dos pais da criança. Os governos exigem que os cidadãos se sacrifiquem pagando impostos, mas o pagamento de impostos é reforçado a longo prazo por serviços, tais como escolas e coleta de lixo; entretanto, nossos parentes e amigos também dizem que pagar impostos é "a coisa certa a fazer" e reforçam com aprovação. (É evidente que ao pagar impostos também se evitam multas, prisão e outras formas de punição.)

O reforço a longo prazo nos ajuda a entender por que o altruísmo é reforçado, mas a natureza incerta dos reforçadores nos ajuda a compreender por que o altruísmo muitas vezes não acontece. Nos termos dos Capítulos 9 e 11 (Fig. 9.2), o comportamento egoísta geralmente constitui impulsividade, e o altruísmo geralmente constitui autocontrole. As pessoas se comportam de forma egoísta porque os reforçadores para o egoísmo são relativamente certos, óbvios e, muitas vezes, tangíveis. As pessoas mentem, trapaceiam, roubam e matam porque esse comportamento é reforçado com certeza e é punido apenas esporadicamente.

Todos os dias nos deparamos com dilemas sociais que surgem do conflito entre cooperar e agir de maneira egoísta. Caso eu abra uma barra de chocolate na rua, talvez tenha que carregar a embalagem por várias quadras até chegar a uma lixeira. Se eu a jogar na rua, eu me livro desse incômodo, mas, se todo mundo jogar lixo nas ruas, elas ficam imundas, e todos sofrem. Eis mais alguns exemplos de Rachlin (2010) em uma resenha de um livro:

> *Passageiros:* Cada passageiro vai mais rápido se vai de carro, mas, se todos vão de carro, cada um vai mais devagar do que se todos forem de ônibus.
>
> *Soldados:* Um soldado estará mais seguro se der meia-volta e fugir, mas, se todos fizerem isso, mais serão mortos do que se nenhum o fizer.
>
> *Pescadores:* Se há pesca indiscriminada, pode ser melhor para cada pescador tentar pegar mais peixes, mas pior para cada um se todos o fizerem.
>
> *Camponeses:* Quando há superpopulação em um território, pode ser melhor para cada camponês ter mais filhos, mas, se todos o fizerem, será pior para todos (e também para cada um)...
>
> Existem inúmeros outros casos. Pode ser melhor para cada pessoa aumentar a poluição, gastar mais energia, furar filas e romper acordos; porém, se todas fizerem essas coisas, pode ser pior para cada uma do que se ninguém as fizer. (D. Parfit, citado por Rachlin, p. 101.)

Em todos esses exemplos, os reforçadores para agir de forma egoísta são pequenos, mas imediatos e certos, enquanto os punidores são grandes, mas de longo prazo e incertos. Vou pegar o ônibus para evitar lidar com o trânsito, mas nunca sei se o tráfego estará tão ruim assim. Em contrapartida, o custo da cooperação é relativamente pequeno, mas imediato e certo, e os reforçadores são grandes, mas de longo prazo e incertos. Um grupo de pescadores pode concordar em limitar suas capturas (sacrifício) para impedir o colapso da pesca, mas a saúde da pesca só pode ser avaliada durante um longo período de tempo. Como vimos no Capítulo 9, esse conflito entre resultados a curto e a longo prazo é o dilema clássico em todos os problemas de autocontrole.

Boa parte do que chamamos de "socialização" consiste em colocar o comportamento em contato com consequências de longo prazo que reforçam a bondade e a generosidade. O comportamento verbal acerca de fazer o bem para os outros fornece regras (no sentido dos Cap. 8 e 11) que ajudam as pessoas a evitar as armadilhas de reforço do egoísmo. Vimos uma dessas armadilhas na Figura 11.3, na qual o controlador tem de escolher entre uma relação de exploração, que compensa a curto prazo, e uma relação mais cooperativa, que compensa a longo prazo. O controlado provê uma regra (p. ex., uma promessa ou uma ameaça) que promove a escolha de um relacionamento cooperativo que é melhor para todos no longo prazo. Como vimos nos Capítulos 8 e 9, essas regras geralmente são amparadas por reforçadores sociais relativamente imediatos (p. ex., aprovação). O mal existe porque as regras e o reforço social que promovem a generosidade e a bondade talvez sejam ineficientes ou estejam totalmente ausentes no ambiente do indivíduo. Para alguém que cresce em uma família desorganizada, sem relacionamentos bem conservados, os reforçadores sociais podem ser fracos e desconhecidos. Em famílias e creches funcionais, as ações de compartilhar e ajudar entre as crianças costumam ser vigorosamente reforçadas – sermões (indutores) como "Compartilhar é cuidar" e aprovação são abundantes. Na medida em que as pessoas se comportam bem, o treinamento social funciona.

Ao que tudo indica, o comportamento altruísta nunca é destituído de interesse próprio, porque, em última análise, ele pode ser rastreado à influência genética, a uma história de reforçamento ou, mais frequentemente, a ambos. As pessoas, em geral, são boas para seus irmãos e primos porque compartilham genes com esses parentes e porque foram ensinadas a agir assim – as ações "boas" foram reforçadas por pais e outros familiares. Uma vez treinado na infância, o comportamento altruísta só necessita de reforço ocasional para ser mantido.

Por serem reforçados, os atos altruístas são chamados de "certos". Quando uma igreja ensina a seus membros que é certo ajudar os aflitos, esse comportamento verbal mostra a probabilidade de atos de caridade serem reforçados por aprovação e *status* na igreja. Um estímulo discriminativo verbal que rotula uma ação como *boa*, ou que pareia *deveria* e *deve* com o nome da atividade, constitui uma regra no sentido do Capítulo 8. No longo prazo, uma vez que tanto o comportamento do falante como o do ouvinte são reforçados, o bom comportamento geralmente é constituído de comportamento controlado por regras no contexto de uma relação.

Embora C. S. Lewis tivesse razão de que a ciência não pode tratar de questões últimas como "Por que existe algo em vez de nada?", equivocou-se ao sustentar que a ciência não poderia dizer nada sobre o que é certo ou errado ou sobre o que as pessoas devem fazer. Mesmo que nenhum cientista possa dizer por que o universo está organizado de forma tal que as sociedades vieram a ser o que são, os analistas do comportamento podem explicar as convenções (isto é, o comportamento verbal) acerca do certo, do errado e do dever – a lei da natureza humana – como resultado de efeitos genéticos e aprendizagem operante.

Valores morais

Se expressões irritadas como "Por que você tinha de empurrar primeiro?" ou "Me dá um pedaço da sua laranja, eu te dei um pedaço da minha" constituem comportamento verbal oriundo de reforço passado, o mesmo se aplica a juízos e imposições morais. O mandamento *Não roubarás*, que equivale a dizer que roubar é errado, é uma regra no sentido do Capítulo 8. É um estímulo discriminativo verbal que indica uma punição costumeira – roubar é um tipo de atividade que provavelmente será punido em nossa sociedade. Como estímulo discriminativo, ela reduz a probabilidade do roubo. O mesmo pode ser dito dos outros nove mandamentos.

Ao chamarmos esse tipo de asserção de mandamento ou imposição, estamos a distingui-lo de outras regras, como conselhos. Quando um pai aconselha um filho a não mentir, a punição indicada é de natureza pessoal; não só a sociedade pune o mentir, mas também o pai o desaprova. Contudo, os estímulos discriminativos verbais chamados de princípio indicam apenas os reforços e as punições mais genéricos resultantes das práticas do grupo. Hocutt (2013) observa que, embora as leis imponham a moralidade oficialmente, ela também é aplicada de maneira informal:

> ...as regras informais de moralidade e etiqueta são ordens espontâneas, como a linguagem. Em outras palavras, ninguém as projetou. Elas passaram a existir sem planejamento e são aplicadas de maneira *ad hoc* por pessoas comuns que procuram em suas relações diárias reduzir conflitos mutuamente prejudiciais e promover cooperação mutuamente benéfica, tudo com o propósito central de atender a necessidades biologicamente enraizadas em um mundo geralmente adverso e às vezes hostil. Toda sociedade que funciona tem moral e etiqueta. Na verdade, não pode haver sociedade sem elas. (p. 247)

Nossa discussão sobre regras no Capítulo 8 nos leva a considerar essas relações de reforçamento sociais informais como próximas e a procurar mais além por consequências últimas que poderiam explicar a existência de qualquer regra. Como vimos naquele capítulo (Fig. 8.2), estaríamos procurando um efeito sobre a aptidão (saúde, recursos, relações e reprodução; HRRR no Cap. 8). Será que o roubar, em última análise, tende a diminuir a aptidão do indivíduo? Essa pergunta é mais bem respondida na discussão mais genérica sobre a proveniência das práticas culturais, aí incluídos os mandamentos morais. Retomaremos esse ponto no Capítulo 13.

A vida plena

Nenhuma discussão sobre valores seria completa sem alguma atenção à questão do que é o bem máximo. A que finalidade última se destinam as práticas grupais e o comportamento verbal sobre o bom e o ruim? Muitos filósofos, economistas e outros cientistas sociais conjeturaram se seria possível a sociedade humana atingir algum dia um estado ideal e como seria essa boa vida absoluta. Existirá um objetivo para o qual poderíamos estar trabalhando, alguma organização social que seja, se não ideal, pelo menos a melhor possível? Platão propôs a monarquia com um rei-filósofo. O economista Jeremy Bentham propôs uma ordem econômica do "maior bem para o maior número".

As análises que pressupõem um estado final desse tipo são muitas vezes chamadas de *utópicas*, nome derivado do país imaginário Utopia (palavra grega que significa "lugar nenhum"), sobre o qual Thomas More escreveu. Teriam os analistas do comportamento uma nova utopia para propor? O Capítulo 14 dará uma resposta mais ampla a essa pergunta, mas pode-se dar aqui uma breve resposta.

Os analistas do comportamento não podem especificar para onde a sociedade está se dirigindo, assim como os biólogos evolucionistas não podem prever para onde a evolução enfim poderá levar. Embora *Walden Two*, obra de ficção de Skinner (1948/1976), tenha sido frequentemente chamada de utópica, o autor sempre desautorizou esse rótulo, porque para ele a comunidade imaginária desse livro representava um método, e não um objetivo.

Muito embora os analistas do comportamento não possam especificar um estado final ideal, eles podem oferecer métodos de mudança e métodos para decidir se as mudanças estão encaminhando a sociedade na direção correta. Por exemplo, a democracia se mostrou uma boa prática por ter aumentado a satisfação de muitas pessoas em relação a situações anteriores e em comparação com ditaduras vigentes. Da forma como a conhecemos, entretanto, pode ser que a democracia não seja a palavra final em matéria de sistemas de governo. Nas eleições americanas, é chocante ver as baixas porcentagens de eleitores que votam. Há gente demais sem educação, sem emprego, sem teto. Podemos implementar mudanças que aumentem a participação? Podemos passar de relações de reforçamento coercivas e exploratórias para relações mais equitativas? Ao procurarmos meios de eliminar as falhas de nosso sistema de governo, os analistas do comportamento podem sugerir mudanças deliberadas de relações de reforçamento a serem feitas em base experimental e a serem avaliadas segundo sua capacidade de aumentar a satisfação da sociedade. Essas ideias de experimentação e avaliação social serão retomadas no Capítulo 14.

RESUMO

Os analistas do comportamento abordam questões acerca de valores, focalizando o que as pessoas fazem e dizem sobre coisas e atividades que são chamadas boas e ruins ou certas e erradas. O relativismo moral, ideia segundo a qual os rótulos de bom e ruim variam arbitrariamente de cultura para cultura e surgem estritamente como convenções sociais, é rejeitado tanto por pensadores religiosos como por analistas comportamentais. Em vez disso, ambos os grupos se mostram favoráveis a um padrão universal, algum princípio que todos os seres humanos compartilham. O pensador religioso C. S. Lewis defendeu a ideia de que todas as pessoas têm uma noção das regras de como se comportar, mesmo que nós muitas vezes as violemos. Os analistas do comportamento também reconhecem princípios universais de comportamento decente, na forma do altruísmo e da reciprocidade. Contudo, Lewis diverge dos analistas do comportamento na questão das origens. Enquanto os pensadores religiosos veem os padrões de certo e errado como emanados de Deus, os analistas do comportamento, como Skinner, veem esses padrões como oriundos da história evolutiva de nossa espécie e culturas.

Segundo a regra prática de Skinner sobre o bom e o ruim, as coisas chamadas de boas são reforçadores positivos, as coisas chamadas de ruins são reforçadores negativos, atividades chamadas de certas são reforçadas, e as atividades chamadas de erradas são punidas. Embora reforçadores e punidores incondicionais, bem como as atividades a eles associadas, venham a ser chamados de bons e de ruins devido à forma como nosso mundo e como nossos corpos são construídos, muitas coisas e atividades também são chamadas de boas e ruins devido a nosso ambiente social, uma vez que grande parte do reforço e da punição que nosso comportamento recebe resulta das atividades de outras pessoas. Desde cedo na infância, essas pessoas não somente ensinam reforçadores e punidores condicionais, mas também nos ensinam a chamar de ruins as coisas que punem, a chamar de erradas as atividades que são punidas, a chamar de boas as coisas que reforçam e a chamar de certas as atividades que são reforçadas.

A história de reforçamento e punição do indivíduo explica não apenas por que ele rotula coisas como boas e ruins, mas também por que se sente bem ou mal a respeito dessas coisas. As pessoas dizem que se sentem mal em situações nas quais seu comportamento foi punido; os eventos fisiológicos chamados "sentimentos" funcionam, juntamente com o contexto público, como estímulos discriminativos que induzem esses relatos. As pessoas dizem sentir-se bem por razões análogas, em situações nas quais seu comportamento foi reforçado. Os sentimentos não explicam a fala sobre o bom e o ruim; na verdade, os eventos fisiológicos e os relatos sobre sentir-se bem ou mal provêm de uma história de reforçamento e punição paralela e parcialmente sobreposta à história que gera o discurso sobre coisas e atividades boas e ruins (isto é, juízos de valor). Os juízos de valor, muito claramente quando envolvem *deveria* ou *deve*, são regras (estímulos discriminativos verbais) que indicam relações últimas que são sociais – ou seja, que se originam das práticas do grupo a que o ouvinte pertence e promovem o relacionamento com outros membros do grupo.

Quando inquiridos sobre a origem dos reforçadores e punidores, especialmente os sociaisos analistas do comportamento respondem que ela está na seleção natural de indivíduos e grupos. Os genes que tornaram certos eventos reforçadores ou punidores, desse modo promovendo o sucesso reprodutivo dos indivíduos deles portadores, são selecionados. A seleção explica não apenas por que sabores doces e orgasmos são reforçadores, mas também, quando lembramos que nossos antepassados viveram e sobreviveram em grupos sociais, por que ajudar pessoas de sua família, ainda que se sacrificando, é tanto reforçado como um reforçador. O altruísmo difere da cooperação somente no sentido de que os benefícios da cooperação são relativamente imediatos e óbvios, ao passo que os benefícios do altruísmo são relativamente incertos e obscuros. O altruísmo para com filhos e outros parentes é selecionado porque promove os genes indutores de altruísmo compartilhados pela família.

O altruísmo para com pessoas sem parentesco geralmente é treinado na infância e depois mantido por reforço de longo prazo. Ou a pessoa por fim retribui porque tem uma relação com o altruísta, ou práticas grupais determinam que outros membros do grupo forneçam ao menos reforçadores ocasionais – a base da moralidade e da etiqueta. Em qualquer dos casos, o altruísmo na qualidade de padrão comportamental é ao final reforçado, ao menos ocasionalmente.

No contexto de tais relações de reforçamento sociais, as imposições morais e éticas constituem estímulos discriminativos verbais (regras) que resultam em reforço ou punição social. A análise do comportamento pode ajudar nossa sociedade a trabalhar pela "vida plena", oferecendo formas de identificar e implementar um melhor reforço social.

LEITURAS ADICIONAIS

Dawkins, R. (1989). *The selfish gene*. Oxford: Oxford University Press. Excelente livro que apresenta a moderna teoria da evolução de forma acessível.

Hocutt, M. (2013). A behavioral analysis of morality and value. *The Behavior Analyst*, 36, 239-249. Esse artigo apresenta a análise de um filósofo sobre o que são valores e de onde eles podem vir, a qual é compatível com uma explicação comportamental.

Lewis, C. S. (1960). *Mere Christianity*. Nova York: Macmillan. Esse livro é uma coleção de ensaios sobre Cristianismo e valores cristãos. O ensaio que dá título ao livro trata de ciência e religião.

Midgley, M. (1978). *Beast and man: the roots of human nature*. Nova York: New American Library. Discussão a respeito de valores sob a perspectiva da filosofia moral e da teoria da evolução.

Rachlin, H. (2010). How *should* we behave? A review of *Reasons and Persons* by Derek Parfit. *Journal of the Experimental Analysis of Behavior*, 94, 95–111. Rachlin analisa um livro do filósofo Derek Parfit e explica a base dos problemas de autocontrole.

Skinner, B. F. (1971). *Beyond freedom and dignity*. Nova York: Knopf. O Capítulo 6, em especial, trata de valores.

Skinner, B. F. (1948/1976). *Walden Two*. Nova York: Macmillan. O romance de Skinner, originalmente publicado em 1948, sobre uma sociedade experimental, contém discussões sobre valores e reforço social.

Skinner, B. F. (1981). Selection by consequences. *Science*, 213, 501-504. Reproduzido em *Upon further reflection*. Nova York: Prentice Hall, 51-63. Nesse artigo clássico, Skinner compara comportamento operante, seleção natural e evolução cultural.

Weiss, R. F., Buchanan, W., Altstatt, L., & Lombardo, J. P. (1971). Altruism is rewarding. *Science*, 171, 1262-1263. Esse artigo relata um estudo em que sujeitos demonstraram, sem terem sido instruídos, os efeitos reforçadores de reduzir o nível de desconforto de outra pessoa.

PALAVRAS-CHAVE

Altruísmo
Ética situacional
Reciprocidade
Relativismo moral
Utopia

13

A evolução da cultura

Se há uma coisa que diferencia os seres humanos das outras espécies, é a cultura – não no sentido de melhor educação ou de erudição, mas no sentido de costumes cotidianos, compartilhados e transmitidos por um grupo de pessoas. O mundo contém tamanha diversidade de culturas que, por um tempo, os antropólogos que estudam a cultura se concentraram simplesmente na tarefa de classificar e catalogar as culturas existentes de acordo com suas principais características, pois parecia não haver uma maneira cientificamente correta de explicar essa diversidade. Essa situação mudou na década de 1970, quando psicólogos e biólogos evolucionistas expandiram suas explicações acerca do comportamento para incluir a cultura.

Como essas explicações enfocavam o comportamento, um dos resultados da influência dos biólogos e psicólogos foi a redefinição da cultura em termos comportamentais. Antes da década de 1970, a maioria dos antropólogos definia cultura em termos de abstrações (conceitos mentalistas), tais como conjunto de atitudes, ideias e crenças compartilhadas. Uma exceção notável foi Marvin Harris, que definiu a cultura mais concretamente, em termos de costumes compartilhados (comportamento). Como Harris, Skinner (1971) definiu a cultura concretamente ao indicar as práticas, tanto verbais como não verbais, que um grupo de pessoas poderia compartilhar.

Os costumes não apenas diferem ao redor do mundo, como também podem mudar drasticamente ao longo do tempo dentro de um mesmo grupo. Se um norte-americano de hoje fosse hoje transportado para o período colonial, teria dificuldade em se comunicar com seus conterrâneos, porque o inglês falado mudou imensamente nos últimos 300 anos. Mal-entendidos ocorreriam no campo do vestuário e comportamento social, do casamento, do sexo e da propriedade. De acordo com C. J. Sommerville (1982), por exemplo, a infância é uma invenção relativamente recente, originada no século XVI. O aniversário de crianças somente passou a ser comemorado de forma regular a partir do século XVII.

Na teoria da evolução, o problema de explicar a diversidade de formas coincide com o problema de explicar sua mudança, porque formas novas e diversas surgem como resultado de mudanças em formas ancestrais. Nas teorias de evolução biológica, por exemplo, imagina-se uma população ancestral de ursos, alguns dos quais migraram cada vez mais para o norte e, como resultado da seleção, tornaram-se cada vez maiores e por fim brancos, vindo a constituir a espécie diferente que vemos hoje.

De modo semelhante, o problema de explicar a diversidade de culturas coincide com o problema de explicar mudanças nas culturas. Em uma teoria de evolução cultural, poder-se-ia imaginar uma cultura ancestral carregada por um grupo que se dividiu em dois. A partir dos costumes ancestrais, novos costumes poderiam surgir por meio de modificações, até que as culturas dos dois grupos praticamente não apresentassem semelhanças. Depois de menos de 200 anos, os colonizadores britânicos que originalmente povoaram os Estados Unidos diferiam dos britânicos na linguagem, na vestimenta e na governança. Surge a possibilidade de um paralelo: poderia a evolução cultural ser explicada pelo mesmo tipo de teoria que explica a evolução biológica – como resultado da seleção atuando sobre a variação?

Como mencionado em capítulos anteriores, os detalhes dessa explicação são relativamente sem importância. Alguns detalhes podem estar errados, e as explicações da evolução cultural mudarão à medida que apareçam novas ideias. Nosso objetivo é apenas demonstrar que uma explicação comportamental é possível, mostrando que essa explicação é suficientemente complexa para ser plausível.

EVOLUÇÃO BIOLÓGICA E CULTURA

Para traçar um paralelo entre a evolução biológica, que altera um conjunto gênico, e a evolução cultural, que altera o comportamento social de um grupo, precisamos pensar sobre o conceito de seleção em termos muito genéricos, como fizemos no Capítulo 4, em que traçamos um paralelo entre seleção natural e aprendizagem operante. Como esses dois conceitos, a evolução cultural também pode ser vista como resultado de variação, transmissão e seleção. Porém, a evolução cultural não pode ser compreendida independentemente daqueles dois conceitos, porque o comportamento envolvido é comportamento operante e depende, para sua aquisição, de uma base genética que se origina da seleção natural.

Replicadores e aptidão

Quais são as unidades da seleção? Quais são os elementos que variam e são transmitidos e selecionados? Com os conceitos de seleção natural e aprendizagem operante, pudemos evitar essas perguntas simplesmente falando sobre genes, alelos e variação no comportamento operante. Com a evolução cultural, as unidades de seleção são menos óbvias e mais controversas, porque falar de cultura em termos de comportamento e seleção contradiz as explicações tradicionais. Quais são as partes que compõem uma cultura e entram no processo de seleção?

Para responder a essas perguntas, biólogos evolucionistas, como Richard Dawkins (1989), desenvolveram o conceito de *replicador*, uma entidade que, uma vez existente, faz cópias de si mesma. (Não se pode afirmar que mesmo o DNA "copia a si mesmo", porque ele apenas entra em um processo químico que resulta em uma cópia do original.) Para se qualificar como replicador, a entidade deve ter três tipos de estabilidade: (1) longevidade; (2) fecundidade; e (3) fidelidade de cópia. Como a reprodução é demorada, a longevidade garante que o replicador existirá por um tempo suficientemente longo para se reproduzir. Dawkins imagina um gene, um pedaço de DNA, em um "caldo" primordial que existiu antes dos organismos. A molécula, ou pedaço de molécula, teria de permanecer quimicamente estável por um tempo suficiente para ser copiada, e, quanto mais durasse, mais cópias seriam feitas. Após o advento dos organismos, os genes de um conjunto gênico tendiam a ser quimicamente estáveis, mas poderiam ser alterados por radiação ou fracionados durante a divisão celular – em especial durante a formação dos gametas (meiose), porque os gametas carregam as cópias que são transmitidas para a prole. A fecundidade refere-se à tendência de copiar-se frequentemente – de dois replicadores rivais (alelos), o que é copiado mais vezes se tornará mais frequente no conjunto gênico. Fidelidade na cópia refere-se à exatidão. Cópias imprecisas tendem a perder as virtudes de seus genitores. Quando os replicadores competem, o replicador que produz mais cópias fiéis tenderá a ser mais bem-sucedido.

Essas três exigências favorecem unidades pequenas, porque um pequeno pedaço de DNA é menos suscetível de ser danificado ou se quebrar, é copiado mais rapidamente, e há menor possibilidade de erros. Se nada afetasse essas considerações, os replicadores teriam sempre o menor tamanho possível. Os requisitos da estabilidade são contrabalançados por outras considerações, que favorecem unidades maiores.

Os fatores que facilitam a existência de replicadores maiores podem ser resumidos na palavra *eficácia*. Uma unidade grande pode ter um efeito grande no fenótipo (organismo) em que está situada e, assim, pode ter um efeito grande em seu próprio futuro. Se um único gene controlasse a produção de uma molécula inteira de proteína – digamos, uma enzima, que, por sua vez, controlasse várias reações químicas –, ele asseguraria que seu fenótipo tivesse os traços que conduziriam a uma vida longa e a reproduções frequentes.

Entre as vantagens do tamanho pequeno (estabilidade) e grande (eficácia), os replicadores tendem a ter um tamanho intermediário e variável. Às vezes, um pedaço relativamente grande de DNA pode ser estável o bastante para se propagar em uma população. Às vezes, um pedaço pequeno pode ser suficientemente eficaz para ser selecionado se controlar um pedaço crucial da estrutura de uma molécula de proteína, por exemplo.

Uma forma particularmente interessante de conseguir eficácia em pequenas unidades pode ser chamada de "trabalho em equipe". Dawkins mostra que os genes raramente operam sozinhos. A seleção favorece genes que cooperam ou agem em conjunto com outros genes. Digamos que dois alelos de um gene, X e X', se igualem em aptidão sob todos os pontos de vista, exceto que X' trabalha com outro gene Y para produzir um fenótipo mais bem-sucedido. A combinação X'Y aumentará e possivelmente substituirá completamente as combinações do alelo X. Desse modo, mesmo agrupamentos de genes e de traços podem ser selecionados – agrupamentos que orientam o desenvolvimento de agrupamentos de traços, como pulmões e respirar, pele e membros fortes, ou penas, asas, voar e construir ninhos em árvores. Dawkins teoriza que é assim que os organismos surgiram; os genes sobreviveram e se reproduziram melhor quando foram agrupados em "máquinas de sobrevivência".

Sociedades

Se os genes geralmente se saem melhor em agrupamentos, então talvez às vezes eles pudessem se sair melhor ainda em agrupamentos de agrupamentos. Isto é, às vezes, os genes poderiam se beneficiar da construção de máquinas de sobrevivência que se juntassem em grupos. Existem várias vantagens para peixes que nadam em cardumes ou pássaros que voam em bandos. Em comparação com indivíduos isolados, tais agrupamentos oferecem, por exemplo, melhor proteção contra predadores e maior eficiência na localização de comida. Grupos de predadores, como leões ou hienas, podem subjugar presas muito maiores do que poderiam fazê-lo sozinhos. Outras coisas sendo iguais, pode-se dizer que, se alelos que constroem máquinas de sobrevivência sociais tendem a sobreviver mais do que alelos que constroem máquinas de sobrevivência isoladas, então, com o passar do tempo, essa espécie passará a ser encontrada em grupos.

Contudo, é necessário mais do que um agrupamento para constituir uma sociedade. Um rebanho ou bando pode ser um tipo de parceria limitada, como o comportamento de indivíduos que se limitam a manter-se perto dos demais integrantes do grupo só enquanto se alimentam. Em uma sociedade, porém, os indivíduos não se comportam apenas em seu próprio benefício. Quando um grupo de lobos rastreia e mata um alce, eles se comportam juntos de maneira a beneficiar a todos. O comportamento de cada um é necessário para a obtenção da meta, e sem os esforços de todos nenhum se beneficiaria. Isso é cooperação (Caps. 11 e 12).

Para os lobos, um alce é uma meta compartilhada, em sentido literal: uma vez morto, ele é compartilhado pelos membros do grupo. Se a participação de cada indivíduo depende dos benefícios oriundos das atividades do grupo, então cada indivíduo deve receber uma parte. Qualquer tendência à trapaça deve ser restringida, porque os benefícios de cada indivíduo cessariam se o grupo se desintegrasse. Serão selecionados aqueles genes que ajudarem a subordinar os interesses a curto prazo do indivíduo (trapacear) aos interesses a longo prazo do grupo de manter a coesão. Essa tendência em agir para o bem dos demais a curto prazo, mas visando a recompensas maiores a longo prazo, é o que denominamos altruísmo (Cap. 12).

O altruísmo é a marca registrada de uma sociedade. Quando um grupo vive junto em uma associação estável e seus membros se comportam de forma altruísta uns com os outros, isso é uma sociedade. Em uma sociedade como uma colônia de formigas, em que todos são parentes, o altruísmo pode ser selecionado pelo benefício que traz aos genes altruístas compartilhados; entre parentes próximos não há necessidade de reciprocidade. Se a seleção de grupo favorece genes altruístas, contudo, mesmo indivíduos sem nenhum grau de parentesco em uma sociedade compartilharão os genes altruístas. Esse compartilhamento diminui a necessidade de reciprocidade, mas não a elimina por completo. Embora os genes facilitem o desenvolvimento do comportamento altruísta – por exemplo, tornando o altruísmo facilmente induzido –, eles não são capazes de determinar o comportamento altruísta com certeza. O benefício mútuo entre indivíduos sem parentesco em uma sociedade ainda depende de alguma forma de reciprocidade. Juntamente com genes para altruísmo, devem ser selecionados genes que propiciem o lembrar-se dos demais membros do grupo e contabilizar dívidas e obrigações, tudo como um só pacote. Saber quem é quem e quem fez o que para quem torna possível até mesmo para um grupo de leões sem nenhum parentesco formar um bando, capturar uma presa grande, proteger uns aos outros e alimentar a prole uns dos outros. (Claro que algum grau de parentesco sempre ajuda.)

Não só o altruísmo, mas muitos outros comportamentos sociais são selecionados quando as sociedades favorecem a aptidão. Em seus estudos sobre marmotas, David Barash (1982) encontrou diferenças drásticas entre uma espécie de marmotas, que são solitárias, e marmotas olímpicas, que são sociais. Essas marmotas solitárias vivem em áreas baixas e fecundas com prolongadas estações férteis, enquanto as marmotas olímpicas vivem no alto de montanhas, onde a estação fértil é curta e as condições climáticas são muito duras. Ao que tudo indica, as marmotas solitárias se dão muito bem vivendo sozinhas em sua região de clima ameno. Elas mantêm territórios dos quais excluem outros indivíduos da mesma espécie. Machos e fêmeas se juntam apenas para acasalar, e as fêmeas mantêm os filhotes apenas até o desmame, quando, então, a ninhada se dispersa. Para elas, os custos de uma vida em sociedade excederiam os benefícios. Nas marmotas olímpicas, foi selecionado, juntamente com a pelagem espessa, tudo aquilo que é necessário para a vida em grupo: chamados de saudação, reconhecimento de outros membros do grupo, chamados de alarme, manutenção de tocas, divisão de alimentos e cooperação na defesa. Além disso, os filhotes em geral permanecem com o grupo por duas ou três estações férteis; presumivelmente, eles não podem se desenvolver rapidamente com os recursos tão limitados de um clima severo. Barash teoriza que a maturação lenta pode ser o fator-chave que faz os benefícios de viver em sociedade superarem os custos.

Seleção de grupo

Quando uma população é organizada em grupos separados, e alguns grupos são mais bem-sucedidos que outros na sobrevivência e na obtenção de recursos, abre-se a porta para a seleção em nível de grupo – seleção entre grupos enquanto conjuntos. Discutimos esse aspecto da evolução humana no Capítulo 12, quando vimos a probabilidade de que nossos antepassados tenham vivido em grupos sociais e sobrevivido ou morrido como grupos inteiros. Embora a seleção de grupos tenha sido controversa algum tempo atrás, a maioria dos biólogos hoje aceita não só sua existência, mas sua provável importância na evolução humana.

Quando os grupos competem e são bem ou malsucedidos como conjuntos, são selecionados os traços que podem beneficiar o grupo a um custo para o indivíduo. Ou seja, o indivíduo sacrifica alguns recursos, arrisca sofrer danos ou deixa passar algumas oportunidades de reprodução enquanto ganha os benefícios oferecidos por fazer parte do grupo. As pessoas compartilham alimentos, pagam impostos, participam de guerra e defesa e respeitam os casamentos dos outros. Fazer de outra forma – tentar obter os benefícios sem os sacrifícios – é o que se chama trapacear.

Como são selecionados esses traços de autossacrifício? Por que seu custo para o indivíduo não impede que eles evoluam? A resposta reside, em primeiro lugar, nos benefícios à vida em grupo. Animais que se alimentam juntos passam mais tempo se alimentando e menos tempo precavendo-se contra predadores porque apenas um indivíduo precisa ver um predador para que todos os outros sejam alertados por sua resposta. Em um grupo, esse benefício pode ser reforçado pela seleção de genes que façam a presença de um predador induzir um chamado de alarme. Emitir um chamado de alarme não confere nenhum benefício ao emissor e pode até ser arriscado, porque aumenta a probabilidade de ser detectado e atacado. Contudo, grupos em que os membros emitem alarmes são menos propensos a sofrer predação como um todo e mais propensos a sobreviver do que grupos em que isso não acontece. O compartilhamento da comida também pode ser entendido dessa forma. A partilha de alimentos entre parentes é comum, e qualquer tendência a generalizar para o compartilhamento com membros do grupo sem parentesco pode ser selecionada pelo benefício para o grupo como um todo em comparação com outros grupos com menos compartilhamento de comida. Quando os benefícios de um padrão de comportamento para o indivíduo como membro do grupo superam o custo separado da associação ao grupo, os genes que promovem esse padrão de comportamento podem ser selecionados por seleção de grupo.

Os traços cruciais para a cultura implicam custos relativamente pequenos para o indivíduo aliados a benefícios relativamente grandes para o grupo como um todo. Como veremos, os custos são, na maioria das vezes, os riscos associados a ter o comportamento influenciado por outros. Imitar os outros, seguir seus conselhos e ser suscetível à aprovação e à censura dos outros são comportamentos benéficos para o indivíduo em médio e longo prazos, mas em qualquer situação particular eles podem levar a um mau caminho. Quando eu era criança, se meu pai desaprovasse meu comportamento e perguntasse por que eu estava me comportando daquela maneira, e eu dissesse que todos estavam fazendo aquilo, ele respondia: "E se todos eles estivessem se jogando de um penhasco, você faria isso?".

Apesar de viverem em sociedade, poderíamos dizer que formigas, ou até mesmo marmotas olímpicas, têm cultura? As formigas mostram uma surpreendente capacidade de adaptação. Elas podem ser os únicos seres, além dos humanos, que se envolvem em guerras – com os grupos lutando até a morte. Algumas espécies têm uma agricultura – cultivam fungos comestíveis em pedaços de folhas trazidos para a colônia com essa finalidade. Ainda assim, não vemos nem esperamos encontrar uma cultura em uma colônia de formigas. O que está faltando?

Definição de cultura

O que está faltando é a aprendizagem, porque cultura é o comportamento aprendido que é compartilhado pelos membros de um grupo. Ela consiste em comportamento operante, tanto verbal como não verbal, adquirido como resultado de pertencer a um grupo. Poder-se-ia dizer que formigas e marmotas olímpicas aprendem como resultado de pertencer ao grupo, pois elas reconhecem outros membros de suas sociedades. As formigas matam estranhas que entram em suas colônias porque estas exalam o odor errado; uma estranha que tenha sido pincelada com as substâncias químicas da colônia é aceita. As marmotas olímpicas saúdam os membros do grupo e afugentam os estranhos. Essas discriminações têm de ser aprendidas, porque o odor de cada colônia de formiga e de cada sociedade de marmotas é único. Embora tais aprendizagens possam sugerir os rudimentos de uma cultura, ainda assim isso é muito pouco para tal qualificação. Em primeiro lugar, o comportamento envolvido provavelmente não é comportamento operante. As discriminações consistem na ocorrência ou não ocorrência de exibições de saudação ou ataques agressivos, os quais constituem padrões fixos de ação. A aprendizagem envolvida parece ser mais semelhante ao condicionamento clássico do que ao comportamento operante; ela depende inteiramente do contexto e quase nada das consequências. Além disso, nenhuma ação é transmitida de um indivíduo para outro, e não se encontra nada parecido com ensino. A modelagem operante como resultado de pertencer a um grupo implica que o comportamento do grupo programe consequências para seus membros. Nos humanos, os pais programam reforços para o comportamento de seus filhos. Voltaremos a esse assunto em breve; primeiro, precisamos ver como a teoria da evolução explica por que, afinal, as culturas existem.

Cultura e sociedade

As sociedades são um pré-requisito para a cultura, pois uma cultura é posse de uma sociedade. Robert Boyd e Peter Richerson (1985) explicam que cultura é um "fenômeno de nível populacional". Assim como um conjunto gênico, uma cultura só pode ser vista se olharmos para a população ou sociedade inteira. Eles comparam o "conjunto de traços culturais" com o conjunto gênico. Toda população tem um conjunto gênico, mas somente algumas – inclusive as populações humanas – têm conjunto de traços culturais.

Da mesma maneira que o conjunto gênico é transmitido de geração a geração, assim também é transmitido o conjunto cultural. Uma criança que cresce no Japão ou nos Estados Unidos carrega parte do conjunto gênico e, posteriormente, à medida que aprende os costumes da cultura, parte do conjunto cultural. A criança torna-se um adulto, passa a cultura para outras crianças e, então, morre. Assim, os indivíduos morrem, mas os conjuntos gênicos e culturais continuam. A maioria das pessoas no Japão come com "pauzinhos" (*hashi*), enquanto a maioria das pessoas nos Estados Unidos come com garfos, facas e colheres, mas exatamente quem come deste ou daquele modo muda de geração para geração. Os indivíduos carregam os genes e carregam os traços culturais, mas o conjunto gênico e o conjunto cultural transcendem o indivíduo. Em âmbito de população, em sentido real, os indivíduos, como máquinas de sobrevivência e organismos que se comportam, são apenas os meios pelos quais os conjuntos gênicos e culturais são transmitidos.

Quando duas sociedades com culturas diferentes entram em contato, é raro que uma delas seja tão dominante que todos os traços da cultura dominada desapareçam. Geralmente forma-se uma nova cultura compreendendo elementos de ambas. Isso acontece porque os costumes de cada cultura competem mutuamente por aceitação, e ora os de uma ganham, ora os da outra. A razão pela qual os costumes de uma cultura substituem os costumes de outra deve estar relacionada com a razão pela qual as culturas afinal existem – direta ou indiretamente a cultura deve beneficiar a aptidão.

Cultura e aptidão

Do ponto de vista dos genes, a aprendizagem do tipo envolvido na cultura é um negócio arriscado, pois a máquina de sobrevivência que se desenvolve com comportamentos pré-programados tem menos probabilidade de se comportar inadequadamente. Contudo, se, em média, máquinas de sobrevivência que aprendem têm mais probabilidade de sobreviver e de se reproduzir do que máquinas de sobrevivência que não o fazem, então genes que favoreçam a aprendizagem tenderão a sobreviver e aumentar. Mesmo que a aprendizagem apresente falhas aqui e ali, se ela for benéfica a longo prazo, no conjunto dos indivíduos e durante muitas gerações, seus genes serão selecionados.

Imagine um ambiente mutável ou, igualmente, vários ambientes potencialmente habitáveis, onde os recursos e os perigos são muito numerosos e diversos para serem catalogados facilmente. Considere as possibilidades de dispersão se fosse possível sobreviver nas regiões tropicais, no deserto, em climas temperados e no Ártico. Para aguentar um ambiente que muda ao longo do tempo ou para ampliar as possibilidades de uma diversidade de ambientes, a capacidade de aprender quais recursos e perigos estão presentes e como obtê-los ou evitá-los seria essencial. Os seres humanos e as outras espécies aprendem porque os genes que contribuem para a aprendizagem abrem possibilidades que superam seus riscos.

Uma linha de raciocínio semelhante explica a existência da cultura. Se é útil aprender, poderia ser útil aprender com outros de sua espécie – os membros de sua sociedade. Quer dizer, se um benefício médio para a aptidão pode selecionar genes que contribuam para a aprendizagem, então um benefício médio para a aptidão pode selecionar genes que contribuam para a cultura. Se há muito para aprender ou se há muitas alternativas que devam ser eliminadas, então aprender de outros seria um atalho valioso. Como você pode saber se é melhor usar sapatos ou que tipo de sapatos seria melhor? Como descobrir isso mais rapidamente do que das pessoas a seu redor? Uma pessoa que vive em isolamento talvez nunca chegasse a uma solução adequada do problema. A transmissão cultural evita que tenhamos de "reinventar a roda".

Se traços culturalmente transmitidos, como usar sapatos ou falar inglês, podem aumentar a aptidão dos genes em uma máquina de sobrevivência, então os genes responsáveis pelos traços que garantem a transmissão cultural serão selecionados. Que tipo de traços torna o atalho possível?

Traços que permitem a cultura

A transmissão de comportamento aprendido do grupo para o indivíduo por meios que reconheceríamos como ensino ou educação requer três tipos de traços. Os dois primeiros, "especializações comportamentais" e "imitação", permitem que o indivíduo aprenda com o grupo, mas servem de base apenas para um tipo rudimentar de cultura, que denominaremos *cultura só por imitação*. O terceiro tipo de traço é o reforço social, cujo acréscimo distingue a cultura só por imitação da *cultura plenamente desenvolvida*. Os reforçadores sociais permitem o elemento-chave da cultura humana, a educação.

Especializações comportamentais

Se aprender é arriscado, então é provável que seja restringido – isto é, guiado ou dirigido pela estrutura do organismo, particularmente pela estrutura do sistema nervoso e dos órgãos sensoriais. O desenvolvimento do andar nos bebês humanos é altamente restringido; quase toda criança é capaz de se levantar e andar com 1 ano e parece não requerer experiência especial. Mesmo quando o desenvolvimento comportamental é menos restringido do que o andar, certos estímulos afetarão o comportamento ou promoverão ou tolherão padrões específicos de comportamento com muito mais probabilidade do que outros. Se a ingestão de alguma coisa é seguida por mal-estar, então é provável que um rato evite alimentos que tenham o sabor ou odor daquele alimento que precedeu o mal-estar. Codornas e pombos, pássaros que encontram sua comida por meio da visão, evitam alimentos que se parecem com aqueles que comeram antes de adoecerem. Seres humanos parecem ter as duas tendências; o indivíduo que ficou doente depois de comer lagosta pode posteriormente sentir náuseas ao ver ou ao sentir o cheiro de lagosta.

Quando os estímulos em relação aos quais desenvolvemos tais propensões são produzidos por outros membros de nossa espécie, então aprendemos rapidamente com esses indivíduos. Os biólogos evolucionistas assinalam que muitos animais, além dos seres humanos, exibem esse tipo de sensibilidade. Por exemplo, o pardal-de-coroa-branca mostra sensibilidade especial às canções de outros pardais-de-coroa-branca, e um filhote desse pardal tem de ouvir o canto de um macho adulto de sua espécie antes que possa também cantar essa canção ao atingir a vida adulta. Se o pássaro é criado em laboratório e não ouve nenhum canto, ou apenas o canto de uma espécie semelhante, o pardal-do-sapal, ele cresce cantando algo rudimentar, que pouco se assemelha ao canto típico de sua espécie. Ele precisa ouvir o canto de um pardal-de-coroa-branca – uma gravação em fita cassete é o suficiente –, e nenhum outro o substitui para que seu canto se desenvolva corretamente e sua canção se assemelhe àquela que ouviu quando jovem. Essa transmissão do adulto para o jovem permite dialetos locais no canto; pardais-de-coroa-branca de diferentes áreas exibem diferentes variações de seu canto.

A aprendizagem da linguagem entre seres humanos parece ser restringida (guiada) de um modo semelhante à aprendizagem do canto pelo pardal-de-coroa-branca. O sistema auditivo humano parece ser especialmente sensível a sons da fala. Pesquisas laboratoriais com bebês indicam que a capacidade de realizar certas discriminações fonêmicas críticas já se manifesta logo após o nascimento. As vocalizações dos cuidadores induzem vocalização nos bebês, e vice-versa. Pesquisas com bebês pré-verbais e seus cuidadores indicam que os dois executam um "dueto", induzindo vocalizações um no outro – um padrão que se assemelha ao que posteriormente é chamado de conversa. Outras pesquisas indicam que bebês podem distinguir faces humanas de outros padrões visuais, uma capacidade que pode servir para a aquisição de linguagem, bem como para vários outros produtos sociais.

Longe de serem "tábulas rasas" em que a experiência se inscreve, os bebês humanos chegam ao mundo construídos para serem afetados por estímulos cruciais provenientes de outros seres humanos. Esses estímulos sociais são tão essenciais para o desenvolvimento normal que foram selecionados genes para que a produção desses estímulos pelos pais e sua recepção pelos filhos não fossem totalmente deixadas ao acaso. Pais se interessam muito por seus filhos, e filhos têm um grande interesse por seus pais.

Da mesma maneira que todos os pardais-de-coroa-branca machos normais ensaiam suas primeiras tentativas de canto em certa idade, também todos os bebês humanos começam a balbuciar quando têm alguns meses de vida. Mesmo nessa tenra idade, o balbuciar varia de acordo com a linguagem falada ao redor da criança e se assemelha ao som, à cadência e à entonação daquela linguagem. Para desenvolver seu canto, o pássaro deve poder ouvir a si próprio cantando. O mesmo parece ser verdade em relação à fala humana; crianças com infecções crônicas no ouvido desenvolvem uma fala anormal (normalmente corrigível por terapia fonoaudiológica).

Além da seleção de genes favoráveis, a estrutura do ambiente, particularmente do ambiente social, também tira parte da casualidade do desenvolvimento e da aprendizagem. Para um pardal-de-coroa-branca, a presença de um macho que canta (seu pai) é um dado básico; a seleção de genes que estruturam o desenvolvimento do sistema nervoso depende dessa confiabilidade. As sociedades, desde colônias de formigas até grupos humanos, fornecem tais ambientes confiáveis com uma complexidade muito maior.

Entre as espécies de mamíferos, vários carnívoros sociais (p. ex., leões, lobos e hienas), algumas espécies de macacos e os seres humanos são procriadores cooperativos. Procriação cooperativa significa que os indivíduos de um grupo cuidam dos filhos uns dos outros, não apenas de sua própria prole. Em algumas espécies, inclusive a nossa, os indivíduos às vezes cuidam de bebês com os quais não têm parentesco genético. Procriação cooperativa implica alimentar e proteger descendentes e, mais importante para a cultura humana, proporcionar um ambiente estável no qual se dá a aprendizagem social. Em um grupo de leões, várias fêmeas permanecem junto com os filhotes, criando um "berçário". Em grupos humanos, as creches são comuns e muitas vezes são chamadas de escolas infantis, refletindo a compreensão de que são ambientes destinados à aprendizagem. A procriação cooperativa muda o ambiente em que os indivíduos se desenvolvem desde a infância até a idade adulta. Os bebês são expostos a estímulos de diversas outras pessoas, e as respostas aos movimentos e às expressões dessas outras pessoas podem fazer diferença entre a vida e a morte ou entre sucesso e fracasso dentro dos grupos. Esperamos que as respostas aos estímulos fornecidos por adultos e outros seres humanos sejam selecionadas, juntamente com a capacidade de fornecer tais estímulos. Por exemplo, o rosto humano tem um número extraordinário de músculos, e esses músculos permitem uma grande variedade de expressões faciais – desde expressões de medo, ódio e nojo até de aceitação, carinho e alegria. Além de expressões faciais, a seleção também é responsável por nossa capacidade de resposta comportamental a essas expressões, o que facilita a aprendizagem. Algumas expressões faciais podem ser universais, como as de medo, nojo e aceitação. Algumas são aprimoradas ou suprimidas pelas consequências sociais (p. ex., pestanejos sedutores e a "cara de paisagem"); outras se tornam estímulos discriminativos (indutores) que variam de função de cultura para cultura, e ainda outras podem ser específicas de uma família ou pessoa.

Uma importante especialização comportamental em nossa espécie é a tendência de afiliar-se a pessoas conhecidas. Pessoas que crescem juntas, trabalham juntas, lutam juntas ou simplesmente convivem tendem a se afiliar – ou seja, até certo ponto, o bem-estar dessas pessoas torna-se o seu próprio bem-estar, e você se comporta pelo bem delas mesmo às suas próprias custas. Em outras palavras, comportar-se de forma altruísta para com aqueles aos quais você se afilia, ajudando-os e defendendo-os, é, em certa medida, reforçar intrinsecamente. Soldados em combate memoravelmente lutam mais para protegerem uns aos outros do que para prejudicar o inimigo. As pessoas podem inclusive se comportar de forma altruísta para com estranhos caso eles tenham certos marcadores de grupo – ou seja, a roupa, o corte de cabelo, *piercings*, tatuagens ou o dialeto de fala certos. Somos mais propensos a nos afiliar a parentes, mas isso pode ser apenas porque convivemos com eles. Crescer juntos faz as crianças sem parentesco tratarem-se como irmãos quando alcançam maturidade sexual. Tendo crescido juntos, não se casam entre si, mas escolhem parceiros em outro lugar. Quando crescemos com parentes, essa afiliação evita a procriação consanguínea e presumivelmente foi selecionada por causa dos resultados deletérios da procriação consanguínea.

Nossa tendência de nos afiliarmos é forte. As pessoas se afiliam até com membros de outras espécies com quem convivem, como comprovam os cemitérios de animais de estimação. Apesar de muitas vezes desejável para a sociedade, a afiliação nem sempre é desejável, como atestam as gangues de rua. Embora a maioria das pessoas tenda a se afiliar, uma pequena proporção não o faz; diz-se que elas carecem de empatia e frequentemente são chamadas de sociopatas, porque não conseguem ajudar e cooperar com os outros.

Sensibilidades a estímulos específicos andam lado a lado com tendências comportamentais específicas (como balbuciar). Em particular, o valor adaptativo pode provir de aliar a sensibilidade ao comportamento dos outros à tendência de se comportar como eles. Em outras palavras, sensibilidades específicas frequentemente andam junto com a tendência a imitar.

Imitação

A cultura provavelmente seria impossível sem a imitação. Se há alguma vantagem adaptativa em aprender sobre ambientes variáveis, então também haveria vantagem em imitar, pois ela ajudaria a garantir a aquisição do comportamento adequado. Para tornar esse argumento mais concreto, Boyd e Richerson (1985) consideraram uma população hipotética de organismos aculturais vivendo em um ambiente que varia de tempos em tempos (que passa por ciclos de seca e chuva, por exemplo). Imagine que os indivíduos de cada geração tivessem de aprender por si próprios qual o comportamento adequado ao ambiente de cada período: alguns conseguiriam, outros não. Os autores continuam:

> Agora, considere a evolução de um hipotético gene "imitador" mutante, que permite a seus portadores evitar a aprendizagem individual e copiar o comportamento de indivíduos de gerações anteriores. Contanto que o ambiente não mude muito entre gerações, o comportamento médio desses modelos estará próximo do comportamento atualmente adaptativo. Copiando o comportamento de indivíduos de uma geração anterior, os imitadores evitam custosas tentativas de aprendizagem e, se representam a média de vários modelos, têm maior chance de adquirir o comportamento atualmente adaptativo do que os não imitadores. (p. 15)

Em outras palavras, os indivíduos que imitam têm maior chance de se comportar de maneiras que resultem em sobrevivência e reprodução no ambiente atual, de modo que os genes responsáveis pela imitação tenderão a aumentar de frequência no conjunto gênico.

Em consonância com essa linha de raciocínio, a imitação ocorre em numerosas espécies, muitas das quais consideraríamos aculturais. Epstein (1984) mostrou que, quando um pombo sem nenhum treinamento é colocado em um aparelho no qual pode observar outro pombo bicando uma bola de pingue-pongue e recebendo reforço sob a forma de comida, ele em breve começa a bicar uma bola que esteja de seu lado do aparelho e continuará bicando mesmo depois que o outro pombo tenha sido retirado. O pombo sem dúvida deixa de bicar depois de um certo tempo, mas, se o aparelho fosse programado de forma que suas bicadas também produzissem comida, o bicar seria reforçado e passaria de comportamento induzido a comportamento operante. Porém, mesmo se um bando inteiro de pombos aprendesse a bicar bolas de pingue-pongue por imitação, ainda hesitaríamos em dizer que os pombos têm uma verdadeira cultura, embora possamos lhes atribuir uma cultura extremamente rudimentar.

O mesmo se aplica ao grupo de macacos em que todos aprenderam a lavar batatas-doces colocadas na areia de uma praia. Os pesquisadores que colocaram as batatas observaram que uma macaca começou a lavar suas batatas, individualmente. Alguns outros fizeram o mesmo, e depois foi a vez do restante. A difusão desse traço, presumivelmente por imitação e reforço, poderia qualificá-lo como parte de uma cultura rudimentar, limitada à lavagem de comida e a alguns outros traços típicos desse grupo. (Ver Goodenough, McGuire e Walace, 1993, p. 138-140, para um resumo sobre aprendizagem social em animais não humanos.)

Podemos denominar esse conjunto de traços, transmitidos exclusivamente por imitação, de *cultura só por imitação*; embora ela tenha muitos elementos em comum com a cultura humana, o elemento de educação, ensino ou treino está faltando. Em uma cultura só por imitação, o comportamento de outros membros do grupo serve apenas como um estímulo ou contexto indutor. As consequências do comportamento imitado (lavar batatas) se originam de aspectos não sociais do ambiente do indivíduo (areia que adere à batata). No ensino, entretanto, dois indivíduos têm uma relação (Cap. 11); o reforço para o comportamento do aprendiz é programado pelo instrutor, e geralmente pelo menos alguns dos reforçadores (elogios e aprovação) partem dele. Tais relações de reforçamento social levam a cultura humana muito além das possibilidades da cultura só por imitação.

Discutiremos os efeitos do ensino sobre a cultura posteriormente. Primeiro, analisaremos como a evolução pode ter fornecido uma base genética para o processo de ensino ao selecionar reforçadores sociais poderosos.

Reforçadores e punidores sociais

Para crianças que crescem em uma cultura humana, seria provavelmente impossível aprender todas as coisas que precisam sem uma modelagem contínua por parte dos adultos. Se houvesse uma vantagem em aprender mais habilidades e discriminações mais sutis, então os genes que favorecessem tais aquisições seriam selecionados.

Nos Capítulos 4 e 12, discutimos a probabilidade de que genes que tornam certos eventos reforçadores importantes – comida, um possível parceiro, abrigo – e genes que tornam certos eventos punidores – dor, enfermidade, predadores – seriam selecionados em qualquer espécie cuja aptidão fosse aumentada pela aprendizagem operante. A extensão desse raciocínio explica como sinais sociais sutis puderam se tornar reforçadores e punidores poderosos que servem de base para a cultura. No Capítulo 12, por exemplo, vimos que Dawkins incluiu em sua lista de reforçadores *criança sorrindo* e, em sua lista de punições, *criança gritando*. A maioria dos pais atestaria que a visão de uma criança sorridente é um reforçador poderoso e um estímulo indutor (estímulo incondicional ou liberador; Cap. 4). O som de um bebê chorando, embora mais baixo do que muitos sons que toleramos, é um dos sons mais aversivos que conhecemos, e os pais saem correndo para alimentar ou trocar fraldas ou fazer o que quer que seja necessário para que a criança pare de chorar. Não há consideração sobre saúde individual dos pais ou sobre sua sobrevivência que explique por que o sorriso ou o choro do filho deveria afetá-los tão intensamente. Cuidar de um filho, entretanto, tem tudo a ver com a sobrevivência de genes, e um pacote de genes que inclua a tendência a produzir esse efeito certamente prosperará. O sorriso e o choro da criança são os meios pelos quais os genes induzem e reforçam nos pais o comportamento de cuidar do filho.

Se a criança modela o comportamento dos pais, quão mais verdadeiro é que os pais modelam o comportamento da criança! Os adultos exibem múltiplas mudanças comportamentais perto de crianças. Eles sorriem, contemplam-nas afetuosamente, elevam o tom de voz e falam em "língua de mamãe" – todos padrões fixos de ação (Cap. 4). Para a criança, o sorriso dos pais, seu olhar, voz e toque são reforçadores poderosos, mas por nenhuma razão óbvia a não ser pelas vantagens da cultura. Se a criança não tivesse nada a aprender de seus pais, os genes que transformam esses sinais sutis em reforçadores nunca seriam selecionados. Esses poderosos reforçadores sociais, contudo, abrem possibilidades de transmissão cultural que excedem muito aquelas de uma cultura só por imitação.

Além de serem potentes, os reforçadores sociais são especialmente eficazes por estarem sempre ao alcance. Imagine um pai ou uma mãe tentando modelar o comportamento do filho com reforçadores não sociais, como comida e dinheiro. Cada vez que a criança apresenta a resposta desejada, o pai tem de lhe dar uma bolacha, que a criança come, ou uma moeda, que a criança gasta depois. Quão ineficiente, em comparação com a natureza fácil e imediata de um sorriso, um abraço, uma palavra de aprovação! Diferentemente do dinheiro, esses reforçadores sociais estão sempre à disposição dos pais, qualquer que seja a situação. Diferentemente das bolachas, o afeto pode ser dado inúmeras vezes sem que a criança se sacie. Aplicação rápida e saciedade lenta significam que esses reforçadores permitem que a educação da criança seja contínua durante todas as horas em que está desperta.

VARIAÇÃO, TRANSMISSÃO E SELEÇÃO

Os tipos de traços que estivemos discutindo – especializações comportamentais, imitação e reforçadores sociais – não só produzem cultura, mas também permitem mudanças culturais. A evolução cultural pode ocorrer de modo análogo à evolução genética – isto é, pela combinação de variação, transmissão e seleção (a transmissão seletiva da variação). Para entender como isso pode acontecer, precisamos responder a algumas questões básicas. O que varia e como? Como as variações são transmitidas? Quais são os mecanismos de seleção?

Variação

A evolução é impossível sem variação. Na evolução genética, as localizações dos genes nos cromossomos devem ser ocupadas por vários alelos – contribuindo para a existência de diversos pacotes de genes e máquinas de sobrevivência. Do mesmo modo, a evolução cultural requer que vários "alelos" culturais compitam, e vários pacotes de traços devem ser possíveis. Mas quais são os análogos de genes, alelos e pacotes, e quais são os mecanismos de sua variação?

Replicadores culturais

A pergunta "O que varia?" é uma pergunta sobre unidades. Nos termos de Dawkins, ela se torna: "Quais são os replicadores culturais que têm longevidade, fecundidade e fidelidade de cópia?".

O problema aqui é precisamente análogo ao problema de identificar unidades de comportamento operante (Cap. 4), e a solução é praticamente a mesma. Aqui, como lá, as unidades são identificadas pela sua função. Um replicador cultural é uma ação, desempenhada e transmitida pelo grupo, que tem determinada função, resulta em determinado efeito ou produz certo resultado. Em outras palavras, um replicador cultural realiza determinada tarefa. O uso de roupas quentes no inverno protege nossa saúde. A programação de computadores permite que uma pessoa ganhe a vida e adquira *status*.

Tal como pacotes de genes, pode-se pensar nos replicadores culturais como tendo diferentes tamanhos. Por exemplo, os antropólogos diferenciam as culturas com base em uma série de critérios, alguns específicos, outros gerais. A produção de um artefato específico (fazer potes de um certo formato) constitui um replicador relativamente pequeno; em uma cultura tecnológica, a montagem de televisores de determinada marca seria um exemplo. Replicadores maiores, ou pacotes de replicadores, são definidos por agrupamentos interdependentes de costumes. Costumes relativos a matrimônio e família, por exemplo, tendem a se agrupar. Em culturas com a noção de família estendida, os matrimônios arranjados são a regra, presumivelmente porque o número de pessoas envolvidas é grande demais para que a associação de duas famílias seja deixada ao sabor dos caprichos de um romance. Casamentos por amor ficam mais comuns à medida que haja menos pessoas envolvidas além do próprio casal. Nos últimos 300 anos no Ocidente, temos assistido a uma substituição da família estendida pela família nuclear e uma predominância de casamentos por amor.

Falar inglês poderia ser considerado um replicador, embora seja algo tão amplo que não ajuda muito na compreensão dos costumes culturais. Replicadores verbais mais específicos seriam formas de saudação ou de pechinchar sobre preços e bens de consumo. "Olá, bom ver você" e "Meu burro vale pelo menos três de suas ovelhas" podem ser ditos em inúmeras línguas, e a linguagem normalmente é menos importante do que o resultado – ou seja, o efeito que produz. A maior parte das culturas inclui formas diferentes de saudação para diferentes tipos de relação – por exemplo, com o cônjuge ou com o patrão –, e essas diferentes saudações são replicadores. Em algumas culturas, é prática comum mentir sobre a qualidade e a origem dos bens de consumo, como muitos de nós que estivemos na Turquia ou na Índia podemos testemunhar. Diferentes costumes no processo de barganha em culturas diferentes constituem replicadores.

Meme, gene cultural, prática

Diferentes nomes já foram propostos para os replicadores culturais. Lumsden e Wilson (1981) sugeriram "gene cultural" (*culturgen*), e Dawkins (1989) sugeriu "meme"; Skinner (1971) empregou a palavra "prática". A história da ciência inclui exemplos de invenção de termos novos (oxigênio e aceleração) e de apropriação de termos de nosso vocabulário cotidiano (força e resposta). A palavra "meme" tornou-se popular para denotar um ditado, o cantar e executar de uma música ou a publicação e o ato de ver um vídeo. Para a nossa presente finalidade, utilizaremos termos como "prática" e "costume", que nos lembram que replicadores culturais são atividades.

Entre biólogos evolucionistas, a discussão sobre evolução cultural tem sido prejudicada pela incapacidade de reconhecer que replicadores culturais são atividades. Lumsden e Wilson e Dawkins escrevem sobre a evolução de crenças, ideias e valores. A crença, ideia ou valor de que roubar é errado, se pensada como uma coisa, nunca poderia evoluir por processos físicos, porque ela não é natural. Os problemas com o mentalismo que discutimos no Capítulo 3 se aplicam a práticas culturais tanto quanto a qualquer outro tipo de comportamento operante. Não entendemos melhor esses fenômenos imaginando que as unidades de evolução cultural sejam entidades mentais (Boyd & Richerson, 1985) ou estruturas neurais desconhecidas (Dawkins, 1989). Tais ficções explanatórias sempre serão supérfluas e não podem explicar como as práticas culturais se originam e mudam, uma questão que exige, para sua resposta, que atentemos para a história e o comportamento ao longo do tempo (Cap. 4).

Assim como a frequência de um gene em um conjunto gênico só pode ser avaliada levando em conta todos os indivíduos de uma população, também a frequência de uma prática ou costume só pode ser avaliada levando em conta todos os indivíduos do grupo. Por exemplo, há mais mulheres norte-americanas que usam batom hoje do que na década de 1970, e menos mulheres usavam batom na década de 1970 do que na década de 1950; essas mudanças culturais só poderiam ser medidas estudando-se muitas mulheres. O que muda de frequência, entre muitas mulheres e ao longo de muito tempo, e a própria prática (usar batom); isso é o replicador. Agrupamentos de práticas que funcionam como replicadores são rótulo para categorias (Ryle) e atividades agregadas (na perspectiva molar; Cap. 3). Por exemplo, "desaprovar o roubo" é uma atividade composta de partes, tais como punir o roubo e ensinar as crianças a não roubar (Cap. 3). Considerando que o termo denota algo natural, um conjunto de ações interdependentes, ele denota algo que poderia evoluir pelo processo natural de seleção: os membros de um grupo podem punir o ato de roubar, reforçar comportamentos incompatíveis com esse ato e falar sobre como é errado roubar ("Não roubarás"), e cada uma dessas ações poderia ser selecionada à medida que diminuísse a frequência dos roubos.

O fato de que falar faz parte da cultura merece ênfase. Entre as práticas de uma cultura estão certas verbalizações tradicionais: provérbios, histórias e mitos. No Estado de New Hampshire, Estados Unidos, a frase "Se não está quebrado não tente consertar" faz parte da cultura local. Uma parte da antiga cultura grega eram seus mitos. Particularmente importantes para uma cultura são as verbalizações que identificamos no Capítulo 8 como *regras*. Estas incluem normas morais (Não roubarás, é certo cooperar, é errado ser egoísta), instruções (Diga sempre "Por favor" e "Muito obrigado") e informações sobre o ambiente (Você vai precisar de um casaco bem quente por aqui no inverno). Até mesmo as histórias e os mitos de uma cultura se assemelham a regras, porque normalmente transmitem lições práticas ou morais – isto é, apontam para reforços e punições costumeiros. A história do menino que gritava "lobo!", por exemplo, contém uma lição sobre estímulos discriminativos verbais, confiabilidade e reforço. C. J. Sommerville (1982), em seu livro sobre a infância, afirma que até mesmo os contos de fada infantis sobre jovens valentes, donzelas formosas, dragões e madrastas malvadas têm funções socialmente úteis ao ensinarem indiretamente lições de vida e ao encorajarem confiança nas interações com o mundo. Ele escreve: "Eles oferecem algo que deve preceder o desenvolvimento moral, encorajando a criança a tomar partido. Ao simpatizar com um personagem e se posicionar contra outro, a criança adquire o hábito de se identificar com aqueles que deseja emular" (p. 139). Em outras palavras, assim como as imposições morais, os contos de fada de uma cultura contribuem para produzir comportamentos que serão reforçados pelas práticas do grupo. Quando biólogos e antropólogos falam sobre "crenças", "ideias" e "valores" de uma cultura, provavelmente estão se referindo especificamente às tradições do comportamento verbal daquela cultura.

Podemos distinguir a elaboração de regras de sua prescrição, como distinguiríamos invenção de repetição. Pessoas compõem regras, vez ou outra, no sentido de que emitem novas verbalizações sob a forma de imposições, conselhos ou instruções. Apenas algumas dessas regras se tornam parte das prescrições características da cultura, que se difundem de pessoa a pessoa e de uma geração a outra por meio de imitação associada a reforço. Elaborar e prescrever regras são comportamentos que compõem a cultura humana.

O modo particular de prescrever regras dentro de um grupo ajuda a distinguir uma cultura de outra e muda em uma cultura de um período para outro. Os pais de um jovem em idade de casar na Índia de hoje podem lhe dizer: "Quando você conhecer a mulher que escolhemos para sua esposa, se não gostar dela, pode recusá-la". Nos Estados Unidos, poderiam dizer a ele: "Quando conhecermos a mulher que você escolheu para sua esposa, se não gostarmos dela, poderemos recusá-la". Há três séculos, o jovem norte-americano poderia ter ouvido algo mais parecido com o que o jovem indiano de hoje escuta. Regras variam de um lugar para outro e de uma época para outra.

Reforço e punição social

Em toda cultura, certas ações são reforçadas ou punidas por membros do grupo. A obediência de uma criança aos pais resulta em aprovação e afeto. Mentir, enganar e roubar resultam em desaprovação e rejeição. Esses costumes de reforço e punição social constituem as mais importantes práticas culturais porque formam a base para as culturas que vão além das possibilidades da cultura só por imitação. O comportamento operante que denominamos ensinar, orientar ou instruir consiste em reforçar comportamentos que são normais para aquela cultura e punir os comportamentos que desviam da norma. Como o comportamento operante, o próprio ensinar também precisa ser reforçado frequentemente pelo comportamento correto dos alunos, mas também por outras práticas dentro da cultura, tais como o pagamento de salários.

Skinner (1971, 1974) considerou o reforço social tão importante para a cultura humana que sugeriu que a palavra *prática* fosse utilizada apenas para se referir a tais relações. De seu ponto de vista, o reforço social modela o comportamento que é normal para aquela cultura. Considerando que o comportamento resulta de relações de reforçamento, estas são mais básicas do que o comportamento. Assim, conhecer uma cultura seria conhecer suas relações de reforçamento e punição. A fabricação de potes de cerâmica de determinado formato seria secundária; reforçar o fazer potes naquele formato seria uma parte primordial daquela cultura. O fato de primos casarem ou não entre si seria secundário; punir ou reforçar as propostas de casamento entre primos seria o fundamental.

A posição de Skinner tem duas principais implicações. Primeiro, elimina culturas só por imitação e limita a possibilidade de existirem culturas em espécies não humanas. (As espécies não humanas teriam de se envolver em comportamento operante que tivesse o efeito de reforçar ou punir o comportamento de outros membros do grupo. Não seria suficiente que o comportamento de lavar batatas se difundisse de pais para filhos; os pais deveriam reforçar o lavar batatas em seus descendentes.). Segundo, o ponto de vista de Skinner muda a perspectiva dessa questão, diminuindo a ênfase dada a uma pergunta difícil e possivelmente irrespondível: quantos membros de um grupo têm de se comportar de certo modo antes que esse tipo de comportamento seja considerado "característico" ou "normal" para aquela cultura? Skinner responde, de fato, que o número é irrelevante, contanto que alguns membros do grupo reforcem aquele tipo de comportamento em outros. Mesmo que apenas alguns membros do grupo reforcem o comportamento, ele persistirá como parte do comportamento do grupo.

Os biólogos evolucionistas divergem de Skinner nos dois pontos. Primeiro, os que reconhecem a importância da educação, bem como da imitação, definem cultura como consistindo de comportamentos aprendidos como resultado de pertencer a um grupo. Essa definição não traça uma linha divisória entre culturas só por imitação e culturas que incluem educação; tampouco traça, dentro de uma mesma cultura, uma linha divisória entre comportamentos adquiridos por imitação combinada com reforço não social (p. ex., lavar batatas) e comportamentos adquiridos como resultado de interações com outros membros do grupo – isto é, como resultado de um relacionamento, no sentido do Cap. 11. Para essa visão mais abrangente, seria suficiente que membros do grupo servissem de modelo; eles também não precisariam ser instrumentos de reforço. Em segundo lugar, os biólogos evolucionistas contornam a questão do que é normal para uma cultura comparando a cultura a um conjunto gênico. Em um conjunto cultural, certas práticas podem ser comuns, e outras, raras. O que importa é se permanecem no conjunto ou desaparecem.

Mutação, recombinação e migração

Se um conjunto cultural é como um conjunto gênico, então ele deve conter dentro de si os meios para produzir o novo. No conjunto gênico, três processos contribuem para o novo: (1) a mutação constitui uma fonte de novos alelos; (2) a recombinação ou *crossing-over* – a quebra e o reagrupamento de DNA que acontecem durante a meiose – organiza novas combinações de alelos; e (3) a migração de indivíduos de uma população para outra permite o aparecimento de combinações completamente novas em um conjunto gênico. Análogos desses três processos acontecem no conjunto cultural.

O análogo cultural da mutação é o erro ou acidente. Já discutimos a impossibilidade de uma mesma ação se repetir exatamente da mesma maneira. A variação é inerente ao comportamento, e algumas variações podem ter mais êxito do que outras. Outro tipo de acidente pode ser imposto por algum evento ambiental incontrolável. Quando machuquei minha mão direita, eu me vi forçado a escovar os dentes com a mão esquerda e descobri que dessa maneira poderia fazer uma limpeza melhor nos dentes do lado direito. Agora eu alterno as mãos quando escovo os dentes. Quando você se vê impedido de realizar as coisas do modo habitual, você pode descobrir modos melhores de realizá-las. Em um mundo mutável, surgem novas contingências, e podem ser selecionados novos padrões comportamentais. Por fim, tal como na replicação genética, podem acontecer erros de cópia. Um atleta pode imitar incorretamente um treinador de tênis e descobrir um modo melhor de sacar. Uma criança pode imitar imperfeitamente seus pais e descobrir um modo melhor de amarrar os sapatos. Porém, como ocorre com as mutações, a maioria dos enganos piora a situação; são raros os acidentes felizes que melhoram as coisas.

Um possível análogo comportamental da recombinação é a falha no controle de estímulos. Você pode virar seu carro na esquina errada, vestir uma peça de roupa errada ou dizer algo inadequado a um parente, embora já tenha feito tudo certo centenas de vezes nessas situações. Padrões de comportamento que normalmente permaneceriam separados se misturam dessa forma. Embora tal mistura seja normalmente desastrosa, ocasionalmente ela pode levá-lo a descobrir um caminho alternativo muito melhor, uma maneira melhor de se vestir ou um modo mais adequado de interagir com seus parentes.

Assim como a imigração introduz novidade em um conjunto gênico, ela também pode introduzir novidade em um conjunto cultural. Isso acontece quando indivíduos de uma sociedade ingressam em outra. Por exemplo, ocidentais que moraram no Japão nos séculos XIX e XX transferiram muitas práticas para a cultura japonesa. A imigração para os Estados Unidos introduziu novas maneiras de cozinhar, novas expressões verbais, novos modos de fazer negócios e novas formas de religião.

Novas práticas também podem penetrar uma cultura por meio da imigração de uma subcultura – isto é, de um conjunto de práticas características de um subgrupo daquela sociedade. Os efeitos da imigração para os Estados Unidos frequentemente se fizeram sentir com algum atraso porque um grupo étnico pode permanecer parcialmente segregado do resto da população, passando a integrar a cultura principal somente depois de algumas gerações. Quase todos os norte-americanos sabem o significado de expressões como *jive*, *pasta* e *chutzpah*, mesmo que não conheçam a origem dessas palavras.

Transmissão

O segundo ingrediente essencial para a evolução por seleção é a transmissão de uma geração para outra. Na evolução genética, a transmissão ocorre por transferência de material genético (DNA) de pais para filhos. Na evolução cultural, ela ocorre por meios mais diretos: a transferência do comportamento de um membro do grupo para outro.

Herança de características adquiridas

Antes do século XX, sugeria-se às vezes que certos traços pudessem ser passados de pai para filho por transferência direta, de modo que as características adquiridas por um dos genitores poderiam aparecer em seus descendentes. Se os braços de um ferreiro crescessem em massa muscular como resultado de seu trabalho, então o traço "braços musculosos" poderia ser passado para seus filhos. Hoje em dia, sabemos que fatores ambientais às vezes afetam genes, ativando-os ou desativando-os, e que essas alterações podem ser passadas dos pais para os filhos – o que são chamados de *efeitos epigenéticos*. Exceto pelos efeitos epigenéticos, não há evidências em favor da herança de traços adquiridos na evolução genética. Contudo, na evolução cultural, a herança de características adquiridas é precisamente o meio de transmissão.

Em uma espécie que tem uma cultura como a nossa, as crianças tendem a aprender o que quer que seja que seus pais aprenderam. Tudo, da maneira de se vestir aos bons modos à mesa, de dialetos a maneirismos sociais, pode ser passado diretamente de pai para filho. Para alguns traços culturais, a transferência de material genético de pai para filho pode não desempenhar um papel direto, mas a herança genética de pai para filho também pode guiar ou influenciar a transmissão cultural; os filhos podem ter uma predisposição a aprender certas coisas como resultado de genes que herdaram. Por exemplo, uma criança e seu pai poderiam compartilhar uma predisposição para ter medo de altura, aprender música ou desenvolver habilidades manuais.

Contudo, uma vez que a transferência de material genético pode ser irrelevante para a transmissão cultural, os *pais genéticos* de uma pessoa podem diferir de seus *pais culturais*. A criança pode adquirir traços culturais de uma diversidade de adultos – tios, tias, professores, sacerdotes, treinadores. As pessoas também podem adquirir práticas de seus pares; as crianças tipicamente aprendem com outras crianças o "código do recreio", e adultos aprendem os "macetes" de uma situação por meio de outros adultos. Essa forma de transmissão entre pares é chamada de *horizontal*. Considerando que a transmissão horizontal acontece dentro das gerações, as práticas culturais podem se difundir no mesmo grupo no período de uma única geração genética.

Essa rápida disseminação de práticas significa que a evolução cultural é muito mais rápida do que a evolução biológica. Enquanto a transmissão genética é limitada a só um momento na vida do indivíduo, a transmissão cultural acontece ao longo de toda a sua vida. A transmissão cultural permite que novos traços substituam os velhos, mesmo em uma grande população, no espaço de apenas alguns anos. A velocidade da evolução cultural geralmente é uma vantagem, porque permite a adaptação a ambientes variáveis. Às vezes, porém, a velocidade da evolução cultural em relação à evolução genética cria problemas; como exemplos temos nossos problemas atuais de "amor aos doces" e o uso de armas nucleares. As práticas de fabricação de açúcar e de armas nucleares evoluíram muito rápido para que os genes subjacentes à nossa atração pelo gosto doce e às nossas tendências agressivas tenham sofrido uma diminuição no conjunto gênico. Em vez disso, outras práticas culturais evoluíram para compensar os efeitos ruins daqueles primeiros genes. Fazemos dieta e escovamos os dentes; debatemos sobre questões de paz e desarmamento.

Transmissão por imitação

Uma forma como os traços culturais adquiridos são transmitidos é a cópia direta – a imitação. Na evolução biológica, a cópia do DNA ocorre durante a formação dos gametas, e o DNA então afeta o desenvolvimento do indivíduo para o qual foi transferido. Esses efeitos são relativamente incertos e indiretos se comparados com o processo de cópia direta do fenótipo realizado por imitação.

As crianças imitam os adultos e outras crianças. Os adultos normalmente imitam outros adultos, mas às vezes imitam crianças. Expressões de gíria usadas por crianças, como *far out* e *totally awesome*,* tendem a deslizar para a fala de adultos que as ouvem.

A imitação provê uma base para a aprendizagem operante. Uma vez que uma ação tenha sido induzida por imitação, ela pode ser reforçada e modelada até atingir formas mais evoluídas. Uma vez que uma criança articula *assã*, as respostas dos ouvintes (aprovação e dar maçãs) reforçam e modelam até que ela articule *maçã*. Se nenhum reforço acontece, ou se a ação é

---

* N. de R.T. *Far out* é utilizado para expressar surpresa quando alguma coisa é tão única que não pode ser comparada a algo desse planeta (podendo ser usado tanto de maneira positiva quanto negativa). Já *totally awesome* pode ser traduzido como "totalmente incrível!", sendo usado para expressar algo muito legal e divertido.

punida, ela permanece com baixa frequência ou desaparece. Uma criança pode bater em outra, imitando um comportamento agressivo visto na televisão, mas a continuidade da agressão vai depender de o comportamento ser reforçado ou punido.

Podemos distinguir imitação aprendida de imitação não aprendida. A imitação em pombos e macacos provavelmente não é aprendida, e muitas das imitações de crianças (e talvez de adultos) não são aprendidas, no sentido de não necessitarem de nenhuma experiência especial. É como se alguns de nossos genes instruíssem nossos corpos: "Vejam e escutem as pessoas ao redor e façam como elas fazem". Sem qualquer treino, uma criança pequena que vê seu pai martelando pregos apanhará um martelo e o baterá contra um pedaço de madeira. Entre as espécies, os humanos se destacam na imitação não aprendida.

A imitação não aprendida, combinada com a modelagem, explica por que as crianças aprendem a falar e a se comportar socialmente como as pessoas a seu redor. Até mesmo adultos que vivem fora de sua terra natal podem adquirir dialetos e maneiras sociais sem sequer o perceber.

A imitação aprendida é outra questão. É um tipo de comportamento controlado por regras, no sentido do Capítulo 8. Quando uma pessoa diz para outra "fazer assim", a capacidade daquele que está sendo instruído de se comportar adequadamente depende de sua história de reforço por imitar nessas situações. A transição de imitação não aprendida para aprendida pode ocorrer em muitos contextos diferentes: em casa, quando os pais dizem "Olhe para cá"; no pátio da escola, quando um colega diz "Veja o que eu consigo fazer"; em sala de aula, quando o professor brinca de "Faça o que seu mestre mandar".

Embora a imitação não aprendida permita uma rápida transmissão cultural, a imitação aprendida é ainda mais veloz. Por meio da imitação aprendida, um simples episódio social pode ser suficiente para transmitir uma prática. Uma pessoa diz a outra "Penteie seu cabelo assim", e a outra imediatamente o faz. Supondo-se que o ambiente forneça os reforços necessários – sociais ou não sociais – para esse comportamento, ele persistirá.

Transmissão por comportamento controlado por regras

A imitação aprendida é um exemplo de um tipo mais geral de transmissão cultural: transmissão por meio de regras. Uma das primeiras lições que as crianças aprendem é obedecer a seus pais e a outras autoridades. Em vez de apenas imitar, elas são ensinadas a fazer aquilo que os outros mandam. Quando surge um conflito, elas ouvem: "Faça o que eu digo, não faça o que eu faço". Sem dúvida alguma, as crianças têm essa predisposição para aprender a seguir regras devido à sua sensibilidade para estímulos provenientes de seus pais, particularmente os sons de sua fala, e devido à sua suscetibilidade a reforçadores sociais aplicados pelos pais.

Pobre da criança que não aprende a seguir regras, pois não conseguirá adquirir uma série de comportamentos socialmente aceitáveis. Muitas das verbalizações que um pai dirige a seu filho são equivalentes a declarações do tipo "Em nossa cultura fazemos X, e X é reforçado por membros de nosso grupo" ou "Em nossa cultura evitamos fazer X, e X é punido por membros de nosso grupo". Tais regras mostram as relações que em geral denominamos *convenções*. Um pai diz para o filho: "Vá se despedir", "Segure o garfo com a mão esquerda" ou "Cumprimente as pessoas ao chegar", e todas essas ações são reforçadas por membros do grupo. Um pai diz a seu filho: "Não bata no tio Zack", "Não ponha o dedo no nariz em público" ou "Não dê risada muito alto", e todas essas ações são punidas por membros do grupo.

Essas convenções derivam seu poder, em última instância, dos benefícios que o fato de pertencer ao grupo traz para a aptidão. Nos termos do Capítulo 8, o reforço último assume a forma: "Se você se comportar assim, então estará em condições de auferir a proteção e partilhar dos recursos de que dispõe este grupo". Desviar-se muito do comportamento aceito é correr o risco de ostracismo. No seriado *The american experience*, um episódio descrevia o drama de uma mulher no início do século XIX em uma pequena e longínqua cidade da Nova Inglaterra, que, quando adolescente, havia dado seu filho ilegítimo para adoção e, então, muito tempo depois, sem saber, casou-se com o próprio filho. Quando o engano foi descoberto, o filho foi afastado, e a mulher foi relegada ao ostracismo. Embora algumas pessoas tivessem pena dela, ela foi deixada à mingua até morrer de fome em uma palhoça na periferia da cidade. Hoje em dia, as pessoas que são excluídas dessa maneira acabam "nas ruas".

As convenções sociais diferem de regras induzidas por relações de reforçamento e punição que afetam diretamente a saúde e o bem-estar pessoais. "Agasalhe-se bem no inverno" é um conselho muito bom para pessoas que vivem em uma região de clima temperado, quer os demais membros do grupo o aprovem ou não. As convenções sociais são afirmações valorativas que indicam reforço e punição de origem predominantemente social. Elas frequentemente incluem palavras como *deveria* e *deve*. Um pai norte-americano poderia dizer a seu filho: "Você jamais deveria roubar de seus amigos, mas não tem problema escamotear um pouco em sua declaração de imposto de renda". Como vimos no Capítulo 12, *deveria* e *deve* são induzidos por relações de reforçamento e punição últimas. Em convenções sociais, inclusive em declarações morais, como "Honrar pai e mãe", o reforço e a punição últimos são aplicados por outros membros do grupo. No esquema HRRR (saúde, recursos, relacionamentos e reprodução) dos Capítulos 8 e 12, o reforço último das convenções sociais envolve os dois últimos Rs: relacionamentos e reprodução.

Seleção

Além da variação e da transmissão, a evolução de práticas em um conjunto cultural requer algum mecanismo de seleção. Na evolução genética, a seleção ocorre devido a diferenças na sobrevivência e na reprodução. Algo análogo deve ocorrer com a evolução cultural. Tal como ocorre com os genes, algumas variantes dos replicadores culturais são longevas, mais férteis ou mais fielmente copiadas.

Seleção natural na cultura

Às vezes, uma prática cultural pode afetar diretamente a sobrevivência e a reprodução. Práticas que afetam a sobrevivência, como comer inimigos vencidos após uma batalha, o que espalha uma doença mortal, o kuru, ou construir barcos ineficientes, o que resulta em afogamento, são contrasselecionadas porque impedem a reprodução. Essas práticas tendem a ser substituídas por concorrentes (proibir o canibalismo e construir barcos melhores), porque seus praticantes morrem antes de se reproduzir. Práticas que promovem a reprodução, como exaltar famílias numerosas e proibir o controle de natalidade, aumentam o sucesso reprodutivo de quem as pratica. Essas práticas podem florescer, porque seus praticantes produzem muitos descendentes. Vamos discutir, a seguir, como a seleção natural, em última análise, estabelece limites para a cultura, embora possa operar mesmo no curto prazo. Essa seleção natural relativamente imediata nas práticas culturais, no entanto, não é o principal mecanismo de seleção cultural.

Transmissão seletiva

Indivíduos (máquinas de sobrevivência) que indiscriminadamente copiassem quaisquer práticas que aparecessem a seu redor poderiam se sair pior do que indivíduos que copiassem seletivamente. Aqueles que imitam seletivamente terão maior habilidade de adquirir os comportamentos mais adaptativos, contanto que haja algum critério imediatamente disponível – algum caráter manifesto – para orientar a seleção.

A melhor regra para a imitação seletiva seria *imite o sucesso*. Em um ambiente variável, no qual as melhores pistas para um comportamento adaptativo são as atividades das pessoas em volta, um gene ou conjunto de genes que contivessem essa diretriz se daria melhor que os outros. No entanto, os genes nunca poderiam codificar uma diretriz tão abstrata; em vez disso, teriam de orientar a imitação na direção de critérios concretos que habitualmente estão correlacionados com o sucesso. Boyd e Richerson (1985), por exemplo, mostram que certas circunstâncias podem frequentemente tornar mais útil imitar outros indivíduos em vez dos pais. "Por exemplo, frequentemente os filhos precisam emigrar. Os indivíduos nativos do novo hábitat provavelmente serão modelos muito melhores do que os pais biológicos do imigrante" (p. 15). Em tais circunstâncias, como se poderia saber quem ou o que imitar?

Um critério concreto que Boyd e Richerson sugerem é frequência. As ações mais comuns – as normas – serão provavelmente aquelas que se mostraram mais bem-sucedidas. Seria relativamente simples conseguir que as atividades mais frequentemente encontradas fossem imitadas; poderia ser necessário simplesmente, por exemplo, reduzir a velocidade da imitação, de modo que várias exposições fossem necessárias para que uma atividade viesse a ser copiada. Tal mecanismo poderia dar errado se uma prática melhor fosse menos frequente, mas uma prática só precisa gerar maior aptidão em médio e a longo prazo para que os genes sejam selecionados.

Um possível segundo critério concreto poderia ser: imitar aqueles indivíduos encontrados com mais frequência. Em nossa espécie, esses indivíduos geralmente seriam os pais biológicos, mas também poderiam ser os pais adotivos, os tios, as tias, os professores ou os amigos. Os genes responsáveis pelo reconhecimento de membros da família e por outras pessoas significativas poderiam ser selecionados por diversas razões além daquela de guiar a imitação – por exemplo, guiar o altruísmo em relação à família ou àqueles que provavelmente retribuirão. A regra *A caridade começa em casa* poderia ser atrelada à regra *A imitação começa em casa*.

Imitar as pessoas que encontramos frequentemente, assim como imitar as atividades frequentemente observadas, implica alguns riscos. Os seres humanos parecem imitar os adultos que os criam, com frequência com bons resultados, mas às vezes desastrosamente. Pessoas que sofreram violência por parte dos pais quando crianças podem jurar que nunca baterão em seus próprios filhos, mas podem achar difícil conter-se quando de fato tiverem filhos. Da perspectiva dos genes, essa cópia de comportamentos mal-adaptativos seria compensada desde que copiar o comportamento dos pais fosse vantajoso na maioria das vezes – em médio e a longo prazo.

Para imitar atividades menos frequentes ou outras pessoas que não os pais, outro critério de sucesso seria necessário. Em seu poema *The road not taken*, Robert Frost escreveu: "*Two roads diverged in a wood, and I – /I took the one less traveled by,/and that has made all the difference*".* Qual foi essa diferença?

Uma atividade bem-sucedida é uma atividade que é reforçada, e uma pessoa bem-sucedida é uma pessoa cujas atividades são reforçadas. As pessoas tendem a imitar atividades que são reforçadas e a imitar as pessoas que têm reforçadores. Motoristas em um engarrafamento normalmente permanecem em suas faixas de trânsito, que é o comportamento socialmente correto (reforçado), mas, se um carro passa disparado pelo acostamento, sem punição aparente, outros carros certamente farão igual. Os típicos modelos de vida para crianças e adultos são pessoas com riqueza e *status* – atores de cinema, atletas profissionais, políticos, executivos de sucesso –, pessoas cujo comportamento é altamente reforçado.

Os genes poderiam codificar a tendência de imitar pessoas e atividades bem-sucedidas, causando aumento na tendência de imitar sempre que houvesse reforçadores presentes. Isso seria equivalente a uma instrução do tipo: "Sempre que você observar eventos que estão em sua lista de reforçadores, imite as pessoas próximas a eles". Alternativamente, a tendência poderia ser, em grande parte ou completamente, modelada pela cultura. Poder-se-ia ensinar as crianças a imitar o sucesso: "Veja seu tio Gideon, você não gostaria de ser rico como ele quando crescer?".

Seja um produto principalmente dos genes, seja um produto principalmente da cultura, a tendência a imitar atividades e pessoas associadas a reforçadores constitui uma força seletiva poderosa. Ela explica por que até práticas relativamente raras podem se difundir em um grupo social. No início do século XX, os automóveis eram raros, e muitos proprietários de cavalos os ridicularizavam. No entanto, à medida que as vantagens de ter um automóvel em vez de um cavalo (mais reforços e menos punição) ficaram mais visíveis, a prática de ter automóveis se difundiu e, em uma geração, ofuscou a prática de ter cavalos. Essa mudança de costumes provavelmente nunca poderia ter acontecido tão rapidamente se não fosse pela imitação seletiva.

Seguimento de regras e elaboração de regras

As mesmas considerações que tendem a tornar a imitação seletiva também tendem a tornar o seguimento de regras seletivo. As pessoas frequentemente seguem ordens

* N. de T. *A estrada menos trilhada*: "Duas estradas num bosque se bifurcavam, e eu – /A menos percorrida trilhei,/e isso fez toda a diferença".

e conselhos, por exemplo, mas não apenas qualquer ordem e conselho. Da mesma maneira que provavelmente imitamos mais as práticas que ocorrem com frequência no conjunto cultural, também provavelmente seguiremos mais as regras que com frequência ocorrem nesse conjunto. Desse modo, as práticas dominantes tendem a ser perpetuadas. Enquanto está crescendo, uma criança pode ouvir falar tanto, de todos os lados, sobre o erro de roubar, que pode se tornar extremamente cautelosa para evitar até mesmo situações em que pareça estar roubando. A alta frequência de exortações contra a violência pode explicar por que relativamente tão poucas crianças imitam a violência que veem na televisão.

Assim como nos inclinamos a imitar pessoas bem-sucedidas, também nos inclinamos a seguir regras dadas por pessoas bem-sucedidas. Se você estivesse perdido na cidade de Nova York, a quem pediria informações: a uma pessoa sentada na calçada vestindo andrajos ou a uma pessoa bem-vestida andando pela rua? Não estamos dispostos a seguir o conselho de pessoas que mostram poucos sinais de que seu comportamento é reforçado, mas, às vezes, até pagamos pelo conselho de pessoas que mostrem sinais de sucesso (consultando advogados e consultores e comprando livros sobre como ser bem-sucedido nos negócios, na jardinagem ou na dieta).

Juntamente com a tendência a imitar o sucesso, a tendência a seguir regras dadas por pessoas manifestamente bem-sucedidas explica como uma prática rara pode se propagar rapidamente em um conjunto cultural. Quando os gravadores de videocassete caíram a preços razoáveis, a maioria das famílias nos Estados Unidos os comprou, em questão de poucos anos. A rapidez com que os videocassetes se propagaram deveu-se, em grande parte, aos comerciais e à propaganda boca a boca – isto é, pessoas bem-sucedidas (ou seja, pessoas cujo comportamento é reforçado) diziam a outras que a compra e o uso de videocassete seriam comportamentos reforçados. Depoimentos em anúncios aproveitam nossa tendência de seguir regras passadas por pessoas bem-sucedidas. As pessoas que insistem para que você compre algo em geral são famosas e sempre têm boa aparência, usam roupas caras e falam bem. Quando uma pessoa com todos os ornamentos do sucesso diz "Compre este carro" ou "Compre este refrigerante", a implicação é que, se você o fizer, será feliz e bem-sucedido também.

Em seu livro *Programmed to learn*, Ronald Pulliam e Christopher Dunford (1980) contam uma história chamada "A lenda de Eslok", que ilustra como uma cultura é modelada por variação combinada com transmissão seletiva. Nessa história, vemos algumas pessoas bem e malsucedidas, assim como o surgimento de uma regra em resposta a uma situação de reforço a curto prazo em conflito com efeitos a longo prazo sobre a aptidão. Eis um resumo da história.

A lenda de Eslok

> Era uma vez, há muito tempo e muito longe, um lugar onde existia uma comunidade agrícola, uma aldeia, em um vale fértil e longínquo. As pessoas não eram nem pobres, nem ricas – elas se viravam. Um dia, Mefistófeles apareceu na aldeia sob a forma de um velho. Ele ajudou alguns agricultores e os presenteou com coisas, como sementes e ferramentas. A princípio, eles hesitaram em aceitar os

presentes, mas, depois de algum tempo, alguns o fizeram. Quase imediatamente, estes começaram a prosperar. Suas colheitas eram maiores que as de todos os demais. Vendo o sucesso deles, os outros aldeões começaram a aceitar também os presentes do velho. Logo todos estavam prosperando, e Mefistófeles foi embora.

Os aldeões não tinham como saber que, alguns anos após uma família ter aceitado os presentes, todos os seus filhos morreriam. Como todas as famílias na aldeia haviam aceitado os presentes, todas as crianças morreram. Por fim, quando todos os adultos estavam envelhecendo e morrendo, um homem chamado Eslok deixou a vila e seu vale para viajar.

Eslok viajou muitos dias, até que chegou a outra comunidade. Estabeleceu-se lá e contou para as pessoas a história do velho e seus presentes. Depois que Eslok morreu, a história ainda era contada, com uma lição ao final: "Não aceite presentes de estranhos".

Algumas gerações se passaram, e a história de Eslok veio a ser considerada um mito. Por fim, o vilarejo cresceu demais, e alguns jovens aventureiros partiram para fundar um novo povoado. Viajaram muito à procura de um bom lugar e chegaram ao vale fértil, agora despovoado, que tinha sido o lar de Eslok. Aí se estabeleceram e fundaram uma vila.

Mais uma vez, Mefistófeles veio oferecer seus presentes. Como antes, algumas pessoas os aceitaram. Desta vez, contudo, algumas se lembraram do ditado – "Não aceite presentes de estranhos" – e recusaram os presentes. Depois de alguns anos, as crianças cujos pais haviam aceitado os presentes começaram a morrer. Ao verem isso acontecer, os aldeões expulsaram Mefistófeles. Uma vez que algumas pessoas haviam recusado os presentes, a comunidade sobreviveu ao desastre e voltou a seu modesto estilo de vida. Posteriormente, esta se tornou uma regra inabalável para os aldeões: "Jamais aceite presentes de estranhos".

A história mostra como tanto o seguimento como a elaboração de regras dependem, em última instância, do quanto elas aumentam a aptidão. A regra sobre estranhos surgiu em resposta aos efeitos desastrosos sobre a aptidão, e quem a seguiu evitou o desastre.

Seleção de grupo na cultura

Se os genes que promovem o bem-estar de um grupo sobre o bem-estar de um indivíduo podem ser selecionados por seleção de grupo, mais a seleção de grupo se aplica às práticas culturais. Quando uma população é estruturada em grupos que competem uns com os outros para obter recursos e sobreviver ou perecer como conjuntos, o comportamento dos membros de um grupo faz toda a diferença, porque a maioria dos genes selecionados por seleção de grupo contribui para o sucesso de um grupo promovendo atividades úteis, particularmente práticas culturais. Práticas que contribuem para a coesão do grupo e permitem procriação cooperativa por meio da caça cooperativa, do compartilhamento de alimentos e da defesa cooperativa, por exemplo, são candidatas à seleção de grupo, porque os grupos que fazem essas coisas bem tendem, em geral, a ser bem-sucedidos, mesmo que as práticas possam custar caro para membros individuais.

Quando uma população estruturada em grupo se distribui de forma esparsa em uma área, grupos podem competir apenas indiretamente explorando os mesmos recursos porque eles raramente se encontram. A situação muda quando a população torna-se densa, pois grupos que competem por recursos limitados e se encontram frequentemente podem se beneficiar do combate físico. A guerra torna-se inevitável, porque há muito em jogo – terra, campos de caça, direitos sobre a água e novo material genético sob a forma de mulheres e crianças, por exemplo. Consequentemente, desenvolvem-se práticas que aumentam as capacidades de guerra de um grupo, tais como a fabricação de armas, trajes e insígnias característicos e coordenação em batalha.

Se um grupo é grande o suficiente para ter alguma divisão do trabalho e organizado o suficiente para a caça e a coleta coletivas e para cuidar da prole e regular a atividade sexual instituindo alguma forma de matrimônio e punindo o adultério, esse grupo é chamado de *tribo*. Tribos existiram e ainda existem em muitas partes do mundo – na África, no Oriente Médio, em Papua Nova Guiné, na Nova Zelândia, na Amazônia e nas planícies dos Estados Unidos, por exemplo. A menos que se unam a forças maiores, as tribos se envolvem em guerras tribais, sob a forma de ataques, assassinatos de indivíduos, escaramuças e, às vezes, batalhas campais. Elas tomam umas das outras quaisquer recursos que sejam vitais: território, animais (bois, ovelhas, cabras, cavalos), às vezes mulheres e crianças (importante como barreira contra a endogamia).

Quanto mais a guerra evolui, mais depende da cooperação. Deve-se ajudar pessoas que inventem e fabriquem novas armas. Instrutores devem treinar guerreiros em novas técnicas. Alguns biólogos e antropólogos afirmam que as atividades cooperativas de guerra também estimularam a evolução de outras práticas cooperativas, as quais promovem a guerra apenas indiretamente, mas beneficiam a coesão do grupo (p. ex., nacionalismo), a defesa contra intempéries (p. ex., construção de casas) e contra doenças (p. ex., saneamento) e a obtenção e utilização de recursos (p. ex., agricultura e comércio). A agricultura possibilitou a existência de grupos muito maiores, com mais divisão de trabalho e mais salvaguardas do que era possível nas tribos. Nessa visão, a evolução das grandes sociedades que vemos hoje, como os Estados-nação, foi um subproduto da evolução da guerra. Essa teoria, de que a guerra orientou a evolução das atividades cooperativas, pode revelar-se demasiado simplista, mas tem algum valor visível. Mesmo nos Estados Unidos de hoje, muitas inovações úteis são inventadas primeiro pelos militares.

Autointeresse

No livro *The selfish gene*, Dawkins enfatiza que os replicadores – quer genes, quer práticas culturais – agem por autointeresse; eles "promovem a si mesmos", no sentido de que seus efeitos tendem a aumentar a frequência de sua própria reprodução. Não obstante, muitos traços geneticamente codificados e muitas práticas culturais parecem promover a sobrevivência do grupo ou da cultura, frequentemente à custa da máquina de sobrevivência individual. Vimos, em nossa discussão acerca dos benefícios societários, como é possível ocorrer a seleção de genes que contribuem para a subordinação do bem-estar do indivíduo em favor do grupo – esses genes só precisam se sair melhor, em médio e a longo prazo, do que os genes que priorizam o benefício imediato do indivíduo. Essa é a explicação para o visível altruísmo e comportamento cooperativo em geral.

Algo semelhante poderia ocorrer com os replicadores culturais, que também aumentariam à custa das máquinas de sobrevivência individuais. Como resultado da imitação e do seguimento de regras, soldados vão para a guerra e frequentemente morrem. Quando as armas eram primitivas, os genes responsáveis pela afiliação ao grupo e pela obediência à autoridade provavelmente eram beneficiados pela guerra. Como resultado, as práticas culturais do guerrear puderam sobreviver e crescer, pois eram reforçadas em médio e longo prazo (p. ex., por aumentos nos bens e territórios).

A analogia com os genes sugere, ainda, que certas práticas possam ser selecionadas porque auxiliam na manutenção de outras práticas. Tais práticas tenderiam a ser conservadoras – isto é, tenderiam a resistir à mudança cultural. Por exemplo, a xenofobia poderia ser explicada desse modo, pois matar ou expulsar forasteiros ajudaria a proteger a cultura da invasão por práticas estrangeiras, ajudando todas as outras práticas da cultura a sobreviver. Durante os séculos XVII e XVIII, a cultura japonesa resistiu com sucesso à influência de visitantes do Ocidente por meio de extrema xenofobia. Somente quando navios de guerra modernos chegaram a sua costa, tomando qualquer resistência perigosa, esse bloqueio terminou. Os benefícios a curto prazo da xenofobia poderiam explicar a resistência, enquanto o bem-estar do povo a longo prazo poderia explicar a posterior abertura à cultura ocidental.

A lógica da teoria evolucionista determina que a evolução cultural deve operar dentro de limites fixados pela evolução genética (Boyd & Richerson, 1985). Os genes e a cultura evoluem paralelamente no sentido de que os genes afetam a cultura e de que as práticas culturais podem criar seleção genética. Por exemplo, beber leite de vaca foi selecionado como uma prática cultural entre pastores porque era uma fonte de nutrição, mas a prática levou à seleção de genes que possibilitaram a digestão eficiente do leite após a primeira infância. Entretanto, as mudanças nos genes como resultado de práticas culturais são muito mais lentas do que as mudanças nas próprias práticas. Sem limites, práticas culturais mal-adaptativas que evoluíram a curto prazo poderiam persistir e, por fim, tornar a cultura mal-adaptativa.

Os genes que fundamentalmente controlam as práticas culturais precederam a existência da cultura. Antes que a cultura existisse, foram selecionados genes que fixaram esses limites estabelecendo limites sobre o que pode ser reforçado e induzido e sobre o que pode ser reforçador ou indutor. A curto prazo, as pessoas podem se ocupar de práticas que são reforçadoras, porém prejudiciais à saúde ou à reprodução, mas, a longo prazo, elas tendem a agir de forma a preservar a saúde e a promover a produção de filhos que sobrevivam. Essa é a razão pela qual os reforços últimos do comportamento controlado por regras referem-se à aptidão (Cap. 8).

Quando ocorre um conflito entre práticas culturais e aptidão dos genes, ele é resolvido por uma mudança na cultura. Uma das mensagens implícitas na lenda de Eslok é a de que, quando o sucesso a curto prazo (aceitar presentes de estranhos) compete com o sucesso reprodutivo a longo prazo (morte das crianças), então novas práticas (enunciar a regra "Nunca aceite presentes de estranhos") surgem como compensação. Por exemplo, com o desenvolvimento de práticas que facilitaram o acesso ao açúcar e tornaram a manufatura de doces um negócio lucrativo, as pessoas começaram a consumir cada vez mais açúcar e doces. Nos Estados Unidos, o custo a longo prazo para a saúde da população foi aos poucos se evidenciando, desenvolvendo-se, então, práticas como escovar os dentes e usar substitutos do açúcar. Do mesmo modo, os efeitos perigosos da construção de armas nucleares estão sendo contrabalançados pelos movimentos em prol do desarmamento. Em última análise, a mudança cultural é guiada pelo bem-estar de nossos genes. Esse ponto será especialmente importante para as questões a serem discutidas no Capítulo 14, que trata da mudança cultural intencional.

RESUMO

A cultura de um grupo consiste em comportamento operante compartilhado pelos membros do grupo, adquirido como resultado de pertencer ao grupo e transmitido de um membro do grupo a outro. A evolução da cultura acontece de maneira análoga à modelagem do comportamento operante e à evolução genética – variação associada com transmissão seletiva. As unidades da seleção – as coisas que variam e são seletivamente transmitidas – são os replicadores. Um replicador é qualquer entidade que promove a produção de cópias de si mesma. Um bom replicador tem longevidade, fecundidade, fidelidade de cópia e eficácia.

Um requisito para haver cultura é a sociedade. Uma verdadeira sociedade inclui cooperação – comportamento altruísta que beneficia outros a curto prazo e beneficia o altruísta a longo prazo. A seleção de grupo e a seleção de grupo cultural são grandemente responsáveis pela evolução da procriação cooperativa e de outras atividades cooperativas que acompanham a procriação cooperativa. Um segundo requisito para haver cultura é a capacidade dos membros do grupo de aprender uns com os outros, pois é assim que os traços culturais são transmitidos ao longo do tempo.

Na evolução biológica, o conjunto de replicadores que todos os organismos têm é conhecido como conjunto gênico. Na evolução cultural, o conjunto de práticas culturais que uma sociedade tem é chamado de conjunto cultural. Essas práticas constituem os replicadores da cultura, e, à medida que eles são transmitidos no conjunto cultural, suas frequências podem aumentar ou diminuir, dependendo da frequência com que são aprendidos.

Quando aprender com os outros beneficia os genes do aprendiz a longo prazo, como ocorre em nossa espécie, os traços que possibilitam essa aprendizagem são selecionados. Três traços com essas características são especializações comportamentais, imitação e reforçadores sociais. Nossos corpos são construídos de tal forma que produzimos expressões faciais e sons da fala que afetam o comportamento dos outros, e estamos sintonizados com os estímulos produzidos por outras pessoas. Se um organismo imita outro, e o resultado é reforçado, então ocorre rápida modelagem operante. Reforçadores sociais, tais como sorrisos, tapinhas nas costas e abraços, permitem uma aprendizagem ainda mais rápida a partir dos outros, porque introduzem as práticas de ensino e instrução.

Os replicadores culturais (práticas) são as atividades de membros do grupo passadas adiante por imitação e educação. Essas unidades são definidas funcionalmente, como as atividades operantes, porque são atividades operantes. Elas incluem não apenas práticas não verbais, tais como seleção e produção de alimentos, mas também práticas verbais, como histórias, provérbios e injunções morais. Essas práticas verbais são úteis quer porque fornecem regras, quer porque oferecem instruções análogas a regras – isto é, fornecem estímulos discriminativos indutores de comportamentos que são socialmente reforçados. A cultura humana inclui práticas de seguir, prescrever e formular regras. Todas elas dependem de relações de reforçamento organizadas por outras pessoas – reforço e punição sociais. Essas práticas de reforço e punição sociais, à parte do comportamento que produzem, podem ser os replicadores mais importantes da cultura humana.

O primeiro ingrediente da teoria da evolução é a variação. Assim como os genes variam, também os replicadores culturais variam. Tal como os acidentes genéticos, os acidentes comportamentais são ocasionalmente benéficos. Tal como um conjunto gênico, um conjunto cultural pode se beneficiar da imigração.

O segundo ingrediente é a transmissão. Diferentemente da transmissão genética, a transmissão cultural significa herança de traços adquiridos. As possibilidades de transmissão cultural excedem muito as da transmissão genética, porque aqueles que transmitem uma prática cultural – os pais culturais – não necessitam ter qualquer conexão genética com aqueles que a recebem – os filhos culturais. A transmissão cultural também difere da transmissão genética na medida em que a transmissão genética acontece apenas no momento da concepção, enquanto a transmissão cultural acontece ao longo de toda a duração da vida. A existência de muitas fontes e muitas oportunidades de transmissão cultural significa que a evolução cultural acontece muito mais rapidamente do que a evolução biológica. Problemas sociais surgem quando a evolução cultural muda o ambiente de tal modo que uma tendência que aumentava a aptidão no antigo ambiente contribui para uma prática prejudicial à aptidão no novo ambiente. Quando tais problemas surgem, novas práticas tendem a evoluir para contrabalançá-los.

A transmissão cultural ocorre por imitação e por regras. A imitação aprendida é uma forma de comportamento controlado por regras. As crianças aprendem a seguir regras porque a transmissão de práticas sociais por meio do seguimento de regras é particularmente rápida.

O terceiro ingrediente da evolução cultural, a seleção, às vezes ocorre devido à seleção natural imediata, mas principalmente devido à transmissão seletiva. Se é provável que os membros de uma espécie entrem em contato com ambientes diversos, pode ocorrer a evolução de mecanismos por meio dos quais a transmissão seria dirigida para a recepção de práticas bem-sucedidas em um determinado ambiente. Um provável critério de sucesso é a frequência. As pessoas tendem a imitar práticas frequentemente observadas e indivíduos encontrados com frequência. O seguimento de regras pode ser seletivo de um modo ainda mais diretamente relacionado ao sucesso se as pessoas se inclinarem a seguir regras provenientes de pessoas cujo comportamento é frequentemente reforçado.

A ideia de que as práticas culturais são replicadores análogos aos genes ajuda a explicar por que as pessoas agem frequentemente em seu próprio prejuízo para o bem da comunidade ou do país. Práticas "abnegadas" (doar dinheiro, tempo e esforço e arriscar a própria vida) continuarão a fazer parte da cultura, contanto que as consequências desses comportamentos sejam reforçadoras em médio e longo prazo. Os reforçadores sociais que mantêm tais práticas derivam fundamentalmente de seus efeitos sobre a aptidão dos genes.

LEITURAS ADICIONAIS

Barash, D. P. (1982). *Sociobiology and behavior* (2ª ed.). New York: Elsevier. Esse livro apresenta várias teorias subjacentes à explicação do comportamento em termos evolutivos. Contém discussões sobre relações societárias, entre as quais a comparação entre marmotas.

Barash, D. P. (1986). *The hare and the tortoise: Culture, biology, and human nature*. New York: Viking Penguin. Esse livro compara a evolução cultural com a evolução biológica.

Boyd, R., & Richerson, P. J. (1985). *Culture and the evolutionary process*. Chicago: University of Chicago Press. Esse livro apresenta um tratamento erudito da questão da evolução cultural que esclarece muitas de suas semelhanças, diferenças e interações com a evolução genética.

Dawkins, R. (1989). *The selfish gene* (new ed.). Oxford: Oxford University Press. Ver especialmente o Capítulo 11, "Memes: os novos replicadores".

Epstein, R. (1984). Spontaneous and deferred imitation in the pigeon. *Behavioural Processes*, 9, 347–354. Esse artigo relata experimentos que mostram que pombos imitam uns aos outros.

Goodenough, J., McGuire, B., & Wallace, R. (1993). *Perspectives on animal behavior*. New York: Wiley. Esse livro fornece informações sobre mecanismos e teorias do comportamento animal.

Harris, M. (1980). *Cultural materialism*. New York: Random House. O título desse livro indica claramente sua abordagem comportamental do estudo da cultura no âmbito da antropologia.

Hull, D. L., Langman, R. E., & Glenn, S. S. (2001). A general account of selection: Biology, immunology, and behavior. *Behavioral and Brain Sciences*, 24, 511–573. Esse artigo apresenta paralelos entre a seleção na evolução biológica, o sistema imunológico e o reforço. Está acompanhado de comentários redigidos por uma série de outros acadêmicos.

Lamal, P. A., Ed. (1991). *Behavioral analysis of societies and cultural practices*. Bristol, PA: Hemisphere Publishing. Esse livro é uma coletânea de trabalhos de analistas do comportamento.

Lumsden, C. J., & Wilson, E. O. (1981). *Genes, mind, and culture: The coevolutionary process*. Cambridge, MA: Harvard University Press. Um dos primeiros livros a discutir a interação entre evolução cultural e biológica.

Pulliam, H. R., & Dunford, C. (1980). *Programmed to learn: An essay on the evolution of culture*. New York: Columbia University Press. Esse agradável livro entretém ao mesmo tempo que explora o modo como os genes orientam a aprendizagem e como essa orientação contribui para a cultura. Ver o relato original da lenda de Eslok no Capítulo 8.

Skinner, B. F. (1971). *Beyond freedom and dignity*. New York: Knopf. Ver especialmente o Capítulo 7, sobre a evolução da cultura.

Skinner, B. F. (1974). *About behaviorism*. Nova York: Knopf. Esse livro, em que Skinner respondeu a seus críticos, contém uma discussão sobre o comportamento controlado por regras no Capítulo 8, "Causes and Reasons".

Sommerville, C. J. (1982). *The rise and fall of childhood*, Beverly Hills, CA: Sage Publications. Esse livro discute as práticas relativas a crianças ao longo de toda a história da civilização ocidental.

PALAVRAS-CHAVE

Alelo
Cultura
Cultura plenamente desenvolvida
Cultura só por imitação
Eficácia
Imitação aprendida
Máquina de sobrevivência
Meme
Pais genéticos – pais culturais
Prática
Replicador
Seleção de grupo
Seleção de grupo cultural
Sociedade
Transmissão horizontal

14

Planejamento cultural: experimentação em prol da sobrevivência

Talvez nada do que Skinner escreveu tenha provocado mais controvérsia do que suas ideias sobre planejamento cultural. Críticos viram nessas ideias o espectro de um governo totalitário, padronização e estagnação. Parecia-lhes uma ideia perigosa, uma fórmula para o desastre. Como poderia alguém ser sábio o bastante para projetar uma cultura? E o que aconteceria às pessoas que discordassem do projeto? Alimentando o fogo de tais objeções, Skinner escreveu também sobre engenharia comportamental, o que soava ainda mais estranho.

Embora algumas ideias behavioristas – sobre livre-arbítrio, mente e linguagem, por exemplo – sejam verdadeiramente controversas, o planejamento cultural e a engenharia comportamental só parecem controversos quando interpretados à luz dos preconceitos mais comuns sobre as palavras *planejar* e *engenharia*. Para os críticos, essas palavras sugerem algo como um plano mestre, uma ideia fixa sobre como determinada cultura deveria ser, que fosse executada quer as pessoas concordem, quer não concordem. Contudo, a extensão lógica da análise do comportamento dos conceitos de liberdade (Cap. 9), governo (Cap. 11) e valores (Cap. 12) não condiz com essa interpretação. As ideias expostas por Skinner em *Beyond freedom and dignity* e *Walden Two*, por exemplo, assemelham-se mais ao processo de tentativa e erro pelo qual passam engenheiros e *designers* quando estão buscando criar um produto que funcione. O arquiteto que projeta uma casa faz um esboço, talvez construa uma maquete, examina esse protótipo em busca de falhas e o testa mostrando-o a seu cliente. A qualquer altura do processo, e particularmente se o cliente rejeita o projeto, tudo volta à prancha de desenho. Poucas pessoas se opõem a projetos governamentais experimentais, como treinamento profissional ou incentivos fiscais; eles são vistos como tentativas legítimas de levar as pessoas a se comportarem de uma maneira socialmente desejável. Como veremos, os analistas do comportamento sugerem apenas que talvez devêssemos nos envolver com esse tipo de experimentação de uma forma mais sistemática e mais ampla.

PLANEJAMENTO PELA EVOLUÇÃO

Se reconhecemos que a cultura muda por meio de um processo evolutivo como resultado de variação, transmissão e seleção, então deveríamos ser capazes de agir para melhorar essa evolução, aperfeiçoando todos esses três aspectos. Poderíamos aumentar e orientar a variação testando deliberadamente novas práticas. Poderíamos garantir a transmissão por meio de práticas educacionais consideradas boas (no sentido exposto nos Caps. 12 e 13) nas escolas. Poderíamos refinar a seleção capacitando especialistas na avaliação de programas experimentais.

Cruzamento seletivo

As ideias de Darwin sobre seleção natural se originaram, em parte, de seus estudos sobre cruzamento seletivo. Darwin não tinha uma teoria definida sobre como os traços físicos passavam de uma geração para outra, mas ele sabia que os criadores de animais eram capazes de melhorar seu gado procriando pais que tivessem os traços que desejavam ver nas crias. Cavalos podiam ser criados por sua velocidade; vacas, por seu tamanho e produção de leite. Darwin raciocinou que, se o ambiente determinasse que certos membros de uma população tivessem maior probabilidade de gerar filhos, mesmo que de uma maneira relativamente aleatória, então, com o tempo, a população tenderia a abranger um número cada vez maior de indivíduos que tivessem os traços responsáveis pelo maior sucesso reprodutivo.

O cruzamento seletivo difere da seleção natural em um aspecto importante: a escolha deliberada dos membros da população que se reproduzirão resulta em uma seleção mais poderosa. O cruzamento seletivo está para a seleção natural como o planejamento cultural está para a evolução cultural. Assim como os especialistas em agricultura podem experimentar, criar seletivamente e produzir linhagens mais aperfeiçoadas que os fazendeiros podem aproveitar, deveria ser possível que especialistas em cultura experimentassem, avaliassem e produzissem práticas culturais melhores que a sociedade pudesse utilizar.

Em certa medida, essa experimentação já existe. Na década de 1930, nos Estados Unidos, muitas pessoas consideravam a Previdência Social e o seguro-desemprego como experiências, assim como hoje muitas pessoas veem as práticas de ações afirmativas. Ocasionalmente, alguns Estados norte-americanos testam novas práticas – por exemplo, imposto de renda negativo para ajudar os pobres e loterias para financiar a educação. A maioria dessas experiências com novas práticas ocorre em uma escala mais reduzida – em cidades, distritos escolares ou até mesmo em um único bairro –, como reciclagem de lixo, escolha de escolas pelos pais, prevenção do crime. Algumas experiências se mostraram ineficazes ou desastrosas, como as do imposto de renda negativo e a desregulamentação de bancos e instituições de crédito e poupança.

Avaliação

Planejamento cultural significa apenas que devemos fazer mais experimentação e fazê-la com mais cuidado – isto é, com planejamento e avaliação. Quando se realizam experimentos sem uma proposta de avaliação, as decisões sobre seu bom ou mau êxito exigem que seus resultados sejam espetaculares. Os resultados da experimentação cultural, porém, tendem a ser sutis – mudanças, por exemplo, na frequência de certos eventos (gravidez na adolescência ou mortes relacionadas ao consumo de drogas) ou desempenhos individuais dentro de um grupo (notas em testes padronizados). Mesmo que algumas pessoas mudem muito, algumas podem mudar menos, e outras não mudar nada; assim, a avaliação exige mais do que uma observação casual: os dados devem ser coletados e analisados. Assim como os cientistas de laboratório têm de usar gráficos e análises estatísticas para decidir sobre os resultados de experimentos, também os cientistas culturais devem usar métodos semelhantes para decidir quais práticas funcionam. Essa é a razão pela qual as agências que financiam novas experiências frequentemente exigem um plano de avaliação antes que um projeto de pesquisa seja aprovado.

O financiamento em larga escala geralmente também depende de demonstrações em pequena escala ou experimentos-piloto. Se um experimento-piloto cultural der errado, sua escala reduzida permite detectar seus efeitos indesejáveis com relativa rapidez e facilitar sua diminuição. Experimentar a desregulamentação primeiramente em pequena escala poderia ter evitado a crise das instituições de crédito e poupança que ocorreu nos Estados Unidos na década de 1980. Mesmo que a desregulamentação pareça ter funcionado bem em outros contextos (e, na ausência de avaliação criteriosa, a dúvida permanece), as agências de crédito e de poupança representavam um novo contexto, no qual a desregulamentação deveria ter sido primeiro avaliada por meio de um experimento-piloto.

Contudo, a avaliação levanta uma questão. Em experiências agrícolas, os criadores avaliam as novas linhagens de acordo com metas ou padrões bem definidos, tais como resistência a doenças e produtividade. Todo mundo pode concordar sobre o sucesso ou fracasso de alguns experimentos culturais, mas muitos experimentos dão margem à discordância porque nossas conclusões dependem dos critérios que empregamos. Uma pessoa que analise as loterias oficiais à luz da renda que produzem poderia considerá-las um grande sucesso, mas quem estivesse olhando o modo como elas tiram seu lucro principalmente dos grupos socioeconômicos menos favorecidos talvez as considerasse um fracasso total. Que tipo de critério deve ser empregado na avaliação de experiências culturais?

A sobrevivência como critério

Ao tratar da questão dos critérios, Skinner frequentemente se referia à sobrevivência. Às vezes, ao considerar problemas globais, ele parece ter tido como referência a sobrevivência do gênero humano. Porém, em outros momentos, ele não se referia à sobrevivência dos povos, mas à de suas culturas.

Para sobreviver, uma cultura deve ser capaz de mudar, pois ela só poderia permanecer estável em um mundo sem novos desafios ambientais e sem competição por parte de outras culturas. No mundo de hoje, considerando a iminente falta de recursos naturais que enfrentaremos nas próximas gerações e a comunicação global, que permite contato constante entre diferentes culturas, a sobrevivência depende de como lidamos com as mudanças ambientais e de como absorvemos as práticas de outras culturas. As práticas culturais competem entre si, não só dentro de uma mesma cultura, mas entre culturas. Se uma prática estrangeira se mostra reforçadora, ela passa para a cultura nativa e pode até substituir práticas tradicionais. Os japoneses trouxeram do Ocidente as práticas de produção em massa e controle de qualidade; os ocidentais, por sua vez, desfrutam de *sushi* e caratê. Como as práticas tendem a ocorrer em agrupamentos e dependem umas das outras, o fato de adotarmos uma prática frequentemente conduz à adoção de outras. Uma pessoa que se interessou por caratê pode vir a se interessar por zen-budismo; a adoção, por parte dos japoneses, da produção em massa levou-os à adoção do controle de qualidade. A interdependência de práticas leva à competição entre padrões culturais amplos e até mesmo entre culturas inteiras. Quando um grupo abandona sua cultura tradicional e adota outra em sua totalidade, pode-se dizer que a cultura tradicional morreu.

Em um ambiente em transformação, se uma cultura muda a fim de enfrentar novos desafios e a outra não, é provável que só a primeira sobreviva. Tais desafios são particularmente cruciais quando produzidos pelas próprias práticas culturais. Por exemplo, as práticas de fabricação de armamento nuclear e de depósito de lixo tóxico ameaçam o bem-estar de gerações futuras. Muita coisa depende de como a cultura responde a esses desafios autogerados.

A sobrevivência como critério implica não só mudança, mas mudança em resposta a relações de longo prazo. Responder apenas a relações de curto prazo normalmente significa desastre, porque relações de curto e de longo prazo geralmente entram em conflito. A curto prazo, sacolas plásticas se tornaram muito populares porque são convenientes e baratas; a longo prazo, acabam em aterros sanitários e poluem o ambiente. A longo prazo, seu custo real é alto, porque inclui algum tipo de descarte satisfatório. A curto prazo, combustíveis fósseis parecem uma fonte conveniente e barata de energia, mas, a longo prazo, seu uso promove guerras e poluição atmosférica.

A maioria dos problemas com que nos defrontamos são armadilhas de reforço, no sentido exposto no Capítulo 9. Agir conforme consequências de curto prazo é reforçado de maneira relativamente imediata; os reforçadores são óbvios. Relações de longo prazo, porém, apresentam dificuldades porque suas consequências geralmente são tardias e aumentam de maneira gradual. O descarregamento de um pouco de lixo tóxico em uma corrente de água pode não ter consequências duradouras importantes, mas continuar descarregando um pouco todo dia durante anos pode produzir um desastre, devido ao efeito cumulativo.

Um regulamento é uma regra no sentido exposto no Capítulo 8. Ele reforça o comportamento com consequências desejáveis a longo prazo (autocontrole). Normalmente se utiliza reforço negativo; por exemplo, multar uma empresa de produtos químicos por despejar resíduos tóxicos pune a atividade que é reforçada quase imediatamente (impulsividade), enquanto descartar resíduos de maneira segura evita as multas. O reforço regulatório relativamente imediato tende a compensar os reforçadores relativamente imediatos para o despejo.

As empresas às vezes pressionam os governos para que retirem os regulamentos, desregulamentem suas indústrias, geralmente com consequências negativas. Os legisladores e as agências reguladoras, então, enfrentam uma armadilha de reforço: podem desregulamentar impulsivamente e agradar as empresas, resultando em benefícios a curto prazo, como contribuições de campanha, ou podem recusar e atuar para benefício de todos a longo prazo (autocontrole). Na década de 1970, as instituições de crédito e poupança enfrentaram problemas porque as taxas de juros que tinham para oferecer em depósitos na poupança eram maiores do que os ganhos em seus investimentos (principalmente hipotecas). Permitir que elas falissem teria custado dinheiro dos contribuintes, porque as contas de poupança estavam seguradas. Em vez de aceitarem a perda, o Congresso dos Estados Unidos e as agências reguladoras impulsivamente desregulamentaram as agências de crédito e poupança, permitindo que elas fizessem investimentos de maior rentabilidade. Esses investimentos também eram mais arriscados, e, com o tempo, muitas agências faliram, com dívidas muito maiores do que antes da desregulamentação. No final, os contribuintes pagaram muitas vezes o custo que teria sido incorrido caso se permitisse que as agências falissem. Todo o padrão se repetiu em uma escala maior, desregulamentando-se os bancos e produzindo a crise bancária de 2008. Tanto as falhas dos governos na regulamentação como a má conduta das empresas constituem falhas de autocontrole (Cap. 9). Se não se pode confiar nas empresas para que respondam de acordo com as relações de longo prazo, então relações de reforçamento regulatório devem ser impostas para ajustar o comportamento de uma empresa às relações de longo prazo que beneficiam a todos.

Responder a tais relações de longo prazo requer previsão e frequentemente adivinhações. Às vezes, uma ação preventiva deve ser encetada mesmo se a previsão é incerta. Por exemplo, parece que nossas práticas de consumir madeira e combustíveis fósseis, que lançam grandes quantidades de gás carbônico na atmosfera, podem resultar em aquecimento de toda a Terra – o "efeito estufa". No início do século XXI, a ligação entre os dois fenômenos era incerta, porque a temperatura sobe e desce por outras razões. Uma tendência geral ao aquecimento poderia demorar muitos anos para ser confirmada. Se esperarmos para entrar em ação até termos certeza de que há realmente um problema, poderá já ser tarde demais para evitar o desastre.

Somente um número pequeno de especialistas pode ser capacitado para realizar previsões sobre consequências ambientais, econômicas e sociais de longo prazo. A sociedade é obrigada a se basear nesses especialistas para a revelação dessas relações de longo prazo e para a recomendação de novas práticas para lidarmos com desafios de longo prazo. Essas recomendações, porém, só podem produzir transformações se a sociedade incluir grupos que respondam ao comportamento verbal desses especialistas e trabalhem em prol da sobrevivência da cultura. Grupos que encorajam a reciclagem do lixo, por exemplo, desempenham esse papel.

Seja ajudando as pessoas a manter uma dieta melhor, seja ajudando a economizar eletricidade, as novas práticas, substituindo as antigas e resolvendo os problemas por elas gerados, têm dois efeitos: promovem a sobrevivência da cultura e, a longo prazo, o sucesso reprodutivo dos membros da sociedade. No Capítulo 13, vimos que a explicação mais provável de por que afinal sociedades e culturas existem seria o aumento de aptidão. As práticas mudam para aumentar a aptidão dos que as praticam ou, com os problemas produzidos por nossas próprias práticas, para impedir quedas significativas em nossa aptidão. Ao discutirem a necessidade de mudanças, as pessoas frequentemente mencionam a saúde e a sobrevivência de seus filhos e netos.

Variação orientada

Em seu livro *Culture and the evolutionary process*, Boyd e Richerson (1985) consideraram tão natural o conceito que Skinner denominou planejamento cultural que lhe atribuíram um nome técnico – *variação orientada* – e classificaram-no como uma das forças da evolução cultural. Eles equiparam a variação orientada ao comportamento individualmente aprendido e, então, transmitido por imitação ou por ensino. Essa concepção é mais ampla que a de Skinner, porque inclui casos que não envolvem comportamento verbal – por exemplo, um indivíduo aprende por ensaio e erro, e então os demais o imitam. Boyd e Richerson se concentram, porém, no que chamam de cálculo racional, que corresponde ao comportamento precorrente de Skinner (Cap. 8). O comportamento precorrente – como experimentar diferentes dietas ou testar plásticos biodegradáveis – resulta em soluções que induzem comportamento verbal, regras do tipo "Coma mais verduras para melhorar sua saúde" ou "Use sacolas de plástico biodegradável para diminuir a poluição". Essas regras induzem comportamentos controlados por regras naqueles que as ouvem, e esses comportamentos controlados por regras devem, por fim, ser reforçados.

Boyd e Richerson introduzem o reforço sob a forma de um "padrão adaptativo":

> O efeito da força da variação orientada sobre a evolução depende da existência de algum padrão adaptativo, como gosto ou uma sensação de prazer ou dor. Por exemplo, a adaptação resultante de um cálculo racional procede por meio da coleta de informações sobre o ambiente, da estimativa dos resultados de vários padrões alternativos de comportamento e de uma avaliação de quão desejáveis são os resultados alternativos de acordo com algum critério. São esses critérios orientadores que traduzem as variações no ambiente em mudanças direcionais, e frequentemente adaptativas, no fenótipo, que são, então, culturalmente transmitidas às gerações subsequentes. A fonte desses critérios deve ser, clara e fundamentalmente, externa ao próprio processo de variação orientada. Em uma análise final, seremos levados a explicar os critérios orientadores como produto de algum outro processo. (p. 9)

Interpretando o fraseado mentalista desse trecho, temos que "gosto ou uma sensação de prazer ou dor" correspondem às propriedades reforçadoras e aversivas de várias consequências (filhos, riqueza, náusea, e assim por diante) e que "critérios" significam reforçadores e punidores. As expressões "coleta de informações" e "estimativa de resultados" correspondem a comportamentos precorrentes, alguns verbais e alguns talvez manipulativos, que produzem vários estímulos discriminativos (resultados) que controlam comportamentos verbais ulteriores. "Mudanças no fenótipo" significa aqui uma mudança em algumas práticas culturais. A "fonte" ou "processo" responsável pelos "critérios", obviamente, é a seleção natural. Como já vimos nos Capítulos 4 e 13, os eventos ganham poder reforçador e punitivo se tal poder, de modo geral, aumenta a aptidão.

Se a variação orientada de Boyd e Richerson significa praticamente a mesma coisa que o conceito de planejamento cultural de Skinner, por que apenas a ideia de

Skinner parece controversa? A principal razão provavelmente é que, enquanto a discussão de Boyd e Richerson é estritamente descritiva, a discussão de Skinner frequentemente se torna prescritiva. Embora ambos indiquem um processo que já acontece em nossa sociedade, somente Skinner prossegue e insiste que deveríamos incrementar ainda mais a variação orientada e fazê-lo de maneira mais sistemática. Isso provoca o medo de que os especialistas ganhem muita influência em nossa sociedade e se tornem uma ameaça à democracia.

Respondendo a essa e a outras objeções, Skinner (1971) geralmente concorda que o medo seja legítimo, mas insiste em uma perspectiva mais ampla. Uma cultura bem planejada incluiria relações de reforçamento (contracontrole; Cap. 11) que impediriam os especialistas de adquirir influência indevida. Sua proposta, que chamou de *sociedade experimental*, incluía a experimentação em várias frentes, não só em algumas áreas limitadas.

A SOCIEDADE EXPERIMENTAL

Temendo pela sobrevivência da humanidade e da civilização, Skinner preocupava-se com o fato de que adaptamos nossas práticas culturais de lidar com questões ambientais lentamente demais para evitar a destruição. Práticas que funcionaram no passado podem se tornar mal-adaptativas e podem requerer substituição. Skinner propôs que, em vez de nos agarrarmos a velhas práticas, deveríamos estar constantemente testando novos modelos para ver se funcionam melhor e deveríamos fazer da experimentação uma prática de nossa cultura. Em vez de sociedade *experimental*, talvez fosse melhor se ele tivesse dito sociedade *em experimentação*.

Experimentação

Skinner (1971) comparou a experimentação com práticas culturais à experimentação no laboratório:

> Uma cultura se parece muito com o espaço experimental empregado na análise do comportamento. ...Uma criança nasce em uma cultura como um organismo é colocado em um espaço experimental. Planejar uma cultura é como planejar um experimento; contingências [isto é, relações de reforçamento] são estabelecidas, e os efeitos, registrados. Em um experimento, estamos interessados no que acontece; ao planejar uma cultura, estamos interessados em saber se funcionará. Essa é a diferença entre ciência e tecnologia. (p. 153)

Skinner indica aqui a diferença entre a análise do comportamento, a ciência e a tecnologia comportamental. Enquanto o objetivo da ciência é apenas compreender, a tecnologia busca resultados práticos. A tecnologia e a ciência são, em parte, interdependentes: a ciência explica por que certas práticas podem funcionar, e a tecnologia aproveita a ciência para descobrir práticas que realmente funcionem.

Democracia

Por exemplo, especulamos no Capítulo 11 que a democracia pode ser superior a outros sistemas de governo porque proporciona aos cidadãos maior contracontrole. Essa teoria pode indicar o caminho a ulteriores aperfeiçoamentos do processo democrático. Em um artigo intitulado "From candidate to criminal: the contingencies of corruption in elected public office", os analistas do comportamento Mark Goldstein e Henry Pennypacker discutiram a maior ameaça singular à democracia: a corrupção. Eles argumentaram que a corrupção ocorre porque as relações de reforçamento que afetam o comportamento dos candidatos que disputam um cargo diferem das relações de reforçamento que afetam o comportamento dos ocupantes de cargos públicos depois que são eleitos. Ao concorrer ao cargo, o candidato levanta fundos e ganha votos prometendo representar os interesses do povo, reformar práticas governamentais ineficazes e ouvir as necessidades dos eleitores. Depois de eleita, a pessoa então está sujeita a um novo e quase irresistível conjunto de relações de reforçamento: grupos com interesses específicos e com grande poder econômico oferecem presentes e contribuições se o eleito tomar decisões a seu favor, ao mesmo tempo que outros ocupantes de cargos públicos o encorajam a aceitar as doações. Na esfera nacional, um deputado ou um senador subitamente tornam-se objeto da ação de lobistas que apontam para a necessidade de grande financiamento quando chega a época de disputar a reeleição. Relações similares ocorrem em âmbito local, mesmo que os valores sejam mais baixos, porque empreendedores e negócios demandam o zoneamento de concessões e serviços especiais. Seus representantes levam os ocupantes dos cargos para jantar, oferecem entradas para competições esportivas e viagens de férias. Goldstein e Pennypacker descrevem a situação de um indivíduo denominado Amistoso:

> O candidato [Amistoso] vivenciou uma rica agenda de contatos pessoais, apoio, alimentação e respostas públicas positivas de cabos eleitorais. A maior parte disso termina depois da eleição, tornando o detentor do cargo extremamente suscetível a quaisquer outros reforçadores. Os que procuram obter tratamento favorável (isto é, os que corromperiam Amistoso) estão mais do que prontos para entrar em cena e preencher o vazio de reforçadores com um sistema de contingências próprio. Eles são habilitados nas técnicas de seleção de reforçadores e modelagem. Em breve, Amistoso terá um novo repertório. (p. 6-7)

A sucumbência do ocupante do cargo ao novo e poderoso reforço poderia ser remediada nas urnas, quando chega novamente o período eleitoral, mas permanece o problema de que outra pessoa sucumbirá mais uma vez à mesma mudança de relações de reforçamento. Uma solução para a corrupção requer algumas mudanças no relacionamento entre o ocupante do cargo público e os eleitores, que proporcionem mais contracontrole.

Goldstein e Pennypacker sugerem uma alternativa para representantes eleitos localmente. Eles descrevem sua proposta da seguinte maneira:

> Todos os ocupantes de cargos eletivos estariam sujeitos a um plebiscito a cada aniversário de sua eleição. Anualmente, os eleitores responderiam a uma pergunta sobre cada eleito: ele ou ela deve continuar sem questionamento por mais um ano? Uma votação majoritariamente afirmativa permitiria ao eleito continuar no cargo sem questionamento. Uma votação negativa, por sua vez, seria um convite a questionamento no próximo plebiscito anual e poderia resultar em sua substituição. Sob esse sistema, um ocupante de cargo público recém-eleito teria assegurada sua posição por, no mínimo, dois anos. Daí em diante, cada ano sem questionamentos presumivelmente

> funcionaria como uma resposta positiva do público, referente ao desempenho do eleito. Se o voto de desconfiança ocorresse, o ocupante do cargo teria o ano por vir para corrigir suas práticas a fim de triunfar na eleição seguinte. O fracasso nessas modificações presumivelmente levaria à sua oportuna remoção pelos eleitores. Esse procedimento não elevaria em nada os custos do governo local, dado que algum tipo de eleição normalmente ocorre anualmente, e o plebiscito seria simplesmente superposto. (p. 7)

Dado que sua proposta garante resultados (reforço ou punição) mais frequentes, apoiados pela ameaça de destituição do cargo (contracontrole), ela estimularia o comportamento correto por tanto tempo quanto o eleito permaneça no cargo. Ela removeria algumas das desvantagens de mandatos fixos para os cargos: de que ocupantes de cargos públicos ficam por alguns anos isolados do contracontrole e então são forçados a enfrentar o julgamento das urnas mesmo que estejam fazendo um bom trabalho. Entretanto, embora a proposta possa soar razoável, a única maneira de descobrir se ela funciona seria testando-a.

Felicidade

Como sabemos quando uma prática funciona? Essa questão nos leva de volta ao padrão adaptativo e aos critérios orientadores de Boyd e Richerson. A resposta mais comum é expressa em termos de felicidade. O que funciona é o que torna as pessoas felizes.

Porém, isso só resulta em uma reformulação do problema: sob quais condições podemos dizer que as pessoas são felizes? Já vimos (Caps. 9, 11 e 12) como os analistas do comportamento abordam essa questão. Em primeiro lugar, parece evidente que as pessoas relatam maior felicidade quando estão livres da ameaça de consequências aversivas (ou da remoção do reforço habitual). No Capítulo 9, observamos que as pessoas relatam felicidade quando seu ambiente permite escolhas (ações alternativas possíveis) e essas escolhas têm consequências reforçadoras em vez de aversivas. As pessoas tendem a estar felizes nas mesmas condições nas quais relatam sentirem-se livres, especialmente livres de coerção, mas também, como nossa análise de liberdade espiritual sugeriu, livres de alguns tipos de reforço positivo.

Uma qualificação deve ser feita sobre tomar a felicidade como um critério do que funciona em uma cultura: estamos falando aqui de felicidade a longo prazo. A felicidade a longo prazo, proveniente da cultura em que estamos inseridos, frequentemente está em conflito com o reforço pessoal a curto prazo. A curto prazo, ninguém gosta de pagar impostos, mas, a longo prazo, todo mundo se beneficia de escolas públicas e da coleta do lixo.

No Capítulo 11, introduzimos a perspectiva de longo prazo em nossas análises examinando a exploração e a equidade. As relações de reforçamento e punição de uma cultura são manifestadas concretamente nos relacionamentos, que consistem na repetida troca de estímulos discriminativos e consequências por meio dos quais as pessoas controlam o comportamento umas das outras e as instituições controlam o comportamento das pessoas. As pessoas relatam maior felicidade a longo prazo quando estão livres de relações de exploração e recebem reforçadores equitativos – isto é, reforço equivalente àquele recebido por um grupo de comparação. Historicamente, a tendência nos Estados Unidos tem sido fazer comparações cada vez mais amplas. Esposas já não são comparadas apenas entre si, mas também com seus esposos. Minorias já não são comparadas apenas entre si, mas com a maioria. Em última análise, se a população como um todo se tornasse o grupo de comparação, o padrão de equidade para todos seria o mesmo.

Nos Capítulos 12 e 13, lembramos que, em última análise, porque somos produtos da seleção natural, nossa felicidade tende a coincidir com a aptidão de nossos genes. Para a maioria das pessoas, a felicidade (reforço) deriva de condições de si mesmas e de outras (reforçadores) que fundamentalmente estão ligadas à aptidão: sobrevivência e conforto pessoal, bem-estar dos filhos, bem-estar de membros da família e de outros parentes, bem-estar de pessoas que não são parentes, mas com as quais mantemos relações mutuamente benéficas (Cap. 11) – cônjuge, amigos íntimos, membros da comunidade.

Walden Two: a visão de Skinner

Um modo como Skinner tentou transmitir sua ideia da sociedade experimental, ou em experimentação, foi descrevendo-a em seu romance *Walden Two*. Como ficção, o livro oferece ilustrações concretas de como uma sociedade em experimentação poderia ser. Como um ensaio que defende as virtudes de uma sociedade em experimentação, ele é indireto, porque Skinner passa seu ponto de vista por meio de diálogos entre os personagens. Para apreciar o livro em toda sua extensão, é necessário interpretá-lo à luz da perspectiva de Skinner.

Interpretação de Walden Two

O livro começa com dois professores universitários de meia-idade, Burris e Castle, decidindo visitar uma comunidade experimental localizada em uma fazenda no Meio-oeste americano. Eles se defrontam com um atraente conjunto de edificações dispostas em um pequeno pedaço de terra, com aproximadamente mil habitantes. Os dias que lá passam são dominados pelas conversas com Frazier, o fundador da comunidade, que ainda vive lá, mas que tem pouca atuação em seu funcionamento.

Uma maneira de ler o livro é como uma batalha entre Frazier e Castle para conquistar a lealdade de Burris. Castle, descrito como uma pessoa confortável em seu papel de acadêmico, é um filósofo com excesso de peso e verbalmente beligerante – a personificação do mentalismo. Frazier, o homem de ação, é descrito como vigoroso e combativo, excessivamente autoconfiante. Ele representa a esperança em um mundo novo baseado na tecnologia comportamental. Burris, pouco à vontade em seu papel de acadêmico, descontente com a vida que leva, está aberto à persuasão. Pode-se dizer que nenhum dos três representa Skinner, embora possamos imaginar que as discussões que acontecem entre eles, especialmente entre Frazier e Burris, poderiam se assemelhar às discussões de Skinner consigo próprio.

À medida que Frazier lhes mostra a comunidade Walden Two, Burris e Castle conhecem os vários aspectos daquela cultura, suas práticas relativas a economia, governo, educação, casamento e lazer. Frazier explica que as práticas são baseadas em princípios comportamentais. Castle aponta problemas e usa argumentos mentalistas que Frazier refuta. Burris vacila.

Uma após a outra, as objeções à ideia de uma sociedade em experimentação são levantadas – a maioria por Castle, algumas por Burris – e respondidas.

Em geral, cada um dos aspectos de Walden Two é retratado como funcionando melhor que nos Estados Unidos. Não há necessidade de dinheiro; as pessoas ganham créditos de trabalho por realizarem tarefas úteis – mais créditos por hora em tarefas trabalhosas (como lavar janelas), menos créditos por tarefas agradáveis (como ensinar). O governo é tão sensível às manifestações de seus cidadãos que eleições se tornaram obsoletas. As crianças aprendem a se autoeducar e necessitam apenas de uma ligeira orientação dos professores. As pessoas desfrutam de períodos enormes de lazer e os usam de maneira produtiva. O vestuário é variado. As interações sociais são diretas e carinhosas. Acima de tudo, todo mundo está contente. Burris, por fim, passa por uma espécie de conversão, deixa Castle em sua viagem de volta à universidade e retorna a Walden Two para ficar.

Walden Two *é uma utopia?*

Evidentemente, Walden Two parece bom demais para ser verdade. O livro tem sido frequentemente classificado como obra utópica, como o livro de Thomas More, *Utopia*. Vários livros de ficção desse tipo já foram escritos, em geral versando sobre uma comunidade pequena e isolada, onde a vida é de longe muito melhor do que no mundo em que vivemos. Sob um ponto de vista superficial, Walden Two se encaixa nesse modelo.

Contudo, Skinner negou que o livro fosse utópico, afirmando que pretendia descrever a ideia básica de uma sociedade experimental (em experimentação). Os detalhes concretos da economia, do governo, da vida social, e assim por diante, foram incluídos somente como ilustração. Diferentemente do que ocorre em ficções utópicas típicas, nas quais esses pormenores são o ponto focal do livro, *Walden Two* vai além dos detalhes e mostra um método – o método experimental. Tomar os pormenores como recomendações de Skinner é uma interpretação equivocada do livro. Na verdade, a própria lógica da postura de Skinner impediria que ele tivesse qualquer ideia definida acerca dos detalhes de Walden Two, porque esses detalhes deveriam evoluir com o tempo como resultado de experimentação e seleção. Quem pode saber se o sistema de crédito por trabalho, o sistema de governo por meio de consultas constantes à população ou o autodidatismo funcionariam? Em uma sociedade em experimentação, esses aspectos poderiam ser testados, modificados e conservados ou descartados.

Ao longo dos anos, o adjetivo *utópico* ganhou significados adicionais, como "inviável" ou "inexequível", e Walden Two poderia ser chamada de utópica nesse sentido. Poder-se-ia dizer que a experimentação poderia ser produtiva em uma comunidade de mil pessoas, mas jamais poderia ser implementada em um país com 300 milhões de pessoas ou mesmo em um Estado ou em uma cidade relativamente grande. Assim, mesmo que uma comunidade como Walden Two tivesse sucesso, ela sobreviveria como uma pequena ilha encerrada em si mesma. No livro, Skinner imaginou outras comunidades, semelhantes à Walden Two, brotando pelo país. Estava implícito que, com o tempo, se um número suficientemente grande de pessoas vivesse em tais comunidades, elas começariam a influenciar o país.

É difícil saber se as suposições de Skinner se mostrarão corretas, pois as tentativas de instalar tais comunidades tiveram pouco sucesso. Uma delas, Twin Oaks, iniciada na década de 1960, nos Estados Unidos, sobreviveu até a década de 1990, quando a prática de experimentação foi abandonada. Uma comunidade mexicana, Los Horcones, reteve a prática de experimentação, mas é muito pequena para ter maior influência.

Talvez o crescimento da prática de experimentação cultural não precisasse ficar restrito a pequenas comunidades. Poderíamos argumentar que, desde a Grande Depressão, o governo, em seus diversos níveis, tem demonstrado uma tendência crescente à experimentação. Práticas empregadas em outras sociedades são trazidas para análise e possível adoção. Um pessimista poderia apontar para o poder de grupos de interesse militantes que se opõem à mudança, enquanto um otimista poderia dizer que, apesar de tudo, estamos caminhando lenta e pausadamente em direção a uma sociedade em experimentação. Skinner provavelmente insistiria que devemos agir de maneira mais rápida e sistemática no trato de nossos problemas (comportamentais), antes que seja tarde demais.

OBJEÇÕES

Em *Walden Two* e *Beyond freedom and dignity*, Skinner tentou responder às objeções feitas à sua concepção de sociedade em experimentação. Começa mostrando que, gostemos ou não, uma tecnologia comportamental – talvez ainda rudimentar, mas em crescimento – já existe. Já não há mais nenhuma dúvida de que as ações das pessoas podem ser controladas por relações de reforçamento planejadas. A pergunta é: como esse entendimento será usado?

A primeira objeção diz mais ou menos assim: a visão é errada, porque, mesmo que seja possível controlar as ações das pessoas no laboratório, essas condições são artificiais e simplificadas, não tendo nada em comum com as complexidades do mundo real. Skinner respondeu mostrando que os experimentos em física e química são igualmente realizados em condições artificiais e simplificadas, contudo, ninguém duvida que seus resultados possam ser aplicados na vida cotidiana. Não é necessário que o controle seja perfeito para que seja útil – a indústria da propaganda demonstra diariamente que a história pode ser explorada. Felizmente, usos mais construtivos também ocorrem – gerenciamento comportamental em salas de aula e instituições para pessoas com transtornos mentais, por exemplo. Em *Walden Two*, Frazier sugere que, embora tenham ocorrido falhas, a tecnologia sem dúvida funciona. Skinner (1971) instou aqueles que rejeitariam uma tecnologia comportamental por ser muito simples a examinarem a alternativa:

> ...uma supersimplificação, realmente grande, é o apelo tradicional a estados da mente, sentimentos e outros aspectos do homem autônomo que a análise do comportamento está substituindo. A facilidade com que explicações mentalistas podem ser sumariamente inventadas é talvez a melhor medida de quão pouca atenção deveríamos prestar a elas. E o mesmo pode ser dito de práticas tradicionais. A tecnologia que emergiu de uma análise experimental do comportamento só deveria ser avaliada em comparação com o que é feito de outras maneiras. Afinal, o que temos para mostrar daquilo que

> foi produzido por métodos não científicos, ou pelo julgamento comum pré-científico, ou simplesmente pelo bom senso, ou mesmo pela experiência pessoal? É ciência ou nada, e a única solução para a simplificação é aprender a lidar com complexidades. (p. 160)

Ele prosseguiu reconhecendo que a análise do comportamento, como qualquer outra ciência, não pode responder a todas às questões. À medida que progride, entretanto, ela consegue responder a um número cada vez maior dos problemas diante de nós:

> A ciência do comportamento ainda não está pronta para resolver todos os nossos problemas, mas é uma ciência em desenvolvimento, e sua adequação final não pode ser julgada. Quando seus críticos afirmam que ela não é capaz de explicar esse ou aquele aspecto do comportamento humano, eles normalmente deixam implícito que ela nunca poderá vir a fazê-lo, mas a análise continua a se desenvolver e, de fato, está muito mais avançada do que seus críticos geralmente percebem. (p. 160)

Uma segunda objeção equipara planejamento a interferência. Inovações pouco inteligentes poderiam levar a catástrofes: tentaremos uma experiência, não seremos capazes de prever suas consequências e produziremos mais mal do que bem. Assim, em vez de assumir o risco de consequências imprevisíveis, seria melhor deixar que os eventos sigam seu curso naturalmente. Skinner respondeu a essa postura mostrando que "o não planejado também dá errado". Se nos abstemos de intervir, deixamos nosso destino ao acaso. Isso pode ter funcionado muito bem no passado, mas, em um mundo em que nossas ações ameaçam nossa própria existência, sentar-se e esperar pelo melhor parece irresponsável.

A comunidade Walden Two, de Skinner, inclui um grupo de Planejadores, cada um dos quais serve durante determinado mandato. Eles avaliam as práticas com base nas informações que recebem dos Gerentes, cada um deles ligado a determinado grupo de trabalho – saúde, produção de leite e derivados, preparação de comida, cuidados com as crianças, e assim por diante. Os Gerentes coletam os dados; os Planejadores os analisam. Usando esses dados, os Planejadores decidem quais práticas funcionam, quais poderiam ser melhoradas e que novas práticas deveriam ser experimentadas.

Os Planejadores são especialistas; eles devem ter passado por capacitação em avaliação e planejamento de inovações. Um governo responsável confia em especialistas para sugerir soluções a problemas complexos. Tal como ocorre com problemas, como o estabelecimento de padrões para a construção de pontes ou avaliação de novos medicamentos, assim também ocorre com problemas comportamentais, como poluição e crime – as soluções exigem especialistas. Os analistas do comportamento estão sendo chamados cada vez mais para planejarem práticas a serem utilizadas em escolas, prisões e hospitais. À medida que se tornam úteis, seu papel pode crescer.

Uma terceira objeção dá ao planejamento o significado de estagnação. O planejamento produziria um ambiente estultificante, sem espaço para inovações. Como discutimos antes, esse ponto de vista interpreta erroneamente a palavra "planejar". Uma das virtudes da abordagem experimental é que ela encoraja a inovação. Qualquer acaso feliz pode ser explorado, e qualquer proposta nova que seja promissora pode ser experimentada. Mas deveríamos confiar apenas em acasos felizes?

Uma objeção relacionada considera que o planejamento leva à padronização e à uniformidade. Se determinados estilos de roupa ou de preparo de alimentos fossem considerados os melhores, então todo mundo seria obrigado a segui-los. Só os produtos dados como os melhores poderiam estar à venda nas lojas. Esse medo desconsidera suas próprias bases, o valor da diversidade. A história da civilização ocidental nos ensina que as pessoas são mais felizes quando podem escolher. A diversidade de que desfrutamos hoje não só pode ser preservada pelo planejamento como também poderia ser aumentada. Se a diversidade tem valor, podemos criar um planejamento para que ela ocorra.

Uma quarta e mais bem direcionada objeção é que uma sociedade como essa não teria graça. O próprio Skinner disse: "Eu não gostaria dela" ou, traduzindo, "Essa cultura seria aversiva e não me reforçaria da maneira a que estou acostumado" (p. 163). A vida em uma comunidade como Walden Two – onde não há privações, há pouco perigo e lazer em abundância, todo mundo é saudável e agradável, e ninguém está estressado – pode ser aborrecida. Em um mundo sem sofrimento, onde estaria um Dostoiévski ou um Mozart? Skinner reconheceu que essa objeção tinha seus méritos, e ele próprio tinha dúvidas se desejaria viver em um lugar como Walden Two. Ao responder, contudo, ele considerou que essa sociedade seria boa não para nós que vivemos no mundo de hoje, mas para as pessoas que nela vivessem. Em *Walden Two*, Frazier faz essa crítica a Castle e Burris. O próprio Frazier é descrito como um desajustado em Walden Two. Ele ama a comunidade, mas, como produto de sua cultura pregressa, ele se sente pouco à vontade na nova cultura que ajudou a criar.

Essa crítica de "Eu não gostaria dela" tem menos a ver com a ideia de uma sociedade em experimentação que com a ideia do estado do bem-estar social. Se uma sociedade em experimentação estabelece como critério para a escolha de boas práticas que elas produzam conforto, saúde, ordem e segurança, então ela se encaminha para um estado de bem-estar social em que o comportamento de cada um seria reforçado positivamente tanto quanto possível, e nos afastaríamos de relações coercivas e da maior parte do controle aversivo. Para muitas pessoas, isso exigiria uma grande mudança nos reforçadores e nas relações de reforçamento que controlam suas atividades. Atividades produtivas e criativas poderiam ser explicitamente reforçadas. Presumivelmente haveria pouca ou nenhuma necessidade de alguém "provar-se a si próprio", de competir, enganar, roubar ou mentir.

Independentemente de esse mundo parecer entediante para alguém que vive em nosso mundo, se caminhássemos na direção de mudanças, estas deveriam ocorrer gradualmente. Mesmo a comunidade imaginária Walden Two evoluiu ao longo de um certo tempo. É provável que a maioria de nós acolhesse as mudanças que pudessem acontecer durante nossas vidas, e cada geração cresceria em uma cultura substancialmente diferente da anterior. É improvável que elas a achassem tediosa.

A maior objeção ao planejamento cultural é que ele ameaça a democracia e leva ao regime ditatorial. Junto com a literatura sobre utopias, estão o que se poderia denominar romances de pesadelo, como os livros *1984*, de George Orwell, e *Admirável mundo novo*, de Aldous Huxley. Orwell imaginou um Estado totalitário no qual os princípios comportamentais são usados para amedrontar as pessoas e fazê-las obedecerem. Praticamente todos os métodos usados pelo Estado são coercivos, e, embora as pessoas sejam infelizes e estejam constantemente sob o jugo do medo, o Estado é poderoso o bastante para se manter. Pode-se lembrar da Alemanha nazista ou da União Soviética. No livro de Huxley, o populacho é mantido na linha por meio de reforço positivo. Não há nenhuma privação, mas todo mundo é viciado, cedo na vida, no uso de uma droga do prazer, algo como a cocaína, que é amplamente distribuída. As pessoas são ensinadas a passar o tempo desfrutando de sexo promíscuo, jogos e entretenimento ameno e são mantidas na ignorância da literatura, filosofia, ciência ou de qualquer coisa que consideramos a herança intelectual de uma pessoa instruída.

Dois pontos podem ser apresentados diante das preocupações levantadas por essas duas obras. Primeiro, quão realistas são esses pesadelos? A sociedade de Orwell nos faz lembrar da Alemanha nazista e da União Soviética, nenhuma das quais durou. Como observamos nos Capítulos 9 e 11, relações coercivas são inerentemente instáveis; as pessoas acabam fugindo ou se rebelando. O pesadelo de Huxley parece mais inquietante, só porque o uso de reforço positivo que ele descreve parece tornar uma revolta muito pouco provável. Os métodos de gerenciamento descritos são típicos de relações de exploração. Como vimos no Capítulo 11, as pessoas se rebelam ou agem para mudar relações exploradoras somente quando percebem a iniquidade – isto é, somente quando é feita uma comparação com um grupo em melhores condições. Na obra de Huxley, embora nenhuma comparação desse tipo seja feita, há uma classe dominante que leva uma vida muito melhor que a dos explorados. Podemos apenas conjeturar sobre como essa classe dominante impediria que as demais pessoas fizessem comparações. Nas sociedades hierárquicas do passado, como a Grécia clássica ou a Roma imperial, até mesmo os membros da classe dominante frequentemente falavam contra a iniquidade. A longo prazo, um gerenciamento baseado em exploração também é instável.

Um segundo ponto seria que uma administração estável inclui um contracontrole eficaz (Cap. 11). A relação entre governantes e governados não pode ser uma relação entre pares ou iguais. Contudo, tal relação pode ser estável se os meios de contracontrole vão além da simples ameaça de distúrbios. Em uma democracia, a ameaça de uma rebelião dificilmente aflora, porque as pessoas dispõem de formas alternativas de contracontrole – eleições, *lobby* e manifestações.

Uma segunda característica essencial da democracia, que já apontamos no Capítulo 11, é que, a longo prazo, governantes e governados compartilham as mesmas relações de reforçamento. Quando o mandato do governante expira, ele se torna um cidadão comum novamente. As mesmas leis se aplicam tanto ao ex-governante como aos demais cidadãos. Relações de reforçamento compartilhadas constituem uma forma adicional, a longo prazo, de controle sobre o comportamento do governante; ações levadas a cabo durante o mandato de um governante, em última análise, vigorarão tanto para os demais cidadãos como para ele, após deixar seu cargo. Tais relações de longo prazo, porém, precisam ser complementadas por relações relativamente imediatas de contracontrole, que têm mais efeito sobre as ações dos governantes porque atuam a prazo mais curto.

Todavia, apesar de tudo que é dito em seu favor, a democracia tal como praticada nos Estados Unidos está longe da perfeição. Como método de contracontrole, as eleições são insatisfatórias, porque fornecem respostas apenas depois de um período de anos; a fim de prover consequências imediatas para o comportamento dos governantes, as eleições deveriam ser frequentes, mas eleições frequentes causariam muitos problemas. A proposta de Goldstein e Pennypacker permitiria eleições menos frequentes, com menos distúrbios, ao menos em nível local, mas outros problemas permanecem. Quando uma eleição ocorre, muitas vezes menos da metade dos eleitores cadastrados realmente vota. Não se pode supor que aqueles que votam analisaram os problemas, porque as campanhas eleitorais raramente abordam essas questões. Como a condução de uma campanha eleitoral é extremamente cara, as pessoas ricas podem exercer muito mais influência do que seria justo. Delegar poderes (sobre os reforçadores) também apresenta problemas, porque as pessoas nomeadas podem ser menos suscetíveis a contracontrole que aquelas que os designam. A maioria dos americanos tem histórias a contar sobre encontros frustrantes com burocratas. A pessoa que recebe seu requerimento para expedição de sua carteira de motorista pode ser rude com você com completa impunidade, porque você não tem nenhuma ideia do que fazer a respeito e precisa da cooperação dessa pessoa para obter sua carteira. O grau de variação no tratamento que recebemos de um serviço para outro pode ser surpreendente. Seja um serviço público, seja um banco ou um armazém, em uma organização bem administrada, todos são corteses e prestativos. O que causa a diferença? O que faz uma organização ser bem administrada e outra não?

Em *Walden Two*, Skinner supôs quais seriam as respostas e soluções às questões acerca do que é bom em uma democracia e como ela poderia ser aperfeiçoada. Os Planejadores têm mandatos de duração fixa, é claro, de modo que se vejam obrigados a partilhar as relações de reforçamento com os demais a longo prazo. Contudo, não existem eleições. Em seu lugar, Skinner propõe frequentes consultas ao povo por meio de pesquisas de opinião e por meio de solicitações de sugestões, principalmente direcionadas aos Gerentes. Ele pode ter antecipado a preocupação que vemos hoje com a "comunicação". Quando examinamos o que as pessoas querem dizer quando falam de comunicação, particularmente em discussões sobre gerenciamento e administração, parece que elas estão falando de contracontrole. Os burocratas e prestadores de serviço são atentos e corteses quando "escutar" e "ser cortês" são comportamentos reforçados. Considerando que o público tem poucos meios para reforçá-los, o reforço deve vir dos que estão acima. Porém, isso depende de como aqueles que estão "em cima" agem para tomar ciência do comportamento de seus supervisionados e de como os instruem sobre como se comportar. (Esse "agir para tomar ciência" – observar – e essa instrução também devem ser reforçados.) Quando um supervisor assim se "comunica" com seus supervisionados, não só os comportamentos apropriados relativos aos usuários aumentam, mas os usuários ganham mais poder de contracontrolar. As respostas favoráveis e desfavoráveis de usuários fazem mais diferença porque elas são observadas. Skinner sugeriu que um governo poderia, do mesmo modo e igualmente bem, ser bem administrado assim. Em sua visão, os Gerentes (servidores) realizam pesquisas de opinião entre seus eleitores (usuários), de modo que os Planejadores possam estar cientes dos efeitos de suas práticas. Em outras palavras, as consultas fornecem estímulos discriminativos que, além de reforçarem e punirem o comportamento dos Planejadores, também servem para induzir uma ação (manutenção ou mudança). Consultar a opinião pública nos Estados Unidos cresceu tanto que hoje é quase uma atividade contínua; essa prática poderia ser submetida a um melhor uso.

Os problemas que enfrentamos hoje são terríveis. Há razões para sermos pessimistas quanto à nossa capacidade de resolvê-los. Ainda ouvimos falar da necessidade de mudar as mentes das pessoas sem reconhecer que o que precisamos mudar é o comportamento das pessoas e que mudar suas mentes em geral não funciona. Ainda ouvimos falar da necessidade de mais punições para impedir comportamentos indesejáveis. Enquanto uma linguagem metafísica sobre sentimentos e sobre um eu interno dominar a discussão, enquanto uma linguagem moralista induzir o uso de controle aversivo em vez de reforço positivo, não conseguiremos abordar nossos problemas como problemas de comportamento e não conseguiremos usar técnicas comportamentais para resolvê-los. Precisamos planejar, experimentar e avaliar. Conseguiremos realizar as tão necessárias mudanças nas relações de reforçamento a tempo? Enquanto consequências de longo prazo não controlarem nossas decisões políticas e enquanto consequências de curto prazo continuarem controlando nosso comportamento, o desastre parece inevitável.

Ainda assim, parece haver alguma razão para otimismo. Embora considerações de curto prazo possam prevalecer em nossa cultura, parece que estamos mudando de forma a sermos cada vez mais controlados por consequências de longo prazo. No passado, cada geração deixou para a próxima ainda mais problemas do que encontrou – poluição, armamentos, dívidas – por agir baseando-se apenas em considerações de curto prazo. À medida que passamos de uma crise para a próxima, certas práticas evoluem, e são elas que poderão finalmente nos ajudar a evitar novas crises. Tais práticas inevitavelmente dependem de especialistas que possam avaliar e prever relações de longo prazo prováveis. Elas também dependem de um número suficiente de cidadãos informados e participantes, que ajam para prover estímulos discriminativos e consequências para aqueles que governam. A julgar pelos noticiários, especialistas e cidadãos interessados parecem estar, pouco a pouco, tendo sucesso na aprovação de leis de proteção ambiental, redução da pobreza e melhora da saúde, em vários países do mundo, inclusive nos Estados Unidos. Essas práticas estão sendo cada vez mais avaliadas e comparadas com alternativas. Queiramos ou não, acreditássemos ou não ser isso possível, parece que estamos caminhando na direção da sociedade em experimentação de Skinner. Esperemos que sim.

RESUMO

Embora as recomendações dos analistas do comportamento sobre planejamento cultural tenham, às vezes, gerado oposição, se entendidas corretamente, elas dificilmente seriam consideradas controversas. O conceito de planejamento, longe de sugerir algum plano fixo a ser imposto às pessoas, quer dele gostem ou não, implica um processo de experimentação e avaliação no qual as práticas são selecionadas de acordo com a felicidade das pessoas a longo prazo. Nesse sentido, o planejamento se relaciona com a evolução cultural de forma análoga ao modo como o cruzamento seletivo se relaciona com a seleção natural. Assim como o cruzamento seletivo tira partido da variação e da transmissão genética ao deliberadamente selecionar certos traços, o planejamento cultural tira partido da variação e da transmissão cultural ao selecionar deliberadamente certas práticas. A experimentação e a seleção sistemáticas produzirão mudanças culturais mais rápidas em resposta a problemas sociais e ambientais.

Práticas experimentais visam à sobrevivência – sobrevivência da sociedade, mas, mais frequentemente, sobrevivência da cultura (o modo de vida). Para sobreviver no longo prazo, a cultura deve mudar em resposta a transformações no ambiente e deve adotar práticas com base em suas consequências de longo prazo. Prever os prováveis resultados de várias práticas requer que os dados necessários para detectar esses efeitos a longo prazo sejam coletados e analisados por especialistas treinados. A adoção de práticas novas depende das conclusões desses especialistas. A mudança frequentemente depende também de grupos dentro da sociedade que respondam às predições dos especialistas "agindo para que a mudança ocorra" – isto é, envolvendo-se em comportamento verbal (p. ex., em manifestações) que gere estímulos discriminativos que fortaleçam essas novas práticas.

O critério de seleção para a sobrevivência e a mudança de uma cultura é o reforço. Uma prática bem-sucedida é aquela que provê mais reforço a longo prazo (ou menos punição a longo prazo) do que as variantes com as quais compete. Experimentar e selecionar as alternativas mais reforçadoras são ações que correspondem a comportamentos precorrentes, que fortalecem várias possíveis soluções para um problema e podem, então, conduzir a comportamentos verbais sobre soluções e não soluções – isto é, comportamentos que são e não são reforçados.

Fundamentalmente, a mudança e a sobrevivência de uma cultura dependem da aptidão. Reforçadores e punidores incondicionais, sociais e não sociais, são resultado da seleção natural. Considerando que as práticas culturais são os meios próximos pelos quais os genes responsáveis por elas são selecionados, as práticas culturais selecionadas por suas consequências aumentam a aptidão no longo prazo.

Uma sociedade experimental, de acordo com Skinner, é aquela que regularmente experimenta e seleciona novas práticas. Um nome melhor poderia ser o de sociedade em experimentação. O romance de Skinner, *Walden Two*, descreve tal sociedade. Ela foi considerada utópica, no sentido de descrever uma comunidade idílica e relativamente isolada. Essa é uma interpretação errônea da obra, porque os detalhes concretos dessa comunidade serviram apenas para dar substância ao ponto principal, o método experimental de planejamento cultural. Uma leitura mais adequada trata o livro como um ensaio no qual os personagens levantam e respondem às objeções ao projeto de planejamento cultural.

Essas objeções incluem afirmações de que técnicas comportamentais não podem funcionar no mundo real, de que o planejamento resultará em catástrofe ou padronização e de que uma sociedade em experimentação não seria divertida. Essas objeções são facilmente respondidas: demonstrou-se que as técnicas comportamentais funcionam no mundo real; a experimentação busca evitar catástrofes e encorajar a diversidade; as mudanças culturais são graduais; e a cultura de uma sociedade em experimentação será adequada às histórias daqueles que nela vivem.

A maior objeção é a de que um planejamento cultural conduzirá à ditadura. As ditaduras, porém, dependem de práticas de coerção ou exploração, relações que são inerentemente instáveis. Uma sociedade em experimentação que vise à felicidade das pessoas dificilmente poderá ser ditatorial, porque as pessoas ficam felizes quando seu comportamento é positivamente reforçado e quando estão livres de relações coercivas e exploradoras. Estabilidade e felicidade dependem de equidade e contracontrole, as duas marcas características da democracia. Como meio de contracontrole, as eleições poderiam ser substituídas por meios mais eficientes de comunicação, mas isso fortaleceria a democracia, em vez de enfraquecê-la.

Embora a humanidade hoje se defronte com problemas sem precedentes, talvez haja razão para esperança. Quanto mais experimentarmos e coletarmos dados, quanto mais consultarmos especialistas bem treinados, quanto mais cidadãos bem informados clamarem por práticas mais adequadas, mais provável é que tenhamos sucesso.

LEITURAS ADICIONAIS

Boyd, R., & Richerson, P. J. (1985), *Culture and the evolutionary process.* Chicago: University of Chicago Press. Material sobre variação orientada aparece nos Capítulos 1 e 4.

Goldstein, M. K., & Pennypacker, H. S. (1998). From candidate to criminal: the contingencies of corruption in elected public office. *Behavior and Social Issues,* 8, 1-8. Nesse artigo, os autores discutem a mudança nas relações de reforçamento antes e depois de uma eleição que conduz o comportamento de um candidato à corrupção e propõem seu sistema alternativo de eleições para tentar resolver o problema por meio do aumento do contracontrole.

Huxley, A. (1989). *Brave new world.* Nova York: Harper Collins, reimpressão. Esse romance é uma ficção distópica, originalmente publicado em 1946, em que a elite dominante conserva o povo "na linha" com drogas e diversão amena.

Orwell, G. (1983). *1984.* Nova York: New American Library, reimpressão. Esse é outro exemplo de ficção distópica, originalmente publicado em 1949, sobre uma sociedade dominada por coerção – isto é, controle aversivo.

Skinner, B. F. (1961). Freedom and the control of men. In: *Cumulative record.* Nova York: Appleton-Centuiy-Crofts, edição ampliada, p. 3-18. Originalmente publicado em 1955, esse ensaio discute muitas das objeções levantadas contra o planejamento cultural.

Skinner, B. F. (1971). *Beyond freedom and dignity.* Nova York: Knopf. O Capítulo 8 trata do planejamento cultural e das objeções a ele levantadas.

Skinner, B. F. (1976). *Walden Two.* Nova York: Macmillan. Esse é o romance de Skinner, originalmente publicado em 1948, em que ele descreve uma sociedade em experimentação e responde às objeções ao planejamento cultural. Essa edição inclui um ensaio intitulado "Walden Two Revisited".

PALAVRAS-CHAVE

Cruzamento seletivo

Sociedade experimental

Variação orientada

Glossário

Aberto – encoberto A distinção entre comportamento verbal público *versus* fala subvocal. O comportamento aberto é observável por qualquer pessoa ao redor. O comportamento supostamente encoberto é apenas observável por aquele que o pratica, mas seria apenas acessível aos outros por introspecção dessa pessoa, o que é sempre pouco confiável. A menos que um aparelho seja inventado para gravar a fala subvocal, ela não pode ser confiavelmente medida. (Ver também **evento privado.**)

Ação Um episódio específico de uma atividade, com início e fim; como um trecho está para a viagem toda.

Afiliação A tendência dos seres humanos de se afiliarem a outros, particularmente a outros humanos, o que significa comportar-se para com eles como se o bem-estar deles fosse o seu próprio bem-estar ou como se o benefício que recebem fosse um reforço para o seu próprio comportamento. As pessoas tendem a se afiliar a colegas de trabalho, às crianças que criam como filhos, a pessoas com quem crescem e até aos animais de estimação. Elas também podem afiliar-se a estranhos que portam marcadores semelhantes aos seus, como um uniforme ou um dialeto, os quais indicam que pertencem ao mesmo grupo.

Alelo Uma variante de um gene. Os genes geralmente têm vários alelos, alguns dos quais podem aparecem no mesmo local no genoma.

Altruísmo Ajuda a outra pessoa que não resulta em um reforço imediato óbvio. Do ponto de vista biológico ou analítico do comportamento, o altruísmo é um padrão de comportamento que ao menos às vezes é reforçado, em geral na infância e apenas ocasionalmente na idade adulta.

Análise do comportamento O nome padrão para a ciência do comportamento.

Antropomorfismo Atribuir qualidades e habilidades humanas a outras espécies ou a máquinas. O antropomorfismo ilustra a falácia do raciocínio por analogia.

Aplicar consequências Reforçar ou punir o comportamento do outro de acordo com regras ou leis formais, em contraste com reforço e punição espontâneos e informais.

Aprendizagem Um termo cotidiano que inclui mudanças no comportamento e na função de estímulo, mas que também é usado para mudanças fictícias internas, como um "conjunto de aprendizados", que apenas resume a tendência de um padrão de comportamento persistir. Os analistas do comportamento geralmente evitam o termo "aprender", preferindo falar sobre aquisição de comportamento operante e aquisição de discriminação. Esses termos se aplicam, por exemplo, ao que seria chamado de aprendizagem de habilidades ou aprendizado sobre estímulos.

Aprendizagem operante Um termo para a aquisição de comportamento operante.

Aptidão Sucesso reprodutivo de um indivíduo, grupo ou variante genética em uma população ou conjunto. Durante um período de tempo, uma variante com maior aptidão torna-se mais frequente no conjunto populacional.

Armadilha de reforço Uma situação em que uma contingência de curto prazo que reforça um comportamento inadaptado é confrontada com uma contingência de longo prazo que fornece grandes reforçadores para um bom comportamento. Mesmo que a contingência de curto prazo ofereça reforçadores relativamente pequenos, ela afeta o comportamento de forma mais poderosa do que a contingência de longo prazo, porque os reforçadores relativamente grandes produzidos pela contingência de longo prazo são prorrogados no tempo, não imediatos. O comportamento inadaptado reforçado no curto prazo é um mau hábito. O comportamento adaptativo reforçado a longo prazo é um bom hábito. Armadilhas de reforço podem ser criadas por controladores para tornar as pessoas escravos "felizes", porque o comportamento dos controlados oferece grandes reforçadores para o comportamento dos controladores.

Atividade Um padrão de comportamento que leva tempo e é identificado durante um período de tempo, como ler, trabalhar, cooperar ou ajudar os outros.

Autoconhecimento Atividade, geralmente verbal, que está sob o controle de estímulos do próprio comportamento. Em contraste com as abordagens mentalistas, que vinculam o autoconhecimento à introspecção, a abordagem comportamental considera que o autoconhecimento é como o conhecimento em geral. O autoconhecimento pode ser processual ou declarativo e difere de outros conhecimentos no sentido de que o comportamento que constitui "conhecimento" (geralmente comportamento verbal) é induzido por nosso próprio comportamento. Eu digo que sei nadar se me observo nadando. Eu digo que sei sobre aranhas se me observo estudando aranhas e respondendo a perguntas sobre elas.

Autocontrole Quando uma contingência de longo prazo, que fundamentalmente promoveria o sucesso reprodutivo, compete com uma contingência de curto prazo, que fundamentalmente reduziria o sucesso reprodutivo, o comportamento consistente com a contingência de longo prazo é o autocontrole. O autocontrole é um bom hábito, que pode ser bom apenas para si mesmo ou também para outra pessoa, como no altruísmo ou na cooperação.

Autonomia A capacidade de algo, particularmente um organismo, de se comportar. Quando se diz que uma entidade hipotética, como a mente, eu interior ou homúnculo interno, age de modo a causar comportamento observado, a suposta autonomia obstrui a investigação por desviar o estudo para a tarefa impossível de explicar o comportamento de algo que não pode ser observado.

Autorrelato Uma instância de autoconhecimento em que a atividade induzida é verbal, e os estímulos que controlam a verbalização podem ser tanto as condições do corpo como o contexto ambiental.

Behaviorismo Os princípios filosóficos que sustentam a ciência do comportamento, geralmente chamada de "análise do comportamento". O princípio central do behaviorismo é o de que uma ciência do comportamento é possível. Os behavioristas às vezes não concordam com o que constitui comportamento e o que constitui ciência, mas todos concordam com o princípio básico.

Behaviorismo metodológico O termo de B. F. Skinner para designar uma variante do behaviorismo que mantém o dualismo entre os eventos subjetivos internos e os eventos objetivos externos ao propor apenas estudar eventos objetivos externos. Os eventos objetivos, sendo públicos e mensuráveis, são considerados indicadores de eventos subjetivos. Muitos psicólogos são, na verdade, behavioristas metodológicos. Skinner contrastou o behaviorismo metodológico com o behaviorismo radical, o qual defendeu.

Behaviorismo radical Termo utilizado por B. F. Skinner para se referir à sua abordagem do behaviorismo, em contraste com o behaviorismo metodológico. "Radical" deriva de "raiz"; Skinner pensava o behaviorismo radical como meio de chegar às questões fundamentais sobre uma ciência do comportamento. Ele propôs a premissa básica de que uma ciência natural do comportamento é possível, uma ciência que evita falar sobre ficções mentais e trata eventos comportamentais como eventos naturais.

Cadeia comportamental Uma sequência de atividades, na qual cada uma produz um contexto (estímulo discriminativo) que induz a próxima atividade na cadeia, que termina em um reforçador último. As cadeias comportamentais treinadas no laboratório visam modelar sequências comportamentais na vida cotidiana, como completar uma tarefa em uma ordem definida – por exemplo, seguir uma rota fixa para um destino ou amarrar os sapatos.

Calórica A essência que, na Idade Média, se supunha ser responsável por um objeto ser quente. Calórica é um exemplo de uma ficção explicativa não comportamental.

Circunstâncias atenuantes Nos processos judiciais, circunstâncias atenuantes são fatores ambientais que os advogados de defesa usam para argumentar que um réu não deve ser responsabilizado por um ato criminoso. Para um analista do comportamento, a questão levantada é se fatores ambientais eliminam a utilidade de aplicar consequências. Se as circunstâncias atenuantes fossem improváveis de voltar a ocorrer, a punição poderia não ter sentido, e, se os efeitos dos fatores ambientais podem ser remediados, o réu poderia ser mandado para terapia. Os apelos a circunstâncias extenuantes são movimentos de afastamento da responsabilidade baseada no livre-arbítrio, porque reconhecem que o ambiente afeta o comportamento.

Coerção Controle do comportamento por punição e ameaça de punição.

Comportamento As atividades de um indivíduo vivo que afetam seu ambiente. Os seres não vivos não se comportam. Organismos inteiros se comportam. Partes de organismos não se comportam.

Comportamento governado por regras Outro termo para o seguimento de regras usado tanto por analistas do comportamento como por psicólogos. As abordagens mentalistas geralmente consideram que uma regra foi "internalizada" quando está sob controle da contingência de longo prazo.

Comportamento modelado implicitamente Comportamento adquirido sem regras ou provimento de regras. A atividade é inteiramente modelada por contingências naturais entre variação e consequências. Muitas habilidades são modeladas implicitamente, mesmo que sejam inicialmente regidas por regras.

Comportamento precorrente Termo utilizado por B. F. Skinner para designar o comportamento que contribui para a solução de um problema. Ele considerava o comportamento precorrente como gerador de estímulos discriminativos que podem levar a uma solução (ou seja, um comportamento reforçado). Para Skinner, o comportamento precorrente pode ser vocal ou não vocal, público ou privado. A visão molar do comportamento evita postular o comportamento precorrente privado que nunca poderia ser observado e não poderia fazer parte de uma explicação legítima de resolver um problema.

Comportamento verbal Comportamento operante por parte de um falante que é reforçado pelo comportamento de um ouvinte. O comportamento verbal pode ser vocal, por sinais, ou escrito. Assim, o comportamento verbal coincide apenas parcialmente com "usar linguagem".

Comunidade verbal Uma comunidade de pessoas que servem como falantes e ouvintes umas para as outras de forma intercambiável. A comunidade verbal molda o comportamento verbal de uma criança depois que ela começar a imitar o comportamento verbal dos que estão em sua comunidade verbal.

Condicionamento clássico A categoria de procedimentos (também conhecida como condicionamento pavloviano ou condicionamento respondente) em que um estímulo inicialmente neutro, como um tom, é arranjado para sinalizar a probabilidade de um evento filogeneticamente importante e o estímulo neutro passa a induzir atividades relacionadas ao evento filogeneticamente importante. Ivan P. Pavlov originou muitos dos procedimentos, mas estudou principalmente secreções salivares e glândulas digestivas do estômago. Pavlov chamou o novo estímulo indutor de estímulo condicional e o evento filogeneticamente importante de estímulo incondicional.

Condicionamento operante O termo inicial para a aquisição de comportamento operante. A palavra "condicionamento" foi tomada emprestada do condicionamento clássico e implica que a relação crítica entre estímulo, resposta e reforçador é a contiguidade. ("Condicionamento" é um termo incorreto, porque é derivado de "condicionado", que foi um erro de tradução da palavra usada por Pavlov, "condicional".)

Condicionamento respondente Na terminologia de B. F. Skinner, o condicionamento clássico.

Conhecimento declarativo Tradicionalmente conhecido como "saber sobre". Quando uma atividade está sob controle de estímulos, pode-se dizer que o organismo "sabe sobre" o estímulo discriminativo ou contexto. Nos seres humanos, a expressão é frequentemente induzida por comportamento verbal discriminado. Sabemos sobre alguma coisa (p. ex., a Guerra Civil) se falamos a seu respeito e respondemos a perguntas sobre ela. O contraste é com o conhecimento processual, "saber como" (p. ex., como nadar), que consiste em algum nível dessa atividade (nadar). A única diferença é que o conhecimento declarativo implica controle de estímulos sobre a atividade, especialmente o comportamento verbal.

Conhecimento processual Saber como fazer algo. Dizer que alguém sabe nadar significa simplesmente que a pessoa realmente nada às vezes. Dizer que alguém nada *porque* sabe nadar ou que alguém sabe nadar *e* nada é cometer um erro de categoria.

Consciente Entre todas as declarações que as pessoas fazem sobre estar consciente e consciência, provavelmente o único critério útil do que torna uma ação consciente é que a pessoa envolvida pode falar sobre ela ou responder a ela. Consciência é um termo muito disputado e de pouca utilidade para a análise do comportamento.

Contextualismo A visão de que as teorias científicas e os experimentos são influenciados por contexto cultural deve ser avaliada à luz do contexto cultural em que ocorrem.

Contiguidade A proximidade de duas coisas no tempo ou no espaço. No associativismo do século XIX, supunha-se que a contiguidade entre dois pensamentos ou duas ideias criava um vínculo associativo entre eles. Nas primeiras teorias do comportamento, supunha-se que a contiguidade entre um estímulo e uma resposta criava um vínculo associativo entre eles, particularmente se a resposta fosse seguida por um reforçador. A teoria do reforço de B. F. Skinner era a de que um reforçador fortalece qualquer resposta que a precede e é contígua a ele. A inadequação dessa teoria foi estabelecida na década de 1960 por experimentos que mostraram que a contiguidade sozinha não é capaz de aumentar a resposta. Muitos analistas do comportamento reconhecem que contingência requer mais do que contiguidade.

Contingência Existe uma contingência entre dois eventos quando um evento é preditivo da probabilidade de ocorrência do outro evento. Existe uma contingência entre um sinal e um evento quando a ocorrência do sinal prediz que o evento sinalizado é mais ou menos provável de ocorrer. Nos experimentos de Pavlov, um tom sinalizava que a ocorrência de comida (um evento filogeneticamente importante) era provável. Existe uma contingência entre uma atividade e uma consequência quando a ocorrência da atividade prediz que a consequência é mais ou menos provável de ocorrer. Pressionar uma alavanca, por exemplo, pode ocasionalmente produzir alimentos ou pode evitar choques elétricos ocasionais. Quando dois eventos são independentes um do outro, a ocorrência de um não prevê nada sobre a ocorrência do outro, e não existe contingência entre eles.

Continuidade da espécie A visão, baseada na teoria evolucionista, de que diferentes espécies se parecem umas com as outras conforme seu grau de proximidade na evolução. Deve-se esperar encontrar traços humanos, ao menos em forma rudimentar, em espécies estreitamente relacionadas e menos traços humanos em espécies mais distanciadas.

Contracontrole A capacidade dos controlados de criar e usar contingências para controlar o comportamento de seus controladores. A força da democracia é que ela oferece contracontrole para que os componentes influenciem o comportamento de funcionários do governo sob a forma de eleições, *lobby* e manifestações.

Controle aversivo Controle de comportamento por punição ou reforço negativo, que geralmente implica a ameaça de punição.

Controle de estímulos Um termo para designar a relação entre um estímulo discriminativo e a atividade que ele induz. O controle de estímulos sempre implica uma discriminação entre dois ou mais contextos, e cada um deles induz diferentes comportamentos.

Controle de estímulos relacional Controle de estímulos em que o estímulo discriminativo é uma relação, e não um evento particular. O contexto que induz o comportamento operante é uma configuração completa de determinados estímulos, incluindo possivelmente uma instrução verbal. Qualquer comportamento que não concorde com a relação reforçada não é reforçado. Sempre que o comportamento de alguém favorece uma alternativa que é maior, mais doce, mais forte ou melhor em algum aspecto do que a alternativa inversa, a ação está sob controle de estímulos relacional.

Costume Outro termo para designar uma prática cultural. As práticas de uma religião, como se vestir de certas maneiras ou cantar hinos na igreja, também são seus costumes.

Cruzamento seletivo Seleção artificial praticada por criadores de plantas e animais. Ao permitirem que apenas indivíduos com características desejadas se reproduzam, os criadores selecionam os genes para os traços desejados. As observações de Charles Darwin sobre cruzamento seletivo contribuíram para sua concepção de seleção natural.

Cultura Um conjunto de práticas que uma sociedade tem, adquiridas pelos indivíduos a partir de outros membros do grupo e selecionadas por suas consequências para a sociedade. Tais práticas são atividades operantes e são transmitidas dentro e entre gerações por imitação e regras.

Cultura plenamente desenvolvida Uma cultura que inclui imitação e governança por regras como mecanismos de transmissão de práticas culturais de um membro da sociedade para outro. Isso contrasta com a cultura só de imitação encontrada nas sociedades de animais não humanos.

Cultura só por imitação Uma cultura em que a transmissão de práticas culturais ocorre apenas por imitação, em oposição a uma cultura plenamente desenvolvida, em que a transmissão ocorre tanto por imitação como por governança de regras. Algumas espécies não humanas, principalmente os primatas, têm tradições que são transmitidas só por imitação.

Dados sensoriais O termo de Bertrand Russell para se referir à experiência subjetiva do mundo real e objetivo. Isso pressupõe o dualismo.

Desamparo aprendido Um termo inventado por Martin Seligman para descrever a tendência dos organismos a se tornarem passivos quando repetidamente expostos a situações em que eventos aversivos, particularmente eventos dolorosos, são inevitáveis.

Determinismo A visão de que todo comportamento pode ser compreendido e previsto à luz da genética e dos eventos ambientais, passados e presentes. O determinismo contrasta com o livre-arbítrio (ou seja, o livre-arbítrio libertário), porque o livre-arbítrio atribui o comportamento à pessoa ou a um eu interior fictício, enquanto o determinismo atribui o comportamento apenas aos genes e ao meio ambiente. Na análise do comportamento, as origens do comportamento sempre estão no ambiente, passado e presente, inclusive na história passada das espécies (filogênese).

Dilema de segurança Os cientistas políticos usam esse termo ao discutirem a alternância de segurança e insegurança em uma corrida armamentista. O país A se arma, criando insegurança para o país B, o que induz acúmulo de armas no país B, criando insegurança para o país A, e assim por diante. Sempre que um país é mais forte que outro, o mais forte pode ser tentado a atacar o mais fraco. Como resultado, as corridas armamentistas às vezes terminam em guerra.

Discriminação Uma mudança no comportamento de um indivíduo com uma mudança de contexto. Um organismo discrimina se seu comportamento muda quando o ambiente muda, mas o comportamento não muda *porque* o organismo discrimina; a mudança comportamental é a discriminação. No laboratório, os diferentes contextos são chamados de "estímulos discriminativos".

Discurso-padrão O discurso sobre comportamento que faz parte da psicologia popular. Ele assume a forma de "eu fiz tal e tal porque pensei (ou senti) assim e assim". Ele atribui o comportamento a pensamentos e sentimentos internos e a um eu interior em vez de ao ambiente. O discurso-padrão incentiva o mentalismo.

Dualismo A suposição ou doutrina de haver dois tipos diferentes de existência ou de "coisas". A forma mais comum é o dualismo interior-exterior, também conhecido como dualismo sujeito-objeto. Ele postula dois mundos, um mundo interior e um mundo exterior ou um mundo mental e um mundo material. A ciência em geral e a análise do comportamento em particular exigem que o mundo ou a existência sejam apenas de um tipo, geralmente chamado de "natural". Os eventos naturais são explicados por outros eventos naturais, porque entendemos como os eventos naturais interagem. O principal problema com o dualismo é que a interação entre os dois mundos permanece para sempre um mistério. Como a mente, se feita de coisas mentais, pode afetar o comportamento, que consiste de eventos naturais?

Economia conceitual Critério proposto por Ernst Mach para a validade de uma explicação. Uma teoria ou descrição de um fenômeno são válidos e úteis se seus termos resultarem em economia conceitual. A economia conceitual ajuda as pessoas a conversarem umas com as outras sobre o mundo. Um exemplo é o conceito de ar, que permite explicações simples de muitos fenômenos diferentes, como vácuo, vento, respiração e pressão atmosférica.

Eficácia Uma das propriedades desejáveis de um replicador, aquela que tende a requerer replicadores maiores. Por exemplo, as unidades maiores de DNA provavelmente terão efeitos maiores no desenvolvimento do que unidades menores. As propriedades desejáveis que contribuem para unidades menores são longevidade, fecundidade e fidelidade.

Eliciar O termo original para designar a relação entre um estímulo e uma resposta em um reflexo. Dizia-se que o estímulo eliciava a resposta. A eliciação pressupõe que a resposta segue o estímulo em uma relação contígua de um para um. Um termo que evita suposições de contiguidade e que, em vez disso, se baseia em contingência é indução. Um contexto ou estímulo induz uma atividade, mas não é necessariamente contíguo a ela.

Emparelhamento com modelo (***matching to sample***) Um procedimento de treinamento no qual se apresenta um estímulo modelo a um organismo, que, posteriormente, deve escolher este entre uma série de estímulos a fim de receber um reforçador. O estímulo discriminativo que induz a escolha correta é composto; ele inclui tanto o modelo original como o estímulo correto no conjunto de estímulos. O modelo e o estímulo correto não precisam ser idênticos. Muitas vezes, um atraso é inserido entre a apresentação do modelo e a apresentação do conjunto de estímulos.

Episódio social mínimo Consiste em um contexto no qual uma pessoa se comporta de modo a gerar um estímulo discriminativo para o comportamento de uma segunda pessoa, que induz a segunda pessoa a fornecer um reforço para o comportamento da primeira pessoa, e esse reforçador serve como um estímulo discriminativo que, então, induz a primeira pessoa a fornecer um reforço para o comportamento da segunda pessoa. Um exemplo é: uma pessoa pergunta à outra que horas são, e a segunda pessoa diz as horas, então a primeira pessoa agradece. Essa troca de reforço mútuo é a unidade básica de um relacionamento, se for repetida.

Episódio verbal A unidade básica do comportamento verbal, constituída por um contexto em que um falante emite uma verbalização, um ouvinte responde à verbalização para reforçá-la e o falante responde ao ouvinte de modo a reforçar a resposta do ouvinte.

Equidade Ocorre equidade em um relacionamento quando os benefícios que cada pessoa recebe do relacionamento, considerado no contexto de comparações com relacionamentos de outras pessoas, parecem equilibrados com os benefícios que a outra pessoa recebe. As declarações de afirmação de equidade variam de uma pessoa para outra e de tempos em tempos, dependendo do ambiente social. Equidade é diferente de igualdade, porque com equidade uma pessoa no relacionamento pode contribuir mais do que a outra, e ambas podem ter sido criadas com diferentes contextos para afirmações de equidade.

Erro de categoria A crítica de Gilbert Ryle ao mentalismo, na qual argumentou que as entidades mentais são, na verdade, rótulos de categorias de ações comportamentais concretas. O que dá às entidades mentais a sua qualidade "fantasmagórica" é o erro de tratar um rótulo de uma categoria como se fosse uma instância da categoria. "Conhecimento de francês", por exemplo, é um rótulo para as ações que constituem saber francês. Não se pode falar francês *e* saber francês ou falar francês *porque* se sabe francês, porque falar francês é uma instância de "saber francês".

Escravo feliz A vítima de um relacionamento explorador. O comportamento do escravo feliz é reforçado a curto prazo, mas é punido a longo prazo.

Espíritos animais Proposto por René Descartes como o fluido que fluía através do sistema nervoso para produzir movimento nos músculos, inflando-os. Ele sugeriu que a alma poderia mover a glândula pineal e assim influenciar o fluxo de espíritos animais e, portanto, ações.

Estímulo condicional Termo de Pavlov para um estímulo inicialmente neutro que passa a induzir a resposta condicional, um indutor condicional como resultado de sua relação com o estímulo incondicional (um evento filogeneticamente importante), como alimentos ou choque elétrico.

Estímulo discriminativo (SD) Em uma discriminação, as mudanças no ambiente que induzem diferentes atividades são os estímulos discriminativos. Um estímulo discriminativo sempre contrasta com um ou vários outros estímulos discriminativos. A mudança implica pelo menos dois contextos diferentes.

Estímulo incondicional O termo de I. P. Pavlov para designar o evento ambiental que induz atividades relacionadas a ele pela filogênese – ou seja, um evento filogeneticamente importante. É incondicional na medida em que não exige experiência para ser eficaz. Comida induz diversas atividades em um cão, mas Pavlov estudou apenas as secreções digestivas. O mesmo evento (p. ex., comida) que é chamado de estímulo incondicional no condicionamento clássico é chamado de reforçador para comportamento operante.

Estímulo-sinal Outro termo para designar um liberador; o contexto que induz um padrão fixo de ação.

Ética situacional A tendência de adequar comportamentos verbais e não verbais sobre bom, ruim, certo e errado a determinadas situações, e não de maneira mais genérica a todas as situações.

Evento filogeneticamente importante Um evento que é importante no sentido de que sua presença ou ausência afeta a aptidão de um organismo ou de um gene. Esses eventos afetam o comportamento; eles induzem atividades que tendem a promover a aptidão ou evitar uma ameaça à aptidão. As atividades induzidas mantêm a saúde, obtêm recursos, mantêm relacionamentos ou aumentam a possibilidade de reprodução. Um bom evento filogeneticamente importante aumenta as chances de sobrevivência e reprodução, e as atividades induzidas tendem a produzi-lo. Um evento filogeneticamente importante negativo diminui as chances de sobrevivência e reprodução, e as atividades induzidas tendem a evitá-lo. Por exemplo, a comida é boa, e os predadores são ruins.

Evento natural Um evento natural é um evento localizável no tempo e no espaço. Os eventos naturais pertencem a um mundo, o "mundo natural", que não é interno, nem externo e nem parte de nenhum dualismo. Os eventos naturais são explicados por outros eventos naturais.

Evento privado Diz-se de um evento que só é observável para a pessoa a quem pertence. B. F. Skinner admitia que tanto estímulos como respostas poderiam ser privados. Na sua perspectiva, as respostas privadas eram principalmente a fala subvocal, que chamou de "encoberta". Ele considerava que os estímulos privados eram eficazes como estímulos discriminativos. A visão molar evita falar sobre eventos privados porque eles não são observáveis em outra pessoa e porque o indivíduo possuidor do evento privado só poderia relatá-lo por introspecção, a qual não é confiável e é cientificamente inaceitável como método. Uma ciência de comportamento não pode apelar para causas ocultas. Em vez disso, a visão molar enfoca o comportamento observável e o ambiente observável, afirmando que todo comportamento se origina no ambiente, presente e passado.

Evento público Um evento observável por qualquer número de pessoas. Se apenas uma pessoa observa um evento normalmente público, o tipo de privacidade criado é apenas acidental, pois, se alguém mais estivesse presente, o evento teria sido observado por todos os presentes. Se eu falar comigo mesmo em voz alta quando não houver ninguém por perto, a fala será pública, ao menos potencialmente. Eventos naturais são eventos públicos, porque, nas condições certas, eles podem ser observados.

Explicação histórica As explicações finais na teoria evolucionista e na análise do comportamento são históricas, porque as observações presentes são explicadas por muitos eventos passados durante um longo período de tempo. O comportamento é explicado por uma história evolutiva, por uma história de reforçamento ou, na maioria das vezes, por ambas.

Explicação próxima Explicações que se baseiam em fatores relativamente imediatos, como a organização corporal e a fisiologia. Explicações comportamentais próximas se baseiam em contingências de prazo relativamente curto e em eventos ambientais imediatos. Elas contrastam com explicações últimas, que se baseiam na história de eventos ambientais, como a filogênese ou uma história de reforçamento. Por exemplo, um viciado pode tomar um medicamento para aliviar os sintomas de abstinência; essa seria a explicação próxima. A explicação última abordaria a história que acarretou o vício e o consumo de drogas como uma atividade estendida e o porquê de os seres humanos como espécie terem essa fisiologia que possibilita o vício.

Explicação última Uma explicação que apela para a história para esclarecer o que existe no presente. Na teoria evolucionista, uma explicação última apela para uma história de seleção natural (filogênese) e, em espécies culturais, para uma história de seleção cultural.

Exploração Um relacionamento em que o controlado é um "escravo feliz". O controlador fornece reforço a curto prazo para o comportamento do controlado, o que proporciona um reforço substancial para o comportamento do controlador, mas o comportamento do controlado é punido a longo prazo. Por exemplo, o trabalho infantil proporciona renda para a criança e grandes benefícios para o empregador, mas priva a criança de frequentar a escola e de outras experiências necessárias para uma vida feliz como adulto.

Expressão intencional Qualquer termo que pareça implicar propósito interno. Exemplos são "acreditar", "pretender", "deduzir", "querer algo ou querer fazer", "tentar fazer" e "desejar".

Fenótipo A forma, a aparência, a fisiologia e o comportamento de um organismo. O fenótipo de um organismo é um produto de seus genes herdados e do meio ambiente, fatores e eventos aos quais está exposto à medida que cresce. Fenótipo contrasta com genótipo, a combinação hereditária de genes carregados pelo organismo.

Ficção explicativa Uma causa de ficção inventada para dar a aparência de uma explicação. Ao falar sobre o comportamento, ficções explicativas geralmente são eventos ou entidades mentais. Geralmente elas não explicam porque apenas reafirmam a observação original em termos mentalistas. As ficções explicativas também costumam impedir a busca de explicações reais porque introduzem complexidade desnecessária e tendem a desencorajar a investigação quando a explicação falsa é tomada como real. Por exemplo, se alguém disser que um garoto rouba um carro por causa da baixa autoestima, a baixa autoestima é uma ficção explicativa, porque a evidência de baixa autoestima é apenas comportamento antissocial, como o de roubar carros. Teríamos que perguntar de onde veio a baixa autoestima e como ela poderia fazer alguém roubar um carro. Em vez disso, podemos tentar encontrar os fatores ambientais passados e presentes que poderiam ter levado ao roubo e à forma como o roubar se coaduna com outros padrões de comportamento da pessoa.

Fictício Dizer que uma coisa é fictícia é dizer que ela é inventada, nunca foi localizada no tempo e no espaço e só é conhecida no comportamento verbal. A mente e todas as entidades mentais são fictícias, porque não podem ser localizadas no tempo e no espaço. Se alguém um dia documentar a observação de um unicórnio, os unicórnios deixarão de ser fictícios.

Filogênese Mudança na morfologia e no comportamento entre gerações devido à seleção. Inclui seleção natural, seleção sexual, seleção de grupo e seleção de grupo cultural. A filogênese é a história de seleção de uma espécie análoga para a história de reforçamento de um organismo.

Flogisto A explicação pré-científica do queimar. Supunha-se que o flogisto era a essência das coisas combustíveis e que saía delas quando queimavam. Como as coisas ganham peso quando são queimadas em um recipiente fechado, supunha-se que o flogisto tinha peso negativo. Essa falsa explicação se assemelha ao mentalismo.

Genótipo Os genes que um organismo carrega. A variação genotípica de membro para membro em uma população permite a seleção genética se os genótipos variarem de aptidão.

Hipótese paramecânica Termo de Gilbert Ryle para a suposição de que as entidades mentais interiores podem causar comportamento. Ele argumentou que as causas internas parecem fantasmagóricas porque são, na verdade, rótulos de categoria e que a hipótese paramecânica é o cometimento de um erro de categoria. A inteligência, por exemplo, não causa comportamento inteligente, porque logicamente ela *é* comportamento inteligente; ela é o rótulo da categoria "comportamento inteligente".

Homúnculo A pequena pessoa imaginária, muitas vezes chamada de eu interior, que supostamente causa o comportamento, segundo a psicologia popular e outras teorias mentalistas do comportamento. Sendo autônomo, o homúnculo deve ser explicado para explicar o comportamento da pessoa. Como o homúnculo não pode ser observado, qualquer teoria que apele para um homúnculo é incompatível com uma ciência do comportamento. Qualquer entidade mental supostamente autônoma pode ser chamada de homúnculo.

Horror vacui A aversão da natureza ao vácuo, um termo usado para explicar alguns dos fatos sobre o vácuo que posteriormente foram explicados pelo conceito de pressão atmosférica. Termos como *horror vacui*, criados unicamente para dar a aparência de explicação, mas falhando em realmente explicar, carecem de economia conceitual, de acordo com Ernst Mach. B. F. Skinner apontou que tais ficções explicativas, se analisadas mais profundamente, apenas reafirmam a observação original. A única evidência de que a natureza tem aversão ao vácuo deveria ser explicada pela observação do fenômeno da sucção. Da mesma forma, dizer que você comeu um bolinho porque sentiu um impulso irresistível de fazê-lo nada explica o fato de você comer um bolinho, porque comê-lo é a única prova do impulso. A "explicação" é circular, porque só diz que você comeu o bolinho porque comeu o bolinho.

Imitação Ver **imitação aprendida/não aprendida.**

Imitação aprendida Comportamento controlado por regras em que um modelo fornece a regra "Faça como eu faço", demonstra uma atividade e depois reforça as aproximações da atividade. Outra forma de imitação, não aprendida, ocorre após um modelo se ocupar de uma atividade, e a atividade do imitador persiste (torna-se operante) se for reforçada por contingências naturais – contingências que não sejam fornecidas pelo modelo.

Imitação não aprendida A tendência de o comportamento de um organismo (o modelo) induzir comportamentos semelhantes em um segundo organismo (o imitador ou observador). Contrasta com a imitação aprendida, na qual a imitação é induzida por uma regra como "Faça como eu". Muitos organismos não verbais imitam, especialmente em espécies que vivem em grupos. Por exemplo, quando um macaco em um bando limpou a areia de suas batatas-doces lavando-as no mar, os outros macacos do grupo seguiram o exemplo.

Impulsividade O comportamento-problema em questões de autocontrole ou armadilhas de reforço, nas quais a escolha ocorre entre impulsividade e autocontrole. O comportamento impulsivo produz pequenos reforçadores de modo relativamente imediato, mas é punido a longo prazo. Se o comportamento for controlado em um curto espaço de tempo, ocorre impulsividade. Se o comportamento for controlado em um longo espaço de tempo, a alternativa que é reforçada a longo prazo, autocontrole, ocorre. Um mau hábito é um comportamento impulsivo.

Incompatibilidade de comportamento e reforçador Aplicar uma consequência que induz atividades que são incompatíveis com a atividade que se está tentando aumentar ou treinar. Os instrutores de animais acham que os reforçadores de alimentos podem induzir atividades relacionadas com alimentos que interferem no comportamento operante desejado. Tentar modelar o comportamento das crianças com reforçadores tangíveis pode falhar se o professor não fornecer reforçadores sociais, como afeto e aprovação.

Induzir Um verbo introduzido em 1972 por Evalyn Segal para descrever os efeitos de eventos filogeneticamente importantes nos comportamentos a eles relacionados. Comida que ocorre em um contexto específico, por exemplo, induz uma gama de atividades relacionadas a alimentos nesse contexto. O verbo "induzir" engloba a palavra mais antiga *eliciar* e os efeitos mais gerais que não podem ser descritos como efeitos estímulo-resposta de um para um. O substantivo do processo correspondente é indução. Os experimentos de Pavlov podem ser descritos em termos de indução. A indução também explica restrições comportamentais que resultam de conflitos entre ações devido à filogênese e a atividades operantes. Um exemplo é a tendência que ratos têm de paralisar – uma resposta filogenética ao perigo que interfere na pressão à barra – quando pressionar a barra é necessário para evitar um choque elétrico. Às vezes, as pessoas ficam paralisadas em uma situação de perigo, como um carro que se aproxima, quando fugir seria melhor.

Instrospecção O processo de introspecção. Ver também **realizar introspecção.**

Liberador A configuração ambiental que induz um padrão fixo de ação. Por exemplo, a presença de um potencial parceiro induz exibições de cortejo, e a presença de um predador induz esconder-se, fugir ou lutar. Liberador e estímulo-sinal são termos equivalentes.

Liberdade espiritual A liberdade de que falam as pessoas religiosas e de orientação espiritual. É a liberdade dos apegos ou desejos "terrenos" e "mundanos". Do ponto de vista comportamental, pode ser entendida como liberdade de contingências de reforço de curto termo que promovem o egoísmo em favor de contingências de longo prazo que promovem o desapego, a bondade, a moderação no viver e o amor.

Liberdade social Liberdade de coerção, liberdade de punição por escolha de religião, de amigos e de afiliações políticas. A liberdade social inclui liberdade de expressão, religião e reunião. Quando as preferências resultam de reforço positivo, e não de ameaças de punição, as pessoas sentem-se livres.

Livre-arbítrio A liberdade que supõe que, seja como for que uma pessoa se comportou em determinada ocasião, ela sempre poderia ter-se comportado de forma diferente. O livre-arbítrio pressupõe que as origens do comportamento estão dentro da pessoa. Ele se opõe ao determinismo, o pressuposto de que todo comportamento se origina na hereditariedade e no ambiente, que sustenta uma abordagem científica na compreensão do comportamento. (Ver também **livre-arbítrio libertário.**)

Livre-arbítrio libertário O termo que os filósofos aplicam ao uso diário de "livre-arbítrio". Ele contrasta com outras formas de livre-arbítrio que supostamente conciliam livre-arbítrio com determinismo.

Lucro/investimento A razão que determina a equidade ou iniquidade na teoria da equidade. Lucro é o ganho líquido relativamente imediato que a pessoa recebe. Investimento abrange todos os fatores de longo prazo que podem tornar uma pessoa desejável, entre eles educação e outras experiências, mas também atributos como boa aparência. Se dois parceiros tiverem razões de lucro/investimento iguais, a relação é equitativa.

Mando – tato Duas unidades de comportamento verbal referidas por B. F. Skinner. Mandos correspondem a ordens, pedidos, conselhos, e assim por diante, que estipulam alguma ação específica por parte do ouvinte. Os tatos correspondem a observações, descrições, etc., que são ocasionadas por determinado contexto. A distinção não é nítida, porque os mandos requerem um contexto, e os tatos requerem algum tipo de resposta do ouvinte.

Máquina de sobrevivência O termo inventado por Richard Dawkins para denotar um organismo em relação aos genes que carrega. A máquina de sobrevivência interage com o ambiente de modos que promovem a reprodução de seus genes.

Máquina intencional Uma máquina que inclui *feedback* que lhe permite manter um estado específico. Um sistema de aquecimento é um exemplo simples. É intencional na medida em que mantém a temperatura para a qual está configurado; essa temperatura é seu objetivo ou propósito.

Meme Um termo introduzido por Richard Dawkins para denotar uma unidade da cultura. Seu uso original era mentalista, porque ele supunha que memes residem em algum lugar no cérebro. Pode-se pensar um meme como um padrão de comportamento, como uma música, uma expressão ou jogar tênis. Uma palavra melhor para uma unidade cultural é "prática", uma atividade operante adquirida de outros membros do grupo social.

Menor diferença perceptível (MDP) A menor variação em um estímulo que produz uma mudança de comportamento. Os psicólogos do século XIX tomaram a MDP como uma unidade de sensação.

Mentalismo Inventar causas fictícias para criar explicações falsas. Entidades mentais são ficções explicativas, porque elas parecem explicar, mas apenas nos distraem de uma verdadeira explicação baseada em eventos naturais. O mentalismo pressupõe um dualismo material-mental inaceitável.

Modelagem Método em que o comportamento é treinado por uma combinação de reforço diferencial e mudança gradual do critério de reforço. Por exemplo, uma habilidade é ensinada reforçando-se primeiro aproximações ineptas e, mais tarde, aproximações mais hábeis.

Objetivo Geralmente a metade do dualismo subjetivo-objetivo, em que "subjetivo" se aplica a um mundo interior e "objetivo" aplica-se a um suposto mundo exterior "real". Esse dualismo é incompatível com a ciência, porque cria um mistério insolúvel sobre como o subjetivo poderia influenciar o objetivo. Um uso legítimo de "objetivo" poderia ser "medição e observação cuidadosa de eventos naturais".

Ontogênese Mudança na morfologia e no comportamento durante a vida de um organismo. A mudança ontogenética resulta da interação com o ambiente.

Padrão fixo de ação Uma atividade mais complexa do que uma resposta reflexa, induzida por um evento filogeneticamente importante conhecido como "liberador" ou "estímulo-sinal". Exemplos são exibições de corte, exibições de ameaça e chamadas de alarme.

Pais genéticos – pais culturais Os pais genéticos de uma pessoa contribuem com os genes que a pessoa carrega. Estes são transmitidos uma vez no ciclo de vida, na concepção. Os pais culturais de uma pessoa podem incluir seus pais genéticos, mas também muitas outras pessoas em seu ambiente, como professores, treinadores, clérigos e pares. Pais culturais transmitem práticas culturais ao longo de toda a vida de uma pessoa.

Poder Rigorosamente falando, contingências são poderosas, mas muitas vezes se diz que pessoas são poderosas. Uma pessoa só tem poder na medida em que controla contingências poderosas que controlam o comportamento de outra pessoa.

Pode-se dizer que o controlador tem poder sobre o controlado. Em um relacionamento equitativo, ambas as partes controlam contingências igualmente poderosas.

Pragmatismo A posição filosófica apresentada por William James e Ernst Mach, entre outros. James sustentava que o pragmatismo era uma teoria da verdade e um guia sobre quais perguntas merecem ser feitas. A teoria da verdade é que um conceito é verdadeiro na medida em que funciona, particularmente porque nos permite dar sentido à nossa experiência ou organizarmos nossas observações do mundo. O guia sobre perguntas considera que uma pergunta só é digna de ser respondida se a resposta fizer diferença para nossa compreensão do mundo. Se o debate sobre uma questão é interminável, a pergunta não merece ser feita. O pragmatismo contrasta com o realismo e a teoria dos dados sensoriais, que supõem um mundo real e objetivo que só conhecemos indiretamente e sobre o qual descobrimos fatos reais. Diferentemente do pragmatismo, o realismo pressupõe uma verdade absoluta e que a verdade de uma teoria é o grau em que se aproxima daquela verdade absoluta.

Prática A unidade da cultura, às vezes chamada de meme ou costume. Uma prática cultural é uma atividade operante, estendida no tempo, podendo ter muitas partes que são atividades. Práticas culturais que competem são formas diferentes de realizar um trabalho. A seleção ocorre entre elas de acordo com suas consequências em eventos filogeneticamente importantes.

Problema mente-corpo O problema é: como a mente, que é imaterial, pode controlar o corpo, que é material? Eis um exemplo de uma pseudopergunta: "Quantos anjos podem dançar na cabeça de um alfinete?". Ela pressupõe uma premissa incorreta: que a mente imaterial existe e pode causar comportamento. A mente e todos os seus supostos conteúdos são ficções explicativas na visão de Skinner, rótulos de categoria na visão de Ryle e padrões comportamentais prolongados segundo a visão molar de Rachlin.

Pseudopergunta Uma pergunta que não pode ser respondida porque implica uma premissa absurda. O problema mente-corpo (como a mente afeta o corpo?) é uma pseudopergunta, porque pressupõe que existe uma mente imaterial que poderia afetar o corpo ou causar comportamentos. Uma vez que entidades mentais são ficções não naturais, elas não podem causar eventos naturais; somente eventos naturais podem causar eventos naturais.

Psicologia comparativa A área da psicologia dedicada à comparação de comportamento entre espécies, originalmente inspirada pela teoria evolucionista.

Psicologia objetiva Um movimento na psicologia do século XIX que procurou medir processos mentais avaliando-se seus aspectos objetivos, como o tempo de reação. Pode ser um precursor do behaviorismo metodológico.

Psicologia popular A teoria mentalista do comportamento embutida em muitas línguas (inclusive o inglês). Ela postula um mundo interior além de um mundo exterior, que cria um dualismo incompatível com uma ciência do comportamento. Também é incompatível com a ciência porque atribui o comportamento a um eu interior fictício que não é passível de observação científica.

Psique Palavra grega que significa "espírito", da qual deriva a palavra "psicologia". A psicologia passou a ser o estudo da mente, porque a mente parecia mais concreta do que o espírito. Séculos transcorreram até John B. Watson declarar que a psicologia deveria ser a ciência do comportamento, dando origem ao behaviorismo.

Punição incondicional (SP) Um evento filogeneticamente importante ruim – ruim porque tende a diminuir o sucesso reprodutivo final. É "incondicional" no sentido de que é um produto da filogênese e não exige experiência para ser eficaz. Como resultado da seleção natural, ele induz atividades que tendem a evitá-lo ou mitigá-lo, aumentando, assim, a aptidão. Exemplos são lesões, doenças e predadores.

Punição negativa Uma contingência em que uma atividade reduz a probabilidade de um reforçador ou evento filogeneticamente importante bom. A atividade é punida pela remoção ou prevenção de um evento que reforçaria outras atividades. Pode-se pensá-la como reforço por ocupar-se em atividades que não a atividade-alvo, sendo às vezes chamada de "Reforço diferencial de outros comportamentos" (DRO) ou "Reforço diferencial de comportamentos alternativos" (DRA). Punição por "castigo" – remoção de privilégios – por chegar em casa após o toque de recolher é punição negativa.

Punição positiva Uma contingência em que uma atividade aumenta a probabilidade de um evento aversivo, punidor ou filogeneticamente importante ruim. A atividade diminui. Pode-se dizer que qualquer outra atividade evita o evento aversivo ou punidor.

Punidor Um evento filogeneticamente importante ruim (punidor incondicional) ou um sinal de um evento filogeneticamente importante ruim (punidor condicional) em uma contingência com uma atividade operante, o qual diminui ou elimina a atividade operante.

Punidor condicional Um estímulo ou evento que servem para punir o comportamento como resultado de ter sinalizado um punidor incondicional, um evento filogeneticamente importante, no passado. Uma ameaça de castigo é um exemplo.

Realismo A visão de mundo que presume a existência de um mundo real além de nossas percepções. O realismo ingênuo implica um dualismo entre um mundo objetivo e um mundo subjetivo. Filósofos propuseram várias formas de realismo que supostamente evitam o dualismo. Esses esforços não são de nosso interesse aqui, porque a questão importante para a ciência é a rejeição do dualismo em favor de um único mundo, o mundo natural.

Realismo ingênuo A visão de que um mundo real externo existe além de nossas percepções das coisas. O realismo popular é um exemplo.

Realismo popular A suposição implícita na psicologia popular de que existe um mundo real externo separado de um mundo subjetivo interno. Ele postula um dualismo incompatível com uma ciência do comportamento.

Realizar introspecção A suposta atividade de examinar o mundo interior ou a mente e observar seus conteúdos. Ela pressupõe um dualismo cientificamente inaceitável. Mesmo deixando-a de lado, tratando a introspecção como relato verbal, relatos verbais não são confiáveis como método científico nem no discurso cotidiano.

Reciprocidade A troca de benefícios mútuos. Em um relacionamento, uma pessoa reforça o comportamento de outra, e essa pessoa, por sua vez, reforça o comportamento da primeira. A reciprocidade pode assumir várias formas. Pode ocorrer imediatamente ou durante um período de tempo. Os benefícios que Aaron concede a Zack podem ser reforçados por outra pessoa que não Zack, e o comportamento altruísta pode ser reforçado socialmente apenas em parte do tempo.

Redundância Uma crítica do mentalismo – de que as causas mentais apenas reafirmam a observação original em termos mais obscuros. Quando causas mentais são deduzidas do comportamento que pretendem explicar, a suposta "explicação" é puramente circular, é redundante e impede esforços para encontrar uma explicação com base em eventos naturais.

Reflexo condicional Termo de Pavlov para a nova relação criada pelo condicionamento clássico. O estímulo inicialmente neutro torna-se um estímulo condicional ou indutor condicional de secreções glandulares e atividades relacionadas ao estímulo incondicional ou ao evento filogeneticamente importante.

Reflexo incondicional O termo de I. P. Pavlov para designar o reflexo que é a base do condicionamento clássico de um reflexo condicional. Ele tomou o reflexo incondicional como dado, provavelmente o resultado da evolução. Um exemplo é salivar quando o alimento entra na boca.

Reforçador Um evento filogeneticamente importante (reforçador incondicional) bom ou um sinal de um evento filogeneticamente importante (reforçador condicional) bom em uma contingência com uma atividade operante que aumenta ou mantém a atividade operante.

Reforçador condicional Um estímulo ou evento que serve para reforçar o comportamento como resultado de ter sinalizado um reforçador incondicional, um evento filogeneticamente importante, no passado. Um exemplo cotidiano é o dinheiro.

Reforçador incondicional (S^R) Um evento filogeneticamente importante bom – bom na medida em que tende a aumentar o sucesso reprodutivo final. É "incondicional" no sentido de que é um produto da filogênese e não requer experiência para ser eficaz. Como resultado da seleção natural, induz atividades que tendem a adquiri-lo ou aprimorá-lo, aumentando, assim, a aptidão. Exemplos são alimentos, abrigo e potenciais parceiros de acasalamento.

Reforço mútuo Em um relacionamento, cada parte fornece reforçadores para o comportamento do outro.

Reforço negativo Uma contingência em que uma atividade reduz a probabilidade de um evento aversivo ou evento filogeneticamente importante ruim. As duas variedades são fuga e evitação. A contingência constitui reforço porque a atividade aumenta ou é mantida. Pode-se dizer que, com efeito, todas as outras atividades são punidas.

Reforço positivo Uma contingência em que uma atividade aumenta a probabilidade de um evento filogeneticamente importante bom. Qualquer outra atividade é ineficaz ou punida por punição negativa. Isso contrasta com o reforço negativo, que geralmente também aumenta a atividade-alvo, mas o faz porque a atividade diminui a probabilidade de um evento filogeneticamente importante ruim.

Regra Um estímulo discriminativo verbal que induz uma atividade (p. ex., autocontrole) no ouvinte, a qual é consistente com uma contingência de longo prazo mais favorável para o sucesso reprodutivo último do ouvinte do que as alternativas que podem produzir reforçadores menores, mas mais imediatos (p. ex., impulsividade). Exceto na coerção, quando a regra é uma ameaça, as regras induzem atividades vantajosas (p. ex., autocontrole) em vez de atividades desvantajosas (p. ex., impulsividade). Atividades vantajosas (p. ex., autocontrole) são bons hábitos porque são reforçadas no longo prazo. Cooperação e altruísmo podem ser considerados bons hábitos ou autocontrole. A concessão de determinada regra pode ser uma prática cultural.

Regressão infinita Uma cadeia causal em que não se pode estabelecer qualquer início definido. Por exemplo, "ver que você vê" ou "observar que você observa" impelem regressões infinitas. Nada impede "ver que você vê que você vê", e assim por diante, infinitamente.

Relação de reforçamento próxima Uma relação de prazo relativamente curto em que o comportamento controlado por regras é reforçado por outra pessoa, geralmente o provedor da regra. A regra induz o comportamento, e o provedor da regra garante que ele seja reforçado. A atividade induzida por regra também participa da relação de reforçamento última, que pode posteriormente passar a manter a atividade. A atividade induzida por regra pode nunca estar sob controle da relação última, porque tais relações de longo prazo tendem a ser fracas.

Relação de reforçamento última A relação de reforçamento de longo prazo que leva à criação de regras em situações como armadilhas de reforço – que contrapõe o reforço a curto prazo ao reforço a longo prazo, que é muito mais benéfico. Regras promovem o autocontrole, comportar-se de acordo com a relação de reforçamento última. Se esse comportamento entra em contato suficiente com essa relação de reforçamento, o comportamento passa a ser induzido diretamente por ela.

Relativismo moral A visão de que "nada é bom ou ruim; é o pensamento que o torna assim". Trata-se da rejeição de qualquer padrão moral absoluto ou universal. Nem os pensadores religiosos, como C. S. Lewis, nem os behavioristas, como B. F. Skinner, tampouco os biólogos evolucionistas, concordam com essa rejeição, embora discordem por motivos diferentes. Pensadores religiosos presumem um padrão absoluto que vem de Deus. Behavioristas e evolucionistas procuram universais na história evolutiva de nossa espécie.

Relato verbal Um enunciado induzido por um contexto que inclui um ouvinte, um histórico de verbalizações semelhantes e, possivelmente, um estado fisiológico do corpo. Por vezes, os relatos verbais estão sob o controle de estímulos privados, mas isso é o que Skinner chamou de "interpretação" – um palpite informal –, em vez de explicação, porque uma explicação exigiria que o estímulo indutor fosse observado, e a única maneira de sabermos sobre o estímulo privado seria por introspecção, a qual é pouco confiável como método científico. Do ponto de vista científico, o termo "estímulo discriminativo privado" é um oxímoro, porque uma ciência de comportamento exige que as causas do comportamento sejam observáveis, públicas e residam no ambiente, presente e passado. Consequentemente, relatos verbais, seja do próprio comportamento, seja do comportamento de outra pessoa, são induzidos por estímulos discriminativos públicos.

Replicador Na teoria evolucionista, a entidade que é copiada de uma geração para a seguinte é o replicador. Os genes são os replicadores da evolução genética. As práticas culturais são os replicadores da evolução cultural. As atividades são os replicadores da evolução comportamental.

Responsabilidade Em relatos mentalistas de comportamento, como a psicologia popular, quando se diz que as pessoas causam seu próprio comportamento também se diz que elas são responsáveis por seu comportamento. Na análise do comportamento, pode-se dizer que o ambiente é responsável pelo comportamento, porque o comportamento se origina no ambiente. Quando a responsabilidade por uma ação é atribuída a uma pessoa, uma abordagem comportamental usa isso para levantar a questão prática de determinar se a aplicação de consequências seria útil ou não.

Resposta condicional As secreções glandulares ou atividades induzidas por um estímulo inicialmente neutro que se tornou um estímulo condicional como resultado de sinalizar um evento filogeneticamente importante.

Resposta incondicional O termo de I. P. Pavlov para designar a resposta a um estímulo incondicional em um reflexo incondicional. O estímulo incondicional induz uma variedade de atividades, entre elas a resposta incondicional. É incondicional na medida em que não exige experiência para ser eficaz. Comida induz várias atividades em um cão, mas Pavlov estudou apenas as secreções digestivas.

S^D: R–>S^R Uma notação que indica tanto controle de estímulos como reforço. O estímulo discriminativo (S^D) induz (:) atividade operante (R) que produz (–>) reforçadores (S^R).

Seguimento de regras Comportamento no ouvinte que é consistente com a contingência de longo prazo para a qual a regra "aponta". A contingência de longo prazo induz a elaboração da regra e depois a sua concessão, exceto quando a concessão de regra de uma pessoa é simplesmente imitada por outra. O seguimento de regras é reforçado pelo concessor da regra, por um terceiro interessado ou pela contingência de longo prazo.

Seleção de grupo Quando uma população é estruturada em grupos separados que sobrevivem e perecem como conjuntos, a seleção de grupos pode selecionar entre grupos se alguns deles têm genes ou práticas culturais que os tornam mais bem-sucedidos do que outros. Por exemplo, o resultado de uma guerra intertribal pode depender de qual grupo tribal tem mais genes e práticas que promovem altruísmo e cooperação.

Seleção de grupo cultural Quando uma população ou espécie são organizadas em grupos separados que competem uns com os outros e sobrevivem ou perecem como todos, a seleção de grupo de características que aumentam a sobrevivência do grupo torna-se possível. Esses traços, particularmente altruísmo e cooperação, beneficiam o grupo como um todo e o indivíduo apenas indiretamente como um membro do grupo. Práticas culturais que promovem altruísmo e cooperação podem ser selecionadas por seleção de grupo cultural, porque ajudar e compartilhar promovem a sobrevivência do grupo.

Sociedade Uma sociedade é um grupo marcado por envolvimento de seus membros em cooperação ou altruísmo, reduzindo sua própria aptidão pessoal e aumentando a aptidão de outros membros. Exemplos de sociedades incluem: uma colônia de formigas, uma matilha de lobos e uma tribo humana.

Sociedade experimental O termo utilizado por B. F. Skinner para se referir a uma sociedade como a descrita em *Walden Two*, na qual as práticas são sistematicamente variadas e selecionadas de acordo com suas consequências sob a forma de reforçadores para o comportamento desejável. Tal sociedade também poderia ser chamada de sociedade *em experimentação* – aquela que constantemente experimenta práticas para aperfeiçoá-las.

Subjetivo Uma das metades do dualismo subjetivo-objetivo. Supõe-se que elementos e eventos subjetivos existem em um mundo mental interno, em contraste com um mundo objetivo externo. Esse dualismo é incompatível com a ciência, porque cria um mistério insolúvel – como coisas subjetivas podem afetar coisas objetivas.

Sucesso reprodutivo O número de cópias de um replicador que sobrevive na geração seguinte. Na teoria evolucionista, sucesso reprodutivo é sinônimo de aptidão física e pode aplicar-se a um alelo ou a outra variante genética ou a um organismo individual, se equiparamos sucesso reprodutivo ao número de descendentes. Ocorre seleção quando uma variante dentro de uma população tem maior aptidão do que suas concorrentes.

Tempo de reação O tempo entre um estímulo e a resposta a ele. Os tempos de reação despertaram o interesse dos psicólogos inicialmente porque pareciam ser uma medida objetiva da atividade mental.

Teoria da cópia O termo de B. F. Skinner para a teoria falaciosa de que o ambiente é representado ou copiado de alguma forma dentro do organismo para permitir que ele seja sentido e lembrado. Skinner propôs, contrariamente, que ver, ouvir e outras atividades sensoriais são mais bem compreendidas como comportamentos privados. Howard Rachlin e Gilbert Ryle também argumentaram, de maneiras ligeiramente diferentes, que sentir é comportamento, mas comportamento público, e não evento privado.

Teoria da dissonância Uma teoria mentalista sobre autopercepção que propôs que uma pessoa que se comportou de maneira incoerente com sua autopercepção muda sua autopercepção para reduzir a dissonância entre seu comportamento e sua autopercepção. Daryl Bem, um analista do comportamento, mostrou que os experimentos que supostamente sustentam a teoria da dissonância poderiam ser explicados simplesmente por discriminação baseada no próprio comportamento e no comportamento dos outros.

Teoria da equidade Uma teoria da psicologia que visa explicar parte da variância nos julgamentos de equidade e iniquidade. A teoria propõe que a equidade depende da proporção entre lucro e investimento, em que o lucro resume o benefício líquido de uma pessoa com o relacionamento, e o investimento cobre todos os fatores, inclusive o esforço a longo prazo, mas também as características pessoais que a pessoa leva para o relacionamento. Existe equidade quando as proporções das duas pessoas são iguais. Se colocarmos de lado seus aspectos mentalistas, a teoria da equidade ajuda a identificar os diferentes contextos que induzem o comportamento verbal de equidade e de iniquidade.

Teoria dos dados sensoriais Com base no dualismo, é a teoria de que os cientistas só têm acesso a dados sensoriais, que fornecem uma base para teorias sobre objetos e eventos no mundo real, os quais não podemos observar diretamente. Isso implica que as teorias científicas se aperfeiçoam ao se aproximarem da verdade absoluta do mundo real. Contrasta com o pragmatismo, que não pressupõe um mundo real e equipara a verdade de uma teoria à sua utilidade.

Transmissão horizontal Transmissão de genes ou práticas culturais entre membros da mesma geração. A transmissão genética é apenas vertical, de pais para filhos. As práticas culturais, no entanto, podem ser transmitidas de maneira tanto vertical como horizontal.

Unidade estrutural Uma unidade definida por sua aparência ou maneira como é composta. Uma ciência do comportamento exige unidades que sejam definidas por sua função ou pela "tarefa que realizam". As unidades funcionais de comportamento são definidas por seus efeitos no ambiente.

Unidade funcional Uma unidade de medida definida por sua função ou pela tarefa que cumpre. Na biologia, uma espécie é uma unidade funcional, porque os membros de uma espécie se reproduzem apenas um com o outro. Na análise do comportamento, uma atividade é uma unidade funcional, porque ela é definida por consequências. No laboratório, pressionar uma alavanca é uma unidade funcional, pois isso aciona um interruptor acoplado à alavanca. Prover uma regra é uma unidade funcional, porque, apesar das muitas variações na forma de prover, ela afeta o comportamento do ouvinte da mesma maneira. Unidades funcionais contrastam com unidades estruturais, que são definidas por sua aparência ou pelo modo como se juntam. A descrição de um movimento pela especificação dos músculos envolvidos, sua ordem, extensão, e assim por diante, seria uma unidade estrutural do movimento. Unidades estruturais são inúteis para uma ciência do comportamento, porque elas podem participar de qualquer número de atividades. Especificar a estrutura gramatical de um enunciado, por exemplo, não nos diz nada sobre o que o enunciado, como comportamento verbal, faz.

Utopia Palavra grega para "lugar nenhum", e o título de um livro de ficção de Thomas More, no qual ele descreve o que pensava ser uma sociedade ideal. Alguns críticos equivocadamente chamaram o livro de B. F. Skinner, *Walden Two*, de utópico. O livro é sua tentativa de ilustrar como seria uma sociedade experimental.

Variação orientada O termo que Boyd e Richerson inventaram para designar a experimentação sistemática com práticas em uma sociedade. Em uma sociedade experimental, como Walden Two, as melhores práticas são encontradas por meio da experimentação de várias práticas e da seleção daquelas com melhores consequências.

Vis viva "Força vital", em latim, uma ficção explicativa que deveria esclarecer a diferença entre coisas vivas e não vivas. É um bom exemplo de redundância, porque tem a aparência de uma explicação, mas apenas reafirma a observação de que algo está vivo, sendo, pois, uma explicação circular. Diz-se que um ser vivo está vivo porque tem *vis viva*, mas a única evidência de que ele tem *vis viva* é que está vivo.

Visão molar A visão do comportamento segundo a qual as unidades comportamentais são atividades prolongadas. Essas atividades ocupam o tempo do organismo, e o comportamento consiste da alocação de tempo entre as atividades. Uma vez que o tempo deve somar o período de observação, ou 24 horas por dia, as atividades devem competir pelo tempo. Na visão molar, as relações de reforçamento e punição são contingências estendidas no tempo, em que as consequências variam conforme varia o comportamento.

Visão molecular A visão herdada do estudo de reflexos, segundo a qual unidades comportamentais são respostas discretas, breves e geralmente de duração insignificante. As relações de reforçamento e punição geralmente são reduzidas à contiguidade entre respostas e reforçadores. Nessa visão, diz-se que um reforço "fortalece" qualquer resposta que ele acompanhe de perto.

Índice

D

E

P

R